U0853412

罗国杰文集

思想道德建设论稿

罗国杰 著

中国人民大学出版社
· 北京 ·

目　录

第一编　思想道德建设的理论与历史

第二编　改革开放与思想道德建设

第三编　精神文明建设

第四编　培育“四有”新人

第五编　建设先进文化

第六编　世界观、人生观、价值观教育

第七编　坚持集体主义价值导向

第八编 弘扬爱国主义价值导向

第九编 弘扬雷锋精神

第十编 公民道德建设

第十一编　道德教育与“两课”教学

第十二编　访谈

第一编

思想道德建设的理论与历史

关于社会主义初级阶段道德建设的几个理论问题*

党的第十三次全国代表大会是一次具有重大现实意义和深远历史意义的大会，这次大会为建设具有中国特色的社会主义所系统阐述的社会主义初级阶段的理论、基本路线和所确立的具有长远意义的指导方针，也是我们今后在社会主义初级阶段建设社会主义精神文明和道德文明必须遵循的基本理论、基本路线和基本的指导方针。我国的社会主义伦理研究和道德建设，虽然是在党的十一届三中全会“解放思想，实事求是，团结一致向前看”的思想路线的指引下，才获得重新建设和发展的，但是，我们在解决如何建设我国现实的道德生活这一问题时，也经历了一个“摸着石头过河”的过程。党的十三大所确立的理论、路线和指导方针，使我们的认识更加清醒了，这就使我们更深刻地认识到，我们进行社会主义社会伦理研究和道德建设，必须从我国国情的现实出发。生活的观点，实践的观点，是马克思主义认识论的第一或首要的观点，“理论在一个国家的实现程度，决定于理论满足这个国家的需要的程度”①。我们的伦理研究和道德建设要获得发展，也必须满足我国进行社会主义现代化建设、发展生产力和深化改革的具体实践向社会道德生活所提出的要求。依据我国还处在社会主义初级阶段的实际，我们的伦理研究和道德建设，其重点似应从如下几个主要的理论问题来思考。

---

* 本文原载《郑州大学学报》（哲学社会科学版），1988（1），署名罗国杰、陈楚佳。

① 《马克思恩格斯全集》，中文1版，第1卷，462页，北京，人民出版社，1960。

一

我国现在要进行的道德建设，既然是社会主义初级阶段的道德建设，那么，与我国社会主义初级阶段的现实状况相联系，就不能不产生这一阶段在道德建设方面的某些特点。例如社会主义初级阶段的道德建设存在着必须坚持两个基本点的特点，存在着人们在道德境界方面的多层次的特点，也存在着道德生活中的多元、冲突、过渡而必须进行导向的特点，还存在着对发达的商品经济中的某些道德需要批判继承的特点。

首先，我国的社会主义初级阶段的道德建设必须坚持两个基本点。我们的国家现在是一个已经建立了社会主义根本制度的国家，它不同于资本主义。然而，我们的国家又是从半殖民地半封建脱胎而出的社会主义国家。因此，它还不成熟，尚处在社会主义发展的初级阶段。基于这一基本现实，反映到我国道德建设方面，当然也不能不具有两个基本点，这就是我们的道德建设既必须坚持社会主义思想体系，同时又不能不从我国社会主义初级阶段的国情出发的原因。我们坚持按社会主义思想体系建设社会道德生活，就应当坚持在道德原则上的社会主义集体主义原则，就应当与资产阶级的个人主义和利己主义相区别，同时，也应当在全社会认真提倡共产主义道德。而我们必须从社会主义初级阶段的国情出发，与社会主义初级阶段还存在着以社会主义公有制为主体的多种经济成分和以按劳分配为主体的多种分配方式相适应。要调动一切积极因素，包括调动个体经营、中外合资甚至外商独资经营的积极因素，以有益于发展我国社会主义社会的生产力，我们的道德调解所坚持的集体主义原则，又只能是国家、集体、个人三者利益相结合的集体主义。我们在反对道德生活中的资产阶级个人主义和利己主义的同时，还要保障正当的个人利益。我们在全社会认真提倡共产主义道德时，要使道德的理想性与现实性有机地结合起来，既要进行共产主义的理想教育，又必须特别注重使这种理想真正变成建设社会主义现代化和促进社会主义改革的行动和实践。我们在进行马克思主义伦理学的研究时，要从现实而不是从想象出发，从科学而不是从空想出发，从具体生活而不是从抽象理论出发，以真正使马克思主义伦理思想与中国社会主义初级阶段道德生活的现实状况和发展要求相结合，并在我国社会主义现代化建设及改革的社会实践中，发展马克思主义的伦理学说。

从我国社会主义初级阶段具体的道德状况出发来分析我国现实道德生活，我们即能看到，在现实社会中人们的道德境界大体上有四个层次的区别。首先，有为数比较少的已经具备共产主义道德觉悟和思想品质的先进人物。这个层次上的先进人物在道德实践中表现出来的行为特征是，已经达到"毫不利己、专门利人"、大公无私，时时处处都为集体利益和他人利益着想，并有甘愿为集体、为他人做出牺牲的境界。其次，有为数相当多的人已经达到社会主义道德境界。在这个层次上的人在道德实践中表现出来的行为特征是，先公后私、先人后己、个人利益服从集体利益，在维护集体利益的前提下，来追求并实现个人的正当利益。再次，在现实生活中还有一批为数众多的人，他们在各自的岗位上，为着正当的个人利益四处奔忙，谋求致富。这一层次的人的行为特征是，在动机上追求正当的个人利益，能奉公守法，不损人利己，不损公肥私，信守勤劳致富的原则。这一层次的人虽然追求的是正当的个人利益，但是，他们的工作、劳动、职业有利于发展经济、促进生产、活跃市场、扩大就业，归根到底，有利于社会生产力的发展，因此，他们的行为也应该被认为是合乎道德的，并具有善的价值。这是在我国现阶段一支不可忽略其存在的现实队伍，也是我国现行道德生活或国情的一个很重要的特点，它处于现实道德境界中的第三个层次。最后，我国现实道德境界中的第四个层次就是极端自私自利的层次。这一层次上的人在道德实践上的行为特征是，无论在动机上还是在效果上，无论在目的上还是在手段上，都鲜明地体现出自私自利、唯利是图、金钱至上、损人利己、损公肥私、为达到个人目的而不择手段的特征。这个层次上的人的极端自私自利的思想乃是一种十分腐朽的道德思想。在我国现阶段，真正极端利己并且顽固不变的人只是少数，他们的数量虽然不多，但我们若是不同他们进行必要的斗争，则他们对社会的危害也将是相当大的。这是社会主义初级阶段的道德生活存在的多种境界或多层次的特点。

由于社会主义初级阶段还存在着多种经济成分及多种分配方式，虽然它们都是以社会主义公有制和按劳分配为主体，即在社会主义体系范围内所呈现的多元性，但是，这些不同的经济成分及其相应的分配关系，也会在道德观上反映出不同的价值观，并呈现出社会主义初级阶段在道德生活中的复杂性。而且由于人们之间的利益矛盾，也会在一定程度上引发人们在道德生活中的矛盾与冲突，这就给社会主义初级阶段的道德建设提出了一个导向的任务。如同社会主义初级阶段的经济体制、政治体制、法制建设都会有一个从不完善向完善形态发展、变革和过渡的过程一样，在道德生活中，也会有一个不断把人们的道德境界由低层次导向高层次的转变的过程。例如，现实道德生活中还存在着道德境界的第三个层次，虽然这类人的思想和行为，在现阶段也一般表现为具有善的价值，但是，由于它还属于道德境界的低层次，因此，在社会道德生活中，还会发生分化的现象，即这种境界上的人一部分有可能上升为第二个层次甚至到达第一个层次，而另一部分也可能下降到第四个层次。因此，根据社会主义初级阶段道德建设的这一特点，我们在社会主义初级阶段，也还应当在全社会认真提倡共产主义的道德原则。我们固然不能在当前要求所有的人都达到共产主义的道德觉悟，但是，我们仍应当宣扬和提倡这种对大多数人来说带有理想性质的共产主义道德，并依靠那些在当前虽然是少数但已经具有共产主义觉悟的人的榜样力量，引导和提高其他层次的人们沿着社会主义的道德阶梯逐步向着最高层次攀登。因此，社会主义初级阶段道德建设的一个长时期的任务，就是要通过评价、教育、修养等活动，形成社会舆论和人们的内在信念或良心，以不断把低层次的道德境界导向更高层次的道德境界。

另外，由于我国的社会主义是从半殖民地半封建的旧社会脱胎而来的，虽然我们的社会主义从根本制度上能够越过资本主义作为统治形式的这一发展阶段，但是，社会生产力的发展却并不能越过商品经济的发展阶段。因此在道德生活中，由于发展商品经济的要求，也不能不产生与此相适应的道德。在这一发展过程中，批判继承以往在发展商品经济过程中的某些道德，诸如倡导买卖公平、价格公道、正当赢利、合理竞争、精打细算、讲求信用等也就成为必要。我们在现实生活中扬弃这些道德，一方面是因为也确有必要把它作为武器以克服小生产者的狭隘眼界和保守习气，并反对具有封建特权性质的官商习气，这是发展我国商品经济的需要；另一方面，则又完全是为了把它导向有益于促进我国现代化事业的社会主义思想体系。所以，在社会主义初级阶段，批判继承以往在发展商品经济中的某些道德，也是这一特定历史阶段在道德发展中的一个重要特征。

二

党的十三大在《沿着有中国特色的社会主义道路前进》的报告中提出了一系列理论问题，最核心的一个理论问题就是生产力标准的问题。在社会主义社会的发展中，重新认识和提出生产力标准是一切生产关系及上层建筑是否合理、是否需要变革的根本标准，这既是正本清源，从根本上澄清了我们在社会主义发展理论上的各种是是非非，同时，又是对发展马克思主义理论的一个重大贡献。社会主义社会发展中的生产力标准的提出，对于我国社会主义社会道德理论的建树和社会道德生活建设的发展都具有极为重要的指导意义。

社会生产力的发展乃是一切社会发展的根本动力。生产力是一切社会发展的最终决定力量，生产关系和上层建筑只有适应生产力的状况，才能促进生产力的发展，这本来也是马克思主义唯物史观道德学说的一个基本原理。社会发展中的生产力标准也无疑应该成为社会道德生活发展和检验道德标准是否适合或合理的根本标准。我们应该把生产力标准看做社会道德生活及道德标准进步和发展的根本法则，一切社会的道德及道德标准只有适合生产力标准或道德的发展法则的要求时，它才是合理而健康、进步而有活力的道德及道德标准，这是社会道德生活发展的根本规律。这一规律在以往新旧社会交替的过程中，由于旧的经济关系阻碍着社会道德状况的根本变革，因此，破除这种障碍，当然成为发展社会道德生活的必经之路或根本任务，而且，也由于在资本私有制占统治地位的经济关系中，生产力的增长常常还同时意味着资本与雇佣劳动之间的对立加剧，所以生产力的发展也并不直接表现为道德水平的提高。然而，在我们已经建立了社会主义制度的情况下，我们的道德生活及道德标准是否能够促成生产力的发展，当然对于检验这种道德生活及道德标准是否适宜，就具有更直接的决定意义。在我国现阶段，我们在道德生活中也无疑必须确认，一切有利于生产力发展的东西，都是符合人民根本利益的，因而也是社会主义所要求的，或者是社会主义所允许的；一切不利于生产力发展的东西，则都是违反科学社会主义的，是社会主义所不允许的，有的则可以说是不现实的。

在人类社会道德生活的发展中，生产力标准应该说是不以任何人的意志为转移的客观的道德发展法则。而作为具体社会、具体阶级或具体的人们所确定的道德价值善恶标准，它的产生虽然也有它的社会根源或客观性，然而这些道德标准总是通过具体人们的意志约定或规定所形成的，因此终归也具有某种主观性。人们的这种主观约定或规定，只有在它是合乎生产力标准即合乎生产力发展法则的客观要求时，它才成为主观与客观相符合，并具有现实发展和开拓活力的标准。

然而，我们在道德生活中确立生产力标准的道德发展法则，又决不可以以生产力标准去取消或代替道德标准。道德标准应以适合生产力发展的要求为检验其是否合适的标准，而每一种生产力发展的水平，对于人们的精神和道德方面的要求，又应该有相应的具体要求或具体标准。人们确定道德标准若不以生产力标准作法则，就会失去其道德标准的客观依据；然而人们若不能以此为依据，去具体地确立一定社会发展阶段上的具体道德标准，则又会使人们在道德方面不知所措，并且也会使道德丧失其足以促成生产力发展的社会功能和作用。况且生产力的发展为使人们的道德水平达到自觉的提高，也还要在有相应的生产关系的基础上，通过必要的道德机制如道德教育、修养和有效的道德评价活动方能实现。再则，道德标准所要调解的是一定利益对于人们及社会之有益或有害的价值趋向，因此，从这个意义上说，社会生产力的发展还会有一个调解其价值趋向的问题，也即是有一个价值导向的问题。道德标准的这个导向功能也是生产力标准所不能简单取代的。所以，我们既要遵循生产力标准的法则，还需要有道德标准。我国现行宪法所确认的社会公德标准，即“爱祖国，爱人民，爱劳动，爱科学，爱社会主义”，我们认为也应该是合乎我国社会主义初级阶段并适合生产力发展要求的现实的善恶标准。与此同时，我们当然也应该在全社会认真提倡作为先进分子业已具有的理想人格、崇高境界或共产主义道德标准。

三

我国社会主义初级阶段的经济，只能是有计划的商品经济。社会主义社会还存在着商品经济，这一点可以说是已经被认识了的现实。因而，我国在社会主义初级阶段，还需要发展商品经济，商品经济是生产力发展不可逾越的阶段。这一科学的认识，对我国的现实生活和“四化”建设，是有重要意义的。商品经济的发展既然是我国社会主义社会生产力发展的一个不可逾越的阶段，那么，我们在社会主义初级阶段进行道德建设，就不能不从我国发展商品经济的客观要求和现实出发，以建立合乎社会主义商品经济发展要求的道德。

从我国社会主义初级阶段的具体国情出发，在我国要使社会主义有计划的商品经济获得充分的发展，它的发展要求也应该包含两个基本点，即一是使它的发展有益于促进社会主义社会生产力的发展和现代化的实现，有益于促进社会主义制度的巩固和完善；二是应该建立能够保障其充分发展的社会环境和社会精神生活方面的条件。这两个基本点反映在道德要求上，也会有两个方面的基本要求，即一是对发展商品经济在导向方面的要求，二是建设有益于发展商品经济的新思想、新观念、新境界。我们既应该认识到发展商品经济将有益于促进经济生活的社会化和现代化，也应该认识到增强社会主义经济生活的社会化和现代化，必将为社会主义道德的进步和发展奠定必要的社会基础和物质基础。我们应该在商品经济发展的现实中去总结概括足以保障其获得正当发展的调解原则及道德标准。

社会主义社会的有计划的商品经济，虽然与资本主义的商品经济具有本质的区别，如社会主义社会是在以社会主义公有制经济占主导地位的经济体系中发展商品经济，社会主义社会的商品经济是在宏观经济的指导下发展商品经济，然而，只要是商品经济，又总归是以生产商品并以交换为机制的一种经济形式，因而赢利与竞争就总归是伴随这种经济形式所必然要产生的经济活动。特别是在我国社会主义初级阶段还存在着以社会主义公有制为主体的多种经济成分和以按劳分配为主体的多种分配方式的情况下，商品生产与交换不仅在社会主义所有制的不同成分与不同分配方式中进行，而且商品生产与交换还必须在各种经济成分及分配方式中，其中也包括在各种私营经济，如个体经济、中外合资经营的经济、外商独资经营的经济中，以及包括在各种其他分配方式中，如个体劳动所得、法律所允许范围内的雇工所得、债券及股份所得等方式的交往中进行。这就不能不使社会主义初级阶段的现实中所存在的赢利与竞争的经济活动呈现出复杂性。我们社会主义初级阶段中的道德生活，也不能不面对这些现实。在这一方面，道德的功能不可能去超越这些现实，或在幻想中去建造一个至上的善的世界。发展商品经济向道德所提出的要求，就是要我们在赢利和竞争的现实中，去做好由赢利与竞争所产生的人际关系的矛盾及冲突的调解工作。在这一现实中，道德的功能就是要积极地把握和调解各种赢利及竞争的价值趋向。我们必须致力于把这种赢利与竞争导向有益于发展社会主义社会的生产力和有益于造福人民的价值趋向。为实现这一要求，我们在道德调解中，一方面为了有效地发展商品经济，我们必须而且应当鼓励并赞许人们在法律许可的范围内，进行正当而有益的赢利和竞争；另一方面，我们还同时应当努力去防止、谴责和杜绝由于赢利而坑害服务对象、危害社会主义利益的现象，或由于竞争而造成人际关系重新陷入对立或对抗，甚至有害于社会主义安定团结的不良倾向。

在社会主义初级阶段，只有发展商品经济才能有效发展社会主义社会的生产力。在这一关系中，当然已经明显地体现了发展商品经济与社会主义利益的一致性。因此，在我国的现实经济发展中，我们无疑应该致力于克服那种长期统治着人们的小生产者的狭隘眼界和保守习气，从道德观念上彻底摆脱那些禁锢我们发展商品经济的精神枷锁，因为只有这样，我们才能发展和繁荣社会主义的商品经济。与此同时，由于社会主义初级阶段商品经济发展的价值趋向具有二重性，所以，我们在调解由赢利与竞争所产生的现实矛盾和冲突时，又不能不解决如何把由赢利与竞争所形成的优胜劣汰，化为有利于社会主义事业的进步和发展的动力问题，并以此作为我们道德思考的重点。因为只有这样，我们才能真正有效保障社会主义商品经济的繁荣和发展。而在这一方面，社会主义初级阶段的道德建设，又始终需要在发展商品经济的过程中，与那些假冒商品、缺斤短两、坑害顾客、偷税漏税、走私贩私、行贿受贿、执法犯法、敲诈勒索、贪污盗窃、泄露国家机密和经济情报、违反外事纪律、任人唯亲、打击报复、道德败坏等不良倾向进行不懈的斗争。我们必须批判和抵制封建主义的等级特权、资本主义的极端利己主义的腐朽思想和道德。我们在发展商品经济中进行道德建设的主要任务，也就是要有效地促进和保障社会主义商品经济的健康发展。

四

我国的社会主义既然还是初级阶段的社会主义，我们所进行社会主义建设面临的就是中国国情的实际，它从半殖民地半封建脱胎而来，商品经济很不发达，生产力发展水平很低，人口占世界的四分之一，科学技术水平不高，底子薄，不少边远地区还没有从根本上摆脱贫困。因此，我们所要建设的社会主义，就只能是具有中国特色的社会主义。与此相适应，我们所要建设的社会主义社会的道德，也还不能是完善形态的社会主义道德，而只能是合乎中国国情并具有中国特色的社会主义思想体系的道德。我国当前所进行的社会主义改革，就是要改革与我国现实的生产力发展不相适应的经济体系和上层建筑。我国现行改革的一个基本思想，就是要把马克思主义与建设具有中国特色的社会主义相结合。我国进行社会主义改革的这一思想路线，无疑也为我们现阶段的道德建设奠定了指导思想和理论基础，并且也正在为新的道德建设和发展增添无限的生机和活力，实现改革以及进行改革的思想路线正成为推动我国社会主义初级阶段道德建设的巨大动力。

与此同时，我们当然还应该看到，我国进行的社会主义改革已经给我国的社会主义建设和发展带来了新的生机和活力，并正在使我国的社会生产力获得空前未有的巨大进步和发展，使我国的社会物质财富有了巨大的增长，使人民的生活水平得到了普遍的提高，使人们的文化生活和视野开始扩展到现代化的水平。由改革和开放所带来的这些社会物质生活的巨大变化，也正在为社会道德生活的改造和进步带来日渐丰富的物质基础，并且也必将进一步推动我们在新的发展水平上来思考和建设新的道德生活。

当然，面对今天中国的道德生活的现实，人们也还会看到，当今社会的道德状况也确实还有不少不甚理想之处，例如在我们的干部中还有不少贪污受贿、挥霍浪费、奢侈成风的腐败现象，社会风气也还有不少讲排场、摆阔气、开后门、以职攀贵、以权谋私等不正之风，社会上也还有不少地方搞封建迷信、赌博、聚众斗殴，甚至出现暗娼等沉渣泛起的情况。对于这些情况的发生，我们当然无须讳言，而且必须坚决进行斗争并加以克服。然而，对于这些情况发生的原因，我们则应该有一个清醒的认识。我们的改革和开放，尽管也会在变革中引起一些社会关系的变动，但是，这些变动却并不是产生上述问题的根源，问题产生的根源在于现实存在着封建主义和资本主义的腐朽思想，同时问题也在于我们的政治思想工作和道德建设，还不能在这种社会变动中发挥有效的作用，政治思想工作和道德建设还没有能够摆脱往常那些空洞的框架，还缺乏进行现实的研究并获得解决这些现实课题的方法。我们现在正致力于在新的条件下去解决这些课题。只要我们的政治思想工作和道德建设真正从现实、从科学、从具体生活出发而面向实际，我们也就一定能够在我国生动的社会主义改革和建设的具体社会实践的丰富源泉中，汲取人民群众的智慧，并依靠人民群众去克服社会生活中的这些不良现象。而社会主义改革和建设的社会实践，又正是推动我们去解决这些道德课题的力量的源泉和发展的动力。

对于我国在改革和开放中所出现的社会精神和道德风貌的认识，我们认为虽然应该无须讳言现实存在的问题，然而，我们认为尤其主要的是应该看到，改革开放正在使我国的民族精神焕发出获得了新解放的景象，这后一方面才是我国现实在社会精神和道德风貌中的主流。这就是我们中华民族子孙，在党的十一届三中全会的正确路线指引下所焕发出来的巨大热情和创造精神。如今的中国人民，尤其是青年，都在热切地关心着中国的改革和社会主义现代化事业，关心着中华的崛起，关心着中国的富强、民主和文明。社会主义现代化的事业已经激发起人民学习现代科学和文化的巨大热忱，在中华民族的历史上，从来也没有像现在这样，有如此众多的人民如饥似渴地求索现代的科学和文化。我国的社会主义改革正在不断开拓人们的新视野、新观念和新境界。在广泛的社会生活中，一种求实和科学的创业精神也正在形成。我国人民那种传统的知足苟安的精神状态，也正在为新的一代所具有的开拓进取精神所取代。而这样一些新的、可贵的民族精神，也正是我们的革命先辈和无产阶级革命家长期为之呕心沥血希望培育的精神。这不正是由于改革开放而形成的社会精神和道德风貌的主流吗？社会主义改革推动着我国人民的新视野、新观念及新境界的形成，而中华的振兴和富强也寄希望于这种精神。

改革推动了我国社会道德生活的建设和发展。当然，我们也应该建设适合于我国现阶段生产力发展要求的道德，以有效地发挥促进改革和现代化建设的积极作用，例如我们的道德建设若能深入生活去克服现实社会生活中的一些消极现象，去克服小生产者的狭隘眼界和保守习气，去批判和抵制封建主义和资本主义的腐朽思想及道德，并且能够有效地调解在改革和现代化建设中所出现的各种矛盾，能够积极倡导和振奋起全国各族人民自力更生、艰苦创业、献身于现代化事业的巨大热情和创造精神，我们的道德建设也一定能够为保障改革和现代化事业的成功做出更大的贡献。

五

关于社会主义初级阶段道德建设的重点，我们认为，社会主义初级阶段的中心任务既然是发展生产力，那么，道德建设的重点也应该是社会主义初级阶段的职业道德建设，而职业道德建设的重点则又应该是干部道德、企业职工的道德和服务行业的道德。

在我们的社会道德生活中，除了每一个社会都会有一个占主导地位的总体道德之外，依据人们不同的生活领域，我们还可以大体划分三个生活领域的具体道德，这就是职业生活领域中的道德、家庭生活领域中的道德和社会公共生活领域中的道德。这三个社会生活领域中的道德，又是以哪一个生活领域中的道德为最主要呢？依据马克思主义的观点，既然人们的生产活动是人类最基本的实践活动，因此，人们的职业生活当然也应该是人类最主要的社会生活领域，它应该是人们社会生活的主体部分。与此相联系，社会职业生活领域中的道德当然也应成为各个具体生活领域的道德的主体部分。所以，职业道德应该成为社会主义初级阶段道德建设的重点，它首先是由职业道德在各个具体生活领域道德中的地位所决定的。

我国社会主义初级阶段的中心任务是要发展社会生产力，社会主义初级阶段道德建设的根本任务，当然也应该是通过各种道德调解与活动，去激发人们的社会主义积极性与创造性，并创造有益于发展生产力的社会环境，以保障社会生产力获得充分的发展。而在实现这一任务中，职业道德又占有突出的地位和具有巨大的作用。所以，把职业道德的建设确定为社会主义初级阶段道德建设的重点，也是实现社会主义初级阶段的中心任务所要求的。

另外，把职业道德的建设确立为我国现阶段道德建设的重点，还是深化社会主义改革的需要。我国现行的社会主义改革，其中不论是深入进行经济体制改革，或是进行政治体制改革，都将会在不同的范围内以不同的程度触动不同层次的人们的职业利益。社会主义改革愈深，通过道德手段调解人们在职业利益方面的矛盾的要求也就愈迫切。我们只有抓好职业道德建设，才能有效保障社会主义改革的顺利进行。

最后，我们要建设一个良好的社会道德风尚，当然也应该通过各个领域和各个环节的共同努力。各个领域、各个环节的良好风尚的建设都只有通过各个领域、各个环节自己的道德建设才能实现。然而，在这些领域和环节中，也会有一些主要的或至关重要的关键环节，我们认为职业道德建设就是这个最关键的环节。各行各业的职业道德建设好了，即只要我们这个社会人人都为对象服务，人人又都是服务对象，那么，在我们的社会生活中尽管还会充满竞争，但整个社会都会在相互服务的和谐中获得全面的进步和发展。

我国现在各条战线、各个部门都正在学习和贯彻党的十三大文件，我们对十三大文件的学习及其精神的理解还只是初步的。本文所涉及的内容，也只是结合十三大文件，并基于对伦理学建设问题的长期思考和积累而谈论的一点感想，在我国社会主义初级阶段如何进行道德建设，这是我们今后需要长期研究的一个重大理论课题。我们这里只是对几个理论问题陈述了一些粗浅看法，并希望能对这些问题的深入研究多少起到抛砖引玉的作用。

思想道德建设的地位和作用*

精神文明建设，包括文化、教育、科学和思想道德建设等各方面的内容，其中，思想道德建设占据着核心地位。因此，我们可以说，“思想道德建设是精神文明建设的核心”，它在整个精神文明建设中占据着特别重要的地位。对于思想道德建设在精神文明建设中的核心地位，我们可以从四个方面来加以阐释。

首先，思想道德建设主要是指学习和掌握马克思主义、毛泽东思想、邓小平建设有中国特色的社会主义理论和以江泽民同志为核心的党中央对我国现代化建设的新问题、新矛盾、新情况所作出的新的理论概括。对于全国人民来说，认真学习和掌握这些理论，就能够使我们在前进的道路上认清方向、增强信心。当前，我国的社会主义四个现代化的建设，正处在一个新的历史时期。从国际上看，西方敌对势力不愿意看到一个社会主义新中国的日益强大，正在千方百计地加紧“西化”和“分化”。在国内，随着市场经济的发展，也存在着某种淡化意识形态，忽视理想、信念，甚至以不惜牺牲精神文明为代价而换取一时经济发展的错误思想和做法。因此，我们必须进一步强调马克思主义、毛泽东思想和邓小平建设有中国特色的社会主义理论的指导作用。

其次，在思想道德建设中，弘扬社会主义、爱国主义和集体主义的

* 本文原载《群言》，1996（1）。

主旋律，是当前增强中华民族的凝聚力，树立民族自信心，使民族自尊、自强、自立的重要思想武器。在建立和发展社会主义的市场经济过程中，尤其要注意弘扬爱国主义的思想，把热爱祖国同热爱社会主义统一起来，使个人利益服从民族的、社会的和国家的利益，并使爱国主义同集体主义一致起来，使广大人民群众都能够自觉地为建设一个繁荣、富强和文明的社会主义新中国而做出自己的贡献。

再次，道德建设，从一定意义上看，可以说是思想建设的一个重要方面，它主要是指以社会主义集体主义为基本原则的社会主义道德的建设，包括职业道德、社会公德和家庭伦理道德几个主要方面。道德建设的根本目的，是要提高广大人民群众的道德素质，调整个人同他人、同集体、同国家的关系，正确处理某些利益矛盾，改善社会风气，培养有理想、有道德、有文化、有纪律的一代新人，从而使我们的社会主义事业后继有人。

最后，思想道德建设的最终目的就是要树立正确的世界观、人生观和价值观，这不但对于一切从事社会主义事业的先进分子，而且对于广大人民群众，都是有重要意义的。正确的世界观，就是辩证唯物主义的世界观，它从历史发展规律的高度认识当前社会，强调社会主义必将战胜资本主义，从而使我们永远保持共产主义的理想和信念。正确的人生观，就是为人民服务的人生观，就是要弄清楚人为什么活着才最有意义、最有价值，要认识到只有为集体、为社会、为国家而生活，才是一种最高尚、最有意义的人生。正确的价值观，就是人民利益高于个人利益的集体主义价值观，就是把人民的利益、国家的利益作为评价事物的有无价值和价值大小的重要标准。这是我们判断事物价值的出发点。

上述几点，都属于思想道德建设的内容，都是思想道德建设的重要组成部分。加强思想道德建设，提高广大干部和群众的思想觉悟、道德水平，就能够使我们的四个现代化建设在正确的思想指导下，顺利地向前发展。从这一意义上看，我们应当明确地提出，思想道德建设作为社会主义精神文明建设的核心，它不但能为物质文明建设提供精神动力和智力支持，而且能够保证物质文明建设沿着社会主义道路前进。

我们还应当特别强调，我国所实行的市场经济，不是一般的市场经济，更不是资本主义的市场经济，而是社会主义的市场经济。现在，这一点被有些人忽视了。在市场经济前面，加上社会主义一词，就给市场经济赋予了同资本主义市场经济有质的不同的意义，它的目的是要实现消灭剥削，消除两极分化，最后达到共同富裕的社会主义社会，并最终向共产主义社会过渡。正是从这一根本目的出发，在实行社会主义市场经济的条件下，在意识形态领域内加强马克思主义的价值导向作用，弘扬社会主义的主旋律，培养“四有”新人，就具有十分重要的意义了。

关于社会主义道德建设的一点思考*

党的十四届六中全会的决议，对社会主义道德建设作出了新的概括，这对于我们加强学校德育工作，大力进行“四有”新人的培育，有重要的理论意义和实践意义。

一、“为人民服务”是社会主义道德建设的核心

新中国成立以来，在道德建设和伦理学的研究中，虽然也重视和强调“为人民服务”的思想，但并没有明确地把“为人民服务”作为道德建设的核心。一般来说，在过去一段时期，我们是在下列四个方面的意义上来理解“为人民服务”这一思想的：（1）“为人民服务”是党的宗旨，是一切共产党员的言论、行动的出发点和归宿；（2）“为人民服务”是无产阶级的人生观，是一切先进分子所应当具有的人生观，是一切先进分子所应当具有的人生态度；（3）作为道德基本要求的“爱人民”的一个内容，即把“为人民服务”看做“爱人民”的一个方面；（4）把“为人民服务”看做实行革命人道主义的一个出发点。党的十四届六中全会决议明确提出“社会主义道德建设以为人民服务为核心”，这是一

* 本文原载《北京高等教育》，1996（6）。

个新的提法，是在我们党的文件中，第一次以明确的语言提出了道德建设的核心问题，因而值得我们认真地领会和贯彻。

社会主义道德建设以“为人民服务为核心”，反映了社会主义政治制度和经济制度的根本要求，体现着社会主义道德建设的出发点和归宿。我们正在建设的是社会主义社会，最终目的是要建立共产主义社会，即要建设成一个消灭剥削、消除两极分化的使所有人都共同富裕的社会。毛泽东同志在 1944 年提出“为人民服务”这一思想时就说：“我们的共产党和共产党所领导的八路军、新四军，是革命的队伍。我们这个队伍完全是为着解放人民的，是彻底地为人民的利益工作的。”他还一再强调，在整个社会主义革命和建设时期，我们的一切理论和行动，都应当以符合最广大人民群众的利益、为最广大人民群众所拥护为最高标准。正由于此，社会主义道德作为社会主义人民民主专政的政治制度和以公有制为主体的经济制度的反映，把“为人民服务”作为社会主义道德建设的核心，对正确处理社会主义社会中的人际关系，保证我国社会主义的四个现代化建设能够沿着正确的道路向前发展，有着重要的意义。

社会主义道德建设“以为人民服务为核心”，体现了社会主义道德的最根本的要求。什么是“道德”，通俗地讲，道德就是在人和人的关系中，能够处处为他人着想，为社会和整体考虑。在社会生活中，人总是要在同别人发生种种相互关系中生存和发展的。在公共场所，要有社会公德；在职业岗位上，要有职业道德；在家庭生活中，更应当遵守家庭美德。这也就是说，每一个社会生活中的人的一切活动，即每个人在同他人相处的关系中，必须要遵守相应的道德规范。所有道德规范的最根本的要求，就是能够为他人着想，为社会考虑，为他人和社会去做自己力所能及的事情。正是在这个意义上，道德又常常是同“献身”和“牺牲”联系在一起的。在社会主义社会中，我们的道德更强调“为人民服务”的重要性。在这里，为人民服务同为社会主义事业献身有着密切的关系。我们愈是能够为人民服务，我们的社会主义事业就愈兴旺发达，我们的社会主义现代化建设就愈能更快发展，我们的社会主义国家就愈能更加团结、更加稳定。从我国现实的先进人物和道德楷模来看，不论是徐虎和李素丽，还是李国安和孔繁森，在道德思想和道德行为上，他们始终都是把“为人民服务”和“为社会献身”作为自己一切言论和行动的出发点和最终目的。在社会生活中，一个人要想有道德、希望他人认为自己有道德，或者愿意不断提高自己的道德水平，最重要的一点，就是要能够做到“为人民服务”、“为社会献身”。由此可见，在加强道德建设，提高青少年的道德素质工作中，要特别注意培养、教育他们“为人民服务”，要使他们能够自觉地从事有利于他人、有利于集体和国家的活动。一个青年，他越是自觉地、经常地、一贯地去从事这种活动，他就越能够在攀登社会主义道德的阶梯中，不断地前进。

社会主义道德建设“以为人民服务为核心”，既坚持了社会主义道德的先进性的要求，又注意了社会主义道德的群众性的要求，使先进性和广泛性很好地结合起来，有利于推动我们的道德建设更加健康地向前发展。确实，“为人民服务”正如我们前面所提到的，它是同社会主义的基本政治制度和经济制度相联系的，是同我们在全社会应当认真提倡的共产主义道德相联系的，因而，它是一种先进性的要求。同时，“为人民服务”还体现着从我国当前的生产力水平出发，从我国现阶段人民的利益出发的群众性的要求。正像邓小平同志所说的，在改革开放的新的历史条件下，我们仍然应当以最广大人民群众的最大利益为我们一切工作的出发点和根本目的，要把“人民拥护不拥护”、“人民赞成不赞成”、“人民高兴不高兴”、“人民答应不答应”作为制定政策和进行工作的出发点和归宿。把“为人民服务”作为社会主义道德建设的核心，既包含了一切诚实劳动、遵纪守法、从人民利益出发、从国家利益出发的行为，又要求人们能够不断地提高自己的道德觉悟，在社会主义和共产主义思想的引导下，逐步地向更高的道德要求前进。

二、集体主义是社会主义道德建设的原则

决议在提出社会主义道德建设的核心是为人民服务的同时，也强调了社会主义道德建设的原则是集体主义，这也是一个很重要的问题，我们同样应当很好地加以体会和贯彻。

新中国成立以来，在伦理道德建设上，我们就一直强调，集体主义应成为我们社会主义社会道德的原则，并且在社会和广大理论工作者中取得了共识。但是，随着改革开放和实行社会主义市场经济，一些人对

集体主义还能不能、应当不应当仍然是我国当前社会主义社会的道德原则产生了困惑。一些人以所谓市场经济就是要实现个人的利益为理由，极力贬损集体主义，说什么集体主义只重视集体利益而不重视个人利益，不符合市场经济发展的要求，等等。值得我们注意的是，除了“左”的思想曾对集体主义作出过片面的解释外，还存在着西方敌对势力对集体主义的攻击，存在着自由化思潮对集体主义的贬斥。西方资产阶级在攻击社会主义的同时，往往把集体主义等同于社会主义，指责我们的社会主义和集体主义都是否定个人利益的。国内的一些自由化思潮，在鼓吹资产阶级的民主、自由、人生观和价值观时，也极力歪曲集体主义，说什么集体主义是对个性的束缚，是对个人自由的压制等。因而有的人甚至提出，在市场经济条件下，我们是不是应当用个人主义原则来代替集体主义原则。十四届六中全会的决议，第一次在党的文件中，明确地指出社会主义道德建设的原则是集体主义，有着极强的针对性，是对改革开放以来有关道德原则争论的一个科学的回答。

确实，作为社会主义道德原则的集体主义，在“左”的思潮影响下，曾出现过片面强调集体利益而忽视个人的正当利益，甚至有把个人利益同集体利益对立起来的情况。在今天，我们应当纠正“左”的思潮强加给社会主义集体主义的许多不正确的东西，探讨在新形势下时代所赋予集体主义的新内容。但是，我们还必须理直气壮地驳斥西方敌对势力和资产阶级自由化思潮对社会主义集体主义的诋毁和诬蔑，更不应因为有“左”和右的干扰而走向否定集体主义这一原则的错误道路。

我们知道，道德的基本原则，也是同社会的经济、政治制度密切结合的，正像个人主义是资本主义社会的道德基本原则一样，集体主义是同社会主义的人民民主专政和以公有制为主体的经济制度结合在一起的。作为一种道德原则，它既产生于一定的经济、政治制度，又能动地为巩固和发展这一经济、政治制度服务。从社会主义的经济、政治制度出发，社会主义道德的集体主义原则，基本上包括以下三个方面的内容。

第一，社会主义集体主义强调集体利益和个人利益从根本上来说是一致的，这是由社会主义的本质所决定的。社会主义国家是全体人民利益的代表，是体现着所有成员共同利益的一个真实的集体。社会主义国家不是为少数人的利益服务的，而是完全、彻底地为最大多数的人民的利益服务的。因此，集体的利益本身，就体现着每个人的长远的、根本的利益。对于每一个人来说，只要他的个人利益是正当的，它本身就属于集体利益的有机成分。集体利益同个人利益在根本上的这种一致性，是我国社会主义集体主义的坚实基础，是它之所以能够调整人和人之间关系的力量源泉，也是我们同一切资产阶级所说的“集体主义”的本质区别。在资本主义社会中，也有所谓“社会集体主义”、“企业集体主义”等等，但在那种“集体”中，由于“集体”是为少数人或基本上是为少数人谋利益的，因此，个人利益和“集体”利益，从根本上说是对立的。因此，我们在强调社会主义道德的集体主义原则时，应当加深认识个人利益和集体利益从根本上说是一致的这一思想，提高我们对集体主义的认识。

第二，社会主义集体主义强调在个人利益同集体利益发生矛盾的情况下，个人利益应当以集体利益为重。我们承认，在社会主义社会中，个人利益同集体利益在根本上是一致的，同时，还应当认识到，在现实生活中，个人利益同集体利益也有发生矛盾的情况。为什么会产生这种情况呢？这是因为，个人利益不但包括个人的长远的、根本的利益，而且还必然要包含个人的目前的、暂时的利益。在一些人的个人利益当中，有些是正当的，有些可能是不正当的。例如，有的人是依靠遵纪守法、诚实劳动来达到自己的个人利益的，而有的人的个人利益，可能是通过损人利己或违背集体利益的手段达到的。更应当引起我们注意的是，尽管从某一个人来说，他所追求的个人利益是正当的，是依靠自己的诚实劳动而选择和希望选择的行为，但是，从整个社会、国家的利益来看，有时是有困难的，或者是行不通的，如在大学生毕业分配中，个人的要求是正当的，但要求去同一个工作岗位的人数过多，或者某个岗位是国家所急切需要的，而愿意到这个岗位的人却不够，等等。在这种情况下，集体主义认为，个人应当顾全大局，以集体利益为重。集体主义强调，在人民生命财产受到威胁，或国家安全受到敌人侵袭时，每一个人都要以国家和人民利益为重，尽力保卫国家的独立和尊严，维护国家的利益，履行每一个人对国家应尽的责任。由于社会主义社会中的集体利益同个人利益在根本上是一致的，所以，集体主义反对个人的任何不必要的牺牲，并且要尽可能保障每一个人的生命和财产的安全。集体主义所强调的是，只有在特殊的情况下，在危及人民、国家、社会的根本利益时，才要求个人无条件地为集体而献身。那种把集体主义看做在任何情况下都不允许有个人利益，都要求个人做出牺牲的思想，是不符合实际的，是错误的，是对社会主义集体主义的误解，是应当加以纠正的。

第三，在集体利益高于个人利益的前提下，集体主义强调要充分发挥个人的能动作用，保障个人的正当利益，促进个人的价值的实现。社会主义集体主义的一个根本目的，就是要力求最大限度地使个人能够得到全面的发展，使个人的个性和自由能够得以实现。什么是个性？什么是自由？不同的阶级对此有不同的理解。社会主义集体主义所说的“个性”和“自由”，是从最广大人民群众的利益出发的，是以实现“共同富裕”的社会为目的的个性和自由，绝不是那种不顾国家、集体利益而以自我为中心的个性和自由。在社会主义社会中，发挥个人的创造性，形成个人的健康向上的活力，使每个人都能在实现个人的价值中蓬勃向前，是国家和社会兴旺的一个重要标志。正是由于这种原因，社会主义集体主义的根本目的，不是要以集体利益来限制个人利益，相反，而是要借集体的强大力量来更好地发挥个人的活力，更全面地实现个人的价值，从而使集体、国家能够更加富有生气，更加朝气蓬勃地向前发展。在当前，我们必须纠正一些人对集体主义的误解，即把重视个人的正当利益，重视个人的价值、自由和个人的才能的发挥等等同集体主义对立起来的错误看法。我们应当明确地提出，重视个人的正当利益和个人价值的实现，不但不同集体主义相矛盾，而且是集体主义原则的重要组成部分，它本身就是集体主义思想的应有之义。

社会主义集体主义之所以重视个人的正当利益及价值的实现，归根到底，是因为它是有利于集体利益的，而集体利益的实现，又是有利于个人利益的发展的。邓小平同志在谈到集体利益和个人利益的关系时曾说：“在社会主义制度之下，个人利益要服从集体利益，局部利益要服从整体利益，暂时利益要服从长远利益，或者叫做小局服从大局，小道理服从大道理。我们提倡和实行这些原则，决不是说可以不注意个人利益，不注意局部利益，不注意暂时利益，而是因为在社会主义制度之下，归根结底，个人利益和集体利益是统一的，局部利益和整体利益是统一的，暂时利益和长远利益是统一的。我们必须按照统筹兼顾的原则来调节各种利益的相互关系。如果相反，违反集体利益而追求个人利益，违反整体利益而追求局部利益，违反长远利益而追求暂时利益，那么，结果势必两头都受损失。”① 这段论述可以说是对集体利益和个人利益相互关系的一段辩证科学的论述。

三、社会主义道德的核心和原则的统一

社会主义道德的核心和原则，或者说“为人民服务”和“集体主义”是什么关系呢？社会主义道德的核心，体现着道德建设的总的目的和出发点，反映了社会主义社会广大人民群众的理想、信念和要求，贯彻了党的宗旨，是道德这一意识形态的时代精神的体现。从这一意义上说，“为人民服务”既是党为社会主义和共产主义而奋斗的政治目的在道德上的要求，同时，又是我们的社会主义道德在社会主义市场经济条件下的时代精神的体现。一切为了人民的利益，而不是为了狭隘的、个人的私利，这就是我们道德的核心。为人民服务，就是为有中国特色的社会主义服务，就是为建立文明、富强、繁荣的新中国服务，就是为实现消灭剥削、消除两极分化、实现共同富裕的社会主义社会服务。因此，在“为人民服务”中就已包含着人民利益至上的思想，包含着国家利益、社会利益和民族利益高于个人利益的思想。从这方面来讲，“为人民服务”同“集体主义”是一致的，是相辅相成的。

在“为人民服务”的活动中，每个人都必然会面临着同他人、同社会、同国家等各方面的关系，必然要有一个处理这些关系的原则。从这一意义上说，道德原则是一切道德活动所必然具有的。在当前的社会生活中，在处理个人与他人、与社会、与国家的关系时，不是集体主义的原则，就必然会是个人主义的原则或其他封建等级制的原则。因此，强调集体主义原则，就是要使人们对社会负责、对人民负责，正确处理国家、集体和个人的关系，反对从个人和小团体出发的思想和行为，从而使一切“为人民服务”的道德活动，都能够在社会主义集体主义的原则指导下，更好地沿着社会主义道德和共产主义道德的要求向前发展。

---

① 《邓小平文选》，2版，第2卷，175～176页，北京，人民出版社，1994。

正确认识道德建设同法制建设的关系*

在人类社会生活和政治生活中，法律和道德都是调整人和人之间的关系的行为规范，对于维护社会秩序、形成社会风气都有重要作用。任何一个社会的治安的稳定，要靠法律制裁也要靠道德教育。同样，一个社会的道德风尚的形成，不但要靠道德教育，而且也有赖于法制建设。因此，在加强社会主义精神文明建设的过程中，探讨一下法制建设同道德建设的关系，更自觉地使法制建设和道德建设相辅相成，更明确地使道德建设和法制建设相互为用，从而更有效地运用法制建设和道德建设，以便约束和制约一切不良行为，达到为社会主义社会培养新的道德风尚的目的。

自从人类进入阶级社会以后，维护社会秩序的稳定，就成为统治阶级最关心的问题之一。“道德教化”和“法律制裁”是历来统治者所采用的两种不可缺少的手段，这也就是列宁所谓的“两手”问题。对治理国家和维护社会秩序来说，究竟是“法律制裁”更重要，还是“道德教化”更重要，在中国政治、伦理思想史上，曾经是一个长期争论的问题。以孔子、孟子为代表的儒家，强调“道德教化”的作用，而以商鞅、韩非为代表的法家，则强调法律制裁特别是严刑峻法的重要意义。自从汉武帝“罢黜百家、独尊儒术”之后，“道德教化”成为统治阶级

---

* 本文原载《核工业管理干部学院院刊》，1997（1）。

更为重视的一种手段，支配着中国长达两千年的政治生活。但是，一个社会的正常秩序的维持，是绝不可能只靠"道德教化"的，而中国历代统治阶级所实际执行的，都只能是德主刑辅或德刑并用，只不过是在加强法治的同时，更加注意对老百姓的道德感化，从而更有利于统治阶级的统治罢了。

从历史上法家和儒家争论的情况来看，法家相当于我们所说的法学家，而儒家则相当于我们所说的道德学家或伦理学家。法学家强调法治的重要，伦理学家则强调德教的重要，尽管在争论中往往各执一词，有许多片面的地方，但他们对稳定社会秩序、治理社会混乱、维系人和人之间的"和谐"关系等方面，提出了许多相互补充、相互联系、相互作用、相互启发的深邃思想，仍然值得我们批判地加以吸收。

孔子是强调道德教化的最重要的理论家。他关于德治的最有名的一段话是"导之以政，齐之以刑，民免而无耻；导之以德，齐之以礼，有耻且格"①。这就是说，一个统治者治理国家，如果只用法律、政令来引导老百姓，只用刑罚来整治他们，这样，老百姓只求苟免于刑罚，却没有廉耻之心；如果能够用道德来教化他们，用道德规范来整治他们，这样，他们就会知道犯罪是可耻的，因而就能够在以后改正自己的错误思想而不再犯罪。孔子在这里并没有否认法律、刑罚的必要性，他强调的是，为了预防和减少犯罪，更重要的是要使老百姓有羞耻之心。孟子从治理国家的角度，进一步发挥孔子的思想，提出"善政不如善教之得民也。善政民畏之，善教民爱之。善政得民财，善教得民心"②。孟子所说的"善政"，指的就是法律、政令的治理，他所说的"善教"，指的就是道德教化。孟子强调道德在协调人和人之间关系上的重要作用，总结了历史上道德教化的经验，提出了人和人之间的"五伦"关系，"父子有亲、君臣有义、夫妇有别、长幼有序、朋友有信"，这就是父慈子孝、君义臣忠、夫外妇内、尊老爱幼和诚实守信的道德原则。孟子认为，完善道德教化，就是要从内心中强化每个人的道德义务，从而使人和人之间的关系能够和谐。西汉初年的大思想家贾谊，从总结秦亡的历史教训出发，在他的《陈政事疏》中，进一步提出了刑罚和道教的不同

① 《论语·为政》。"德治"，许多人认为就是"人治"，这种理解是不确切的。儒家强调"德治"，主要是指要由有道德的人以身作则，用道德教育来感化老百姓。

② 《孟子·尽心上》。

的社会功用。他说："凡人之智，能见已然，不能见将然。夫礼者禁于将然之前，而法者禁于已然之后，是故法之所用易见，而礼之所为生难知也。"① 他还进一步说明："然而曰礼云礼云者，贵绝恶于未萌，而起教于微眇，使民日迁善远罪而不自知也。"② 贾谊所说的"礼"，同孔子一样，主要是指道德教化而言的。他认为，一些人之所以只看到刑罚的作用而看不到道德的作用，主要是因为，道德教化是要在人们为恶之前加以诱导，从而达到使人们不违法犯罪的目的，而法律则都是惩罚于已经犯罪之后，所以它的威慑作用是容易看到的。更重要的是，他认为，道德教化能够在人们不知不觉之中，不断提高人们的道德水平和做道德选择的能力，从而不再犯罪。他还认为，只是强调对犯罪者施以刑罚，还容易带来一些人怨恨和反社会的情绪，而道德教化则容易促进人和人之间产生情感的和谐。鲁迅认为贾谊的《陈政事疏》是"西汉鸿文"，毛泽东同志认为《陈政事疏》是"西汉一代最好的政论"，"全文切中当时事理，有一种颇好的气氛，值得一看"。而贾谊的《陈政事疏》一文的主要作用之一，就是阐述了道德教化的重要性。贾谊关于"德治"和"法治"关系的论述，在我们今天仍有借鉴的意义。

商鞅、韩非等战国时期的思想家，他们从当时的社会需要出发，强调以法治国的重要，为了促进农业生产和进行军事兼并，必须强化法律的作用。在他们看来，一个国家的治理，重要的不是进行道德教育，而是要利用人民求利的心理，使国家强大和人民富足。商鞅认为，人的本性都是趋利避害，而道德说教往往是无能为力的，只有刑罚才能使人们不敢违法，只有奖赏才能够使他们为求得功利而积极从事耕战，有利于国家的富强。商鞅也强调"义"的重要，他认为"义"就是国家人民之大利，因此，他说"吾所谓刑者，义之本也"③，只有强调刑罚之功用，才能从根本上使国家富强起来。商鞅强调"以刑去刑"，即只有用法律的惩罚，才能使人们不敢再去犯法。为了保持社会秩序的稳定，商鞅甚至认为，应当"轻刑重罚"，因为"重其轻者，轻者不生，则重者无从至矣"，这也就是说，只有"轻刑重罚"，才能达到"以刑去刑"的目的。战国末期的法家代表人物韩非，从人的本性都自私（"自为"）的前提出发，认为企图用道德教育来改变人的天生的自私的本性，只能是徒

①② 《汉书·贾谊传》。

③ 《商君书·开塞》。

劳无功的。韩非认为，要想使人们去恶为善，唯一的办法就是要运用法律的手段。他认为，对于一个没有道德、违法乱纪的“不才之子”，“父母怒之弗为改，乡人谯之弗为动，师长教之弗为变”，但是，一旦“州部之吏”，“求索奸人”，“然后恐惧，变其节，易其行矣”。韩非明确提出，治理国家，要“不务德而务法”①。韩非继承商鞅的思想，他认为，既然人的行为总是从趋利避害出发，每个人在自己的活动中，都要计算利害得失，统治者应当根据人们的这种“计算”心理，把“刑罚”和“奖赏”作为治理国家的“二柄”，从而达到巩固统治的目的。到了西汉昭帝时，尽管汉武帝时已“罢黜百家”而德治思想占了统治地位，但桑弘羊等仍坚持法治的思想，认为只强调道德教化，不重刑罚，实际上无益于国家富强和生产的发展，却会纵容那些懒惰和奢侈之人。桑弘羊认为，对坏人施以刑罚，如同对杂草加以锄除，“锄一害而众苗成，刑一恶而万民悦”，否则，有杂草不锄，要获得丰收，当然是不可能的。

在中国历史上，主张法治的思想家们强调，在社会生活中人们都追逐私利的情况下，要满足自己的生存欲望，必然会为私利而发生各种斗争，如果没有法律，人类的社会秩序就无法维护，这也就是荀子所说的“人生而有欲，欲而不得，则不能无求，求而无度量分界，则不能不争，争则乱，乱则穷”②，这是有深刻道理的。法家还强调，刑罚对一切违法犯罪之人，都应当同样对待，这就是所谓“法不阿贵”，也就是我们今天所说的法律面前人人平等。“以法治国”、“法不阿贵”和“贵法不贵义”是法家治理国家的基本思想。法家也强调进行法治教育，把法律公之于众，在罚的同时要赏，从而达到尽量避免人们犯罪的目的。

在儒家的“德治”和法家的“法治”的争论的同时，也出现了主张要正确对待两者关系的“德”、“法”并重的学派。管子认为，在治理国家时，不仅要加强道德教育，“厚爱利”，“明智礼”，而且要“申之以宪令”，“振之以刑罚”③，只有如此，才能使社会安定，不会发生暴乱。孔子虽然强调德治，但他也认为道德感化和法律制裁这两手必须交替运用，而不能只强调德教。他认为在治理国家时应当宽猛并用，认为只有

① 《韩非子·显学》。
② 《荀子·礼论》。
③ 《管子·权修》。

“宽以济猛”和“猛以济宽”，才能达到“政是以和”[1] 的目的。他说的“宽”就是“道德教化”，他说的“猛”就是法律制裁。荀子强调“礼以定伦”，管子提出“律者，所以定分止争也”，认为只有如此，社会秩序才能更好地得以维持。成书于秦汉之际的《大戴礼》，进一步阐明了道德教育和法律制裁的关系，认为两者不可偏废。当然，在所谓“道德教育”和“法律制裁”并重的思想中，一定的思想家总是要或多或少偏重其中的某一方面，或认为某一方面是更根本的。

自汉以后，从表面上看，统治阶级历来都推崇儒家，实行“德治”，强调道德感化的重要，从主导意识形态来看，把“导之以德”作为政治统治的主要一手。但是，从实际情况看，任何一个统治阶级都不会放弃“法治”的刑罚作用，都不会忘记用刑罚来维护自己的统治。儒家的“德治”思想也可以说是一种以“德治”为主、以“法治”为辅的方法，甚至可以说是“德治”与“法治”并用的手段，不过他们更重视“德治”的作用，强调道德感化的功用。自隋唐以后，立法工作大大加强，隋律、唐律都有十分详细的法律明文规定，对各种违法的行为都规定了详细的处罚办法。以后，宋代、明代直到清代，都有很详细的法律条文，而且在历史的某些特定时期，特别是当社会处于动荡时期，统治阶级就更加重视刑罚的作用，这同他们所强调的“德治”和道德教化，从表面上看是自相矛盾的，其实，从本质上来看，仍然是一致的。

中国传统思想中关于“德治”和“法治”的思想，应当说，都包含有真理性的颗粒，有其合理的因素，但又都有一定的片面性。从马克思主义关于德教和刑罚的关系的理论来看，法律和道德是阶级社会中统治者规范人们行为的两种重要手段，一种靠行政权力的强制，一种靠道德教育的感化，它们各有自己的功能，各有自己的起作用的方法，各有自己的特殊性。从维持一个社会秩序的和谐、稳定来说，两者中的任何一个，都不能代替另一个，忽视其中的任何一个方面，社会秩序都不可能协调发展。道德教化的功能，力求使人有羞耻之心而不去犯罪，但对已经犯罪和为非作歹之人，则必然要有法律的惩罚。在当前我国社会中，一方面是经济发展水平和物质资料的不足，一方面是长期私有制的影响和剥削阶级腐朽思想对人们的腐蚀，再加上国际上敌对势力的渗入及资

① 《左传·昭公廿年》。

产阶级思想的引诱，犯罪现象不可避免，有时还可能很严重。因此，强调“法治”的作用，以法治国，是我们当前的一个重要任务。但是，我们决不能片面地强调“法治”的重要性，而忽视道德教化的作用，因为道德教育能够防患于未然，能够使人们知道犯罪的可耻，而且还能够培养人们为他人服务和为社会献身的思想，有利于我国人民的素质的提高，因此，更应当大力加强。针对我国的现实情况，应当说，“法治”的重要性已为越来越多的人所认识，但加强道德教化以减少犯罪，从而提高人的素质、改善社会风尚的思想，还没有得到应有的重视，这是我们所应当特别加以注意的。

新时期思想道德建设的问题与对策*

我国正处在发展社会主义市场经济和实现社会主义四个现代化的新时期，这个新时期在我国的思想道德建设领域出现了前所未有的新情况、新问题和新矛盾，要求我们根据马克思主义的立场、观点和方法，创造性地对这些问题加以认真地分析和研究，从而找出解决的对策。

一、新时期思想道德建设面临的新情况、新问题

从思想道德建设来说，在新时期我们面临着三个方面的新情况，它们从各个方面影响着我们的思想道德建设。对于这三个方面的新情况，我们必须充分重视。

第一，经济全球化、政治多极化和科学技术的迅速发展，尤其是信息技术、互联网的出现，带来了政治、思想、道德和文化方面的更加直接、更加迅速的相互激荡、相互冲突和相互影响。信息网络的发展，形成了一个新的思想文化阵地，各种思想得以迅速在网上传播，向我们的思想道德建设提出了严峻的挑战。一方面，通过互联网我们将更容易地吸取人类的一切优秀文化成果，有利于社会主义新文化的建设；另一方

* 本文原载《中国人民大学学报》，2000（5）。

面，西方的一些文化垃圾、腐朽的道德观念和生活方式，个人主义的价值观和资产阶级的“民主”、“自由”思潮，由于互联网的发展也有了新的传播渠道。需要指出的是，不论是在经济发展、政治影响方面，还是在信息技术方面，和西方发达的资本主义国家相比，从总体上说，我们还都相对地处于弱势和不利地位。西方的敌对势力，正利用它们在各个方面处于优势的有利条件，竭力对我国进行“西化”和“分化”，其最重要的手段之一，就是通过意识形态和价值观念的传播来腐蚀我们的人民，最终达到颠覆我国的社会主义制度和复辟资本主义制度的目的。也正是在这样的背景下，资产阶级的“民主”和“自由”，资产阶级的个人主义、拜金主义和享乐主义等腐朽思想，在我国不断地泛滥和传播。这些腐朽思想使一些人的自私自利的贪欲不断膨胀，使一些人目光短浅、失去了崇高的理想和信念。这些新情况是我们今天进行思想道德建设所必须要认真考虑的。

第二，我国发展社会主义市场经济以来，经济生活和社会生活领域出现了许多复杂的情况。一是经济成分的多样化以及由此而产生的利益主体的多样化。这种多样化的出现，必然要带来价值观念、价值取向的变化。由于经济地位、利益分配上的差别，不同的经济成分和利益主体就会形成各自不同的世界观、人生观和价值观。这些不同的世界观、人生观和价值观，既然都在一个社会上存在，它们之间必然要相互影响、相互作用，并且不可避免地要相互斗争。尽管这种斗争，就其主要内容来说，属于人民内部矛盾，但也在一定程度上反映了意识形态领域不同阶级之间的思想斗争，这是阶级斗争在我国一定范围内仍然并将长期存在的主要表现。二是社会组织形式的多样化及其不断发展。这些不同的组织形式，反映着各种组织的不同利益和要求，并且与不同经济成分和利益主体的要求相结合，它们不但要求自己的经济利益的满足，而且还必然要求政治上的利益和权利。三是随着社会经济的不断发展和人民生活水平的不断提高，人们的生活方式也愈来愈多样化。改革开放以来，随着人们的物质生活水平的不断提高，人们对精神生活的内容、形式也提出了更高的要求，对文化产品的品牌、质量的要求也越来越高。在这种情况下，如何引导人们正确地休闲、娱乐、旅游和消费，避免一切腐朽生活方式对他们的侵蚀，也成为现实生活中一个值得注意的问题。四是就业方式和就业渠道的多样化，改变了过去由国家统一分配的形式，突出了个人选择职业的必要性。这种多样化的出现，使人们的个人意愿得到更好的满足，为个人的充分发展提供了更多的机遇，但同时也产生了个人就业的某些困难，产生了个人要求同国家和社会需要之间的新的矛盾。近年来，随着国有企业改革的深化，出现了一些职工的下岗问题。这给我们的思想政治工作和道德建设带来了新的问题。

第三，值得注意的是，我们在发展社会主义市场经济的过程中，还必须充分认识到“市场”本身所带有的消极的、负面的影响。在一段时期里，我们较多地注意到了“市场”的积极的、正面的作用，而忽视了或者没有注意到它可能给我们造成的危害，尤其是在思想道德教育方面可能产生的负面影响。应当看到，市场经济激发了人们的开拓精神、创新思想和效率意识等，但由于“市场”在自己的活动中，总是追求最大利润和最大效率，从一定意义上说，也就是要追求最多的金钱，因此，它也极容易诱发一些人的拜金主义、个人主义和享乐主义思想，诱发一些人的自私自利的思想和贪得无厌的欲望。一些人不能正确地区分正当的个人利益和不正当的个人私利，在“市场”的消极影响下，也容易陷入拜金主义和享乐主义的泥坑。更有甚者，一些人把我们的社会主义市场经济看做和资本主义市场经济没有区别的市场经济，把个人主义、拜金主义和享乐主义作为自己信奉的价值观，并在社会上散布他们的这些腐朽思想来影响广大群众。他们极力论证和宣扬“人的本性是自私的”，“集体主义是计划经济的产物，现在已经过时”，“市场经济的价值导向应当是个人主义”，说什么既然“市场经济是一种求利的经济”，人们的价值观就应当是利己主义的。在价值观上，他们反对社会主义和共产主义的崇高理想和信念，把金钱看做人生最值得追求的东西，在他们看来，只有金钱才能确定人的价值，谁有钱，谁就“值得尊敬”。正是在这种思想的影响下，一些人只知道追求金钱，目光短浅，完全失去了正确的理想和信念，经不起歪理邪说的诱惑，如此等等。因此，我们在思想道德建设上，要充分认识“市场”可能产生的种种消极作用，对加强马克思主义的世界观、人生观和价值观教育予以高度的重视。

总之，一方面是市场经济的负面作用，另一方面是西方敌对势力对我国“西化”和“分化”的图谋，它们内外合流，使我们的思想道德教育面临着一个极为严峻的局面。

二、新时期提高道德素质的重要意义

在发展社会主义市场经济的新时期，提高人民群众的道德素质具有重要的意义。实践证明，良好的道德素质能使人们自觉地扶正祛邪，扬善惩恶，有利于形成追求高尚、激励先进的良好社会风气，保证社会主义市场经济的健康发展，促进整个民族素质的提高。

在过去一段时间里，我们常说，社会主义市场经济是一种法治经济，强调了法律对市场经济的正确运行的制约和规范作用，这当然是正确的。同时，我们决不能因此而忽视道德建设的重要性，忽视人们的道德素质在市场经济中的重要作用。任何一个社会的经济运行、政治秩序和社会稳定，都不可能仅仅依靠法律，而必须重视道德的功能。法律和道德作为上层建筑的组成部分，都是维护、规范人们思想和行为的重要手段：法律以其权威性和强制手段规范社会成员的行为，道德以其说服力和劝导力提高社会成员的思想认识和道德觉悟。道德规范和法律规范应该相互结合，相互支持，共同维持社会的存在和发展。

依靠权威性和强制力的法律，可以使人在法律监督的范围内不做违法的事，但是不能使人有“羞耻之心”，不能使人形成知善知恶的荣辱观念。因此，只要法律管辖不到，或者法律有空隙可钻，有些人就会为所欲为，无恶不作。所谓“导之以政，齐之以刑，民免而无耻”，说的就是这个意思。中国历史上的无数事实说明，在一个“任刑不任德”的社会里，必然要实行严刑峻法，由于不能提高广大人民群众的道德素质，社会风气日益败坏，最终往往导致社会的动荡。

我们应怎样来认识道德的说服力和劝导力呢？

所谓说服力，主要是指通过启迪人们的道德觉悟，激励人们的道德情感，强化人们的道德意志，培养人们的荣辱观念，从而使人们在内心中形成道德行为的内在动因。归根到底，也就是要培养和形成古人所说的“羞耻之心”，有了这种“羞耻之心”，也就有了一个人的道德行为的最重要的基础和前提。孔子说“导之以德，齐之以礼，有耻且格”，其含义也正在于此。

所谓劝导力，就是要形成广泛的道德舆论，培育良好的道德环境，增强人们的道德责任感，从而使人们认识到，如果一个人不能履行自己应尽的道德责任，违反了社会的道德要求，他就要受到舆论的谴责和公众的批评。这种批评和谴责，会给他带来羞辱，带来痛苦，会使他在群体中难以立足，甚至会招致他事业的挫折和失败，直到所谓“身败名裂”。

从上述分析中，我们可以看到，市场经济不仅需要法律，而且更需要道德。在市场经济条件下，人们几乎每时每刻都要面对许多来自各个方面的诱惑，其中尤以金钱、荣誉、美女、享乐等最具诱惑力。由于没有道德力量的支撑，一些人为了追求更多的金钱，为了过更加舒适的生活，为了满足自己的色情欲望，就在这种种诱惑下走向犯罪。有的人视法律为可诅咒的枷锁，为了逃避法律的惩罚，他们极力钻法律的空子，只要法律管辖不到或者法律有空子可钻，他们就会毫无顾忌地犯罪。一些人之所以一再违法犯罪，甚至对自己的不道德的行为不以为耻，反以为荣，主要是因为没有“羞耻之心”。一些人之所以在金钱、美女的引诱下，走上贪污盗窃的道路，一些党政干部之所以腐化堕落，成为腐败分子，也都和缺乏必要的道德修养有重要关系。道德教育能使人在内心中筑起一道坚固的防线，能使人保持正确的是非、荣辱观念，能使人在令人眼花缭乱的众多诱惑中保持清醒的头脑。没有法律的惩罚，社会的正常的秩序就不可能维持；没有道德的教育，就不可能消除犯罪的根源，就不能形成良好的社会风气。归根到底，没有人的素质的提高，没有人的道德品质的升华，一个社会特别是市场经济的社会，是不可能健康发展的。

汉代的著名思想家、政治家贾谊在他的《治安策》中，曾经深刻地论述道德和法律在维护社会稳定、提高人的素质中的不同作用。他说：“夫礼者禁于将然之前，而法者禁于已然之后，是故法之所用易见，而礼之所为生难知也。”道德的作用“贵绝恶于未萌，而起教于微眇，使民日迁善远罪而不自知也”。这就是说，法律是在人们违法犯罪之后，给人以惩罚，它的作用是容易看见的，而道德的作用，是要通过教育，在人们做坏事之前，消除其作恶的念头，使其远离犯罪，在不知不觉中养成善良的道德品质。然而，“凡人之智，能见已然，不能见将然”，所以，一般人是不容易看到道德的这种重要作用的。

总之，我们应当全面认识法律和道德的作用，使道德规范和法律规范相互结合，统一发挥作用。一方面，我们应当强调，遵守法律是道德的最基本的要求，并在实际工作中把某些重要的道德规范尽量纳入我们的法律之中，融入我们的管理制度中，融入群众的各种守则、公约之中，努力改变我国的思想道德建设在市场经济条件下的软弱无力状态；另一方面，我们必须承认，道德具有法律所不能替代的独特作用，它可以弥补法律的某些不足，道德教化、正确的社会舆论监督在某些场合下能够起到法律所起不到的实际作用。

三、认清新形势，有针对性地加强思想道德建设

根据上述的分析，我们认为，在新时期应当从以下几个方面来有针对性地加强思想道德建设。

1. 正确对待价值取向的多样性

我国发展社会主义市场经济以来，在思想道德领域最重要、最关键、最有决定意义的变化，就是随着经济成分多样化和利益主体多样化的出现而带来的人们价值取向的多样化。价值取向的不同，也必然要导向世界观、人生观和价值观的不同。这种价值取向的不同是一种由经济变化所导出的必然结果，是随着经济变化所必然要发生的。利己主义的思想、合理利己主义的思想、人的本性自私的思想、个人主义的思想、拜金主义的思想和享乐主义的思想，都是随着多种经济成分和多种利益主体的出现而必然要出现的，要它们不出现是不可能的。尽管这些思想是同社会主义的“消灭剥削，消除两极分化，最终达到共同富裕”的思想是不一致的，是同我们当前的道德要求相违背的，但它们又是现实的，有其存在的客观基础。

问题的关键在于，我们是社会主义国家，我们所实行和发展的是社会主义的市场经济，在意识形态领域，必须坚持价值导向的一元化，即坚持马克思主义、毛泽东思想和邓小平理论的指导。因此，在思想道德建设上，我们就必须坚持和提倡马克思主义指导下的以为人民服务为核心，以集体主义为原则，以爱祖国、爱人民、爱劳动、爱科学、爱社会主义为基本要求的社会主义道德，弘扬社会主义的主旋律。

坚持价值导向上的一元化，同学术思想上的“百花齐放、百家争

鸣”是相辅相成的。没有价值导向上的一元化，没有马克思主义的指导，我们在意识形态领域就会迷失方向，陷入混乱，也就不可能有真正的文化和学术的繁荣；同样，没有学术讨论的民主，没有不同观点的争论，我们的学术思想就不可能有创新，就不可能有发展。

我们主张价值导向的一元化，并不是要以强制的方法、压服的方法来对待其他不符合马克思主义的思想，最基础的工作是要用马克思主义武装全党和全国人民，通过讨论、比较和分析的方法来明辨是非，使马克思主义思想能随着社会主义现代化的发展，随着社会主义制度的不断巩固、发展和完善而深入人心，使社会主义思想在人民群众中不断加强，从而使那些错误的思想能逐步地改变过来。

2. 重视理想、信念和“三观”教育

在社会主义市场经济条件下，在思想道德建设上，必须重视社会主义和共产主义的理想教育，重视马克思主义的信仰教育。社会主义和共产主义的理想是全体人民奋斗的根本目标，是我国人民进行四个现代化建设的重要动力。在当前，我们要为最终实现社会主义和共产主义的远大目标而创造条件。正像邓小平同志所说的，社会主义的目的，就是要解放生产力，发展生产力，消灭剥削，消除两极分化，最终达到共同富裕。马克思主义是我们的指导思想，只有马克思主义才能带领我们走向社会主义和共产主义。离开了马克思主义的指导，我们不但不能建成社会主义和共产主义，而且必然要走到邪路上去。为了更好地树立社会主义和共产主义的理想，确立马克思主义的信仰，必须加强正确的世界观、人生观和价值观的教育。马克思主义的世界观，就是辩证唯物主义和历史唯物主义的世界观；科学的人生观，就是为人民服务的人生观；正确的价值观，就是集体利益高于个人利益的集体主义的价值观。世界观、人生观和价值观，都涉及人们在社会生活中的根本问题，如果这些问题不能得到正确的解决，要想坚持社会主义道路和建成社会主义的四个现代化是不可能的。

3. 辩证地解决个人利益与集体利益的关系

社会主义道德是以为人民服务为核心、以集体主义为原则的新型道德。在社会主义市场经济条件下，在实行按劳分配的同时，我们必须坚持为人民服务的思想和集体主义的原则。国家的利益、社会的利益，应当而且必须要高于个人的利益，这是由社会主义的本质所决定的，是同社会主义的基本经济制度、政治制度和思想道德要求相一致的。但是，我们在坚持以为人民服务为核心、以集体主义为原则的社会主义道德时，一定要正确地处理个人利益和集体利益的关系，恰当地解决个人利益和集体利益的矛盾。市场经济的一个重要作用，就是能充分地发挥个人的积极性，使个人的智能和才能得到尽可能的发展。正像我们前面所指出的，一方面，我们要努力防止和消除“市场”所诱发的各种负面影响，避免腐朽的个人主义、拜金主义和享乐主义思想对人们思想的腐蚀，加强集体主义教育；另一方面，我们还要正确地处理个人利益和集体利益的关系。在社会主义社会中，只要是依靠诚实劳动和遵纪守法所得，都是正当的，也是应当受到保护的。我们强调集体利益，同时更重视对个人的正当利益的保护，这两者是相互联系、相辅相成的。没有个人的积极性的发挥，没有对个人的正当利益的保护，也就不可能有集体利益的发展，个人的正当利益本身就是集体利益的一个重要组成部分。我们还要大力进行集体利益高于个人利益的教育，提高人民群众的思想觉悟和道德水平，使他们能够在两者发生矛盾的情况下，以集体利益为重，自觉地维护集体利益。

4. 把道德的先进性同群众性很好地结合起来

在市场经济条件下，在进行思想道德建设的过程中，我们必须下大力气来解决先进性和群众性相结合的问题。所谓道德的群众性，就是要从广大人民群众的思想实际出发，从他们现有的道德水平出发，从整个社会的道德的基本要求出发。这就是说，我们要明确地提出社会主义初级阶段道德的基本要求，这些要求是每一个社会主义的公民都必须遵守的，是社会对所有公民的基本道德要求。所谓道德的先进性，就是道德的更高层次的要求，它是从道德的不同发展阶段出发的，是从道德的理想境界出发的，它不要求所有的人都做到，只要求社会的先进分子首先做到，并以此作为楷模和榜样来带领广大群众在道德上不断进步。道德的要求和境界，本身就是多层次、多阶梯的统一，它有最低的基本规范，有较高层次的不断提升，也有最高的理想境界。在道德生活中，每个人将根据自己的具体情况，通过不断的努力，在不同时期，达到不同的境界。我们强调道德的群众性，是因为社会对人民群众的道德要求，必须实事求是，从实际出发，由低到高，循序渐进，而不能急于求成。我们强调道德的先进性，是因为道德要求并不仅仅是道德生活的实然状况的描述，它还包含着应然的道德境界的理想要求。那种只强调道德基本要求而忽视道德的最高要求，甚至把最高要求看做脱离实际的认识是错误的，因为丢掉了道德的最高要求，也就否认了道德的丰富内容和它的层次性。那种认为只要遵守法律就是遵守了道德的观点，是一种取消道德的观点，是有害的。

总之，思想道德建设必须随着时代的发展而发展。为了更好地发挥思想道德的巨大的能动作用，保证我国的社会主义建设能沿着正确的道路向前发展，我们必须认真把握新情况，研究新问题，分析新矛盾，以创新的精神在实践中不断地提出解决现实问题的新思想、新方法和新对策，以便使我们的思想道德建设能随着时代的发展而不断发展。

新中国道德建设的回顾与展望*

自1949年新中国成立到现在，已经50多年了，在这50多年中，我国的社会主义道德建设，经历了一个曲折前进的过程。我们可以把这50多年分为四个阶段，即从新中国成立到1966年、“文化大革命”时期、改革开放以来到20世纪末和2001年开始的新时期等四个时期。

回顾这50多年来我国在物质文明建设和精神文明建设两个方面所取得的重大成绩，展望我国道德建设发展的前景，明确我国道德建设进一步发展所应注意的问题，这对我国的精神文明建设特别是道德建设来说，无疑是一件有着十分重要意义的事情。

在建设社会主义物质文明的同时，始终不渝地加强社会主义的思想道德建设，这是新中国成立后党和国家所面临的一个重要问题。根据我党在革命战争中所长期坚持的重视政治思想工作的优良传统，在新中国成立初期，党和政府就强调要以社会主义的精神，涤荡一切旧社会所遗留下来的污泥浊水，大力改善社会风气，提高广大人民群众的思想道德水平。

在“文化大革命”时期，我国优良的社会风气遭到了破坏，使人们在道德问题上，处于一种困惑的状态。

改革开放以来，在党的十一届三中全会上，我党提出了以经济建设

---

* 本文原载《以德治国与公民道德建设》一书，郑州，河南人民出版社，2003。

为中心的基本路线，把全党和全国人民的注意力集中到发展生产力和经济建设上来。正是在这种情况下，党中央和邓小平同志多次提出强调，在加强社会主义物质文明建设的同时，一定要大力加强社会主义的精神文明建设，使我国的社会主义道德建设在物质文明不断发展的同时，也得到了相应的发展。

从 2001 年开始，我国提出了“以德治国”的治国方略，就是要在加强“依法治国”的同时，加强道德建设和道德教育，实行“以德治国”，把道德建设提高到一个新的高度。2001 年 10 月，中共中央印发了《公民道德建设实施纲要》，从而开始了新中国道德建设的一个新的时期。

以马克思主义的立场、观点和方法，正确地回顾和总结这 50 多年来道德建设的历史，展望我国道德建设的未来发展，这对我们更好地进行社会主义的道德建设，无疑有着重要的意义。

一、社会主义道德建设的形成和发展

新中国成立以后，在继承新民主主义革命以来道德建设成果的基础上，我国的社会主义道德得到了不断的发展。从新中国成立到“文化大革命”爆发以前的近 20 年的时间里，特别是在 1959 年以前的 10 年中，应当说，是我国道德建设的一段光辉的时期。革命的激情，涤荡着旧社会的污泥浊水；建设社会主义的热情，鼓舞着人们奔向光明。最能代表这段时期精神面貌的是“三大精神”，这就是人们常说的“雷锋精神”、“铁人精神”和“焦裕禄精神”。这些精神，是新中国社会主义道德精神的重要体现，是推动社会前进的重要力量。这些精神，以雷霆万钧之势，改变着旧社会的不良风气，它们犹如清新的空气，滋润着人们的灵魂。这些精神是革命时期的道德精神的继承和发扬，是建设时期我们克服一切艰难困苦的精神动力。就其实质来说，这些精神也就是社会主义精神和共产主义精神。

正是在这些精神的影响下，我国社会出现了正直、廉洁、健康、向上的社会风气。这种正直、廉洁、健康、向上的社会风气，在人和人之间，形成了一种团结友爱的新型的人际关系，对我国的物质文明和精神文明的建设，都产生了极大的推动作用。正如邓小平所说的："我们建国以后的十多年中，由于党和政府的正确领导，社会风气是健康的。在党的教育下成长起来的青少年，绝大多数怀抱崇高理想，热爱社会主义祖国，积极响应党和政府的号召，捍卫人民的利益，维护社会秩序，处处表现良好的献身精神和守纪律精神。青少年的这种风气和整个社会的风气互相影响，互相促进，受到全国人民和各国人士的赞许。"① 又说"我们有解放后的前十年的经验，那十年我们的风气相当正"，"这种好风气，要把它恢复起来"②，等等。

二、道德建设在曲折中前进

20 世纪 60 年代后期到 70 年代中期，是我国道德建设的一个曲折前进的时期。一方面在"左"的思想的干扰下，特别是在极左路线的影响下，"四人帮"打着红旗反红旗，口头上高喊马克思主义、毛泽东思想和大公无私，而实际上却干着自私自利的可耻勾当。他们打着集体主义的旗帜，而暗地里则一心为自己的小帮派牟利，他们所说的集体，是一种虚假的集体、不真实的集体，也就是说，他们所谓的集体，是不能代表人民利益的一个狭隘的小团体，是一个只知道为极少数人牟私利的小帮派。他们高喊要"无私奉献"和"为人民服务"，其实质就是要广大人民群众来献身，而他们这一小撮人，则在暗地里坐享其成，以达到他们压迫人民和剥削人民的目的。

"四人帮"对道德建设最严重的破坏，就在于他们把社会主义的道德原则和道德规范变成了一种空洞的说教，变成了一小撮人挂在口头上而根本不愿实行的空头支票，变成了一种只让别人去做而自己不做的骗人的"鬼话"和"假话"。他们打着"集体主义"的幌子，不给个人以任何的正当利益，以达到实现自己的无穷贪欲的目的。他们无耻地破坏了"集体主义"的声誉，使人们对"集体主义"产生了种种怀疑。正是在"四人帮"及其一小撮人的影响下，一些意志薄弱经不起这种思想引

① 《毛泽东 邓小平 江泽民论世界观人生观价值观》，322 页，北京，人民出版社，1997。

② 《邓小平论社会主义精神文明建设》，72 页，北京，人民出版社，1996。

诱的人，一些本来就私心很重的人，在“派性”和个人主义的影响下，也就随波逐流，把自私自利当做自己的道德原则，从而极大地破坏了社会主义社会的人际关系，造成了一部分人的道德失范。把社会主义的道德原则和道德规范变成口头上的“假话”和“大话”，是对社会主义道德的重大破坏，直到今天，在一些人的身上，我们还能够看到这种影响。

但是，我们应当看到，“四人帮”及其一小撮人对社会主义的道德原则和道德规范的破坏，决不能被误解为这些道德原则和道德规范有什么错误，而只能说明他们是一些道德败坏的人，他们亵渎了社会主义的道德原则和道德规范。他们在从事卑鄙可耻的阴谋时，也还要打着社会主义道德的旗帜，这只能说明社会主义道德原则和道德规范的正确，而丝毫也不能证明社会主义道德原则和道德规范的错误。

尽管“四人帮”及其一小撮人对社会主义道德和社会主义的人际关系造成了极大的破坏，但是，我们还应当看到，在广大人民群众中，特别是在劳动人民和革命知识分子中，社会主义和共产主义的道德思想，仍然在继续不断地发展。他们仍然在身体力行地践履和实行社会主义和共产主义的道德原则和道德规范。他们在“派性”所造成的极大混乱中，仍然坚守在生产岗位上，无私奉献，使我国的经济保持了一定速度的发展。据国家统计局公布的数字，在 1967 年到 1976 年的 10 年间，工农业总产值年平均增长率为 7.1%。也就是说，这一时期的经济，仍然取得了一定的增长。应当特别指出的是，正是在这段时期，中华人民共和国成了世界上一个主要的核强国，完成了洲际弹道导弹的发射。1964 年，中国第一颗原子弹发射成功；1967 年，生产了第一颗氢弹；1970 年，把一颗卫星发射进了轨道。伟大的事业，孕育和产生了伟大的道德精神。在为“两弹一星”事业进行的艰苦卓绝的奋斗中，广大科研工作者培育和发扬了一种崇高的精神，这就是“热爱祖国、无私奉献、自力更生、艰苦奋斗、大力协同、勇于攀登”的“两弹一星”精神。这一精神，就是在社会主义道德原则和道德规范的导向下所凝聚起来的崇高的社会主义精神，是爱国主义、集体主义、社会主义精神和科学精神的活生生的体现，是中国人民在 20 世纪为中华民族创造的新的宝贵的精神财富。

三、社会主义道德建设的发展和完善

自从改革开放以来，中国进入了一个前所未有的新时期。我国纠正了在“文化大革命”时期的“左”的干扰，恢复了“实事求是”的思想路线，提出了“以经济建设为中心”的基本方针。为了大力发展我国的社会主义经济，我国采取了建立和实行社会主义市场经济来代替过去所长期实行的计划经济，把市场经济同社会主义创造性地加以结合。在社会主义市场经济实施的过程中，我们在道德建设上，针对市场经济条件下所出现的新情况、新问题和新矛盾，相应地形成了道德建设的新思路。这就是，正确地认识市场经济对道德建设的积极方面和消极方面的影响，充分肯定并极力促使它的积极方面对道德建设的推动作用，也注意从各个方面来限制它的消极方面，进一步地加强了社会主义的道德建设，形成了社会主义道德建设的更加完整的指导思想、方针和原则。

市场经济的建立和实施，对我国的道德建设既是一个极大的促进，也存在着一些不容忽视的负面影响。

市场经济，从一定意义上看，它可以说是以个人的利益作为动力的一种经济体制。市场经济的等价交换和按劳分配的原则，它的追求经济效益的原则，都是同个人利益紧密联系在一起的。在市场经济条件下，个人利益成为推动人们积极性的最重要的动力。市场经济要求有公平的竞争，有创新的意识，有开拓的精神，有效益的观念，等等。这一切，对于提高人们的思想水平和道德水平，都有极其重要的意义。也正是在这种精神的激励下，在社会上进一步树立起了许多新观念，恢复了在“文化大革命”中遭到破坏的好思想和好作风。

另外，我们也要看到，“市场”有它的缺陷和消极方面，这就是它在实行“等价交换”和强化个人利益时，又容易诱发个人主义、拜金主义和享乐主义的思想，腐蚀人们的思想和道德观念，使一些人陷入自私自利和极端利己主义的泥坑，毒化社会的空气，污染人和人之间的关系。它在重视和强化个人利益的同时，又容易使一些人为了自己的私利而淡化国家利益和集体利益，以至损害社会和国家的利益。也正是在“市场”的这种消极方面的影响下，在经济活动中也容易产生假冒伪劣和坑蒙拐骗的行为，给经济行为带来危害。从思想道德方面来看，它的最大的危害，就在于腐蚀人们的思想，把“人心”引向“邪路”，使“人心”由“好”变“坏”、由“认同道德”到“不讲道德”，进而影响到整个的社会风气。正如党的十四届六中全会的决议所指出的，在我国的社会上，“一些领域道德失范，拜金主义、享乐主义、个人主义滋长；封建迷信活动和黄毒赌等丑恶现象沉渣泛起；假冒伪劣、欺诈活动成为社会公害；文化事业受到消极因素的严重冲击，危害青少年身心健康的东西屡禁不止；腐败现象在一些地方蔓延，党风、政风受到很大损害，一部分人国家观念淡漠，对社会主义前途发生困惑和动摇”。对于“市场”的这些消极方面，我们应当加以正视，以求把它的作用减少到最低的限度。

应当说，对于“市场”的缺陷和消极方面，我们党和国家从一开始就是十分注意的。我们的党和国家领导人，从改革开放以来，一而再、再而三地强调要反对个人主义、拜金主义和享乐主义，要抵御一切资产阶级腐朽思想的侵蚀，强调要加强世界观、人生观和价值观的教育，强调要弘扬爱国主义、集体主义和社会主义的三个主旋律，也都是针对这种实际情况出发的。我们看到，在党和国家的正确引导下，在广大人民群众的自觉努力下，我国人民的道德面貌和社会风气都有了显著的变化。为人民服务的思想和集体主义的原则，已经成为社会道德生活的实际导向，它是重新激励和鞭策人们发扬社会主义道德风尚的一个重要力量。正是在这种思想的导向下，在广大人民群众中，先后出现了孔繁森、李国安、徐虎、李素丽等无私奉献的模范人物，产生了具有伟大历史意义的“万众一心、众志成城、不怕困难、顽强拼搏、坚韧不拔、敢于胜利”的抗洪精神。

在道德建设的实践过程中，我国的道德理论也随着实践的发展而不断地得到发展。早在新中国成立以前的《共同纲领》中，就明确规定把“五爱”作为全体公民的社会公德。随着社会主义文化建设和道德建设的发展，“集体主义”作为社会主义道德的原则，逐步地为我国理论界所认同。正如毛泽东同志 1956 年在有关农业合作化的问题中所说的，要把个人利益与集体利益相结合的集体主义原则，作为我们人和人之间关系的一个重要原则。社会主义道德原则和规范的确立（即社会主义的集体主义原则和爱祖国、爱人民、爱劳动、爱科学和爱社会主义的“五爱”的道德要求），在我国的道德生活中，一直发挥着重要的作用。社会主义的集体主义原则，是从新中国的政治制度和经济体制中所必然得出的唯一正确的原则。作为党的宗旨的“为人民服务”的思想，在新中国的道德建设中，始终都起着正确导向的作用，它如一根红线，贯穿在全部社会主义道德建设各个方面和各个层次，直到成为社会主义事业道德建设的核心，在社会主义道德建设中发挥着特殊的重要作用。

应当说，正是在这些正确的道德核心、道德原则和道德规范的导向下，在党和政府的提倡和教育下，在广大人民群众的努力下，我国的社会风气和道德面貌才有了上述的巨大变化。在肯定我国新中国成立以来的道德面貌和社会风气的巨大成就的同时，就必然应当肯定我们党和国家提出的这些正确的道德核心、道德原则和道德规范。

应当指出的是，改革开放以来，在道德建设上，一些人曾提出“道德重建”，我们认为对这一提法要进行分析。如果说，我们应当根据时代发展的需要，结合市场经济的新情况和新问题，使我们的道德建设能够“与时俱进”，体现时代的精神，这当然是正确的。值得注意的是，他们所说的“道德重建”是要抛弃社会主义道德的“集体主义”的道德原则，重建他们所主张的利己主义、自私自利、个人主义的道德原则。为什么要抛弃社会主义的“集体主义”原则而“重建”一种新的原则呢？据说是因为我们的集体主义原则是计划经济的产物，现在是市场经济了，所以要以新的原则来代替过去的原则，以适应他们所说的“市场经济发展的需要”。这种看法，当然是不正确的。我们的社会主义的“集体主义”的道德原则，是从社会主义制度和社会主义的政治、经济和文化的要求出发的，是同我们的消灭剥削、消除两极分化、最终达到共同富裕的社会主义的根本目的紧密联系在一起的。从更根本的意义上来看，社会主义道德的集体主义原则是社会主义本质在道德建设上的内在要求，是同我们的社会主义制度共存亡的。有了社会主义制度，就必然要有社会主义道德，有社会主义道德，就必然有社会主义的集体主义原则。集体主义原则并不是同计划经济联系在一起的。同样，如果我们错误地把 20 世纪 50 年代所形成的“雷锋精神”、“铁人精神”和“焦裕禄精神”都认为是同计划经济相联系的，那么，这也就是说，在市场经济的今天，我们也应当把这些精神都统统抛弃，这不是非常荒唐吗？如果说我们 20 世纪 50 年代那种良好社会风气也是同计划经济相联系的，这是不是说，在实行市场经济的今天，我们也应当把这些良好的社会风气统统不要呢？当然，在实行市场经济的今天，我们必须要根据已经变化了的新情况，特别是实行市场经济以来所出现的新问题，来不断发展和完善我们的社会主义道德，但是，我们必须坚持那些在实践中已经证明是正确的道德核心、道德原则和道德规范。

“文化大革命”时期，“四人帮”的极左思潮在道德理论上也有严重的消极影响。他们片面地强调“集体主义”和完全否认个人正当利益的思想，使原本正确的道德原则和道德规范，在实践中被极左思潮所扭曲，不但不能有效地调节人和人之间的各种关系，而且在许多方面还加剧了人和人之间的矛盾。

从道德理论的建设上来看，经过广大伦理学工作者的努力，我们基本上形成了以马克思主义为指导的新的伦理学体系，在许多重大理论问题上都得到了共识。在伦理学原理、中国伦理学史、外国伦理学史、应用伦理学等学科建设上，也都取得了显著的成绩。

总之，从改革开放以来到 2000 年，我国的道德建设，不论在实践上还是在理论上，都取得了前所未有的进展。这主要表现在：社会主义道德核心、道德原则和道德规范的确立深入人心；在精神文明建设中，道德的重要作用不断提高；对集体主义的道德原则的实质的解释，在理论上和实践上，都达到了一个新的高度。

四、“以德治国”和道德体系建设的新时期

2001 年开始，我国提出了“以德治国”的治国方略，把道德建设特别是把提高道德素质、加强道德教育、开展道德实践提高到一个新的高度。把“德治”和“法治”、“以德治国”和“依法治国”放到同等重要的地位，作为治国方略的两个重要方面，使道德建设面临一个前所未有的好机遇，为道德建设创造了新中国成立以来的最好的新时期。

2001 年，我国提出了建立社会主义道德体系的系统工程。为了更好地加强道德建设，我们还必须在建立与社会主义市场经济相适应的社会主义法律体系的同时，建立与社会主义市场经济相适应的社会主义道德体系。这是一个更加艰巨、复杂、长期的任务。社会主义的道德体

系，是我们进行以德治国的依据，是提高全体公民道德素质的基础和前提。这个道德体系及其规范的要求，必然是包括各个群体、各个阶层、各种职业、各个系统的道德规范的总和，体现着道德核心、道德原则和道德规范的各种不同层次的要求，显示出政治导向、法律支持和政策引导的力量，发挥着整个大众传媒、公众舆论、社会氛围对道德的制约作用，等等。

2001 年 7 月，江泽民同志在纪念中国共产党成立 80 周年大会上的讲话中，提出“加强社会主义思想道德建设，是发展先进文化的重要内容和中心环节。必须认识到，如果只讲物质利益，只讲金钱，不讲理想，不讲道德，人们就会失去共同的奋斗目标，失去行为的正确规范。要把依法治国同以德治国结合起来，为社会保持良好的秩序和风尚营造高尚的思想道德基础。要在全社会倡导爱国主义、集体主义、社会主义思想，反对和抵制拜金主义、享乐主义、极端个人主义等腐朽思想，增强全国人民的民族自尊心、自信心、自豪感，激励他们为振兴中华而不懈奋斗”，把道德建设提高到发展先进文化的中心环节的地位。

2001 年 10 月，中共中央印发了《公民道德建设实施纲要》，在全国贯彻实行。应该说，《公民道德建设实施纲要》是新中国成立以来，我国所确定的一个道德建设的纲领性文件，它不但提出了我国道德建设的重大意义、指导思想、方针原则和重要内容，而且还提出了加强道德教育、开展道德实践、重视法律支持、强调政策导向、创造舆论氛围等一系列有关道德建设的根本问题，并提出了解决这些问题的途径。这对推动今后我国的道德建设，必将产生巨大的作用。以贯彻和实施《公民道德建设实施纲要》为契机，公民道德实施的不断深化和拓展，有利于规范人们的思想行为，形成良好的社会风尚，提高全民族的思想道德素质，逐步形成与社会主义市场经济相适应的思想道德体系，促进物质文明与精神文明的协调发展。

由此，我们可以说，2001 年是我国道德建设大发展的一年，是中国加强道德建设的伟大系统工程的总动员的一年，是道德建设的新时期的重要的一年。

中国在经济上取得举世瞩目成就的同时，必然而且应当使道德建设同样取得举世瞩目的成绩。中国作为一个社会主义国家，一切经济发展的根本目的，就是要实现“人的全面发展”，不但要使广大人民群众在物质生活水平上不断提高，而且要使他们在精神生活上日趋充实。正如江泽民同志所说的“物质贫乏不是社会主义，精神空虚也不是社会主义”。社会主义的新的全面发展的人，决不是也不可能是只追求物质生活的人，相反，他们在物质生活上只求适当的满足，而在精神生活上，却有着永无止境的要求。社会主义和共产主义的“新人”，决不是也不可能是庸俗的享乐主义者和物质利益的追求者，他们在物质利益得到必要的满足之后，必将力求成为一个充满理想、勇于献身、关心他人、道德高尚的人。物质利益的满足，并不能使人纯洁和高尚，只有道德才能提高人的境界，升华人的灵魂。社会主义社会的经济愈加发展，它对道德的要求也愈来愈高。道德既是“治国”的“方略”，又是立国的根基。在重视经济发展的同时，我们决不可忽视道德的重要性。

展望今后的发展，可以预计，我国的道德建设必将以更大的规模和更快的速度向前迈进。

第二编

改革开放与思想道德建设

改革与道德散论*

当前，在我们社会主义祖国的大地上，不论是乡村还是城市，不论是农业、工业、商业还是文化教育事业，都正处在一个全面改革的热潮之中。方兴未艾的农村经济改革，促进了农村生产力的发展，搞活了农村的经济，并给城市的经济体制改革以有力的促进。正在进行的城市经济体制改革又必将给农业生产带来更大的推动，给文化教育和科学技术的改革输入新鲜血液。经济改革已成为我国人民现实生活中的一件大事。当前，人们提出了许多有关经济改革的问题，经济改革同道德的关系就是其中的重要问题之一，正确地认识这一问题，对于更好地建设有中国特色的社会主义，是有重要意义的。

我们知道，经济体制的改革和思想道德教育是两个不同的领域，但它们之间有着极为密切的相互制约、相互影响、相互促进的复杂关系。当前，凡是对我国社会生活的各个方面进行认真思考的人，都非常关心这两个领域的任务的相互关系，希望经济改革和道德进步能够大体上一致地即同步地向前发展。从一方面来看，没有高度发展的物质经济基础，没有充分富裕的生活资料，是不可能建成社会主义的；从另一方面说，没有广大人民群众的道德水平的提高，没有共产主义的远大理想，没有高度的思想觉悟，要想达到建成社会主义和共产主义的目标，也是

* 本文原载《郑州大学学报》，1985（2）。

不可能的。我国传统的经济体制由于存在着严重的弊端，必须进行改革，而培养一大批具有优良精神气质和道德品质的新人，即有理想、有道德、有文化、有纪律的新人，又是改革顺利进行的重要保证。理论和实践都已经证明还将继续证明，对经济体制改革和思想道德教育这两个方面，必须同时注意，忽视任何一个方面都是有害的。有人认为，道德进步可以脱离开经济改革和生产力的发展，或者以旧的道德观念来限制经济改革的进行，这当然是错误的；同样，如果把经济改革和道德教育看做两个互不干扰的领域，认为加强共产主义道德教育就是对经济改革的一种束缚，甚至认为提倡共产主义道德就会妨碍改革的思想，同样也是有害的。在当前的经济改革中，有关道德和经济改革的问题很多，这里只是对几个较为重要的问题，谈几点认识。

一

道德和经济改革的关系，究竟应该怎样理解？它们之间是怎样相互影响和相互制约的？依据历史唯物主义的基本原理，社会存在决定社会意识，经济生活的变化，归根结底，必将促使人们道德面貌的改革；同时，社会意识对社会存在具有能动的作用，人们道德面貌的变化又会对现实生活发生重要的作用。在实际生活中，这两者的关系又是受着极其错综复杂的各种社会条件的影响的，必须予以具体的分析。我们知道，道德作为一种意识形态，作为调整人和人之间关系的一种行为规范，作为辨别善恶的一种价值标准，总是由一定的经济关系决定，并为一定的经济关系服务的。例如，在生产资料私有制基础上所建立的资本主义社会中，资产阶级使人和人之间的关系变为一种赤裸裸的利害关系，变成一种残酷无情的现金交易，从而把追求金钱看做人生的支柱，把金钱的多少看做衡量一个人价值大小的标准。因此，资产阶级的道德认为，人都是自私自利的，人们之间的行为的原则只能是个人主义和利己主义，并以这一原则调整人和人之间的关系，以巩固和发展资本主义社会。与此相对立，在生产资料公有制基础上所建立的社会主义社会中的共产主义道德认为，人的本质是由社会关系决定的，社会主义制度要求人们的是，必须以国家和社会的利益为重，必须时刻想到人民和整体的利益。

因此共产主义道德认为，调整人们行为的原则是集体主义，一切事物的善恶，必须以能否有利于建设社会主义为标准。正是在这个意义上，我们强调，我们的道德要为社会主义的经济改革服务。随着经济改革的发展，一些不适应生产力发展，不适应改革要求，不利于建设有中国特色的社会主义的各种过时的思想意识、道德观念和善恶标准，也都应该随之而做相应的改变。例如，在人和人的关系中，我们必然要对人们作出不同的道德评价，并以此为舆论，达到调整彼此之间关系的目的。长期以来，我们对于勤勤恳恳、忠诚老实这些品质，一般说来能给予较高的道德评价，鼓励人们在彼此相处之中要诚实不欺、奉公守法等等，这当然是正确的。但是，对于那些勇于探索、敢于创新、立志开拓、锐意进取的品质，则未能给予应有的评价。更有甚者，有的人划不清这种立志开拓、锐意进取同骄傲自大、好出风头的界限，对这些应该给予肯定的道德品质，反而给予了否定的评价，从而对改革产生了或大或小的消极作用，这是必须加以改变的。这种不符合改革要求的道德观念和评价标准，作为一种习惯势力，有时是公开的，有时是潜在的，它对社会生活的影响是值得重视的。社会主义社会不是一个停滞不前的、凝固的社会，它要不断地向前发展。我们现在正在大力进行的四个现代化的建设，其目的就是要更快地促进我国社会的发展。因此，道德的观念也必须不断地适应社会的实际需要，一步一步地跟随着经济上的发展而不断发展。这是一个非常重要的问题，是我们每一个人都必须弄清楚的。

同时，也应该注意到，我们所说的道德应当为经济改革服务，还有另一个更为重要的意义。这就是说，对于建设社会主义的四个现代化，道德还要力求使人们的活动符合社会主义的方向，有利于巩固和发展社会主义的经济，使人们的行为能够符合共产主义的道德原则。这就是说，道德既要适应经济改革的发展，改变已经不利于经济改革的旧思想、旧观念，又要发挥自己的能动作用，纠正、批评、克服改革中所出现的某些不符合共产主义道德原则的思想和行为，使改革能沿着正确的轨道向前推进。我国是一个社会主义国家，我们进行的“四化”是社会主义的四个现代化而不是什么别的现代化，我们要建设的是具有中国特色的社会主义，最后目的是要实现共产主义。我们建设社会主义的指导思想，是马克思列宁主义和毛泽东思想。我们所有的改革，都必须在共产主义思想指导下进行。因此，进行改革、宣传改革，都不能离开这个总的方向和总的目标。我们今天所说的道德，就其主要体系及内容来说，指的是建立在公有制基础上的共产主义道德。它的原则是集体主义，它要求个人利益服从整体利益和国家利益，在人和人的关系中，它反对自私自利、化公为私、弄虚作假、尔虞我诈等不符合共产主义道德的思想和行为。

马克思曾经谈到，道德是人们掌握现实世界的一种重要方式，这个定义是很深刻的。这就是说，道德是以确定的善恶原则为标准来认识现实和把握现实，并以此来调整个人和他人、个人和社会的各种关系。任何善恶原则都是由一定的经济关系所决定的，这种原则一经形成，又必然会积极地维护和发展这一经济关系。因此，在公有制基础上所建立的共产主义道德原则，在我国现实条件下，就必然会维护和发展社会主义的四个现代化，为建设有中国特色的社会主义而发挥其应有的作用。因此，共产主义道德作为一种意识形态，在当前社会中对一切偏离社会主义的思想和行为，都必须加以引导，予以批评，发挥其应有的能动作用，以达到经济改革和道德进步大体一致地同步发展的目的。

二

在经济改革中，人们的思想面貌、道德品质必然要发生相应的变化，这是人们都承认的。经济改革和道德进步是不是必然地、同步地向前发展，这还是一个需要在实践中加以解决的问题。在资本主义社会中，其发展的初期，经济技术的进步确实带来了人和人之间关系的新变化，从总体来说，上升时期的资本主义的经济改革和技术发展，给资本主义社会也带来了道德上的一定程度的进步。但是，由于技术的进步和经济的发展总是以损害工人阶级的利益为前提条件的，因此，随着资本主义走向没落，又往往出现一种经济发展与道德进步互相背离的情况。这就是说，随着科学技术的进步，随着生产力的发展，在道德上却出现了某种程度的倒退、腐化和堕落。法国著名思想家卢梭（1712—1778年）就曾以《论科学艺术的复兴是否有助于敦风化俗》一文，指出了资产阶级科学艺术的发展和技术的进步带来的不是道德高尚，而是“奢侈流行”、“风化解体”、“灵魂腐败”和“德行消失”。确实，由于资产阶级社会的经济发展总是以个人贪欲为唯一动力，因此，出现这种情况，可以说是不可避免的。

我们的经济改革同资本主义社会的改革有着本质的区别。我们是社会主义国家，经济改革的目的是为了发展生产力，为了使人民富裕幸福和国家兴旺发达，为了建设有中国特色的社会主义。因此，从总的发展趋势来说，我们所进行的经济改革，必然会有利于社会道德的进步，这是没有问题的，如我国现在的生产责任制，打破了长期以来形成的“大锅饭”，纠正了分配制度上的平均主义，有利于更好地培养人们的社会主义劳动态度。它使人们把“致富”和“勤劳”联系起来，把“幸福生活”和“创造性劳动”结合起来，这对于提高人们的道德认识，反对懒汉思想和形成热爱劳动的社会风气，是有重要作用的。

当然，我们也应当注意到，共产主义的优良品质和集体主义的道德思想，不是也不可能是自发形成的，而是要加以“灌输”或教育的。这也就是说，在经济改革中，我们还必须加强共产主义的道德教育。正如马克思所说，社会主义社会是刚刚从旧社会脱胎而来的，“它在各方面，在经济、道德和精神方面都还带着它脱胎出来的那个旧社会的痕迹”①。列宁还一再强调：“资产阶级社会的死尸”，“是不能装进棺材、埋到地下的。被打死的资本主义会在我们中间腐烂发臭，败坏空气，毒化我们的生活，从各个方面用陈腐的死亡的东西包围新鲜的、年轻的、生气勃勃的东西”②。我们的经济改革，正是列宁所说的一种新鲜的、年轻的、生气勃勃的东西。资产阶级的腐朽的思想意识、生活方式和道德观念，必然要设法来影响我们。因此，一方面我们要积极努力，在全国振奋起勇于革新、进取向上的精神，克服那些安于现状、惧怕变革、因循守旧、墨守成规的旧思想和旧影响；另一方面，还要特别注意抵制那种唯利是图、损人利己、尔虞我诈、金钱万能的资产阶级思想。我们应该认识到，越是搞活经济、搞活企业，就越要注意抵制资产阶级思想的侵蚀，越要注意对人们进行共产主义道德教育。在实行对外开放政策的同时，随着先进的科学技术的引进，资本主义的腐朽思想也会乘虚而入。资本主义的思想是不受国界的限制而到处传播的。因此，那种认为只要生产力发展了，物质生活富裕了，人们的共产主义觉悟和道德品质就能

---

① 《马克思恩格斯选集》，1版，第3卷，10页，北京，人民出版社，1972。

② 《列宁全集》，中文1版，第28卷，53页，北京，人民出版社，1956。

自然而然地得到提高，社会的道德就会自然而然地不断进步的观点，也是没有根据的。在当前的国际国内环境的条件下，如果忽视在共产主义思想指导下，在全社会建设社会主义精神文明这个伟大任务，人们对社会主义的理解就会陷入片面性，就会使人们的注意力仅仅限于物质文明的建设，甚至仅仅限于物质利益的追求。那样，我们的现代化建设就不能保证社会主义的方向，我们的社会主义社会就会失去理想和目标，失去精神的动力和战斗的意志，就不能抵制各种腐化因素的侵袭，甚至会走上畸形发展和变质的邪路。由此可见，关于经济改革同道德进步的关系，我们必须全面地加以理解，一定要在经济改革的同时，大力加强共产主义道德教育，从而使经济改革和道德进步能同步地、不断地前进。

三

在经济改革和道德进步的关系中，有的人提出了一个值得思考的问题，即发展商品经济会不会造成“唯利是图”的社会风气。对于这一问题，我们也应该有一个清楚的认识。我们知道，商品生产所体现的经济关系，是具有不同利益的经济主体之间相互交换劳动的关系。在资本主义社会内，生产资料是私有的，商品生产者所追求的都是个人的私利。对于资产阶级来说，只有损害广大雇佣劳动者的利益，才能获取自己的最大限度的私利。因此，在人和人的关系上，在道德上，就必然反映为唯利是图。正像列宁所指出的，在那种社会中，一切商品生产，连小商品生产在内，都只能是自私自利的，“不是你掠夺别人，就是别人掠夺你”。但是，社会主义社会是以公有制为基础的，不同的商品生产者之间，从根本上说，并不是互相对立的，而是利益一致的。每一个商品生产的主体，不但各有着自身的特殊利益，而且是受着共同的利益制约的。在社会主义按劳分配的原则下，在共产主义道德的指导下，社会主义的商品生产都应该信守诚实、勤勉、合理、公平的原则，而摒弃一切尔虞我诈、投机取巧的思想行为，更不允许利用资金、利用生产资料去剥削别人。当然，社会主义条件下的商品生产的经济主体，都有自己的特殊利益，在工厂企业中，还都必须重视利润，要为集体、为国家积累资金。但是，社会主义商品生产的最终目的，并不只是商品生产者的特殊利益，而是要发展社会主义经济，要为广大劳动人民、为广大消费者谋利的。我国的社会主义的公有经济和社会主义制度，决定了我们的商品生产者不可能把自己的特殊利益，超越于公共利益即国家利益之上。我们的共产主义理想和集体主义的道德原则，将促使我国的商品生产者在等价交换的同时，能照顾到他人的利益，照顾到集体和国家的利益。长期以来，有些人不能区分社会主义商品生产与资本主义商品生产的关系，笼统地认为发展商品经济就必然会产生“唯利是图”的思想，这是不正确的。

当然，由于我们现在所处的时代和条件，在发展商品生产的同时，也还必须警惕腐朽的资本主义商品生产的旧观念的影响。马克思曾经指出，在私有制下的商品生产者之间，是利己主义支配着人和人之间的关系。也就是说，每一个人都是为自己而不是为别人生产，在那里，掠夺和欺骗的企图必然是秘而不宣的，因为交换的双方无论从哪一方面来说都是自私自利的，每一个人的私利都力图超过另一个人的私利，所以就不可避免地要设法互相欺骗。资本主义商品生产的双方，彼此钩心斗角，谁更狡猾，谁就胜利。他们彼此掠夺，互相讹诈，比较狡猾的人必然要欺骗不太狡猾的人。① 恩格斯也说，在私有制生产条件下的商业活动中，每个人必然要尽量设法贱买贵卖，因为在资本主义的商业中是允许利用对方的无知和轻信来取得最大利益的，并且也同样允许给自己的商品添上一些本来没有的特点。正是这样的原因，恩格斯认为，资本主义的商业就是要用尽种种办法，采取不道德的手段以达到不道德的目的。马克思和恩格斯对资本主义社会中商品生产所作的概括，是极其深刻的。我们现在所要发展的商品生产是社会主义的商品生产，同资本主义的商品生产有着本质的不同。但是，我们也应该看到，在意识形态领域里，在少数人的头脑中，还是不同程度地受着上述思想的影响和腐蚀。他们自觉或不自觉地仍然用利己主义支配自己的行动，用弄虚作假、互相欺骗来进行竞争，把贪财欲当做自己行为的动力，为了追求自己的利益，甚至去坑害群众、坑害国家，这也是我们在发展商品生产时应该注意的。那种认为发展商品生产就一定会造成“唯利是图”的社会

① 参见《马克思恩格斯全集》，中文1版，第42卷，34～36页，北京，人民出版社，1979。

风气的观点当然是错误的，但同时，在大力发展商品生产时，一定要同资产阶级的腐朽思想作斗争，也是非常重要的。

四

道德观念的更新，也是人们关心和谈论得较多的一个问题。一定的观念，是现实在人的意识中的反映，是人们对客观事物的认识，而这种认识一经形成，就会用来在人们之间交流思想和指导行动。随着客观事物的不断变化，随着人的认识的发展，某些已不能反映客观现实的旧观念，如不加以改变，就会阻碍新事物的发展。但是，我们必须注意到，任何观念都是由一定的社会制度和物质生活条件所决定的。在社会主义社会中，一切观念的更新，都必须是为了维护和发展公有制的经济基础，都必须是为了建设社会主义和共产主义社会，都必须是为了提高人们的共产主义道德水平。因此，在更新观念时，我们必须坚持用马克思主义的基本立场、观点和方法，既要破除一切不适应时代需要的资产阶级和封建阶级的旧观念，以促进改革的发展，又要在新的形势下，科学地、全面地解释和宣传许多本来就正确的观念，决不要把那些在革命事业中所形成的正确观念也当做错误观念而予以摒弃。

社会实践的不断发展，必将会使我们的道德观念随着经济改革的发展而不断更新。如在过去一段时间内，由于受“左”的影响，对“利益”在伦理学中的意义及地位，不少人的理解是狭隘和片面的。我们反对自私自利的个人主义，但我们不应当否认正当的个人利益。在社会主义社会这一较长的历史阶段，人们还不得不把劳动作为一种谋生的手段，从一定意义上来看，正当个人利益的获得，也是我们从事劳动的目的之一。正像马克思所说的，人们为了在社会中生存，首先必须要吃穿住。在社会主义制度下，我们的劳动、工作和生活的最终目的，是要实现整体的利益和国家的利益。但正当的个人利益的获得，即在精神鼓励的同时，给予劳动者以适当的物质鼓励，正确地贯彻按劳分配、多劳多得的原则，这对于发挥人们劳动的积极性，进一步发展我国的生产力，是有重要意义的。在过去一段时期内，在“左”的思想影响下，曾经有一种否认个人正当利益，把个人正当利益也说成个人主义的观念，当然是不正确的，是应该而且必须加以破除的。在社会生活中的人们，总是要生活在各种利益当中，不同的经济利益决定着人们的道德观念。因此，决不能认为讲共产主义道德就不能讲任何利益，更不能认为，强调按劳分配和物质利益就是利己主义。共产主义道德不但要强调整体的、国家的利益，而且也要注意企业的、个人的利益。经济改革是以提高效益为中心，使企业增加赢利，以便为国家提供更多的资金，为发展社会主义建设提供更加雄厚的物质基础。经济改革还特别注意要在劳动者做出更大贡献的前提下，使他们能得到更多的物质利益，以利于进一步发挥他们的积极性。正确地执行责、权、利相结合的原则，坚持“国家得大头、企业得中头、个人得小头”的政策，将会更好地树立人们的集体主义观念，进一步形成个人利益服从整体利益的道德思想，带来更好的社会风气。但是，我们还应当注意在强调按劳分配、多劳多得、物质鼓励和正当个人利益的同时，一定要反对“一切向钱看”的思想，加强正确的人生观教育。在世界观和人生观的问题上，我们一定要明确，我们应树立的只能是共产主义的人生观，而不能是那种腐朽的、没落的、资产阶级的个人主义的人生观。我们的目的是要建设有中国特色的社会主义，并且最终要建成共产主义社会。因此，必须克服那种“干活就是为了拿钱”、“生活的目的就是为了享受”的腐朽的资产阶级思想影响。在同志关系中，要反对那种“斤斤计较”、“两两计较”的态度。“金钱至上”、“一切向钱看”的资产阶级利己主义思想，对我们的经济改革、对我们建设有中国特色的社会主义是极为有害的。

因此，在道德观念的更新中，我们必须要保持清醒的头脑，我们所要更新的观念，主要是指那些不能适应建设具有中国特色的社会主义的需要而妨碍经济改革的东西，即那些不符合社会主义原则的东西。这些旧观念，有的是资产阶级的腐朽的思想影响，有的是在长期的小农经济基础上形成的保守的、落后的思想，有的是由于“左”的思想影响而发展起来的观念。在破除这些东西的时候，我们一定要进行科学的分析，不要把有利于社会主义的正确的观念，也作为错误的观念而加以否定，如勤俭节约、艰苦朴素作为一种道德观念，是应该而且必须加以肯定的，对社会主义的每一个人来说，都应该是一种优良的道德品质。当然，随着时代的变化，随着生产力的发展和人们生活资料的不断丰富，对艰苦朴素、勤俭节约的具体要求，也应该同过去有所不同，但艰苦朴素和勤俭节约作为一种道德品质，是一定不能去掉的。而那种铺张浪费、大吃大喝、追求名利、贪图享受的思想是错误的，是不利于建设有中国特色的社会主义的。至于说提倡人生的目的就是为了“尽情享受”，甚至要为“大吃大喝”、“奢侈浪费”和“名利思想”正名，那当然就更是大错特错的。

道德观念是现实在人们头脑中的反映。社会生活不断地向前发展，人们的观念也将受到现实生活的检验。我们一定要运用辩证唯物主义和历史唯物主义的思想方法，正确地分析我们的道德观念。我们的社会是社会主义社会，我们宣传和实行的是共产主义道德，在个人和他人、个人和社会的关系上，我们奉行的是集体主义原则，为了能够促进我国经济改革的顺利进行，我们一定要坚持不懈地宣传马克思主义、社会主义的新观念，宣传集体主义的新观念，大力破除那些封建的、资本主义的陈旧观念，把我国的经济改革不断地推向前进，并尽最大可能，使我国的经济改革和道德进步能够沿着社会主义和共产主义的方向，大体上同步地向前发展。

改革开放与道德观念*

我国当前的时期，可以说是价值观念激烈冲突的时期。改革开放的进一步深化，工业技术的迅速发展，商品生产的不断扩大，日渐加深和加重这一冲突的发展。

我国社会所出现的价值观念的冲突，其根源来自我国经济生活的变化。一般来说，这种冲突中随着改革开放而产生的新思想、新观念，是相对于改革开放前的旧思想、旧观念而言的。新思想和新观念，代表着改革开放的要求，反映着改革开放的呼声，并要求能得到人们的支持和社会舆论的同情，从而为改革开放创造一个顺利发展的环境。旧思想和旧观念，代表已经过时的、不能适应改革开放形势的老观念，这些观念由于习惯势力，由于传统观念的作祟，它在评价当前的社会现象等各个方面，仍然要产生重要的作用。凡是对我国社会现象进行广泛了解并深入思考的人，一定会深切地认识到，人们之间的价值观念的冲突，是确实存在的，如何正确对待有关不同价值观念的冲突，对我们“四化”建设的进展是有重要意义的。

一方面，随着改革开放和商品生产的发展，许多所谓“新”的观念，必然要站出来大声疾呼，要求打破过去的禁锢和束缚，使由这些观念所产生的行为活动，能够为人们所承认。这些行为活动，不但要求在

---

* 本文原载《改革与理论》，1988（5）。

法律上合法，而且要求在道德上被称许。因为，如果一个行为只是不违法而得不到道德上的赞扬，这种行为就会在社会上被认为是不光彩的，甚至是卑下的。因为只是不违法，还不能使这种行为者称心如意、放胆而行；行为者可能因此而获利，但他们会受到舆论的压力，遭到许多人的贬斥。另一方面，从一个国家、一个社会来看，价值观念特别是有关道德的价值指向，总有一种使社会成员向更高层次努力的导向作用。价值观念总是支配着人们的思想行动，并以此为评价标准，以决定我们的好恶、喜怒、取舍。道德价值，主要不是研究何者可以为，而是研究何者应当为，道德价值的大旗上总是写着受到人们肯定、鼓励和赞赏的“应当”二字，用以激励人们沿着道德的阶梯向上攀登。

一

在价值观念的更新中，针对封建意识的残余，必须对由宗法等级制度所造成的特权等级思想和重义贱利观念，予以彻底否定，并对由此而导致的不适合当前社会发展的陈腐观念，予以更新。

中国曾是一个长期处在封建宗法等级制度中的社会，在这样的社会里，每一个人都被放置在一定的等级地位上。这种地位，甚至是在一个人一生下来时就已经确定的。在这种社会中，最高、最大、最重的价值目标，不是追求巨额的金钱和财富，而是一种较高或最高的等级地位。一个人，只要具有了较高或最高的等级地位，他就可以享有处在这一地位上的人所应享有的一切。他只要进入了某一等级，就可以有相应的宅第、车辆、妻妾、仆人，以及相应的生活待遇。他的地位，就代表着他的财富，地位越高，财富就越大。因此，在这种社会中，高官厚禄成为人们最高的价值目标。

在这样的社会中，“金钱”、“利益”在公开场合，往往是要受到鄙视的。所谓“重义轻利”、“重义贱利”、“正其谊不谋其利，明其道不计其功”的思想就成为人们主要的价值观念。在这样的社会中，从封建道德意识出发，人们普遍认为，如果一个人的行为的经济动机占据优势，就容易使这个人产生许多邪思歪念和非分的僭越思想，就会破坏人们的崇高使命和精神目的，就会有害于社会的安定团结。在这种等级社会中，如果一个人获得了不适于他自己等级的金钱，不但往往被视为一种非分的活动，而且很难保得住即使是辛苦挣来的金钱。在这种社会中，赚钱、谋利、经商，总是要被认为是卑贱的、贪婪的、不道德的活动。直到今天，这种意识也还在束缚着一部分人的思想。商品经济的发展，必然要打破这种森严的等级制度，改变人们对于义利关系的认识。经济效益、经商赢利以及对金钱的看法，都要根据社会主义商品生产的要求，按照国家和社会利益的需要，以振兴中华、实现“四化”的总目标为标准，来重新加以衡量。我们不但要“正谊”，而且要“谋利”；不但要“明道”，而且要“计功”。经商、赚钱、发财、赢利，只要是为社会、为国家，就是高尚的、有道德的行为。即使是对于个人利益的追求，只要这种利益是正当的，就应当肯定；靠自己的勤劳而致富，也应当被认为是合乎道德的。

同时，我们也还要看到，在关于金钱、利益、赢利、致富等观念的更新中，要避免唯利是图、金钱至上和拜金主义的腐蚀。在当前的社会上，也确实有一部分人，有意钻改革的空子，把发展社会主义的商品生产，看做要以人们的自私心来作为动力，从而把金钱作为人们追求的价值目标。正像一个顺口溜所说的：“干部拿钱引，群众为钱干，一切向钱看，离钱玩不转。”把金钱当做发展商品生产力的唯一动力。这是很危险的。如果一切都向钱看，不论什么社会主义、资本主义，只要能赚钱就干，根本不顾集体、国家和社会的利益，这种思想和行为不但不是振兴中华、实现“四化”的现代意识，而且发展下去，必将会引导人们走向邪路。

二

在对人的道德评价上，在德和才的关系上，改革开放也向人们提出了要改变观念的问题。从中国传统的伦理观念看，对人的价值的评价，较多地强调品德，而对才能重视得不够。而且，古代儒家往往把“愚”和“鲁”同道德品质联系起来。曾子和颜回是孔丘弟子中道德最高尚的人，孔丘对他们两个的评价是：曾子是“鲁”，颜回是“愚”。从一定意义上，儒家甚至认为，他们的愚和鲁正好成为他们有德的原因。儒家后学，也特别推崇曾子的“鲁”和颜回的“愚”，并认为只有他们两个人，才真正能够传孔子之道。相反，对于聪明异常、才能最高、善于外交、巧于辩辞、经商有术的子贡，人们认为他反为自己的聪明所累，因此不能有高尚的道德。正是在这一思想影响下，似乎一个人的品质，只有同老实、憨厚、忠信、纯朴联系在一起，才是有道德的。

正是由于上述原因，在长期的封建社会中，在对社会人物和历史人物的评价中，总是片面地强调道德，反对功利，重视王道，鄙视霸道，这也就是中国历史所谓的王霸、义利之辩的一种伦理根源。“骥不称其力，称其德也”，就是说对于千里马，人们认为它之所以被称赞，也主要是因为它的驯顺，而不是因为它的日行千里。宋代的理学家们更强调正直笃信、鲁钝诚实、忠信好学、谦虚谨慎、约我以礼、待人以恕、犯而不较、不念旧恶、徙义崇德、允执其中等品质，同时还强调所谓恭、宽、信、敏、惠和温、良、恭、俭、让等德目。这些传统道德观念，很显然，同今天商品经济发展的新秩序，同改革开放的新要求，是不相适应的。正直、诚实、俭朴等品德，当然还是需要的，但在改革开放的形势下，也必须要同振兴中华、实现“四化”的总的要求相一致。至于把“温顺”、“谦让”、“恭敬”等看做美德，就更值得分析了。因为在振兴中华、实现“四化”的过程中，开拓奋发的精神、竞争自强的意识、奋斗进取的观念，不但是时代的需要，也是对一代新人的道德要求。我们应当大力提倡开拓奋发、竞争自强和奋斗进取的观念，反对墨守成规、安于现状、不求上进、“知足常乐”的观念。至于说把“鲁钝”和“愚钝”也看做一种高尚的道德，甚至认为只有“鲁钝”才能达到“深造乎道”的境地，就更加荒唐了。新中国成立以来，尽管我们正确地提出了德才兼备的衡量干部的标准，但是，传统的、封建的评价人们的陈腐观念，仍然在不同程度上产生作用。因此，为了发展社会主义的商品生产，必须摒弃不能适应社会发展的旧的对人的评价标准，树立新的适应“四化”建设需要的德才兼备的道德观念。

在树立评价人的新的尺度时，同时也要注意到，我们决不能片面地强调能力、才干而不问品德，更不能把投机取巧、弄虚作假、倒买倒卖、买空卖空当做一种才能，并把它看做能适应商品经济发展的新道德。在新旧体制转型的大变动时期，在大量新的人才涌现的情况下，一些自私自利的极端的利己主义者，往往以所谓脱颖而出的能人自居，把不择手段地“赚钱”和损人利己的“发财”，当做对社会的贡献，并以此来掩盖他们的所谓“小节”，这种情况，是应该引起人们的特别注意的。

三

在价值观念的更新中，关于个人和整体、个人和社会的关系问题，也是我们需要从理论上认真思考的问题之一。

从中国长期封建社会的大一统的专制政权的要求来说，从个人同社会和国家的关系来说，我们总是强调整体的利益。儒家和法家，尽管在“德治”和“法治”问题上，存在着根本的对立，但是两者都同样强调国家利益和封建社稷的利益。汉代以后，以“三纲五常”为主要规范的道德体系，总是要以牺牲臣、子的利益来维护君、父的权威。在这种封建大一统的专制主义的影响下，个人不但没有任何尊严和自由，甚至也不可有自我和人格。宋代以后，理学家们更极力提倡“存天理、灭人欲”的道德教条，强调“君让臣死，臣不得不死；父让子亡，子不得不亡”，并以此来禁锢人们的感性欲望和自我意识，甚至想通过“居敬穷理”的修养手段，在一定程度上，要人们达到泯灭自我的目的。新中国成立后，我们建立了无产阶级的统一政权，大力强调社会、集体和国家的利益。由于我国从未经历过西方资本主义反对封建主义的长期而曲折的斗争，没有像欧洲在近四五百年的反对封建领主和宗教神权的斗争中所形成的自我意识和民主权利，更没有像法国大革命时期人们所形成的“自由、平等、博爱”的意识，再加上十年动乱期间所出现的践踏个人尊严、抹杀个人权利、否认个人价值，以致形成了一种有害的观念，似乎一切有关争取个人利益的意识，都必然是大逆不道的。这种忽视以至否认“个人”、“自我”的传统观念，同我国当前的改革开放和建设“四化”的要求，是不相适应的。

为此，我们就应当提倡人们的自我意识，尊重人们的“个人尊严”和“个人权利”，承认人们的正当的个人利益。在社会生活中的每一个人，只有意识到他在社会中的地位，认识到个人的利益和价值，才能激发他为追求未来理想而奋斗的力量，才能形成自主、自强、自信、自尊的观念。从最近几年的我国现实生活来看，重视个人正当利益，强调个人尊严，对于激发人们为献身“四化”的开拓创新精神，对于民族的振兴，对于改革开放的发展，都是有积极作用的。在过去一段时期，把一切有关个人和自我的意识，都说成是利己主义和个人主义的，显然是不正确的。

同时，我们还必须摒弃个人主义的思想，树立为祖国、为人民和为社会主义的远大理想。在个人和整体的关系上，作为一种人生应当信奉的价值目标，我们应当强调集体主义的思想，而不能把个人主义当做我们“四化”建设所需要的新观念，更不应把个人主义看成一种有利于我国改革开放的现代意识。个人主义作为资产阶级的一种思想意识，主要内容大体上可以概括为三个方面：（1）强调个性的发展；（2）强调个人的权利和个人的利益（政治权利和经济利益）；（3）强调个人的尊严和价值，认为个人是目的而不应成为凌驾于其之上的他物的手段。个人主义的核心内容就是，在自我和他人的关系中，主张以自我为中心，以个人利益为出发点，以追求个人的幸福为最终目的。我们是社会主义国家，我们要走共同富裕的道路，不可能也不应当走那种最终只可能是少数人发财致富的道路。从道德价值上来看，我们不可能奉行以个人为中心、以个人利益为出发点、以个人幸福为最终目的的思想，而应当强调集体高于个人、个人利益同集体利益相结合的集体主义思想。在过去一段时期内，由于“左”的思潮的影响，我们对集体主义的理解，由于过分强调集体利益而在一定程度上忽视了个人利益。因此在今天的形势下，我们在观念更新的工作中，不需要把个人主义当做现代意识的新观念，我们应当对集体主义作出正确的、科学的说明，把原来对集体主义所作的种种不确切的、非科学的、片面的说法加以改正，从而使集体主义在振兴中华、实现“四化”中形成一种向心力和凝聚力，以团结全国人民，加速我国“四化”建设的进程。

四

在探讨改革开放同中国的道德建设时，在当前，还有一个不论在理论上还是在实践上都值得注意的问题，即历史和道德的二律背反，也就是一些同志所说的社会进步是否必须以道德的堕落为补偿的问题。有的人认为，今天中国需要发展商品经济，需要提高经济效益，需要发展个体经济，需要搞活流通领域，因此，对于许多只以赚钱为目的的行为，只要它不违犯法律，只要有利于搞活就应让其存在和发展；有的人认为投机取巧、自私自利、冒险淘金，也是应当提倡的。如果在改革开放中，不能在道德上做出一定的牺牲，就不可能促进商品经济的进一步发展。

对于这一问题，究竟应当怎样认识，也是我们在改革开放中所应当解决的一个认识问题。确实，历史的事实曾经说明，在奴隶社会和资本主义社会发展初期，在一段时间内，社会的进步曾经以道德堕落作为代价。但是在奴隶社会和资本主义社会后来的发展中，都力图避免这种道德堕落的情况。在社会主义社会内，尽管还处在初级阶段，我们更应当尽力克服历史进步和道德堕落的二律背反，使历史进步、生产力的发展和物质财富的增加能够同社会的道德进步统一起来，这也就是我们所说的物质文明和精神文明的同步发展。

在奴隶社会的初期，正像恩格斯所指出的，新的奴隶主阶级总是以“最卑下的利益——庸俗的贪欲、粗暴的情欲、卑下的物欲、对公共财产的自私自利的掠夺”① 来达到自己的目的，这种情况在我们看来，简直是一种堕落，一种离开古代氏族社会的纯朴道德高峰的堕落。但是，随着奴隶社会的发展，奴隶主阶级的思想家们总是从各个方面强调提高社会道德水平的重要，并把道德和法律作为维护政权的两种互为补充的手段。在资本主义社会发展初期，也同样出现了道德的堕落。正像马克思在《资本论》中所指出的，资产阶级为了追求利润，可以毫无顾忌地做出一切丧尽天良和损人利己的事情。一切都以能否获得金钱和利润为目的，甚至一个人的良心、名誉，都可以被它们的所有者作为商品出卖，以换取金钱，“在资本主义生产方式的历史初期——而每个资本主义的暴发户都个别地经过这个历史阶段——致富欲和贪欲作为绝对的欲望占统治地位”②。正是这种“最卑劣的动机和情欲”，在资本主义原始积累时期以及以后很长一段时期内，造成了人类社会的道德水平的又一次堕落。面对着这种情况，当时的思想家特别是伦理思想家，不断地发

① 《马克思恩格斯全集》，中文1版，第21卷，113页，北京，人民出版社，1965。
② 《马克思恩格斯全集》，中文1版，第23卷，651页，北京，人民出版社，1972。

出呼声，要求克服利己主义的人生哲学，修正个人主义的思想，加强人道主义和注意人们的精神灵魂的改善。康德的善良意志、黑格尔的善的理念、费尔巴哈的合理利己主义等思想，在不同程度上反映了这一要求。经过资本主义社会的长期努力，在以后的发展中，社会的道德面貌较早期的情况有所改变。但是，不管怎么说，应当承认，在资本主义社会的初期阶段，为了提高生产力和创造物质财富，为了促进历史的进步，在一段长时期内，道德产生了堕落的现象。

在我国改革开放的初期，由于发展生产力的客观要求，由于对外国先进技术的引进，由于为了激发人们为“四化”建设的积极性，为了充分发展商品生产和更快地形成市场机制，因此，在一定情况下，不可避免地会形成泥沙俱下、鱼龙混杂的情况。特别是由于新旧体制转换过程中必然会出现许多矛盾，产生利益关系的多样化和复杂化，某些利己主义、自私自利、经济盘剥、损人利己等思想可能趁机发展。但是，我们是社会主义国家，推动我们去发展商品生产的根本目的是振兴中华、实现“四化”，是实现最终的理想——共产主义，而绝不是什么“卑劣的贪欲”，更不是那种“微不足道的单个人的财富”。因此，在我们的改革开放中，在我们实现“四化”的过程中，完全可以避免和防止资本主义社会初期所出现的道德堕落的情况，防止和避免从“最卑劣的动机和情欲”出发，而“以损害人们的其他一切秉赋为代价”①。当然，在某种情况下，资本主义的商品意识还会对一些人产生影响，因此，也有可能造成暂时的社会的道德堕落。但是，我们应当清醒地看到，我们今天发展社会主义的商品经济，绝不是要像资本主义社会那样，只是为了使少数人发财致富，而是为了全体人民的共同富裕。因此在发展商品生产的过程中，必须要反对资本主义的自私自利、损人利己的腐朽的思想意识，提倡为全国人民的共同理想而奋斗的崇高思想。在社会进步和道德进步的关系上，我们一定要尽力克服而且也能够克服奴隶社会、资本主义社会初期以道德堕落来作为社会进步的代价的痛苦经历，使社会进步和道德进步协调一致地发展。

改革需要正确的观念作引导，改革不仅仅是要发展生产力，提高人们的物质生活水平，而且要提高人们的文化和道德素质，既要生产出满

① 《马克思恩格斯全集》，中文1版，第21卷，201页。

足人民需要的丰富的产品，又要培养出“有思想、有道德、有文化、有纪律”的一代新人。我们要把提高改革意识和增强民族自信心结合起来，要把加强现代意识同发扬革命的传统美德结合起来，要把追求功利同提高人们的集体主义精神结合起来。我们一定要把改革开放的过程当做提高全体人民道德水平的过程，而不能放任资产阶级和封建阶级意识等腐朽观念泛滥，使我们陷入社会进步和道德堕落的二律背反的泥潭。

重视社会道德建设*

任何国家的经济现代化，都依赖于一定的价值目标（包括道德价值目标）的导向，伴随着一定的价值目标的追求。以建设有中国特色的现代化社会主义强国为目标的改革，也面临着一系列伦理价值目标问题。能否妥善地、正确地处理这个问题，事关改革能否坚持正确的方向，也在某种程度上决定着改革的成败。

关于集体与个人的关系问题

我们党一贯提倡集体主义道德原则。它的内涵是：集体与个人是辩证统一的关系；集体利益是第一位的，个人利益应该服从集体利益；作为第一位的集体利益既包含着大多数人的利益，又不排斥正当的个人利益，而是强调个人利益的实现应不以损害他人利益为前提，并在必要的时候，把为他人或集体利益所做的牺牲，看做个人自我利益实现的一种崇高方式。

但是，多年来一直存在歪曲或肢解集体主义原则的倾向：或以集体利益排斥个人正当利益；或无限制地夸大个人利益，企图将其凌驾于集

---

* 本文原载《经济日报》，1989-09-12。

体利益之上。党的十一届三中全会以后，我们党重新强调集体主义原则，在突出集体利益的同时，也注意个人活力，重视个人的正当利益，激发了人们为改革、为“四化”献身的开拓创新精神。但与此同时，某些宣扬资产阶级自由化的人，却借口纠正过去贯彻集体主义原则曾出现过的某些偏差而抛弃集体主义，并用个人主义或利己主义取而代之，鼓吹脱离集体的“个性”、“个人价值”、“个人权利”和自我设计、自我实现，力图以此作为国家现代化建设的价值目标导向，成为最基本的国民道德。这种极端的个人主义已经严重地干扰了人们的正常视线，使人们从另一个极端去曲解个人与集体的关系，并由此诱发一些人的不正当私欲。由于不顾整体和社会利益，单纯追求自我，严重地淡化了人们的历史使命意识和社会责任意识，使人们日趋赞同“人都是自私的”，从而使整个社会失去凝聚力，成为一盘散沙。这确乎已经成为改革事业的腐蚀剂。我们切不可低估这几年个人主义思想对改革的危害。今后，应当重新强调我们党倡导的集体主义原则，以此作为改革和建设的价值目标导向。因为唯有弘扬把整个国家团结起来、把全体人民振奋起来的集体主义精神，才能够使各种困难和阻力降到最低程度，使极为艰难的改革事业获得成功。

改革一定要以道德堕落为代价吗

十年改革，人们在思想上逐步摒弃了“左”的东西，从“天上”回到“人间”。同时，竞争、奉献、进取、开拓等新意识、新道德逐步形成，这是社会的进步，是主流。然而，我们也不能否认，由于资产阶级自由化思潮的影响，一部分人的自私欲望恶性膨胀，“一切向钱看”和坑蒙拐骗等腐朽道德也在出场，甚至新中国成立后已近绝迹的肮脏的东西，也在某种程度上泛滥起来，这是道德的退步和堕落。近年来有一种说法认为，改革开放在经济上的繁荣必然会引起道德的堕落，这是经济进步中的代价。这种说法的实质是认为道德堕落是合理的，我们不能同意这种“代价论”。因为倘若让“代价论”存在下去，就会引向更严重的道德堕落，例如，在一定时期一定的局部范围内，某些地方或某些企业的经济发展，往往要靠贿赂作为润滑剂，似乎只有如此，才能推动经济机器的运转。这其中付出的，就是毒害社会风气、腐蚀人们灵魂的道德代价。这几年人们之所以大声疾呼党风和社会风气问题，甚至有人大声疾呼要人们少一点自私自利之心，多一点对“人类社会理性公理”的敬畏之心，正好说明我们付出的道德代价已经多么严重了。那种以为凡是打着改革旗号的东西都是所谓顺乎潮流的善的东西的观点，实在应该在严峻的现实面前反省反省了。

更为重要的是，如果以为牺牲了道德，物质财富就创造出来了，改革就成功了，那就完全背离了道德为改革服务的原则。十年改革实践证明，成功的经济政策及其实施，必须靠相应配套的成功的道德政策的辅佐，否则，经济机器也绝不可能正常运转。当前之所以强调整顿经济秩序和治理经济环境，在一定程度上，也表明经济改革并不仅仅是经济工作本身的事，也是政治领域、道德领域的事。经济政策本身的漏洞，加上政治政策和道德改革的漏洞，必然会影响经济政策的实施。所谓“官倒”、铺张浪费、奢华排场甚至置国家和人民的利益于不顾，这一切腐败现象，都不能不说与我们当前的道德状况有密切关系。损人利己、损公肥私、行贿受贿、贪赃枉法等等，这种道德上的堕落，已严重地影响到整个改革和现代化建设事业。

社会进步与道德进步同步并行，不是一件容易的事。唯其如此，才更有必要在这个问题上下力气。首先需要重视的就是认识和态度问题。如果我们从观念上引起高度重视，即使困难再大，也能够克服。但令人遗憾的是，这几年我们在指导思想上、认识上、态度上、实践上，甚至在舆论上，都过多地集中于日常的经济工作，而没有足够的力量关心精神文明（包括道德）的建设。政治、道德这些非经济因素，对经济因素影响之大，是我们所始料不及的。实践已证明，只重经济不重精神道德、只重金钱不重民族心灵深处的价值观念的导向，会使经济工作也搞不好，甚至于可能把改革和建设引到歧路上去。

伦理价值问题与腐败现象

党风不正和某些党员干部身上表露出来的严重腐败现象，是造成当今社会风气腐败和社会道德堕落的重要因素之一。马克思、恩格斯早就指出过，社会上占统治地位的意识形态，归根到底是在政治、经济等方面支配那个社会的统治阶级的意识形态。因此，作为我们国家执政党的中国共产党所信奉和推行的社会意识形态，总是我们这个社会居于统治地位的意识形态。如果我们的党风在这方面有少许不纯和腐败现象，就可能给整个社会造成极大的影响。由于一个党的素质和基本品格是通过它的具体成员来表现的，因而，一旦我们党内产生了腐败分子，尤其是党的某些高层领导干部中出现了腐败分子，即使是数量很少的人，从他们身上散发出来的腐败毒素，也会严重地损害党的形象和党的威望，腐蚀社会成员，毒化社会风气。一方面我们不能随意夸大我们党内这些腐败分子的数量，不能丑化党的光辉形象；另一方面我们也不能无视这些少数分子对我们党的危害，对我们国家和民族的危害。如果不端正党风，不清除这些腐败分子、害群之马，不但社会的道德风尚会受到污染，中国的社会主义改革事业也是注定不能成功的。

政治腐败之所以会影响到道德腐败，主要是由道德与政治的特殊关系决定的。政治作为经济的集中反映，它必然要求道德依附于它（用强大的政治力量），并且制约道德的发展方向和起作用的性质，使道德在总价值目标上为自己服务。因此，任何清廉的政治，总要求相应清廉的道德，并确实能够靠自己所掌握的舆论工具及强制性的国家机器，来制约道德的这种发展方向。相反，如果政治上发生了腐败现象，相应腐败的道德也必然随之发生。

我们是社会主义国家，我们的党是代表无产阶级和人民大众利益的党。党风廉洁问题，对我们的整个事业来说，并不是一件可以忽视的小事。它和全部经济活动一样，也是改革事业中的重要组成部分，是全部社会主义事业中的组成部分。在当前，从道德建设来说，重要的是要端正认识。现在，很多同志都强调完善体制的重要性，这当然是正确的。同时，我们也要看到，不能认为国家的兴衰仅仅取决于体制，似乎其他都是可有可无的。问题在于，体制本身也是由人来建立的，而体制所设计的具体事项，要由人来贯彻实施，如果忽视了人的素质（包括智力素质、德性素质等等），那么，再好的体制也难以发挥效能。不受体制制约的权力固然会走向腐败，而不受德性制约的权力同样会走向腐败。

越是改革开放　越要强调学习马克思主义*

我国的改革开放正在蓬勃地向前发展。全国广大人民正在集中精力，抓住当前难得的机遇，努力使我国的经济建设能够每隔几年上一个新的台阶。只要我们能够进一步解放思想，大胆改革，实事求是，从实际出发，我国的经济就一定会进入一个高速增长的新阶段。

在坚持以经济建设为中心，大力发展我国经济的同时，究竟还要不要强调学习马克思主义理论，这是当前值得注意的一个问题。

从国际上看，西方资产阶级的某些政客，一再重复他们的“马克思主义过时了、死亡了”、“共产主义的实验失败了”的叫嚣，认为马克思主义已经没有生命力了。在国内，也有极少数人，在社会主义所遇到的困难和挫折面前，失去信心，“惊慌失措”，似乎马克思主义已不能适应今天现实的需要，马克思主义的理论没用了，中国迟早要搞西方的那一套，因而可以不必再提倡学习马克思主义了。还有的同志认为，改革开放有很多经济问题需要我们去学，哪有什么时间去学习马克思主义？更多的同志对在当前形势下学习马克思主义的重要意义缺乏足够的认识，因而自觉或不自觉地放松了对马克思主义的理论学习。确实，为了把经济建设搞上去，我们不懂得、不熟悉的东西，都需要我们学习，但是，应该说，最重要的还是要加强对马克思主义、毛泽东思想的学习，以及

---

* 本文原载《阵地与熔炉》，1992（5）。

对邓小平同志建设有中国特色的社会主义理论的学习，提高我们的认识，提高我们的理论素质，以适应我国社会主义建设的需要，保证我们的改革开放能沿着社会主义方向发展。

马克思主义是颠扑不破的真理，是建设有中国特色的社会主义的指导思想

马克思主义是从人类社会的发展规律中总结出来的科学真理，它随着社会的变化而不断丰富和发展，它不是僵死不变的教条，而是行动的指南。坚持和发展马克思主义是辩证统一的，把马克思主义看做“教条”，看做“僵化的东西”，认为它不能指导今天已经变化了的客观实际的思想，是错误的。尽管一百多年来资产阶级总是要想打倒、埋葬马克思主义，但马克思主义仍然在不断地披荆斩棘，继续前进。毛泽东同志曾说过：“马克思主义是一种科学真理，它是不怕批评的。如果马克思主义害怕批评，如果可以批评倒，那么马克思主义就没有用了。事实上，唯心主义者不是每天都在用各种形式批评马克思主义吗？抱着资产阶级思想、小资产阶级思想而不愿意改变的人们，不是也在用各种形式批评马克思主义吗？马克思主义者不应该害怕任何人批评。相反，马克思主义者就是要在人们的批评中间，就是要在斗争的风雨中间，锻炼自己，发展自己，扩大自己的阵地。”[①] 最近几年来，一些社会主义国家发生了资本主义复辟的严重事件，从而使一些人产生了这样那样的困惑。马克思主义究竟还灵不灵？学习马克思主义在现代还有没有意义？人们会从不同方面，对马克思主义的命运问题进行这样那样的思索。在这种情况下，加强马克思主义的教育与学习，更有着特别重要的意义。正像邓小平同志在南方谈话中指出的，社会主义在经历一个较长过程后必然代替资本主义，这是社会历史发展不可逆转的总趋势，是马克思主义的历史唯物主义所揭示的人类社会发展的规律。某些社会主义国家的逆转和挫折，使社会主义力量被削弱了，但它又会教育人民从中吸取教训，促使社会主义朝着更加健康的方向发展。特别需要指出的是，我们

① 《关于正确处理人民内部矛盾的问题》，见《毛泽东著作选读》，下册，786页，北京，人民出版社，1986。

的改革开放是社会主义的改革开放，我们所要建设的是有中国特色的社会主义，因此，必须保证我国的社会主义方向。坚持四项基本原则中的一个重要原则，就是必须坚持马克思列宁主义、毛泽东思想，只能坚持马克思列宁主义、毛泽东思想。邓小平同志说："我们现在要建设有中国特色的社会主义，时代和任务不同了，要学习的新知识确实很多，这就更要求我们努力针对新的实际，掌握马克思主义基本理论。因为只有这样，才能提高我们运用它的基本原则基本方法，来积极探索解决新的政治经济社会文化基本问题的本领，既把我们的事业和马克思主义理论本身推向前进，也防止一些同志，特别是一些新上来的中青年同志在日益复杂的斗争中迷失方向。"① 离开了马克思主义的指导，就可能使人们仅仅限于物质利益的追求，失去了社会主义的理想和目标，以至失去为社会主义奋斗的精神动力和战斗意志，不能抵制各种腐朽思想的侵蚀。改革开放的实践说明，要保证改革开放的社会主义方向，没有马克思主义的指导是不可能的。

改革开放发展的新形势，更需要我们加强马克思主义的学习

越是加快改革开放、加快发展经济，新情况、新问题就越多。对于在改革开放中所出现的纷纭复杂的问题，究竟应当以什么指导思想来解决？是遇事迁就应付，随心所欲，还是按照马克思主义的思想来解决？答案只能是后者。在当前的形势下，我们必须认识到，越是改革开放，越是发展经济，我们就越要加强学习，掌握马克思主义的基本原理，提高自身素质，以适应形势发展的需要。

马克思主义从来就是创造性的。在当今形势下，强调马克思主义的学习，最重要的就是要运用马克思主义的立场、观点和方法，来分析、阐释和解决现实中的各种重大问题。因此，必须强调理论与实际的结合，反对教条主义。对于被实践证明是正确的马克思主义的基本原理一定要勇于坚持，对某些过时的结论不能够抱着不放，要善于在实践中加

① 《邓小平文选》，1版，第3卷，146～147页，北京，人民出版社，1993。

以发展。改革开放的深入发展，亿万人民建设有中国特色的社会主义的伟大实践，呼唤着马克思主义理论的繁荣和发展。我国不但在经济上处于一个前所未有的快速发展时期，同时也处于马克思主义理论得到发展的重要时期。我们一定要按照毛泽东同志所一贯倡导的“实事求是”的思想，结合改革开放，结合社会主义商品经济发展所提出的新问题，详细地掌握材料，勇于探索，认真研究，提出对策，并在实践中加以检验，以指导我国的改革开放沿着正确轨道更好地发展。毛泽东同志在《改造我们的学习》中就特别强调学习马克思主义理论要“有的放矢”。他说，有的人学习马克思主义，“不是为了要解决中国革命的理论问题、策略问题而到马克思、恩格斯、列宁、斯大林那里找立场，找观点，找方法，而是为了单纯地学理论而去学理论。不是有的放矢，而是无的放矢。马克思、恩格斯、列宁、斯大林教导我们说：应当从客观存在着的实际事物出发，从其中引出规律，作为我们行动的向导。为此目的，就要像马克思所说的详细地占有材料，加以科学的分析和综合的研究”。应当强调，学习马克思主义，最重要的就是要用来解决当前的实际问题。谁能用马克思主义正确地分析和解决改革开放中的一两个问题，谁就算是取得了成绩，解决的问题越多，成绩也就越大。如果说，学习马克思主义之后，仍然不能或不愿用马克思主义来解决问题，那就如同没有学习马克思主义一样。在学习马克思主义时，我们应当努力掌握马克思主义的立场、观点和方法，不唯上，不唯书，不听风，不拘泥马克思主义经典作家的个别词句，而是紧密结合我国社会主义现代化建设和改革开放的新问题，紧密结合国际形势和当代社会主义发展的新情况，反对和克服教条主义的影响，不断提高我们理论联系实际的能力，增强贯彻党的基本路线的自觉性。

学习马克思主义原著要少而精，要有针对性，要力求掌握马克思主义的精髓

马克思主义是一个丰富的宝库，马克思主义经典作家留下了大量的著述。对于广大人民群众来说，对于从事社会主义建设的各个部门的实际工作者来说，在强调学习马克思主义时，必须贯彻少而精的原则，即

要精选那些最能体现马克思主义基本原理的重要著作，认真学习并力求掌握马克思主义理论中的精髓。马克思主义的科学社会主义、政治经济学、辩证唯物主义与历史唯物主义的基本原理，是放之四海而皆准的、颠扑不破的真理。《共产党宣言》、《社会主义从空想到科学的发展》、《马克思主义的三个来源和三个组成部分》等著作，都是我们应当认真学习的。只要我们能掌握马克思主义的精神实质，并运用马克思主义的立场、观点和方法，就一定能正确分析和解决我们在现代化建设中所遇到的各种实际问题。在当前，要特别强调学习马克思主义经典作家有关经济工作的理论，正确解决改革开放中的经济问题。

为了适应建设有中国特色的社会主义的需要，在学习马克思主义经典作家的理论时，更应当特别强调学习毛泽东同志和邓小平同志等老一辈革命家的著作。毛泽东同志的《矛盾论》、《实践论》、《改造我们的学习》、《整顿党的作风》、《反对党八股》、《在延安文艺座谈会上的讲话》以及《反对自由主义》等论著，对于我们坚持实事求是，从实际出发，防止教条主义，坚持为人民服务的方针，开展批评和自我批评，仍有着重要的现实意义。毛泽东同志关于事物矛盾的普遍性和特殊性，关于矛盾的斗争性和同一性以及主要矛盾和次要矛盾的分析，对于我们在改革开放的新情况下，正确地分析事物，全面地认识事物，对于我们在工作中“警惕右”和“防止‘左’”都有重要的指导作用。毛泽东同志在《实践论》中对认识和实践关系的全面而深刻的论述，关于“只有人们的社会实践，才是人们对于外界认识的真理性标准”的理论，以及实践和认识如何不断深化等问题，对于我们坚持实践是检验真理的标准，解放思想，开拓进取，勇于试验，大胆创新，并且在实践中不断总结经验，保证我们的改革开放沿着健康的道路发展，有着特别重要的意义。

在强调学习马克思列宁主义、毛泽东思想时，要根据中国当前社会发展的实际需要，认真学习有中国特色的社会主义的理论。以邓小平为代表的第二代中国共产党人，总结了历史上正反两方面的经验教训，提出并不断发展了有中国特色的社会主义的理论。这一理论，是依据马克思主义的立场、观点和方法，针对一个经济比较落后的大国如何进行社会主义建设的问题而提出来的理论。它是马克思主义基本原理同当代中国的实际密切相结合的产物，是对马克思主义的创造性的发展。这一理论，指导着我国社会主义建设事业的蓬勃发展，而广大人民群众的实践，又必将使之进一步丰富和发展。我们要把有中国特色的社会主义事业继续推向前进，就一定要学习和掌握这一强大的思想武器，沿着党的十一届三中全会以来所开辟的正确道路，紧紧把握一个中心、两个基本点的思想，奋勇前进。

当然，对于从事马克思主义理论专业和思想教育专业的一些同志来说，除了精选精读、力求掌握马克思主义的精髓之外，还应当力求更多地阅读马克思主义的经典著作。马克思的《资本论》，恩格斯的《反杜林论》、《路德维希·费尔巴哈和德国古典哲学的终结》，列宁的《唯物主义和经验批判主义》等论著，对于专业工作者来说，也是十分重要的经典文献，非读不可。但是，在阅读这些经典著作时，应当力求掌握它们的精神实质，把基本原理同某些因时、因地所作的个别结论区别开来，善于区分哪些是在今天已经过时了的提法，哪些仍然是指导我们今天的社会主义建设的颠扑不破的真理。

时代在不断地前进，社会在不断地变化。随着资本主义的不断发展变化和科学技术革命日新月异的进步，随着世界各国经济的发展，确实出现了马克思主义经典作家所未曾遇到的新情况和新问题。因此，在当前强调学习马克思主义，必须提倡敢于创新的勇气。学习马克思主义不是为了好看，而是为了解决现实中所遇到的各种问题。从当前的情况来看，在学习马克思主义的问题上，可能有这样三种态度：一种是受教条主义的影响，往往自觉或不自觉地喜欢以引证马克思主义经典作家的“个别词句”来代替对事物的分析和论证，不能提出正确解决问题的方法。这种态度当然是十分有害的。一种是实用主义的态度，即不是用马克思主义的立场、观点、方法来分析解决中国的实际问题，坚持社会主义方向，而是按照自己的意志，实用主义地、随心所欲地解释马克思主义。这种态度，也是极端有害的。因此，在强调学习马克思主义时，根据目前的情况，我们应当特别提倡第三种态度，即创造性地研究马克思主义的态度，就是面对在建设有中国特色的社会主义实践中所出现的各种新问题，以大无畏的理论勇气，坚持和发展马克思主义，使马克思主义理论在解决新形势所提出的各种纷纭复杂的新问题时，显示新的活力。几十年来，中国共产党最突出的优良传统之一就是理论与实践相结合，使马克思主义基本原理有的放矢地解决中国革命实践中所遇到的重大问题。我们应当继续发扬光大这一传统，使马克思主义有更大的发展。毛泽东同志说：“人类总得不断地总结经验，有所发现，有所发明，有所创造，有所前进。停止的论点，悲观的论点，无所作为和骄傲自满的论点，都是错误的。”① 时代赋予我们在东方大地上建设有中国特色的社会主义和发展马克思主义的光荣而又艰巨的任务，我们应当不辜负时代对我们的期望，很好地完成这一任务。

① 《人民日报》，1964-12-31。

发展市场经济与加强思想道德建设*

一

我们今后相当一个时期的主要任务，是以经济建设为中心，把经济搞上去。中国这样大的国家，要把经济搞上去，是一个很艰巨的任务。我们国家正处在社会主义初级阶段，生产力水平比较低下，经济发展水平、科技发展水平与世界先进国家比，确实差距很大。我们的社会主义能否建成，能否显示出优越性，取决于经济建设能否真正搞上去，所以，我们必须坚持以经济建设为中心。从思想道德的角度看，我们处在这样的历史条件下，面临这样艰巨、复杂、光荣的任务，要建设有中国特色的社会主义，必须要有一个强大的、为多数人信服的精神力量。当然，这个精神力量，首先要用我们的物质发展做基础。同时，精神力量的发挥也是我们把经济建设搞上去的强大动力。

怎样在邓小平同志建设有中国特色社会主义理论的指导下，把我们的经济建设搞上去？我觉得从指导思想上、认识上有一些不同思路。一种是邓小平同志和党中央的思路，就是既要把物质文明搞上去，又要把精神文明搞上去，不能抓了物质文明，放下精神文明，要两手抓。1989

* 本文原载《新长征》，1993（9），是《新长征》杂志的专访文章。

年，邓小平同志在讲话中就特别指出，这十多年最大的失误是教育。小平同志还多次讲信念、理想，讲培养“四有”新人，讲抓好社会风气、社会秩序的重要性。小平同志南方谈话的六个部分内容中，就有一个部分专门讲社会风气、社会秩序一定要搞好。这是一个非常英明、非常有远见的思路。也还有一些同志从另外的思路去考虑问题，认为我们国家经济建设的任务这样重，生产力这样落后，底子这样薄，与先进国家比差距这样大，应该先把经济建设搞上去再说。因此，在实际工作中，自觉不自觉地把道德建设放在次要地位。还有一种说法，为了把经济搞上去，思想道德方面做些牺牲也没关系。当然，精神文明建设不像物质文明建设那样容易落实。就是我们平常说的，物质文明建设是硬任务，精神文明建设是软任务。但把发展经济与思想道德建设对立起来，这个思想很有害。

两个文明建设本来就是相辅相成的，物质文明建设的发展对精神文明建设会起到很好的作用。单纯孤立地谈精神文明建设，精神文明建设也是没有基础的，也是不能得到很好发展的。在发展经济时，出现一些思想道德、社会风气上的问题确实难免，但是我们不要因此就有“难免论”。有一点代价可以，我们应使代价降低到最小的程度。精神文明建设搞不上去，人们的思想道德水平降低了，社会风气变坏了，违犯法律的现象增加了，社会秩序搞乱了，反而会破坏、影响经济建设。小平同志说，如果不抓精神文明建设和道德建设，经济建设搞上去了又有什么用？江泽民同志也讲过，如果没有理想、没有纪律，就会像旧中国一样成为一盘散沙，革命、建设怎么能够成功？这些话讲得非常好。这里有两个意思，一是精神文明建设没搞好，贪污、贿赂盛行，最终会使物质文明建设停滞下来，另一个是如果风气坏下去，即使经济搞上去了，不能搞成共同富裕，又有什么意义？这确实是值得我们深思的问题。

这几年，有一种“代价论”相当有害。“宁愿牺牲道德搞经济”，这个理论是不能成立的。现在有些人用恩格斯关于“恶”的历史作用的话来证实“代价论”有一定道理。其实，恩格斯引用的是黑格尔的话，主要说在私有制社会里，利己的动机对发展资本主义确实起到了一定的积极作用。了解世界发展史的人都知道，资本主义为此是付了很沉重的代价的。资本主义到后来花了很大的功夫从法律、道德、政治各个方面来克服资本主义初期成就的那些“代价”。

我们搞的是社会主义市场经济，不能允许采取两极分化的办法搞社会主义商品生产，不能不顾精神道德方面的问题而单纯抓生产力。前一段，我们搞了一些社会调查，结果表明，在思想道德水平方面确实出现了许多值得人们注意的问题。对我们的经济建设，广大人民普遍感到比较满意，而对我们的思想道德建设，则普遍感到担心。60％～70％的人认为社会风气不如过去，人变得自私了，一些人把金钱看得高于一切。现在很多人都感觉到，有些时候通过正常方式很难办成事，不正之风由个别发展到普遍。更突出的是金钱与权力的交换，一些人拿金钱买通权力，用权力再搞金钱。这种腐败现象能否制止，关系到党和国家的前途命运。

二

从历史上看，发展商品经济，建立市场经济体制，本身就存在双重效应。我们一些同志对发展商品经济的积极效应看得比较充分，也认识得比较清楚，对发展商品经济可能产生的消极效应，则缺乏思想准备，认识也不很明确。这是认识上的一种片面性。

从经济上来讲，我们应该看到，发展商品经济的积极效应是很明显的。它发展了我们国家的生产力，增强了国家的物质财富，推动了经济的高速增长。但是，在经济上，发展商品经济也不都是积极效应，它也带来了许多需要加以调控的问题，也需要在政策上加以约束。因为发展商品经济本身强调等价交换、自由竞争、个人利益、物质刺激，这些东西极大地促进了经济发展，但同时也需要我们加强宏观管理，否则，就要出现混乱，经济就会向不利于社会主义经济发展的方向走去，比如偷税漏税，不知有多少国家财产流失在这个方面。

从思想道德方面看，从人的素质提高方面看，发展商品经济对我们起了很多好的作用，比如正当利益的观念，现在有了，过去很少讲。追求正当的个人利益在当前是推动我们经济发展的一个很重要的力量。通过劳动，人人都应当得到正当的个人利益，过去忽视甚至反对这一点，个人的积极性就不能充分发挥。开拓创新观念、竞争观念、权利义务观念、等价交换观念等等，这些观念的树立，极大地解放了人们的思想，提高了人们的精神素质。但同时，讲竞争、讲物质刺激，也很容易诱发极端个人主义倾向。特别是中国，长期以来小生产影响很大，小生产的自私性与发展商品经济的某些消极东西融合起来，就容易产生损人利己、损公肥私、为了个人不顾一切的现象。

在商品经济发展中，最值得我们注意的就是拜金主义。金钱是商品的一般等价物，所有商品都可以跟金钱画等号，所以马克思在《资本论》中说，商品经济发展后，首先出现的是货币拜物教，但最早的是商品拜物教。由于货币是一般等价物，就出现了货币拜物教，谁有了货币，谁就有了一切，谁就等于神。

有人认为，发展商品经济就要讲金钱、讲效率，过多强调集体主义，强调社会公平，就将影响效率。我觉得，我们不应把这两者对立起来。我们越是要在经济领域强调等价交换，强调按劳分配，强调正当的个人利益，在人与人的关系方面，就越是要强调为社会多做贡献，强调国家利益高于个人利益。这是两个不同范畴的问题。做买卖不能讲奉献，要讲等价交换，经济领域要强调多劳多得，必要时要有物质刺激。但人与人除了经济关系之外，还有很多关系，如师生关系、父子关系、夫妻关系、同志关系等等，在这些方面，我们应强调关心别人，助人为乐，应提倡奉献精神，提倡见义勇为。发展商品经济的积极效应与消极效应有时连在一起，我们越是要发挥商品经济的积极效应，就越是要限制它的消极因素。江泽民同志在多次讲话中都强调，越是坚持改革开放，越要加强精神文明建设，提出要弘扬爱国主义、集体主义、社会主义思想，并使这些成为我们社会主义的主旋律。

今年3月5日，在纪念毛主席“向雷锋同志学习”题词30周年的时候，我为《中国青年报》写文章，提出要使爱国主义、集体主义、社会主义成为社会的主旋律，就必须反对三个东西：一个是个人主义，一个是拜金主义，一个是享乐主义。只有旗帜鲜明地反对这三个“主义”，爱国主义、集体主义、社会主义才能在我们整个社会发扬光大。

三

像我们这样经济较落后的发展中国家的现代化应注意什么问题？最

近一二十年来，西方有一种理论，发展中国家的现代化必须是西方化，如果不能西方化，就不能现代化，就是你不但要接受西方先进的科学技术、管理经验，还要接受其政治制度、价值观念。西方一些政治家认为，你搞市场经济，不接受我们的政治观、价值观，你肯定搞不好。他们强调在所谓援助发展中国家的同时，要向其灌输西方的政治观、价值观、“民主”、“人权”等。

越来越多的发展中国家经过长期实践取得了共识，这就是，发展中国家的现代化绝不等于西方化。在接受西方科学技术和管理经验的同时，不能用那套资产阶级“民主”、“人权”等价值观。如果像有些西方国家所希望的那样，把现代化当成西方化，那现代化就一定搞不起来，实现不了。结果是，或者成为西方某些发达国家的附庸，或者搞得国家政治动荡，经济停滞不前。俄罗斯目前政治和经济混乱的情况正是把现代化搞成西方化的结果。

有人说中国的改革是中体西用。这个概念较复杂，一般不用。过去主要是指以传统儒家思想为体，利用西方技术。我们是社会主义国家，我们的指导思想马克思主义来自西方，根本不是什么中体西用。我们在实现现代化的过程中，在学习西方先进技术和管理方式的同时，要坚决摒弃西方的价值观念。新加坡在这方面的认识很明确；日本也没有接受西方的价值观念，而是形成了自己的价值观念。西方是以个人为中心。日本倡导的是企业集体主义、企业本位主义，反对片面强调个人的价值。韩国也不用西方的价值观念，它用儒家的思想抵御西方的东西，中小学课本都是孔子怎样说、孟子怎样说。中国香港、台湾地区，它们的经济发展，也不是靠西方的价值观念搞起来的，何况我们是社会主义国家。前几年，西方政治观念、价值观念搞乱了我们一些人的思想，致使我们发生了政治风波。这是一个深刻的经验教训。

我们不接受西方的价值观、人生观，但在某些方面还要借鉴它的一些精神文明成果，这两方面并不矛盾。对西方文化不能全盘否定。一些有价值的西方文化，可以用马克思主义作指导，加以改造吸收。个人主义在反对封建主义过程中起过进步作用，但它核心的东西是应该批判的。

现在许多人搞不清西方的个人主义是什么概念。个人主义就是相对社会来讲，个人是最高的价值，个人自由、个人平等、个人尊严、个人高于一切。实质上是把个人与社会对立起来，个人超越社会。

有人认为个人主义有个人奋斗、个人开拓、在社会上实现价值的含义。其实许多人只看到了这个方面，就认为个人主义可取。我们应看到个人主义的实质。个人主义在西方分几层意思：一是在价值观上，认为个人高于社会，一切以个人为中心；二是在政治观上，强调个人民主，反对民主集中制；三是在财产制度上，个人主义是要维护个人的私有财产，人只要不违犯法律，想怎样挣钱就怎样挣钱。当然，我们在一定范围内也维护私有财产，但我们最终反对两极分化，反对剥削，不同意把个人私有财产制度长期维持下去。所以，我们从理论上始终强调反对个人主义。至于个人主义中强调个人尊严、个人价值的含义，这是我们社会主义集体主义中应该有的内容，过去我们强调集体利益而忽略个人利益，这是需要另外讨论的一个问题。

西方国家对个人主义也不是采取完全赞同的态度。个人主义要维护私有财产制度，这个方面资本主义是坚决拥护的。对政治上的极端个人主义倾向，西方国家也是反对的。它们通过从政治上强调国家利益，从法律上制约个人过分的自由，从宗教上强调他人的利益高于一切等方面限制个人主义的消极因素。

回顾这些年我们在思想道德方面的教训，很重要的一点就是对发展商品经济将会给人们精神上带来的问题认识不足，在政策法规上对某些违法乱纪行为打击不力，在舆论导向上有些片面性。现在大量刑事犯罪、不法现象背后的深层动机，就是个人主义、享乐主义、拜金主义。现在有些崇高的、很有价值的职业都在金钱面前贬值了。过去中国有三不朽，一是为社会立了德，二是为社会立了功，三是为社会立了言，现在统统不管，就看有没有钱，谁最有钱，谁就最有价值。作为社会主义国家，这种现象是很不正常的。要完成建设有中国特色社会主义的大业，没有一种强大的精神力量是不行的，我们的精神力量就是要大力弘扬爱国主义、集体主义、社会主义，这样整个中华民族才有凝聚力。

社会主义市场经济与道德建设*

在改革开放和实行社会主义市场经济的条件下，以邓小平理论为指导，加强精神文明建设特别是加强道德建设，是当前全党和全国人民的一项重大而艰巨的任务。党的十四届六中全会所作的《中共中央关于加强社会主义精神文明建设若干重要问题的决议》，江泽民同志在党的十五大所作的《高举邓小平理论伟大旗帜，把建设有中国特色社会主义事业全面推向二十一世纪》的报告，为我们解决社会主义市场经济与道德建设这一问题，提供了正确的指导思想。认真地分析我国改革开放和实行社会主义市场经济以来，在道德建设上所出现的新情况、新矛盾和新问题，特别是深入领会江泽民同志所作关于社会主义初级阶段的深刻的论断和对社会主义文化建设的重要意义的阐述，从理论和实际的结合上，分析和探讨市场经济条件下的道德建设的问题，对于我国的道德建设有着极其重要的理论意义和实践意义。对这一问题的正确回答，必将极大地促进我国社会主义道德建设的完善，改善当前的社会风气，形成良好的人际关系，有利于推动我国经济建设的发展，以达到物质文明和精神文明协调发展的根本目的。

---

* 本文原载《道德建设论》一书，长沙，湖南人民出版社，1997。

一、社会主义初级阶段对道德建设提出的新问题

在探讨社会主义的道德建设时，必须首先认识和分析在我们所处的社会主义的初级阶段，道德建设领域出现的新情况、新矛盾和新问题，研究如何针对这些新情况、新矛盾和新问题，来提出我们道德建设的新的思路和方法，从而切实有效地把我们的社会主义的道德建设，建筑在更加实事求是的基础之上，以便更好地把我们的道德建设推向前进。

正如江泽民同志在党的十五大报告中所强调的："社会主义是共产主义的初级阶段，而中国又处在社会主义的初级阶段，就是不发达的阶段。在我们这样的东方大国，经过新民主主义走上社会主义道路，这是伟大的胜利。但是，我国进入社会主义的时候，就生产力发展水平来说，还远远落后于发达国家。这就决定了必须在社会主义条件下经历一个相当长的初级阶段，去实现工业化和经济的社会化、市场化、现代化。这是不可逾越的历史阶段。"这也就是说，如果我们真要建设社会主义，而且还真想建成社会主义的话，那么，我们就必须和只能从社会主义初级阶段这一现实状况出发，从我们国家的实际国情出发，从我国的经济发展水平和广大人民群众的文化教育现状出发，而不能从善良的主观愿望出发。

从经济发展水平来看，我国虽然走上了社会主义道路，但仍然处于相对落后的状态，即我们所说的，我国仍然是一个发展中国家。在当前世界各国的激烈的竞争中，如果我们不能很快地发展我国的经济，提高我国的生产力，增强我们的综合国力，我们就不可能在这一竞争中获得胜利。我国的农业人口还占很大比重，要想从农业人口占多数转变到非农业人口占多数，发展现代农业并实现工业的现代化，还必须经历一个相当长的历史阶段。也正是由于这样的原因，我们在经济上，就必须坚持和完善以社会主义公有制为主体、多种所有制共同发展的经济体制。这也就是说，在一个相当长的历史阶段内，非公有制经济将是我国社会主义市场经济的一个重要组成部分，在大力发展公有制经济的同时，必须允许非公有制经济有一个适度的发展。为了更好地发展我国的社会主

义市场经济，我们还必须对个体、私营等非公有制经济采取鼓励的政策，并加以正确的引导，使之能够健康地向前发展。

道德作为一种社会现象，是同整个社会的经济生活和政治生活密切相关的。正如恩格斯在分析了当时社会上不同的道德类型及其表现形态之后所说的："那么我们由此只能得出这样的结论：人们自觉地或不自觉地，归根到底总是从他们阶级地位所依据的实际关系中——从他们进行生产和交换的经济关系中，吸取自己的道德观念。"① 这也就是说，人们的道德观念，归根到底，是由其所处的经济地位所决定的，即由其所生活于其中的利益关系决定的。一般来说，有什么样的经济地位和什么样的利益关系，就会有什么样的道德观念和道德意识。当然，这绝不是说，思想教育、道德教育和舆论导向都是无用的，只是说，它们虽然对人们的道德思想和道德品质的形成有着重要的作用，但都必须要受到经济关系的制约。这是一个有关社会存在与社会意识的相互关系的理论，是马克思主义的基本原理，是我们思考社会主义的道德建设的一个基本出发点。由此我们也就能够认识到，在多种所有制共同发展，即允许非公有制经济特别是个体经济发展的情况下，一些人的道德思想和道德观念，也就必然要随着他们的经济地位及利益关系的变化而发生变化。我们是社会主义国家，在意识形态领域，我们必须弘扬社会主义的主旋律，即弘扬社会主义、集体主义和爱国主义的思想。而在市场经济的条件下，对于个体经济、私营经济、合资企业和外资企业的经营者来说，他们的思想意识和道德情操则是十分复杂的，如私营企业的经营者，他必然要以赢利为最主要的目的。因此，在我国现实的社会生活中，经济关系的变化使得在意识形态领域中，在思想道德观念上，在人们的世界观、人生观和价值观的取向上，也随之而发生了相应的新的变化。怎样来认识和对待这些新的情况和新的矛盾呢？在这里，至少有三个问题应当引起我们的注意。

1. 价值取向的多元化和价值导向的一元化的相互关系问题

我们是社会主义国家，在价值导向上，我们必须坚持社会主义的价值导向，坚持弘扬爱国主义、集体主义和社会主义的主旋律，抵御和反对一切腐朽思想对我们的腐蚀，反对个人主义、享乐主义和拜金主义的

① 《马克思恩格斯选集》，1版，第3卷，133页。

不断泛滥，努力提高广大人民群众的思想文化素质和道德素质。我们要建设的是一个繁荣富强的社会主义的国家。在经济上，我们既要使非公有制经济有一个适度的发展，又要大力发展我国的公有制经济。在道德建设上，我们还必须要坚持和实行“以为人民服务为核心，以集体主义为原则，以爱祖国、爱人民、爱劳动、爱科学、爱社会主义为基本要求”的社会主义的道德。从政治制度和社会理想来说，我们的最终理想，是要建设一个共同富裕的社会主义社会。因此，我们必须坚持社会主义道路和社会主义方向，坚持社会主义和共产主义的道德理想。这也就是说，我们必须坚持在意识形态领域中的价值导向的一元化。

同时，我们也要看到，在实行社会主义市场经济的一个很长的历史时期内，随着非公有制经济的发展，随着个体、私营经济的各种不同利益主体的出现，必然要形成从不同利益出发的世界观、人生观和价值观，这是一个不以任何人的意志为转移的客观规律，是我们必须面对的一个客观现实。这也就是说，追求个人利益的思想、为个人和小家庭寻求发家致富的思想、通过经营而希望成为私营企业家的思想，也就必然会出现。从发展经济的角度出发，追求个人利益的思想，要求发家致富的愿望，在法律所许可的范围内，是有利于我们经济的发展和人民生活水平提高的，但是，在思想意识和思想道德上，如果不加以教育和引导，这些人在人生观和价值观上就必然会采取和信奉自私自利甚至损人利己的价值取向。这种以个人为中心的世界观、人生观和价值观，和我们的集体主义的价值导向是不一致的。市场经济是一种利益经济，它有着自身的缺陷和某些不容忽视的消极方面，利己主义、个人主义、拜金主义和享乐主义的思想，也会滋长和泛滥。对于这些情况，我们究竟应当怎样对待呢?

我们认为，在社会主义市场经济的条件下，在道德建设中，我们只有采取价值导向的一元化和价值取向的多元化相统一的原则，才能有针对性地解决我国现实生活中的道德问题，使我们的社会主义道德建设稳步地向前发展。价值取向的多元化和价值导向的一元化，是既对立又统一的。我们应当从两方面来考察这一问题。

首先，所谓价值导向的一元化，就是指在意识形态领域内，从全社会来说，它只允许有一种思想来作为全社会的指导思想，不允许有其他的思想来和它争夺意识形态领域中的领导权。从我们国家的现实情况来看，正如江泽民同志在党的十五大报告中所指出的，马克思主义、毛泽东思想和邓小平理论，不但是我党、我国的一切行动的指南，也是整个国家和社会在意识形态领域的唯一正确的指导思想。在道德建设方面，只有我们所强调的爱国主义、集体主义和社会主义的主旋律，只有“以为人民服务为核心，以集体主义为原则”的社会主义道德，才是我们所要弘扬的。社会主义的价值导向，是从我国社会主义的基本要求出发的，是同建设一个繁荣、富强、文明的社会主义的现代化国家一致的。社会主义社会的主旋律和道德要求，反映了历史发展的进步要求，是建筑在历史的客观规律的基础之上的。“以为人民服务为核心，以集体主义为原则”的道德和爱国主义、集体主义和社会主义的主旋律，是同我国建设社会主义的最终目的，即建立一个没有剥削的、共同富裕的社会一致的。也正因为这一点，我们坚信，广大人民群众在经过宣传教育和提高认识以后，在实际生活的正面和反面的教育下，一定能够认识到我们的社会主义的主旋律和道德原则对我们建设社会主义的重要意义，从而自觉地来弘扬我们的社会主义的主旋律，自觉地遵守社会主义道德的要求。

其次，我们还应当看到，所谓价值导向的一元化的要求，并不是说，不分觉悟程度的高低，不分道德水平的差别，急于求成，要求所有人在很短的时期内，都达到价值导向所要求的水平。更不是说，在今天的社会主义的初级阶段，不允许有其他的思想意识和道德观念存在。价值导向的一元化的主要意义，是强调要通过长期耐心的社会教育和舆论引导，使价值导向所提倡的这一正确的指导思想，逐渐地为广大人民群众所接受。当然，对于个体劳动者，特别是对于私营企业主来说，要提高他们的道德观念和思想觉悟，除了思想教育之外，还要靠公有制经济的发展和社会政治的进步等多种因素的结合。另外，从个体经济和私营经济的发展来看，我们也应该从一个全新的视角来加以观察。一方面，我们要看到，改革开放以来，我国的个体经济、私营经济和其他非公有制经济不断地得到发展。党的十五大又进一步提出，以公有制为主体、多种所有制经济共同发展是我国社会主义初级阶段的一项基本经济制度，在今后的长时期内，非公有制经济还将不断地得到发展。同时，从另一方面来说，我们也还要看到，改革开放以来，我国的私有经济是在社会主义国家的鼓励和引导下发展的，是根据社会主义的经济政策并在其所容许的范围内发展的，是受社会主义的法律规定所约束的。当然，它也是在社会主义思想道德的制约下发展的。尽管我们在一段时期内，在某种程度上，曾经发生过“一手硬、一手软”的现象，发生过忽视思想道德教育的“失误”，但社会主义的主旋律和社会主义的思想道德的影响，却总是一直存在的，只不过没有能够起到它应当起到的作用。随着对社会主义精神文明的重视和社会主义道德建设的加强，这种教育的力量，在提高他们的思想道德水平问题上，是不可忽视的。当然，正像我们在前面所指出的，个体经营者有其自发的方面，自私自利的思想和观念，往往能够引导他们走向只顾个人和小家庭的利益而忽视集体和国家利益的错误道路。但是，对于绝大多数个体经营者来说，他们本人又都是劳动者，又在一定程度上具有劳动人民的思想和感情，能够逐步地接受社会主义的教育。对于这一点，我们应当有充分的信心。对于那些私营企业主来说，对他们的教育，当然要更困难一些，需要我们做更多的工作，而且还是一个比较长期的过程。正像邓小平同志所指出的，只要政权在我们手里，在坚持四项基本原则的前提下，在强大的社会主义思想道德的教育下，在我国的经济和政治都不断进步的形势下，大多数人是能够接受社会主义的教育的。总之有一点我们必须明确，这就是，允许非公有制经济发展是我们的经济制度和经济政策所要求的，是有利于我国的社会主义生产力的发展和现代化进程的；资产阶级的个人主义及其腐朽思想，作为一种意识形态，是对社会主义事业有害的，是我们所坚决反对的。经济政策上所允许的和价值导向上所要弘扬的，是两个不同的问题，必须加以区别。我们在允许个体经济、私营经济发展的同时，就更应该特别注意加强社会主义的思想道德建设；同时，在强调用社会主义的道德和共产主义的理想来教育人民群众时，又要注意不要影响到我们所应当实行的经济政策。

在这里，有两个方面应当引起我们的注意。

一个是，在道德建设上，要充分认识到由经济状况、利益主体的不同所形成的世界观、人生观和价值观上的差异，承认价值取向的层次性和多样性的现实存在。因此，在思想教育工作中，要采取耐心说服、区别对待、从实际出发、循循善诱的态度，根据人们在世界观、人生观和价值观上的高低不同层次，提出适应于各种层次的不同要求，使每一个人都能够在自己原有的思想水平的基础上循序渐进，不断提高，防止急于求成而形成的欲速则不达的情况，从而使我们的思想道德教育工作能够收到更好的效果。多年来的实践经验说明，不分时间、地点、条件和对象，超越一些人的思想道德的实际水平而进行的教育，之所以收效不多，其主要原因就在这里。

另一个是，在承认价值取向多元化的情况下，还必须强调价值导向的一元化，即强调社会主义的价值导向在全社会的指导作用。应该指出，在意识形态领域，我们承认人们在世界观、人生观和价值观上的多样性，并不是要让这些不同的世界观、人生观和价值观互不干涉、长期并存，更不是让那些非马克思主义的世界观、人生观和价值观任意泛滥，允许它们去腐蚀他人、危害社会。在存在着不同的阶级的社会里，任何一个社会的统治阶级，都必须使自己的价值导向成为全社会的价值导向，否则，这个阶级就不能维持自己的统治。对于这一点，可以说古今中外，概莫能外。不论资产阶级的思想家们在口头上如何标榜和鼓吹价值的多元化，但在现实生活中，他们又总是极力维护资产阶级在意识形态上的一元化的统治。正像马克思和恩格斯所指出的，“占统治地位的思想不过是占统治地位的物质关系在观念上的表现，不过是以思想的形式表现出来的占统治地位的物质关系”①。当前，有一种观点是极为有害的。这种观点主张，既然我们社会的利益主体是多元的，人们的世界观、人生观和价值观是多种多样的，那么，整个社会的价值导向也就应该是多元的，即应当允许各种世界观、人生观和价值观自由发展，不论是马克思主义的还是非马克思主义的，都应当一视同仁，允许每一种思想在社会上随心所欲地去占有市场，扩大它们的影响。这种观点还主张，在道德问题上，社会和国家只能够向人们“客观地”说明有哪几种道德观点，有哪几种不同的世界观、人生观和价值观，以便让人们自己去选择。这种观点还认为，一个人在道德上愿意这样去做或那样去做，完全是每个人自己的事，任何人都不应当加以干涉，任何道德上的“价值导向”、任何对人们提出的“应当如何”和“不应当如何”的道德要求，都是强加给他人的主观“导向”，都是不应该的。我们知道，这种观点之所以错误，就是因为它否认了社会意识形态的根本属性，否认了社会主义的价值导向保证我国沿着社会主义道路发展的极其重要的意义

① 《马克思恩格斯选集》，1版，第1卷，52页。

和作用。在社会主义社会中，这种不要任何价值导向的观点，实际上就是要用资产阶级的个人主义的价值导向来代替社会主义的价值导向，归根到底，是要人们放弃社会主义制度和社会主义道路。这种观点，是我们必须反对的。

2. 在社会主义市场经济的条件下，道德建设怎样才能更好地做到先进性与群众性的结合，这是我们的道德建设取得成效的一个关键

所谓社会主义道德建设的先进性，就是在道德建设中，要强调对共产主义道德的宣传和教育工作，加强对大公无私、“毫不利己、专门利人”、全心全意为人民服务和无私奉献的宣传和教育，加强对共产主义理想的教育，等等。所谓社会主义道德建设的广泛性，就是在道德建设中，要从我国社会主义初级阶段的经济、政治和文化的实际状况出发，强调在贯彻社会主义道德建设的核心、原则和规范时，要照顾到广大人民群众的实际的思想、文化、教育和道德水平，要考虑到我国社会主义初级阶段的人际关系的现实要求，等等。

我们知道，自从新中国成立以后，直到改革开放前的相当长的一段时期内，我们比较多地注意到社会主义道德和共产主义道德的先进性的要求，注意到发扬大公无私、“毫不利己、专门利人”和献身精神在社会生活中的重要作用。应当说，这种强调先进性的道德教育，曾经产生过较好的教育效果。同时，我们也应当看到，在一定程度上，却忽视了社会主义道德的广泛性的要求。最近几年来，随着市场经济的建立和发展，我们比较多地注意到道德的广泛性的要求，注意到人们在市场经济条件下对个人利益的追求和重视，一些人往往又忽视了对道德的先进性的要求。正是在这种情况下，有一些人不愿意再提倡和宣传共产主义道德，甚至把共产主义道德的要求都看成空想，甚至看成超越现实的乌托邦。为此，今后在加强社会主义道德建设时，我们一定要防止曾经出现过的这两个方面的片面性，力求使这两个方面能够相辅相成地结合起来，使我们的道德建设能够在现实生活中收到更大的实效。

党的十四届六中全会的决议明确指出：“我们现在建设和发展有中国特色的社会主义，最终目的是实现共产主义，应当在全社会认真提倡社会主义、共产主义思想道德。”这就重申了在当前我们仍然应当在全社会认真地提倡社会主义道德和共产主义道德的重要性。十四届六中全会的这一提法，有很强的针对性，也有重要的现实意义。同时，决议还

提出，我们在提倡先进性的共产主义道德的同时，还要把先进性的要求同广泛性的要求结合起来，要“鼓励支持一切有利于解放和发展社会主义社会生产力的思想道德，一切有利于国家统一、民族团结、社会进步的思想道德，一切有利于追求真善美、抵制假恶丑、弘扬正气的思想道德，一切有利于履行公民权利与义务、用诚实劳动争取美好生活的思想道德，团结和引导亿万人民积极向上，不断提高全民族的思想道德水平”。这对我们从广大人民群众的实际道德水平出发，积极地引导他们在道德修养上不断前进，有重要的现实意义。

道德建设的先进性与广泛性相结合，是道德建设上的一个具有重要意义的问题，它对社会主义道德在现实生活中的作用，对道德的能动性的发挥，对社会主义道德规范的基本要求在调整人际关系中的能动作用的大小，都有重要的关系。先进性反映着一个社会的政治理想、政治目标和政治纲领，反映着一个社会的道德理想及其人格追求，同时，也反映着社会道德要求的最高境界。它不但能够启迪人们去为一种崇高的境界努力奋斗，而且还能够在弘扬少数道德楷模、英雄志士的献身精神中，使广大群众受到教育，增强每一个人提高自己的道德水平的信心和决心。一个人在道德上的不断升华，是一个长期的过程。先进性的要求，犹如一座高山的顶峰，只有明确了这个先进性要求的“顶峰”，人们在为了登上山顶而进行的夜以继日的努力中，才会充满信心。另外，只有从道德建设的广泛性出发，也就是从广大人民群众的实际道德水平出发，用教育和激励的手段，启发人们从诚实劳动、遵纪守法、热爱祖国等思想出发，使人们的活动同为人民服务、为社会献身的要求结合起来，我们的道德教育才能收到更好的效果。在社会主义市场经济条件下，既要反对见利忘义、唯利是图的种种自私自利的思想，反对拜金主义、享乐主义、个人主义思想对人们思想的腐蚀，又要充分尊重公民个人的合法利益，保障通过诚实劳动所应取得的正当报酬。在社会主义国家中，从道德建设的群众性要求出发，我们应当特别强调劳动光荣的思想。热爱劳动本身就是一个重要的基本道德要求。从诚实劳动出发，可以培养一个人诚实守信、诚以待人和朋友有信的品格。道德的先进性和广泛性之间，体现着一个社会的道德要求之间必然存在的一种层次性。先进性和群众性的结合，既体现了从实际出发、实事求是的态度，又体现了党和国家对广大群众正确教育、不断提高和引导人民坚决走社会主义道路的决心。

在当前的市场经济的条件下，强调道德建设的先进性，有什么重要的现实意义呢？

正像我们在前面已经指出的，党的十四届六中全会所作的《中共中央关于加强社会主义精神文明建设若干重要问题的决议》中非常明确地提出，为了加强社会主义的精神文明建设和思想道德建设，在当前的市场经济条件下，“应当在全社会认真提倡社会主义、共产主义思想道德”。对于这一提法，我们应当深入地加以体会。这就是说，尽管我们今天所处的时期是社会主义的初级阶段，我们仍然要保持对社会主义和共产主义的理想和信念，坚定我们走社会主义道路的决心和信心，提倡社会主义和共产主义的思想和道德。在这段话中间，我们应当特别体会其中的要“在全社会”而不只在一部分人中间，要“认真”提倡而不是一般地提倡，而且，不但要提倡社会主义的思想道德，还要在全社会认真提倡共产主义的思想道德。这就是我们党所一直强调的意识形态领域中的先进性要求，是我们在道德建设上所必须坚持的。在道德建设上，一旦离开了这个先进性的要求，我们就会迷失方向，甚至会走上邪路。

应当指出的是，随着我国社会主义市场经济的迅速发展和对外开放的逐步扩大，我们在革命和建设中所形成的共产主义理想和共产主义的道德信念，也受到了一定程度的冲击。有一些同志因此而产生了一些不正确的思想，在他们看来，现在既然实行的是市场经济，宣传社会主义的思想道德已经可以了，再去宣传共产主义的思想道德，这就是脱离了现实社会的要求，不但不能收到好的效果，可能还会引起人们的反感。还有些人认为，现在是社会主义的初级阶段，离共产主义还十分遥远，只要谈谈社会主义理想也就可以了。更为甚者，一些人认为，在市场经济的条件下，只要有了金钱，就有了一切，何必再去谈什么理想，等等。这些思想是完全错误的。我们今天正在建设有中国特色的社会主义，它的最终的目的，是要达到一种没有剥削、没有阶级的共同富裕的社会，这个社会，就是我们所理想的共产主义的社会，这是我们一刻也不能忘记的。共产主义的思想道德，是我们道德建设的最高理想，是指导和推动我们在道德上不断进步的崇高的目标。从新民主主义革命到社会主义革命和社会主义建设的整个历史时期内，已经出现了不少具有共产主义思想道德的先进人物，而且，对这些人物的广泛宣传和深入学习，已经在全社会产生了很好的社会效果，为什么在今天反而不应该宣传了呢？

早在1980年12月25日，邓小平同志就曾经指出提倡和宣传“共产主义的思想、理想、信念、道德、纪律”的重要意义，他说：“没有这种精神文明，没有共产主义思想，没有共产主义道德，怎么能建设社会主义？党和政府愈是实行各项经济改革和对外开放的政策，党员尤其是党的高级负责干部，就愈要高度重视、愈要身体力行共产主义思想和共产主义道德。否则，我们自己在精神上解除了武装，还怎么能教育青年，还怎么能领导国家和人民建设社会主义！”① 针对一些人所存在的错误认识，邓小平同志又进一步指出：“我们在新民主主义革命时期，就已经坚持用共产主义的思想体系指导整个工作；用共产主义道德约束共产党员和先进分子的言行；提倡和表彰‘全心全意为人民服务’，‘个人服从组织’，‘大公无私’，‘毫不利己、专门利人’，‘一不怕苦、二不怕死’。现在已经进入社会主义时期，有人居然对这些庄严的革命口号进行‘批判’，而这种荒唐的‘批判’不仅没有受到应有的抵制，居然还得到我们队伍中一些人的同情和支持。每一个有党性、有革命性的共产党员，难道能够容忍这种状况继续下去吗？”②

由此可见，共产主义的理想、信念、思想体系和道德原则，是我们革命和建设的极其强大的思想武器，是我们不可须臾离开的，如果离开了这一理想、信念、思想体系和道德原则，我们的事业就不可能取得胜利。

同时，我们还必须充分认识，在当前社会主义初级阶段，强调道德建设的广泛性要求有什么特别重要的意义呢？

正像我们在前面所指出的，社会主义本身是共产主义的初级阶段，而我们中国又处在社会主义的初级阶段，就是不发达的阶段。邓小平同志在1987年8月就着重指出：“一切都要从这个实际出发，根据这个实际来制定规划。”从我国所处的社会主义初级阶段的各方面的实际情况来看，由于经济发展水平还处在不发达的阶段，广大人民的思想道德素质和觉悟程度也相应地存在着较大的差别。中国是一个有着12亿人口的大国，仅仅从文化状况和文明程度来看，先进地区和落后地区也有着

①② 《邓小平文选》，2版，第2卷，367页。

明显的不同。在全社会的所有成员中，有共产党员、先进分子、工人阶级和劳动群众，也有人数众多的个体劳动者和私营企业主。从社会理想来说，我们既要坚持社会主义的最高理想（包括政治理想和道德理想），又要坚持现阶段全国各族人民的共同理想。因此，在道德建设上，既要考虑到先进分子的觉悟，又要考虑到广大人民群众实际的思想道德水平，力求使这两者能够很好地结合起来。对于全社会的公民来说，在思想道德建设上，应当有哪一些要求呢？党的十四届六中全会的决议中指出，这种广泛性的要求，就是要“鼓励支持一切有利于解放和发展社会主义社会生产力的思想道德，一切有利于国家统一、民族团结、社会进步的思想道德，一切有利于追求真善美、抵制假恶丑、弘扬正气的思想道德，一切有利于履行公民权利与义务、用诚实劳动争取美好生活的思想道德”，从而达到团结和引导亿万人民积极向上、不断提高全民族的思想道德水平的最终目的。

为什么说从上述四个“有利于”出发，就是从“广泛性”、“群众性”的要求出发呢？我们可以很清楚地看到，在社会主义初级阶段的一个相当长的时期内，以经济建设为中心，解放我国的生产力，大力发展我国的社会主义生产力，是振兴我国经济、推动我国社会主义事业进步的重要保证。因此，我们应当从一种新的观点来看待劳动同道德的关系。一个社会主义社会的公民，只要他是依靠诚实劳动来获取经济利益，而且有利于发展社会主义社会生产力，那么，从道德上看，他的行为就是正当的。对一个个体劳动者来说，尽管他的动机和目的，其主要方面是要追求个人利益和发家致富，但是，只要他在追求自己的利益的经营活动中，能够通过诚实劳动，不坑蒙拐骗，不损害他人、集体和社会的利益，他的行为也就是照顾了大局，服从了国家的利益。我们还要看到，在社会主义精神文明建设以及党和国家的长期教育下，大多数的个体劳动者，也都有着程度不同的社会主义的思想觉悟，都能够或多或少考虑到国家的利益和社会的利益。正是从这一点出发，我们认为，他们的一切有利于解放生产力和发展生产力的劳动，都应该在道德上加以肯定。拥护国家统一和民族团结、追求真善美、积极地履行和享受个人的正当的权利与义务等等，作为道德要求，对大多数人来说，都是经过努力而能够做得到的。这种道德要求，是充分考虑和照顾到个人的正当利益和合法权益的，是从以公有制为主体、多种经济成分共同发展这一实际情况出发的。

同时，我们还应当看到，道德作为社会对人们的思想和行为的一种要求来说，它总是包含着两个方面的内容：一个是只有少数人才能做到的最高要求，另一个是大多数人都能做到的一般要求。人们实践道德要求的结果，就是在道德修养上达到不同的道德境界。人们常常把道德境界比喻为一座高山，人们对道德境界的追求，犹如不断地从山脚向山顶攀登的过程。

3．如何正确对待个人利益和无私奉献的问题

在社会主义市场经济的条件下，正确地看待和妥善处理好个人利益的问题，不但在繁荣经济、发展生产力、增加社会物质财富等方面起着决定的作用，而且也是社会主义道德建设取得成功的一个关键。

社会主义市场经济，从一定的意义上，也可以说是以个人利益作为动力的一种经济，是要求最大限度来发挥个人的能动性的一种经济。人们常说，个人利益是市场经济条件下人的行为的动力，也就是说的这个意思。同时，从社会主义制度的根本性质和目的来看，在社会主义建设的整个过程中，我们都应当强调，必须发挥为社会、为国家、为集体的为人民服务的思想，实行社会主义的集体主义的原则，才能保证我们的现代化建设沿着社会主义道路顺利、健康地向前发展。为此，在实行社会主义市场经济的新的情况下，如何使个人利益和集体利益更好地结合起来，是一个在理论和实践上都必须很好地解决的问题。

首先，对个人利益必须进行分析，要区分正当的个人利益和不正当的个人利益。在社会主义市场经济条件下，所谓正当的个人利益，是指遵纪守法、依靠诚实劳动、在不损害他人利益和集体利益的前提下所获取的个人利益。在当前，大力发展社会主义的生产力，对我国的社会主义的建设事业，有极其重要的意义，一切遵纪守法、依靠诚实劳动而有利于我国生产力的发展所取得的个人利益，也都应当属于正当的个人利益。个人的正当利益，既是个人在劳动之后所取得的应有的报酬，也是每个公民所应有的一种权利。所谓不正当的个人利益，是指一切依靠非法手段、从损害他人和危害社会的活动中所获得的个人利益。一切通过自私自利、损公肥私、坑蒙拐骗、贪污盗窃的行为所取得的个人利益，都是不正当的个人利益。

其次，应当辩证地认识和理解个人利益和集体利益的关系。在社会

主义社会中，从根本上说，个人利益和集体利益是一致的。社会主义的集体利益，体现着社会主义社会中全体人民的共同的利益，体现着每个公民的长远的利益。集体利益、国家利益和社会利益的不断发展和壮大，为个人利益的发展和实现创造了更加有利的条件，而正当的个人利益的发展，是集体利益、社会利益和国家利益发展的重要保证。在社会主义市场经济条件下，不但要在经济上给个人的正当利益以合法的地位，而且还应当在道德上给以必要的肯定。

在很长一段时期内，一些人曾经对集体主义有过一种看法，似乎集体主义只强调个人对集体的服从，只重视集体的利益而不重视个人利益、不重视个人的价值等等，这种看法是对集体主义的一种误解，应当加以澄清。社会主义的集体主义，是在个人利益与集体利益一致的基础上，在集体利益高于个人利益的原则下，既强调集体利益的重要性，又充分重视个人利益，力求发挥个人能动性的一种价值导向和道德原则。在社会主义市场经济的条件下，鼓励和发挥个人的积极能动作用，正确地引导个人利益按照社会主义道德的要求向前发展，同抵制一切不正当的个人利益对人们的腐蚀，反对个人主义、拜金主义和享乐主义是完全一致的。

当然，我们也应当承认，在社会主义市场经济条件下，个人利益和集体利益两者在根本一致的基础上，也存在着矛盾，对这种情况，也必须进行分析。对于一切不正当的个人利益来说，它必然是同集体主义对立的，是应当坚决反对的。在当前，社会上确有一些人，以追求个人利益为幌子，实际上他们所追求的却是危害他人和危害社会的不正当的个人利益。对于这种情况，我们应当正确地加以分辨，既不要为这种假象所蒙蔽，也不能因此而改变我们对正当的个人利益的正确态度。同时，我们还必须承认，在特定的情况下，即便是正当的个人利益，也会同集体利益发生这样或那样的矛盾，这确实是我们应当慎重对待的。从集体主义原则的总的要求来说，在这时，一个有觉悟的社会主义社会的公民，应当按照集体利益高于个人利益的原则，服从集体利益的需要，把集体利益摆在第一位，把个人利益摆在第二位。对于先进分子和共产党员来说，更应当按共产主义道德来要求自己，甚至在必要时献出自己的生命也在所不惜。是不是说，在一切情况下，只要集体利益同个人利益产生了矛盾，个人利益就一定要服从集体利益呢？这里，也还要作一些分析。在集体利益与个人利益发生矛盾而个人利益又属于正当利益的时候，如果能照顾这种个人的正当利益而并不妨害集体利益，那么，适当地满足这种个人的正当利益，应当说，也是允许的。而且，从一定的意义上来看，对于这些正当的个人利益的照顾，不仅对个人的福利或价值的实现有好处，而且还有利于集体利益的发展。总之，在充分照顾个人的正当利益的同时，我们更应当在全社会认真提倡社会主义集体主义的主旋律，加强个人利益应当服从集体利益的教育，使人们能够充分地认识到集体利益的重要性，进而弘扬无私奉献的精神。

二、论社会主义道德建设的体系结构

在我国，社会主义道德建设经过十几年来的实践和探索，在马克思主义、毛泽东思想和邓小平理论的指导下，在社会主义建设的长期实践中，已经形成了一个既有理论指导，又有丰富实践内容的科学的体系结构。深入地认识和阐发这个科学体系结构的内容及其各个层次的相互联系，自觉地运用这个体系结构的不同层次的要求，对于更好地加强我国的思想道德建设，提高广大人民群众的思想觉悟和改善社会风气，都有重要的意义。

1. 社会主义道德建设体系结构的科学表述

1996 年 10 月召开的党的十四届六中全会所作的《中共中央关于加强社会主义精神文明建设若干重要问题的决议》，总结了我国道德建设的经验和教训，根据我国社会主义初级阶段的实际情况和道德生活所出现的新问题，创造性地提出了我国道德建设的一个科学的体系结构。决议指出：“社会主义道德建设要以为人民服务为核心，以集体主义为原则，以爱祖国、爱人民、爱劳动、爱科学、爱社会主义为基本要求，开展社会公德、职业道德、家庭美德教育，在全社会形成团结互助、平等友爱、共同前进的人际关系。”应当说，这一科学的体系结构的提出，是全党和全国人民智慧的结晶，是理论与实践紧密结合的产物。从群众中来，到群众中去，党中央在广泛听取意见的基础上，又进行了高度的概括，从而构建并确立了这一社会主义道德建设的科学体系。可以预见，这一体系的确立，对我国今后的道德建设和人们思想觉悟的提高，必将产生重要的作用。

根据十四届六中全会的规定，社会主义道德建设的体系和结构，概括来说，包括一个核心、一个原则、五个基本要求（基本要求也就是人们常说的基本规范）、人们道德活动的三个主要领域和一个总的目的。一个核心，就是为人民服务。一个原则，就是集体主义。五个基本要求（基本规范），就是爱祖国、爱人民、爱劳动、爱科学、爱社会主义。三个道德领域是：（1）社会公德，它的具体要求是文明礼貌、助人为乐、爱护公物、保护环境和遵纪守法；（2）职业道德，它的具体要求是爱岗敬业、诚实守信、办事公道、服务群众和奉献社会；（3）家庭美德，它的具体要求是尊老爱幼、男女平等、夫妻和睦、勤俭持家和邻里团结等。最后，社会主义道德建设有一个总的目的，这就是要在全社会形成一种团结互助、平等友爱、共同前进的人际关系。可以预见，这一道德建设的科学的体系结构的确立，不但指明了我国今后道德建设的方向，增强了我们道德建设的信心，而且对保证我国的社会主义建设能够沿着正确的方向向前发展，都有着十分重要的意义。

社会主义思想道德建设，集中体现了社会主义精神文明的性质和方向：一方面，它从当前的经济、政治出发，反映着经济、政治的现实；另一方面，它对社会经济的发展和政治的民主化进程，又能够发挥巨大的能动作用。现阶段我国经济上实行的是社会主义的市场经济体制，它的根本目的是要达到消灭剥削、消除贫困的社会主义。因而，在实行社会主义市场经济体制的整个历史时期内，强化社会主义道德建设对政治、经济发展的这种能动作用，坚持社会主义道德的核心、原则、基本规范和三个领域中的各项具体要求，抵制拜金主义、享乐主义和个人主义的腐蚀，形成良好的社会主义道德风尚，是我们应当特别加以注意的。

2. 核心和原则在社会主义道德建设中的地位和作用

什么是核心？核心，也就是中心，从事物的规定性来看，核心就是一个事物赖以存在的灵魂，是一事物区别于其他事物的本质特征。从事物的发展来看，一个事物的核心，就是一个事物的生长点和最终目的。正是在这一意义上，我们可以说，“为人民服务”是社会主义道德区别于其他道德的本质的体现，离开了“为人民服务”，也就不可能坚持社会主义道德。“为人民服务”又是社会主义道德建设的出发点和最终目的，我们的社会主义道德建设，必须紧紧掌握住“为人民服务”这一核心。新中国成立以来，尽管我们在社会主义和共产主义道德建设中一贯提倡“为人民服务”的思想，但是，把“为人民服务”确立为社会主义道德建设的核心，是十四届六中全会所做出的一个重要贡献。这一提法，是对马克思主义道德理论在新时期的一个发展，对我国社会主义道德建设的完善，有着极其重要的理论意义与现实意义。

由此可见，社会主义道德建设的核心，是整个社会主义道德建设的灵魂。同时，社会主义道德的一切原则、规范和社会公德、职业道德、家庭美德等，都要围绕着这一核心来发挥自己的能动作用，并根据这一核心的要求去规范和激励人们的思想和行为，从而达到和谐人际关系、维护社会稳定和促进经济发展的目的。

什么是道德原则？一般来说，我们可以把道德看做一个由许多道德规范所构成的一系列道德要求的总和。而在这许许多多的道德规范之中，必然要有一个贯穿在其中的道德的基本原则，有时候我们也把它叫做道德原则。道德原则（道德的基本原则）对所有的道德规范和道德要求有着指导的作用。从一定意义上说，一个社会的一切道德规范、道德要求以及各个不同场合的具体的道德准则，都是这一社会的道德基本原则的具体应用。这里要特别强调的是，道德的核心是一个社会道德的根本的、总的要求，是一个社会道德的总方向和出发点，而一个社会的道德原则，则主要是为了解决道德关系中的社会利益和个人利益的一个标准。人们常常说，道德是调整人和人之间的行为规范的总和。如果我们再深入思考一下，就可以知道，道德所调整的人和人之间的关系，尽管有许多方面，但主要来说就是人们之间的利益关系，也就是个人同他人、个人同社会的利益关系。

对于一个社会来说，在确定了道德的核心之后，即明确了道德的总出发点和根本目的之后，还必须有明确的道德原则，以便能够处理好人和人之间的各种利益关系，处理好个人利益同社会利益、集体利益、国家利益之间的关系。

3. 从社会主义初级阶段的实际出发，注意道德的层次性

社会主义道德的核心、原则和基本要求，是贯穿于社会主义道德中的指导思想，是社会主义社会中人们行为的价值导向。道德的核心、原则和基本要求贯穿到人和人相处的具体的规范和准则时，又必然体现出由高到低的不同层次的要求。在研究社会主义的道德建设时，必须从社会主义市场经济条件下人们的政治认识、思想觉悟和道德水平出发，区别出对不同人的不同的道德要求，使每个人都能根据自己的情况，沿着道德的阶梯不断地向上攀登。道德作为一种价值体系，它不是社会道德的实然的描述，而是一种应然的要求，它本身就像一座高山一样，蕴含着从低到高的无数阶梯，包含着先进性的最高要求和群众性的基本要求的统一。对于最高要求来说，它往往是只有少数人才能达到的顶峰，但对大多数人却有着激励他们不断向上的作用。在中国古代的优良道德传统中，一个突出的特点，就是非常重视道德理想即道德最高要求在道德教育中的重要作用。古人说“虽不能至，心向往之”，就是说的这种情况。最高目标的达到，不是一蹴而就的，而是一个由低到高的、逐步渐进的过程，这也就是古人所说的不能躐等、不能急躁和欲速则不达的告诫。

社会主义道德的为人民服务精神和集体主义原则，在具体的道德要求上，可考虑分为三个层次：

一是无私奉献，一心为公，即全心全意为人民服务的层次。一个道德高尚的人，在个人和他人、社会的一切关系中，能够自觉地为他人、为社会多做贡献，不计报酬，以人民利益和国家利益为最高利益。这一层次是社会主义道德要求的最高层次，是一切共产党员、先进分子所力求达到的，雷锋、孔繁森、徐虎、李素丽就是其中的代表。正如十四届六中全会决议中所指出的，“我们现在建设有中国特色的社会主义，最终目的是实现共产主义。因此，要在全社会认真提倡社会主义、共产主义思想和道德”，引导人们树立崇高的理想和追求。尽管真正攀登到最高层次的人不可能很多，但作为一种努力方向，将永远鼓舞着为社会主义和共产主义奋斗的人们，使他们在道德上不断进步，不断升华，不断接近这一顶峰。

二是先公后私、先人后己的层次。它要求每一个人都能自觉地把集体利益、国家利益放在个人利益的前面，在社会公德、职业道德和家庭美德各个领域中尽自己应尽的义务，积极影响广大社会成员，从而有利于形成良好的社会风气。

三是顾全大局、遵纪守法、热爱国家、诚实劳动的层次。这是对社会主义公民的最基本的道德要求。每一个社会主义社会的公民，只要能够诚实劳动，顾全大局，不损人利己，不损公肥私，力求使自己的一切活动有利于人民和国家，同样是社会主义道德所应当肯定和鼓励的。十四届六中全会决议指出，要“鼓励支持一切有利于解放和发展社会主义社会生产力的思想道德，一切有利于国家统一、民族团结、社会进步的思想道德，一切有利于追求真善美、抵制假恶丑、弘扬正气的思想道德，一切有利于履行公民权利与义务、用诚实劳动争取美好生活的思想道德”，就是从我国当前市场经济的实际出发所作出的概括，我们应当在道德建设中加以贯彻。从历史上看，每个社会的道德规范的要求及道德修养和教育的实施，都必然要根据其核心、原则而区分出不同层次，分别要求，实事求是，以达到鼓励先进、照顾多数的目的。

应当强调的是，社会主义道德之所以要区分层次，主要目的是从实际出发，防止超越人们的思想觉悟水平，使我们的道德教育能够收到更好的效果。但是，应当明确，区分层次的目的，绝不是让不同层次的人长期在这一层次上原地踏步，而是要大力加强社会主义的思想道德教育，在实践中努力提高他们的道德素质，使每一个处于较低层次的人能够积极地、自觉地向更高的顶峰不断地攀登。

从当前中国社会的道德状况和人们的实际道德境界来看，在整个社会上，可以说，人们分别处于四种不同的道德层次即四种不同的道德境界中。这也就是说，除了社会主义道德的这三个层次之外，还有一种违反社会主义道德即自私自利、损人利己的不道德的层次。这一个不道德的层次，包括许多不同的方面，都是我们社会主义道德所要反对的。在现实生活中，一切从资产阶级的个人主义、拜金主义和享乐主义出发而产生的危害社会、危害集体、危害国家的行为，都属于不道德的行为，也都处于这一层次之中。我们在加强社会主义道德教育的整个过程中，都要认真地研究、了解和分析各种不道德的情况，并对其进行教育，加以正确的引导，以便最大限度地消除和减少这类不道德的行为。

三、正确认识社会主义道德建设对社会主义市场经济的能动作用

在讨论市场经济与道德建设时，首先必须认识道德建设对社会主义

市场经济的能动作用。决议指出：社会主义市场经济作为一种经济体制，它“不仅同社会主义基本经济制度政治制度结合在一起，而且同社会主义精神文明结合在一起”。这一概括，是对马克思主义的一个重大发展，是我们研究社会主义市场经济与道德建设的根本指针。

1. 社会主义市场经济与道德的能动作用

市场经济只是一种手段，它可以为资本主义服务，也可以为社会主义服务。这也就是说，市场经济可以同资本主义制度结合，也可以同社会主义制度结合，从而形成性质不同的市场经济。在过去很长一段历史时期内，它是为资本主义服务并同资本主义制度紧密结合在一起的。决议之所以强调社会主义市场经济同社会主义的政治制度、经济制度和精神文明结合在一起，就是要说明，我们所实行的市场经济，是要受社会主义的政治制度、经济制度和精神文明所制约，并按照它们所规定的方向、道路向前发展的。我们所实行的社会主义，是以公有制为主体、多种所有制经济并存的经济制度和人民民主专政的政治制度，我们的精神文明是以马克思列宁主义、毛泽东思想特别是邓小平理论为指导，以为人民服务为核心，以集体主义为原则的社会主义道德的精神文明。因此，在道德建设中，要充分发挥我们的政治制度、经济制度和精神文明的优势，从各个方面引导市场经济，保证它的正确发展方向，使它向着有利于广大人民群众的需要和共同富裕的方向发展，防止少数人为了个人私利而走上损害广大人民利益的错误道路。在这种情况下，我们在强调道德建设要适应市场经济的发展的同时，还需要大力强调社会主义道德对市场经济的导向和保证作用。正如邓小平同志所说：“风气如果坏下去，经济搞成功又有什么意义？会在另一方面变质，反过来影响整个经济变质，发展下去会形成贪污、盗窃、贿赂横行的世界。”十四届六中全会决议明确地指出：“社会主义思想道德集中体现着精神文明建设的性质和方向，对社会政治经济的发展具有巨大的能动作用。”江泽民同志更进一步强调，精神文明建设不但对物质文明建设起巨大的推动作用，而且保证它的正确发展方向。这是关于精神文明建设作用的极其重要的新思想，对我们认识和把握社会主义市场经济条件下道德建设的能动作用，具有特别重要的指导意义。

2. 既要重视个人利益，更要强调奉献精神

从道德建设来看，正如我们上面所谈到的，如何正确地看待“利

益”，怎样正确地区分正当的个人利益与不正当的个人利益，怎样处理集体利益同个人利益的关系，是我们所面临的一个重要问题。

为什么我们特别重视个人利益呢？因为在社会主义市场经济条件下，充分地调动广大人民群众的积极性，促进个人的自主、自强、自尊精神的发展，保障正当的个人利益的获得，对生产力的发展，有极为重要的意义。我们知道，对个人利益的关心和追求，对个人欲望的向往，能产生一种强烈的意志和巨大的热情，形成一种全神贯注的力量，去推动社会生产力的发展。从这个意义上可以说，没有追求个人利益的激情，就不可能有社会主义市场经济。但是，社会主义市场经济同资本主义市场经济不同，国家的利益、人民的利益、集体的利益，是全社会一切人活动的最根本的要求。因此，任何个人利益都必须服从国家利益、集体利益和人民利益。对于共产党员和先进分子来说，人民利益、集体利益和国家利益，本来就应当是他们生活的最重要动力。在社会主义市场经济条件下，个人利益与集体利益的关系像一根主线，贯穿于整个道德建设之中，决定着道德建设的方向。在社会主义建设的整个过程中，在个人和他人、个人和集体的相处中，我们都应当在全社会大力提倡这样一种精神，即为社会、为国家、为集体的“为人民服务”的思想，要发扬一种为他人、为国家、为社会的无私奉献的精神。只有将重视正当的个人利益和发扬无私奉献精神这两者很好地结合起来，才能保证我们的现代化建设沿着社会主义道路顺利、健康地向前发展。

因此，我们认为，在社会主义市场经济的条件下，在强调个人利益、发挥个人的主动性、重视个人的价值、在经济上实行按劳分配和多劳多得的政策的同时，在思想道德的教育工作中，在社会舆论和一切大众传媒的价值导向上，更要强调一个人所应有的为社会、为他人、为集体、为国家的崇高的无私奉献精神。应当看到，如果处理得好，这两者不但不是矛盾的，而且是能够相辅相成、相互为用的。从社会和国家的分配制度来说，我们必须坚持按劳分配的政策，实行多劳多得，绝不能再搞平均主义和“吃大锅饭”的办法。但是，在日常的社会生活中，在一个人同他人和集体的关系上，特别是在同自己的同志、同事、朋友相处中，在社会的公共场合中，如果他人遇到困难，或在他人的生命财产遭到威胁，在社会利益和集体利益受到损害时，我们就绝不能因为没有报酬而采取袖手旁观、不闻不问的态度，更不能以索取报酬作为条件，否则，就听之任之，见死不救。尤其应当指出的是，尽管今天我们仍处在社会主义的初级阶段，但为了建成社会主义并最终实现共产主义，我们必须在人和人的关系上，培养这种为他人、为社会、为人民的无私奉献的精神。我们所要建设的四个现代化，是社会主义的四个现代化，我们所要达到的最终目的，是要建设一个没有剥削、没有压迫的共同富裕的社会。如果我们的经济发展只依靠个人利益来作为动力，可以断言，我们就不可能建成社会主义的社会，而只能建成一个贫富悬殊和两极分化的社会。也正是在这个意义上，邓小平同志早在1980年就指出："要教育全党同志发扬大公无私、服从全局、艰苦奋斗、廉洁奉公的精神，坚持共产主义思想和共产主义道德。"又说："没有共产主义思想，怎么能建成社会主义?"所以，在理论上和实践上正确地看待和妥善地处理这两者的关系，不但在繁荣经济、发展生产力、增加社会物质财富等方面，而且对更好地培养一代又一代的"四有"新人，从而顺利和健康地建成社会主义和共产主义，都起着极其重要的作用。

为什么说，不发扬无私奉献的共产主义道德和共产主义精神，就不能建成社会主义和共产主义呢？我们知道，社会主义和共产主义所要建立起来的社会，是一个全社会所有的人都共同富裕的社会，是一个没有剥削、没有压迫的，每个人都享有充分自由和幸福的社会。为了建设这样一个社会，不但要不断地发展和壮大社会主义的公有制经济，而且还要靠人们的为社会而献身的高度的思想觉悟。如果丢掉了无私奉献的精神，每个人都只关心自己的利益，也就是自己在精神上解除了武装，还怎么能够建设成社会主义和共产主义？正像邓小平同志所指出的，我们在新民主主义革命时期，就已经坚持用共产主义道德约束共产党员和先进分子的言行，提倡和表彰"全心全意为人民服务"、"大公无私"、"毫不利己、专门利人"的思想①，现在已经进入社会主义时期，不是更加应当提倡无私奉献的精神吗?

值得注意的是，在当前社会主义市场经济的情况下，一些人却以我国实行市场经济为理由，认为既然市场经济要发挥个人的积极能动作用，重视个人的利益，实行按劳分配、多劳多得，就不应当再提倡无私奉献的精神，甚至认为，"无私奉献"和"为社会献身"只是脱离现实

① 参见《邓小平文选》，2版，第2卷，367页。

的一种“高调”，是超越现实、脱离实际的“空想”等。这种思想之所以是错误的，是因为这些人没有看到，在市场经济条件下，在资产阶级的个人主义、拜金主义和享乐主义思想的腐蚀下，个人利益和竞争机制又往往会受到扭曲，一些人的自私自利的思想就会不断地得到发展，只关心个人利益而不关心社会利益，甚至坑害集体利益等现象，就会越来越多，人和人之间为争夺私利而产生的矛盾，也必然会日益增多，在这样的情况下，又怎么能建成社会主义和共产主义呢？因此，我们说，越是强调个人利益和竞争机制，就越要强调发扬无私奉献的精神，就越要用社会主义和共产主义的精神，来抵制一切腐朽思想及其生活方式对人们思想的腐蚀。

在社会主义的相当长的一段历史时期内，劳动还必然是人们谋生的一种手段，按劳分配和多劳多得，重视正当的个人利益，将是我国长期的分配政策。每一个人的积极劳动，不但是个人维持、改善和提高自己生活水平的一个重要手段，也是推动社会进步的一种重要力量。但是，从一个人的世界观、人生观和价值观来说，维持、改善和提高自己的生活水平，只是为了维持自己生存的条件，而不应当是一个人的生活目的。如果一个人的人生目的只是为了自己，那么，这个人就只能是一个庸俗的人、低级的人、无益于人民甚至有害于人民的人。正像毛泽东同志所说的，一个人只要有了白求恩那种“毫无自私自利之心的精神”，也就是我们所说的“无私奉献”的精神，就能够成为一个“有益于人民的人”。

3. 紧紧抓住核心和原则，加强社会主义道德建设

最后，我们应当特别指出，“为人民服务”的核心和“集体主义”的原则，都是贯穿在整个社会主义道德规范体系中的指导思想，对规范体系中的每一部分，都有着导向和制约作用。不论是在社会主义道德的五个基本要求（爱祖国、爱人民、爱劳动、爱科学、爱社会主义）中，还是在社会主义道德的三大领域（社会公德、职业道德、家庭美德）中，从始到终，都贯彻了“为人民服务”的核心和“集体主义”的原则。社会主义道德建设的五个基本规范，就是从五个重要方面来体现“为人民服务”和“集体主义”的要求，从而使人们在社会生活中，都能够符合这些最基本的要求。

市场经济作为一种经济体制，它既有积极的作用，又有消极的影

响。个人的主体能动作用的发扬，个人的创新精神的形成，平等竞争观念的增强以及追求个人利益的自觉等，是市场经济积极作用的体现，也有利于人们思想素质的提高。同时，市场经济也有其自身的不容否认的消极影响，这就是，它容易诱发一些人的唯利是图、金钱至上、损公肥私、损人利己的思想，造成一些领域中的道德失范，使享乐主义、拜金主义、个人主义思想滋长。再加上改革开放以后，西方的腐朽生活方式和敌对势力对我国所实行的“西化”政策，即企图用资产阶级的以个人为中心的价值观念来取代社会主义的思想，更助长了一些人自私自利思想的发展。

社会主义的道德教育，就其主要方面来说，最重要的内容就是为人民服务和社会主义集体主义的教育。新中国成立以来，在意识形态和道德建设上，我们一直强调为人民服务的重要意义，一直把集体主义作为我们的道德的基本原则，并在实际的工作中收到了很好的效果。其根本原因就是，为人民服务的思想和集体主义的原则，反映了我国基本的经济制度和政治制度的要求，并能动地作用于我国基本的经济制度和政治制度，强有力地推动了社会主义建设的发展。自从我国实行社会主义市场经济以来，一些人对于为人民服务的思想和集体主义的道德，是否仍然应当成为我们的价值导向和道德原则，却提出了种种的质疑。一些人以我国实行市场经济为理由，认为市场经济就是要启动为个人利益而奋斗的能动作用，因而不能再用为人民服务和集体主义来进行道德教育。正是在这种理由下，一些人提出要以个人主义、本位主义、利己主义和合理利己主义等来作为我国社会主义当前的价值导向和道德教育的内容。有的人认为，为人民服务的要求太高，只要能够“主观为自己、客观为别人”也就可以了。有的人说，集体主义原则只重视集体的利益，只强调个人对集体的服从，是片面的；现在实行市场经济，就应当以互利互惠、利己利他来作为我们的道德原则等。这些看法，应当说是不符合党的十四届六中全会和十五大精神的，也是同当前我国社会主义道德建设的要求相违背的。在道德教育中，如果我们放弃了为人民服务的道德核心的教育，放弃了集体主义的道德原则的教育，听任个人主义、享乐主义和拜金主义的腐蚀，那么我们又怎么能建成社会主义呢？

最近几年中，有一个值得注意的论点，这种论点认为，集体主义是我国计划经济条件下的产物，现在，我国已经由计划经济转到市场经济，因而提出，在道德建设上也要转轨、转型、重构和重建，有的甚至主张要以个人主义、个人本位等原则来代替为人民服务和集体主义原则等。这种理解是不符合我国的实际情况的。我国由计划经济转变到市场经济，只是经济体制的转变，它不但不是社会制度的改变，而且正是为了更好地完善和巩固社会主义制度。我们的道德建设的核心和原则，都是同完善和巩固社会主义制度这一根本要求相联系的。

坚持集体主义作为社会主义的道德原则，是社会主义社会“共同富裕”的根本要求的反映。为建设社会主义，我们必须坚持集体利益高于个人利益的思想，把发展、扩大和巩固集体利益作为我们道德建设的重要目的。集体主义作为社会主义的道德原则，在当前应强调三个重要的方面：（1）国家利益、集体利益和个人利益，在社会主义社会中，从根本上来说是一致的，这也是社会主义的集体主义原则同一切封建主义的、资本主义的“整体主义”、“集体主义”的一个根本不同之点。（2）集体利益、国家利益高于个人利益是集体主义原则的根本要求。当个人利益同集体利益、国家利益发生矛盾时，个人利益必须服从集体利益和国家利益。对于集体利益高于个人利益的原则，要予以正确的阐释；对集体利益同个人利益的矛盾，要根据不同的情况，实事求是地加以分析；要区分个人利益的正当与不正当，对于正当的个人利益要尽可能地加以照顾。必须强调，我们所说的“集体”，不是一般人所说的“群体”，而是能够体现社会主义社会集体成员利益的真实的集体，不是为着一些人的私利的小团体主义和地方保护主义。小团体主义、地方保护主义，都是同我们的社会主义集体主义背道而驰的，只能是一种放大了的个人主义。（3）尊重个人的价值，保护个人的正当利益，促进个人才能的发展，是社会主义集体主义的应有之义。在过去很长一段时期内，人们对集体主义存有一种误解，似乎集体主义所强调的就是个人对集体的服从。我们应当耐心地多做解释，消除人们对集体主义的误解。在市场经济条件下，我们应当更明确地强调，没有对个人正当利益的保护，没有个人才能的发挥和价值的实现，也就不可能有社会主义的集体主义。社会主义集体主义原则，一方面强调每个人应对社会负责、对人民负责，正确处理国家、集体和个人的关系；另一方面，又强调保护人们的个人利益和促进个人价值的实现，这两者又是相辅相成的。

第三编

精神文明建设

论共产主义教育在社会主义精神文明中的作用*

无产阶级在取得革命胜利并建立了社会主义制度以后，它所面临的重要任务，就是要在建设高度物质文明的同时，建设高度的精神文明。物质文明的建设是社会主义精神文明建设的不可缺少的基础，但决不能认为，只有先建设物质文明，等到物质文明有了高度发展以后，再来建设社会主义精神文明。社会主义的精神文明不但对物质文明起着巨大的推动作用，而且保证社会主义物质文明建设的方向，从而使我国的社会主义建设健康发展。社会主义精神文明是社会主义社会的特征之一，如果没有社会主义的精神文明，不论现代化达到多么高的水平，都不能建成社会主义。只有越来越多的人成为有理想、有道德、有文化、有纪律的共产主义者，我们的现代化建设才能沿着正确的方向发展，这是我们把建设社会主义的精神文明看做“建设社会主义的一个战略方针问题”的根据。

共产主义思想是社会主义精神文明的核心

社会主义精神文明包括很多方面的内容，而共产主义的思想，则是

---

* 本文原载《教育研究》，1982（11）。

社会主义精神文明的核心。之所以这样说，一方面是，不论精神文明中的文化建设还是思想建设，都必须以共产主义思想为指导；另一方面是，对于任何一个社会主义的建设者来说，都必须能够用共产主义思想来观察、处理一切事物，用共产主义的思想来改造自己。上述这两个方面的共同的目的，就是要保证社会主义建设的正确航向。由此可见，共产主义思想是社会主义精神文明区别于资本主义精神文明的一个本质特征，它贯穿于社会主义社会生活的各个方面，规定着社会主义精神文明的方向，决定着社会主义精神文明的性质。

共产主义思想，一般来说，主要包括以下几个方面的内容，即马克思主义的科学理论、共产主义的理想、共产主义的道德等等。当然，这几个方面也是互相联系的。

马克思主义的科学理论，包括马克思主义的哲学、科学社会主义和政治经济学，它是无产阶级革命和建设的思想武器。马克思主义哲学，即辩证唯物主义和历史唯物主义，是无产阶级及其政党的世界观的科学体系，它教导人们，必须用唯物的、辩证的观点来观察世界上的一切事物，要从事物的发生、发展和变化的过程来了解事物，要把事物的发展看做矛盾斗争的结果，看做新事物战胜旧事物的过程。在整个社会的发展中，只有新生的、朝气蓬勃的、代表先进生产关系的阶级，才是最有前途的阶级。在社会主义建设中，尽管无产阶级还可能遭到许多困难和挫折，经受这样那样的严峻考验，但是新生事物必将代替腐朽的事物，这是不以人的意志为转移的客观规律。正像斯大林所说："为了在政治上不犯错误，便要向前看，而不要向后看。"科学社会主义，或称为科学共产主义，是关于无产阶级解放斗争的性质、条件和一般目的的学说，它是无产阶级革命运动的经验总结，同时，又是无产阶级运动的行动指南。认真学习和掌握科学社会主义的理论，对于坚持和改善党的领导，对于发展社会主义民主和克服官僚主义，对于加强社会主义的纪律，都有重要的作用。政治经济学是研究人类社会经济关系（生产关系）发展规律的科学，它对社会主义精神文明的建设，也有不可忽视的作用。马克思主义的政治经济学，深刻地揭露了资本主义社会的矛盾及其运动规律，剖析了资产阶级对剩余价值的占有和残酷剥削无产阶级的实质，指出了无产阶级的伟大历史使命就是推翻资本主义生产方式和最后消灭阶级，并领导广大人民群众实现社会主义和共产主义。由此可见，这三个方面对于社会主义精神文明的建设，都有着极其重要的作用。

掌握马克思主义的科学理论，是建立和加强共产主义的革命理想，坚定共产主义的信念的基础。同时，共产主义的理想、信念的建立，又是社会主义精神文明的重要内容。

什么是理想？理想是人们在认识过程中所形成的一种信念、一种希望和一种追求。共产主义的理想是无产阶级的希望和追求。无产阶级认为，未来的完满的共产主义社会制度，是人类历史上空前未有的最美好的社会。这种社会制度的最后实现，当然不是一代、两代人所能达到的，而是需要许多代人的艰苦努力。但是，它并不是渺茫的。它不是虚无缥缈的空想，而是科学的预见，是社会发展的必然结果，是从现实中引申出来的。把共产主义的完满的社会制度看成一种空想，看成乌托邦，是完全错误的。19 世纪末，一些机会主义分子和庸俗的进化论者，曾极力反对谈论理想，认为强调理想就是鼓吹空想，就是唯心主义者。恩格斯在驳斥这种理论时指出，“如果一个人只是由于他追求‘理想的意图’并承认‘理想的力量’对他的影响，就成了唯心主义者，那么任何一个发育稍稍正常的人都是天生的唯心主义者了”①。恩格斯还特别赞扬了过去历史上那些为追求“真理和正义的热诚”以至献出了“整个生命”的那些人的高贵品质。

因此，在建设社会主义的过程中，我们一定要理直气壮地、旗帜鲜明地强调共产主义理想的重要作用。有了共产主义的理想，我们就会目标明确，永不迷失方向；有了共产主义理想，我们能够获得前进的力量。一个无产阶级的战士，只有坚定地树立起共产主义的远大理想，并将其转化为自己的坚定信念，才能自觉地为这种理想而奋斗。他对这种理想认识得越深刻，他的信念越坚定，他就越能够具有为这一理想而奋斗的牺牲精神。无数革命先烈、英雄模范和许多坚定的共产主义战士，之所以能够前仆后继、英勇不屈、吃苦在前、享受在后，最根本的一条，就是因为他们具有共产主义的革命理想。

马克思主义者和空想社会主义者最根本的不同，就在于他们不是醉心于去描绘未来的共产主义社会制度，而是强调共产主义是一种现实的

---

① 《马克思恩格斯选集》，1 版，第 4 卷，228 页。

革命运动，只有通过这种现实的革命运动，才能不断接近这一远大目标。从客观的历史进程来看，共产主义理想是一定要实现的，但无产阶级认识到，它的实现必须有无产阶级的自觉的、艰苦卓绝的努力。

共产主义道德，一方面是指建立在公有制基础上的人和人之间的一种新型的道德关系，另一方面是指共产主义道德的基本原则及其规范。共产主义道德的基本原则，就是忠于共产主义事业的集体主义原则。这个原则的根本要求，就是从无产阶级和劳动人民的根本利益出发，坚持集体利益高于个人利益，并在两者发生矛盾时，强调个人利益必须服从集体的利益，也就是发扬同社会主义公有制相适应的主人翁的思想。共产主义道德还包括许多规范，其中，最普遍、最重要的规范有以下几点：第一，全心全意为人民，即热爱人民、关心人民、一切从人民利益出发。它不是从“一般的人”或“人类”出发，而是从“人民”出发，要求一切行动要对人民负责，要同一切危害人民事业的行为作不调和的斗争。第二，共产主义劳动态度。它要求每个劳动者把劳动看做公民的光荣职责，严格地遵守劳动纪律，尽自己的最大努力，为社会主义建设多做贡献，强调发扬共产主义风格而反对“按酬付劳”的雇佣观点。第三，爱护社会主义的公共财物，提倡勤俭节约，反对铺张浪费。这就是要自觉地认识到自己是国家的主人，是社会财富的主人，要以高度的责任心来爱护社会主义的公共财物。第四，热爱科学、坚持真理。它不但要求人们刻苦钻研，勤奋学习，掌握文化科学知识和马克思主义理论，而且要求人们具有尊重科学、追求真理的精神。它从道德的意义上，要求人们能够勇于探索真理，并在实践基础上检验和发展真理。共产主义道德同时要求把国际主义和爱国主义作为一个行动准则。无产阶级的爱国主义和国际主义是完全一致的，只有坚持了无产阶级的爱国主义，才能保证社会主义建设的顺利进行，也才能谈到更好地履行自己的国际主义的义务。在我国进行四个现代化建设的新时期，坚持民族自尊心，发扬民族自信心，强调爱国主义的精神，尤其有重要的意义。崇洋媚外，一味依靠外国的力量，这是半殖民地半封建的旧中国买办资产阶级的一个特点。在我国实行开放政策以后，这种思想在少部分人中间有所滋生蔓延。因此，大力加强爱国主义的教育，培养热爱自己祖国的深厚感情，树立起为祖国富强而英勇奋斗的献身精神，对社会主义的精神文明的建设，也是有着重要意义的。

由此可见，共产主义思想不仅对社会主义精神文明建设，而且对我们的物质文明建设，都起着保证方向的作用。

共产主义教育同实行按劳分配的关系

我们现在还处在社会主义社会，为什么要进行共产主义教育，特别是共产主义道德教育呢？这是前一段有些同志提出的问题。有的同志认为，“我们的社会主义社会是存在着商品生产的社会。有商品生产，就有价值规律，就要求等价交换。要等价交换，就应该讲价钱，就应该斤斤计较”。有的人甚至认为，人和人之间不但应当“斤斤计较”，而且应当“两两计较”。有些人认为，在当前情况下，不应当用共产主义道德来要求人们，否则就会妨碍按劳分配的贯彻。这些看法在理论上是错误的，以致在实践上是有害的。因此，有必要从理论上讨论清楚。

在现阶段，我们在经济领域中，特别是在生活消费品的分配中，必须实行按劳分配的制度，采取多劳多得和物质鼓励等经济政策，这是完全正确的。但是这绝不是说，人们的观念、人们的觉悟特别是共产党员、共青团员和先进分子也应该只停留在按劳分配的水平上。按劳分配作为一种在生产资料公有制基础上实行的分配制度，在整个社会主义时期是必要的。因此，根据我国现在生产力发展的水平，根据物质财富的现有情况，根据人们的思想觉悟，实行按劳分配是调动广大群众的劳动积极性，使生产力得到不断发展所必需的。它有利于社会主义现代化建设的进行。我们强调共产主义思想的教育，绝不是说可以再去刮什么“共产风”。忽视或否认按劳分配，一度在分配领域中搞平均主义、“吃大锅饭”，曾给我国经济的发展带来严重的危害，这是我们应当永远记取的教训。

社会主义是共产主义的低级阶段。它们之间存在着区别，但更重要的是属于同一个共产主义社会体系。社会主义社会向前发展，就愈来愈接近我们的理想目标。因此，把社会主义社会与共产主义社会对立起来是错误的。社会主义必须实行按劳分配，但绝不能把按劳分配看做社会主义社会的唯一原则。实践证明，社会主义社会不但包含了一系列共产主义的原则，而且共产主义因素每日每时都在增长和涌现。同时，我们要看到，只有不断加强共产主义思想教育，提高人们的共产主义思想觉悟，才能使按劳分配的原则得以真正的贯彻。值得指出的是，在今天由于旧的资产阶级的思想意识还有严重影响，一些受资产阶级思想影响较大的人，片面地理解“按劳分配”，片面地要求“多得”，从而产生一种同国家、同集体、同社会斤斤计较的思想，他们不愿意“各尽所能”，为社会“多做贡献”，甚至把“按劳分配”变成雇佣式的“按酬付劳”，只是用向钱看的精神来对待按劳分配。对于这些人，一方面是要使他们对按劳分配有一个全面的、完整的、准确的理解；另一方面，必须加强共产主义思想、共产主义道德的教育。我们一定要使广大群众有高尚的、为祖国多做贡献的精神，一定要加强人们的同社会主义公有制相适应的主人翁思想和集体主义精神，从而使他们能够用共产主义精神来对待按劳分配。

在这里，还要强调指出的是，对于资产阶级思想的影响，我们绝不能忽视。列宁曾经多次指出，在工人阶级和资产阶级旧社会之间，并没有一道万里长城。革命爆发的时候，情形并不像一个人死的时候那样，只要把死尸抬出去就算完事了。资产阶级社会的死尸，是不能装进棺材、埋到地下的，被打死的资本主义会在我们中间腐烂发臭，败坏空气，毒化我们的生活，从各个方面用陈腐的死亡的东西包围新鲜的、年轻的、生气勃勃的东西。① 由此可见，在社会主义社会中，资产阶级思想的袭击是不可避免的，是工人阶级在革命胜利后所必然要面临的现实。因此，在实行按劳分配的同时，我们必须加强共产主义思想的教育，反对“按酬付劳”、斤斤计较的资产阶级思想。只有加强共产主义道德的集体主义思想的教育，宣传多做工作、少取报酬以至不计报酬的共产主义劳动态度，才能抵制资产阶级思想的侵袭，保证社会主义建设的方向。

我们的共产党员、共青团员和先进分子都应该用共产主义思想来武装自己，用共产主义道德规范来约束自己，并用它来培养教育人民群众，特别是我们的青年一代。我们不是为了个人多得报酬来革命的。相反，我们是为了建设社会主义和共产主义来革命的，是为了全体劳动人民的解放和幸福来革命的。我们应该自觉地要求多做工作，少取报酬，

① 参见《列宁全集》，中文1版，第28卷，53页。

在有条件的时候，我们还应该力所能及地参加不要任何报酬的义务劳动，以培养共产主义的劳动态度。

加强共产主义教育，为培养一代新人而努力

社会主义制度和共产主义制度绝不是自发产生的。没有具有共产主义思想觉悟的人民群众，社会主义和共产主义是不可能建成的。

当然，首先应该大力发展经济，创造更多的物质财富，以满足人民群众的不断增长的物质需要和文化需要。但是，必须明确，我们发展社会主义经济的最终目的，并不只是要人们去沉溺于物质上的享受，而是要给人们造就更优越的发展条件，使人们有高尚的思想境界，有崇高的共产主义道德品质，有更高的文化科学素养，有更强的改造世界的能力。单纯的物质享受，这是资产阶级和庸人们的要求，不是无产阶级的要求，因此，它只能使人堕落，而不能使人向上。当前的英、美等资本主义生产力高度发达的国家，物质财富都有了很大的发展，但是，那里的人们，总的说来却是精神生活空虚，没有理想和信念，不少人道德堕落。因此，能否用共产主义思想培育起一代新人，这确实是关系到社会主义兴衰存亡的一个重大问题。这就是说，如果能够培养出具有共产主义思想的一代新人，社会主义的建设事业就会兴旺发达，如果忽视资产阶级思想的侵袭，不能培养出具有共产主义思想的一代新人，我们的社会主义的建设事业就会失去理想和目标，甚至会走上邪路，这是应该引起我们特别注意的。

在共产主义思想的教育中，除了马克思主义的科学理论和共产主义的理想外，共产主义道德的教育又有着特殊的重要意义。这里所说的共产主义道德教育，并不是只指作为知识形态的理论，而是说要通过有组织、有计划的工作，对群众施加系统的道德影响，从而把共产主义道德的原则、规范转化成为人们的内在要求，使这些原则和规范同人们的亲身感受结合起来，并成为人们的情感、意志和信念。为了使共产主义的道德原则和规范能够转化为人们的品质，还必须加强人们在道德上的自我锻炼和自我修养。只有经过刻苦的努力，才能在实践中逐步锻炼成具有共产主义品德的新人。

培养具有共产主义道德品质的新人，对于当前争取党风、社会风气的根本好转，也将发生重要的影响。由于“四人帮”的破坏，由于资产阶级旧意识的影响，还由于这几年来西方资产阶级思想的侵袭等种种原因，当前社会风气还存在着许多问题。“一切向钱看”的腐朽的意识，又在一部分人中流行，有些人不择手段地追求物质享受，用尽一切办法追求个人名利地位。为了达到自私自利的目的，有些人不惜损人利己、损公肥私，甚至走上违法犯罪的道路。值得注意的是，某些有这些思想的人还往往用这些思想来影响自己的家庭、朋友和经常接触的同志。因此，加强共产主义教育特别是共产主义的道德教育，有助于树立正气、祛除邪气，有助于人和人之间发扬先公后私、大公无私的共产主义精神，有助于用高尚的精神境界来相互影响，因而，也就将有助于党风和社会风气的根本好转。

加强共产主义思想，特别是加强共产主义道德的教育，决不能只是在口头上喊共产主义怎么重要，而是要切切实实地做好各方面的工作，使共产主义思想教育能够有利于提高人们的思想境界和道德境界。这里重要的是，不但教育、宣传共产主义思想的人要言传身教，而且所有国家干部都应该以身作则。一个国家干部，一个共产党员，如果口头上大讲精神文明，高谈共产主义思想，实行的却是为自己的家庭、子女牟私利，那又怎么能使群众信仰共产主义并履行共产主义的道德义务呢？因此，在强调共产主义理想和加强共产主义道德教育的过程中，强调以身作则的重要性，是有很大的现实意义的。

总之，共产主义思想是社会主义精神文明的核心。只有社会主义的精神文明，才能保证社会主义建设的正确航向。我们之所以强调社会主义精神文明的重要性，是因为只有用共产主义的科学理论、共产主义的理想和共产主义的道德来培育一代新人，使所有的人都能够成为有理想、有道德、有文化、有纪律的人，才能使我们的社会主义建设沿着正确的航向顺利前进。

充分认识精神文明的战略地位
大力加强社会主义精神文明建设*

一

加强社会主义精神文明建设，提高全民族的思想道德水平和科学文化素质，对于坚持四项基本原则，保证现代化建设和改革开放的顺利进展，对于挫败西方敌对势力的“和平演变”战略，具有十分重大的意义。

加强社会主义精神文明建设，是党的十一届三中全会以来我们党的路线、方针、政策的重要组成部分。党的第十二次全国代表大会，又进一步明确了社会主义的物质文明建设和精神文明建设必须同时抓的重要意义。十二大还特别指出：“如果忽视在共产主义思想指导下在全社会建设社会主义精神文明这个伟大的任务，人们对社会主义的理解就会陷入片面性，就会使人们的注意力仅仅限于物质利益的追求。那样，我们的现代化建设就不能保证社会主义的方向，我们的社会主义社会就会失去理想和目标，失去精神的动力和战斗的意志，就不能抵制各种腐化因素的侵袭，甚至会走上畸形发展和变质的邪路。”而且还强调指出：“这

---

* 本文原载《社会主义若干问题讲座》一书，北京，红旗出版社，1990。

绝不是危言耸听，而是从当前国内外活生生的事实中得出的结论。”1989年发生的政治风波，更使我们深刻地认识到社会主义精神文明建设的极端重要性。应当承认，十年改革开放，我国确实取得了举世瞩目的成就，但也确实存在过一些失误。而所有失误中最主要的，就是忽视了思想政治工作，忽视了对广大人民特别是对青年的社会主义思想道德和价值观念的教育，在一段很长的时间内，对于物质文明建设和精神文明建设，出现了所谓“一手硬、一手软”的现象。正是由于这种原因，我们的社会主义建设出现了可能迷失方向和走向邪路的危险，这种情况是值得我们深入思考的。

从我国最近十年所走过的历程来看，在建设四个现代化和改革开放的问题上，确实有一个方向问题，即究竟是社会主义的现代化还是资本主义的现代化的问题。当前世界上任何一个国家、一个社会的现代化，都绝不会也不可能仅仅是一种单纯生产力发展的经济的现代化，都必然会有与这种生产力发展的经济的现代化相适应的价值目标作为指导，从而使这个国家或这一社会的现代化沿着一定的方向向前发展。正是从这一意义来看，我们甚至可以说，任何国家、任何社会的现代化的经济活动，都不过是为了实现一定的价值目标的一种手段。那种认为一定的现代化的经济活动，可以同一定的价值导向相分离的观点是非常错误的。正是由于这一原因，我们才特别强调精神文明在整个社会主义建设和改革开放中的战略地位。加强社会主义精神文明建设，不但能提高全民族的科学文化水平，而且能提高整个中华民族的伦理道德水平和思想政治觉悟，提高坚持四项基本原则的自觉性，增强民族的自信心、自豪感和凝聚力，增强对资本主义和各种腐朽思想侵蚀的防疫力，从而挫败西方的“和平演变”，保证我国的改革开放能够沿着社会主义方向顺利前进。

二

怎样认识帝国主义和国际反动势力对我国的“和平演变”?

帝国主义和国际反动势力对中国进行“和平演变”，妄图在中国复辟资本主义的用心是十分明确的，这是我们很多同志都已认识到的。那么，我们进一步要问：他们究竟通过什么形式来对我们进行“和平演变”呢？总的来说，帝国主义和国际反动势力的“和平演变”战略，包含许多方面，如传播资本主义的经济模式，支持反共反社会主义的“持不同政见者”，挑起民族矛盾，经济制裁，等等。同时，我们应当看到，在帝国主义和国际反动势力的“和平演变”战略中，最重要的一个方面就是要进行政治、思想、道德和文化渗透，通过各种渠道和各种手段，用西方资本主义的以个人为中心的“民主”、“自由”和“个人主义”等价值观念，来诱惑、腐蚀我们的广大人民、广大干部和青年学生，使他们抛弃为人类美好社会而奋斗的理想，背离社会主义，从而使我国“和平演变”到资本主义社会。早在1949年，当我国的民主革命在全国取得决定性胜利的时候，在武力和威胁都已不能达到目的的情况下，当时的美国国务卿艾奇逊就开始构想这一战略，力图以美国的“民主”、“自由”和“个人主义”作为武器，来颠覆新中国的政权。毛泽东同志当时就极其深刻地揭露了这种“和平演变”的卑鄙意图。20世纪80年代，我国实行改革开放以后，一个著名的西方政治家就说：当中国打开大门接受西方的先进技术时，西方国家要利用这一有利情况向中国传播、宣传和迫使中国人接受西方的价值观念。1988年，美国前总统尼克松出版了他的推行“和平演变”的《1999：不战而胜》，提出了要从意识形态和价值观方面加深渗透，并认为通过这种文化、价值观念的渗透，到20世纪末，资本主义对共产主义就可以不战而胜，同时具体地提出了“和平演变”的时间表。1989年，布什上台后，更是明确地提出要用尽一切办法，以西方的价值观念对社会主义国家进行渗透和“和平演变”。他认为，通过“和平演变”战略，就可以结束资本主义与社会主义两种目标的历史性较量，他本人甚至要作为“共产主义试验的最后篇章结束的见证人”。最近一些社会主义国家的形势发展，也使我们清楚地看到，西方反共势力的战略之所以能在某些国家得逞，同他们不断对这些国家进行政治、思想、文化、道德的渗透，极力宣扬资产阶级的以个人为中心的价值观，有着重要的、密切的关系。

从国内的情况看，一些资产阶级自由化分子极力宣扬“全盘西化”，宣扬资产阶级的“民主”、“自由”和资产阶级的个人主义，宣扬“一切向钱看”和自私自利的思想，鼓吹资本主义的自由竞争，从而诱使一些不坚定的人背离社会主义道路。最近几年来，帝国主义和国际反动势力，特别重视对青年知识分子价值观的“熏陶”，选择一些所谓的“精英”予以特别培育，并通过他们来影响中国的广大青年。正是在这种国外反动势力与国内自由化分子的相互配合下，所谓政治上的三权分立、思想上的多元并存、经济上的私有化和价值观上的“个人本位”、“个人至上”的思想愈演愈烈，从而为一小撮人制造1989年的动乱做了思想准备。现在可以清楚地看到，1989年春夏之交的政治风波，其所以能发展成为严重的政治事件，是同国内自由化思潮的泛滥，同帝国主义对我国多年所施行的“和平演变”战略有着密切关系的。也正是由于这种原因，当我国政府和人民平息了这场政治风波之后，国际反动势力还为这些“精英”提供庇护场所和进行反华活动的资金、基地，同时还妄图从经济上制裁中国。现在，我们冷静地回顾1989年的那场政治风波，确实有许多深刻教训需要总结。其中最重要的教训之一，就是在我们党的指导工作中，出现了抓物质文明和精神文明“一手硬、一手软”的失误。忽视社会主义的精神文明建设，失去对西方“和平演变”战略的警惕，放任资产阶级自由化思潮的泛滥，放松了对全国人民的共产主义理想的教育，放松了政治思想工作及伦理道德建设，这个十分深刻的教训，我们应当认真汲取。

三

在建设精神文明时，应特别注意抓好思想道德建设。

精神文明建设包括思想道德建设和教育科学文化建设两个方面的内容。这两个方面互为条件，相互补充，推动着精神文明的发展。教育科学文化的发展是建设社会主义必不可缺的环节。没有教育科学文化的提高，就不可能有生产力的高度发展，也就不可能建立起强大的社会主义的物质基础。十年改革开放的实践进一步说明，科学文化教育的发展是绝不可忽视的。正如列宁所指出的，在一个文盲充斥的国家里，是不可能建设社会主义的。因为没有一定的文化教育的发展，不但不能使科学技术得到普及和提高，而且许多愚昧、落后及封建迷信的东西还会严重地束缚着人们的思想，妨碍着社会主义建设事业的发展。从我国农村的某些情况来看，由于前一段时期自由化思潮泛滥，农村的教育科学文化的建设被忽视了，一些地方农业生产发展了，物质生活富裕了，但却出现了置地造坟、求神拜佛、赌博盛行的不正常现象。有的地方不但为死人造坟，而且为活人造坟；有的地方大修庙堂、广设神坛，仙姑巫婆闹得沸沸扬扬。正是由于忽视了社会主义教育以及科学、文化的建设，有些已经富裕起来的农村，不但生产不能持续发展，甚至重新陷入贫困境地。同样，有的地区由于有力地抵制了资产阶级自由化的侵袭，注意了对农民进行科学、文化知识的教育，从而保证了生产力的不断提高。这些经验教训值得我们认真吸取。

在重视教育科学文化发展的同时，为了防止“和平演变”，坚持改革开放和建设“四化”的社会主义方向，在社会主义精神文明的建设中，我们还必须特别强调思想道德建设的核心地位。思想道德建设和教育科学文化建设两个方面，有着密切的关系。教育科学文化的发展，不但对发展生产力有着重要的作用，而且对全社会思想道德的普遍进步，也发挥着重要的作用。为什么我们要特别强调思想道德建设的重要地位和作用呢？如果说我国的改革开放和“四化”建设的社会主义方向是由我们的社会主义精神文明建设来保证的，那么，我们就应当进一步认识到，整个社会主义精神文明建设的性质和方向，则是由社会主义精神文明中的思想道德建设来规定的。国际反动势力对中国所进行的文化渗透和“和平演变”策略，国内自由化分子所宣扬的自由化理论，都集中在思想道德方面。这一点也是我们应当特别予以注意的。

思想道德建设包括共产主义理想、社会主义信念、集体主义的人生观与价值观的教育，这是精神文明建设的核心。在进行精神文明建设时，只有紧紧抓住这两个环节，整个精神文明建设才能落到实处，才能有效地提高人民群众的思想觉悟，才能防止“和平演变”，才能保证我国改革开放和建设“四化”的社会主义方向。

社会主义精神文明建设的根本任务，就是要培养有理想、有道德、有文化、有纪律的一代新人。在强调培养“四有”新人的过程中，树立共产主义的人生观，培养社会主义的集体主义精神，反对资产阶级的个人主义和自私自利思想，是一个深层次的最为重要的根本问题，必须引起我们足够的重视。最近十年，在我国所进行的渗透与反渗透、“和平演变”与反“和平演变”斗争的焦点问题，就集中在思想道德这一领域，集中在无产阶级和资产阶级两种根本不同的价值观、人生观的斗争上。在我国改革开放的新形势下，究竟应当以个人主义（“个人中心”、“个人至上”、“个人神圣”）作为我们在人生观上的价值导向，还是应当以集体主义和为人民服务的人生观来作为我国人民的价值导向？回顾十年来在思想道德领域内的多次争论，有助于提高我们的认识。

从1980年开始，一些人就提出“人都是自私的，不可能有什么忘我高尚的人”的错误理论，认为“为己——它是人们思维、意识的最原始的动机，不是哪个人可以毁灭和创造的”，甚至鼓吹“我终于发现说谎、欺诈、恭维、奉承是人生的要谛，自私是人的本质”，等等。接着，“一切向钱看”、“金钱万能”、“为钱正名”的思想红极一时，有些人公然提出“商品经济必然要向钱看，哪有不向钱看的商品经济”，甚至说“一切不向钱看的行为也是不道德的行为”，宣扬“抬头向前看，低头向钱看”，要把“向钱看”作为一个道德原则落实到我们的各种不同行业的职业道德中去。有的人公然从理论上论证，资本主义的金钱拜物教在我国今天的社会中仍有其存在的合理性和合法性，认为这种资本主义的金钱拜物教“会唤起人们进取、创造、拼搏的精神，从而会给社会带来普遍舒适、方便、自由和高效率”，“还对权利和责任作了严格的规定，从而使人们得以在平等的基础上建立起互利、互助的合作关系”，“还会给社会带来光明”，等等。在一段时期内，在“一切向钱看”的思想腐蚀下，甚至已经绝迹多年的社会丑恶现象也沉渣泛起，社会主义精神文明建设受到了严重的冲击。与此同时，西方文化热的出现，一切以自我为中心的“自我设计”、“自我选择”、“自我奋斗”和“自我实现”的思想，进一步腐蚀着我国的广大青年，还有“为个人主义正名”，鼓吹个人主义对我国当前的改革开放有积极作用，为了使改革开放的观念更新能够成龙配套而要求用个人主义来更新集体主义的思想，也成了一种“时尚”。总之一句话，在对全国人民的价值导向上，一些人要用资产阶级的个人主义来更新集体主义。他们标榜尊重个性、自由和个人利益，把社会主义集体主义的正确原则与我们已经纠正了的某些“左”的偏差混为一谈，攻击和诬蔑社会主义是反人道、反人性的，鼓吹个人至上的价值观。这种种情况都进一步说明，共产主义理想及其价值导向，即思想道德建设，规定着整个精神文明建设的性质、方向，在精神文明建设中有着特殊重要的地位和作用。

四

怎样认识个人主义？

最近几年来，随着自由化思潮泛滥而出现的鼓吹“个人至上”、“个人中心”的个人主义的价值观，在我们这样的社会主义国家究竟还有没有任何积极意义呢？为什么国际的反共反社会主义势力和国内自由化思潮都把鼓吹个人主义作为对中国进行“和平演变”的一种重要手段呢？

就其思想来源看，个人主义是从西方输入中国的一种价值观念。一般来说，个人主义是随着资本主义生产关系的产生、形成和发展而不断完善起来的一种资产阶级的政治经济和伦理道德的理论体系，它既植根于资本主义生产关系之中，又对资本主义的发展起了极其重要的推动作用。

“个人主义”一词，是在19世纪40年代的后期，由法国的政治思想家托克维尔在其所著的《论美国的民主》一书的下卷中提出来的。自此之后，个人主义作为资产阶级的一种价值观念，很快为西方的思想家们所接受，从而成为资产阶级意识形态的一块重要基石。

根据托克维尔的理解，个人主义作为适应资本主义发展的新观念，主要包括三个方面的内容：(1) 作为一种价值目标，个人主义特别强调个人本身就是目的，因而具有最高的价值，而社会只是达到个人目的的手段；(2) 作为一种政治思想，个人主义强调个人的民主和自由，极力反对国家和社会对个人行为的干预，因而往往导致无政府主义；(3) 作为一种财产制度，个人主义主张维护财产私有制。根据托克维尔的概括，我们可以清楚地看到，个人主义是适应资本主义生产关系的需要而产生的一种思想体系，它的本质特征就是一切以个人为中心，一切从个人出发，并为了达到个人的目的。个人主义是维护资本主义制度的，它同资本主义的政治经济和伦理道德是紧密联系着的，同社会主义的公有制及其思想是完全对立的。

在我国资产阶级自由化思潮泛滥时期，一些人曾提出，个人主义和利己主义不同，两者不能混淆；并且认为，我们只能反对利己主义，而不应当反对个人主义。对于这一问题，我们究竟应当怎样认识呢？

确实，极端的利己主义、公开的自私自利的思想和行为，同我们的社会主义是格格不入的，我们必须坚决反对。在一段时期内，在我们的社会里曾经出现过的“大利大干，小利小干，无利不干”和“有钱能使鬼推磨”以及“人不为己，天诛地灭”等思想，就是极端利己主义的表现。个人主义同利己主义有没有区别呢？托克维尔在创立“个人主义”一词时，就早已注意到了两者的区别和联系。他指出，利己主义早在两千多年前的古希腊就已经产生了，它主要是指把自己的感性欲望的满足当做人生最大的快乐的一种思想，而“个人主义是一种新的观念所创造出来的新词”，即是由资本主义生产关系所形成的个人至上的思想所形成的新的价值观念。所以，托克维尔说：“利己主义是对自己的一种偏激和过分的爱，它使人们只关心自己和爱自己甚于一切。”而个人主义则比较多地强调个人的价值，因而“是一种只顾自己而又心安理得的感情”。但是，托克维尔明确地指出，利己主义和个人主义都是一切从个人出发的，所以从本质上看，两者又是一致的，因而个人主义最终必然要沦为利己主义——个人主义就是一种温和的利己主义。由此可见，个人主义由于强调个人至上和个人中心，因而总是要诱发人们的私欲不断膨胀，总是要造成个人同整体、同国家的离心离德，总是要使个人从整体中孤立出来，并最终沦为利己主义。这一切，同我们社会主义的价值观念是格格不入的。我们的国家是一个以公有制为主体的社会主义国家，我们的集体代表着所有成员的利益，我们的目标是要建设一个共同富裕的，没有人剥削人、人压迫人的社会。因而在我们这样的社会主义国家，资产阶级个人主义的价值观没有任何积极意义，它只会使人们丧失对国家、对民族、对社会的责任感，使整个社会失去凝聚力，瓦解社会主义赖以存在的基础。因此，提高全国人民对利己主义特别是个人主义的价值观的危害性的认识，把反对个人主义提高到反对“和平演变”的高度，加强我国社会主义精神文明的建设，是非常重要的。

五

对民族文化要取其精华，弃其糟粕，反对民族虚无主义。

在社会主义精神文明建设中，不论是对外来文化还是对中国传统文化，我们都强调要坚持马克思主义的阶级分析，既不能盲目排外，更不能良莠不分。尤其在当前改革开放的条件下，帝国主义和国际反动势力极力进行意识形态的渗透活动，我们更要注意资产阶级腐朽意识对我们的侵蚀。同时，我们还要正确处理吸收外国的优秀文化成果与继承发扬本民族的优秀传统文化的关系。

最近几年来，在我国曾出现过一种主张全盘西化、根本否定民族文化传统的虚无主义思潮。这一思潮的核心就是要否定中华民族优秀的伦理道德传统。在中国封建社会的道德传统中，确实存在着糟粕，如为封建专制制度服务的等级观念，特别是有很大影响的“三纲五常”的道德准则，严重束缚着广大人民的个性。长期的封建主义道德关系这一巨大的“因袭的重担”，直到今天还沉重地压在很多人的肩上，影响着我国的改革开放和社会主义建设。但是，我们还必须看到，在中国的传统道德中，确实包含着中华民族在千百年来的劳动和社会交往中积累起来的优良道德传统。中华民族之所以能经历数千年的历史而屹立于世界民族之林，同这种优良的道德传统有着重要的关系。因此，以马克思主义为指导，既充分体现时代精神，又继承优秀伦理道德传统，从而形成一种具有中国特色的民族伦理精神，这对我国的改革开放和现代化建设，必然会产生积极的作用。

中华民族的优秀道德传统，包含许多方面。在今天，特别值得强调的有自强不息、发奋有为的斗争精神，“先天下之忧而忧，后天下之乐而乐”的先国家后个人、先民族后家庭的为国为民、先公后私、公而忘私的民族传统。正是在这种民族传统的鼓舞下，中国人民表现出极其诚挚的爱国主义精神。每当民族或国家危难之时，一些忧国忧民的爱国志士，总是“杀身成仁、舍生取义”，勇于自我献身，直至为国捐躯。这种为中华民族献身的爱国主义精神，孕育着中华民族的自信心和自豪感，具有团结全民族的极强的凝聚力，是中华民族的宝贵财富。艰苦奋斗、勤俭节约、勤劳勇敢、勤俭持家，是中华民族信守的重要的道德规范。随着改革开放和社会主义建设的不断发展，随着人民群众的物质财富的增加，广大人民的生活水平必然会越来越好，尽管如此，我们决不能铺张浪费，奢侈挥霍，追求享受，甚至腐化堕落。否则，我们的社会主义建设必将半途而废。为了使我们的改革开放和“四化”建设能够取得更迅速的发展，更有必要发扬我们民族的艰苦奋斗、勤劳勇敢的优秀传统。近几年来，随着改革开放和商品经济的发展，如何看待义利关系，又成为很多人所关注的问题。中国传统伦理道德中的重义贱利的思想，固然是必须反对的，但是，还应当看到，在中华民族的传统伦理中，还有着“富贵不能淫，贫贱不能移，威武不能屈”，“志士仁人，无求生以害人，有杀身以成仁”，“见利思义”、“见得思义”的崇尚德性、崇尚理想的精神。这种精神培育了中华民族的坚贞不屈的“骨气”，是中华民族数千年来所以能巍然屹立的“中国的脊梁”。在改革开放和社会主义现代化建设的过程中，在同国际反动势力的“和平演变”的斗争中，更需要发扬我们民族的这种“富贵不能淫，贫贱不能移，威武不能屈”的崇高精神。总之，只有以马克思主义为指导，既面向世界，又立足于本国，既充分体现时代精神，又继承优秀历史文化传统，才能形成一种充满活力、不断发展、具有中国特色的社会主义精神文明。

六

在社会主义精神文明建设中，必须重视集体主义价值导向的重要作用。

在社会主义精神文明建设中，思想道德建设规定着整个精神文明建设的性质和方向，具有特殊的重要意义。在思想道德建设中，社会主义的集体主义价值导向，对于培养“四有”新人，对于防止“和平演变”，坚持社会主义道路，进一步发挥全国人民的积极性和创造性，更有着特殊的意义和作用。

集体主义是随着社会主义运动的产生、发展而逐渐发展和完善起来的一种价值观念。社会主义的集体主义，同历史上一切剥削阶级的整体主义有着本质的区别。社会主义的集体主义，从经济上来说，它是建立在社会主义公有制的经济基础之上，并以维护和发展社会主义的公有制为目的；从政治上来看，它体现着无产阶级和广大人民群众的利益，实行民主集中制的原则；从价值原则来看，它主张集体利益与个人利益的辩证统一。这一切都说明，集体主义同社会主义有着密不可分的血肉联系，它产生于社会主义的生产关系之中，同时又在维护和发展社会主义的生产关系之中发挥重要作用。正由于集体主义是社会主义的政治经济及伦理文化思想的核心，因此，在社会主义精神文明建设中，必须加强集体主义的价值导向。

集体利益与个人利益是辩证的统一：一方面，集体利益高于个人利益；另一方面，集体利益的发展又离不开个人积极性的发挥，并为个人利益的实现创造条件。改革的实践已经证明，在贯彻社会主义集体主义原则时，重视个人的正当利益，维护个人的尊严、价值、权利等等，对于激发人们为现代化事业的开拓创新精神，起到了积极的作用。对于社会主义的集体主义，可以从以下三个方面来理解。

首先，社会主义的集体主义，强调集体利益高于个人利益，强调个人对集体、对社会、对国家的义务感和责任心，强调当个人利益同集体利益发生矛盾时，要先公后私，顾全大局，反对“个人至上”、“个人神圣”、“个人本位”和“个人中心”的思想。社会主义的“集体”，绝不像有些人所说的那样，只是一种“空洞的抽象”，而是实实在在地代表着集体成员的利益。新中国成立以来40年的历程已经充分证明，每一个社会成员的利益都同我们国家的集体利益密切相关，只有我们国家的尊严和荣誉得到了维护，个人的尊严和荣誉才能得到维护。正是从这一点出发，为了维护整体利益，应当发扬个人的献身精神。同时，集体主义并不主张不分情况、不加区别地和无条件地要个人为集体牺牲，而只是在必要和不得已的情况下，才强调牺牲个人利益以维护集体利益。

其次，社会主义的集体主义，重视个人的正当利益，维护个人的尊严和权利，保障个人的价值的实现，并努力促进个人的进步和发展。这一切，本来就是社会主义集体主义的应有之义，是集体主义不可分割的一个重要内容。在过去一段时间内，一些坚持资产阶级自由化思想的人，攻击、诬蔑集体主义是对人的个性的束缚，是忽视和否认人的价值，是“反个人”和“恐个人”等。这些攻击是完全没有根据的。社会主义的集体主义，既强调个人利益应当服从集体利益，又强调集体应当尽最大可能来关心个人利益；既强调个人对集体的义务，又重视集体对个人应负的责任。这也就是说，集体和个人之间的权利和义务是双向的而不是单向的，是辩证的而不是片面的。那种把集体主义原则理解为只能是个人无条件地服从集体，而集体可以忽视甚至不顾个人利益的观点，是完全错误的。

最后，社会主义的集体主义强调，集体自身及集体中的每一个成员，都要不断地为完善集体而努力，要使集体公正、全面、真实地代表所有集体成员的利益。最近几年来，一些人反对社会主义集体主义的借口之一，就是说我们生活中的某些集体还有以权谋私的现象，还不能真实地体现集体成员的利益，因而他们反对在我国实行集体主义，并主张以个人主义来代替集体主义，这种观点更是十分错误的。马克思、恩格斯在《德意志意识形态》一书中，曾经对各种性质不同的集体作过透彻的分析。他们认为，在过去一切剥削阶级所领导的集体，由于它只代表着少数人的利益，因而这种集体只能是一种虚假的、不真实的集体；只有无产阶级革命后所建立起来的集体，才是体现所有成员利益的真实的集体。正由于此，马克思、恩格斯一方面揭露资产阶级的所谓集体（共同体）的虚伪性，一方面又明确指出："只有在集体中，个人才能获得全面发展其才能的手段，也就是说，只有在集体中才可能有个人自由。"马克思、恩格斯在这里所说的集体，就是指社会主义的集体。应当承认，我国革命后建立起来的社会主义国家，从根本上来说，代表并体现着广大人民群众的利益，是一个真实的集体。因此，在我们的社会主义国家中，实行集体主义原则，是历史的必然。同时，我们也要看到，在体现着国家的各种不同层次利益的一些具体的集体中，也确有一些集体存在着这样那样的缺陷，以致造成不能或不完全能体现集体所有成员利益的情况。正是由于这种原因，社会主义集体主义作为指导人们行为的原则，强调集体及其每一个成员都有义务和责任为健全和完善集体而奋斗。集体主义强调集体中的个人在必要时应当为集体利益而献身的要求，本身就包含着为健全和完善集体、为消除集体的腐败现象而无私无畏的斗争精神。

综上所述，我们可以看到，最近几年来，在我国意识形态领域里，在"和平演变"与反"和平演变"的斗争中，在价值导向上的个人主义同集体主义之争，绝不仅仅是两种思想道德观念的斗争，归根到底是同走社会主义道路还是走资本主义道路相联系的。个人主义所宣扬的"个人至上"、"个人中心"，只能使人们同社会主义的国家、集体和社会离心离德，最终导致瓦解社会主义存在的基础，复辟资本主义。与此相反，社会主义的集体主义强调集体利益与个人利益的辩证统一，强调个人对国家、社会和集体的义务感和责任心，强调在集体利益高于个人利益原则的前提下充分发挥个人的能动性。这一切，有利于社会主义社会中人与人之间关系的协调发展，有利于培养有理想、有道德、有文化、有纪律的“四有”新人，有利于加强对社会、对国家的凝聚力和向心力。在当前，在反对“和平演变”和反对渗透的斗争中，加强集体主义的价值导向，必将会更有力地引导我国人民在社会主义的康庄大道上继续前进。

加强社会主义精神文明建设*

本讲要着重弄清以下几个问题：

第一，加强社会主义精神文明建设，提高全民族的思想道德水平和科学文化素质，对我国社会主义现代化建设的重要意义。这一问题，着重从防止和挫败西方敌对势力的“和平演变”，反对国内资产阶级自由化思潮对青年的侵袭和腐蚀，大力培养社会主义和共产主义事业的接班人，有效地保证我国的改革开放能够沿着社会主义道路前进等几个方面加以论述。放松或忽视社会主义精神文明建设，就会使我们迷失方向，甚至有可能发生走上邪路的危险。1989年在我国发生的政治风波，已经充分说明了这一点，我们教育工作者应当认真地反思这一教训。

第二，社会主义精神文明所包含的主要方面及其重点。这一问题，着重从精神文明的诸多方面的内容及其相互关系、教育事业在精神文明中的地位以及思想道德建设在精神文明中的特殊的重要作用，说明在我们的教育事业中，中央和教委一再强调德育教育的原因。“在各级各类学校中必须把德育放在首位”，正是从加强社会主义精神文明建设的需要出发的。中学教育是同大学教育紧密相连的，切实、认真地加强中学的德育教育，克服长期以来的重智育、轻德育的错误倾向，对我们培养社会主义、共产主义的接班人，有极其重要的长远意义和现实意义。

* 本文原载《社会主义理论学习讲座》一书，北京，中国人民大学出版社，1991。

第三，在思想道德建设中，要坚持以马克思主义为指导，坚持共产主义理想和实现社会主义现代化现实任务的统一，大力提倡和发扬爱国主义、社会主义、集体主义和全心全意为人民服务的精神，特别要提倡社会主义的集体主义精神，反对剥削阶级的利己主义和资产阶级的个人主义。建设高度的社会主义精神文明，必须坚持反对资本主义腐朽的意识形态和封建主义思想残余，培育有理想、有道德、有文化、有纪律的一代新人。

第四，正确对待西方文化和中国传统文化，是建设社会主义精神文明的一个重要问题。我们的目标是要努力创造一个以马克思主义为指导，既面向世界又立足本国，既充分体现时代精神又继承优秀历史文化传统，充满活力、不断发展的有中国特色的社会主义精神文明。

一、提高全民族的思想道德水平和科学文化素质的重要意义

1989 年春夏之交在我国发生的政治风波，引起我们教育工作者更多的思考，这就是如何进一步总结、认识我们在引导、教育、培养青年学生工作中的经验和教训，从而改进我们的教育工作。青年是国家的未来和希望，能否引导他们成为社会主义事业的建设者和接班人，是关系到社会主义制度能不能在我国坚持、社会主义事业能不能继续存在的一个不容忽视的问题。这次政治风波已经平息了，但我们决不能“好了疮疤忘了痛”，更不能“疮疤未好不知痛”，精神麻木，感觉迟钝，我们必须吸取这一教训，提高我们的认识。

我想，我们还是先看看十二大文件中的一段话：“如果忽视在共产主义思想指导下建设社会主义精神文明这个伟大的任务，人们对社会主义的理解就会陷入片面性，就会使人们的注意力仅仅限于物质文明的建设，甚至仅仅限于物质利益的追求。那样，我们的现代化建设就不能保证社会主义的方向，我们的社会主义社会就会失去理想和目标，失去精神的动力和战斗的意志，就不能抵制各种腐化因素的侵袭，甚至会走上畸形发展和变质的邪路。”这一文件进一步指出：“这绝不是危言耸听，而是从当前国内外活生生的事实中得出的结论。”强调：“我们必须从这

样的理论高度来认识建设社会主义精神文明的意义和作用，并且下定决心，保证尽一切努力，同时进行物质文明和精神文明的建设，使我们的社会主义事业永葆革命的青春和活力。”但是，遗憾的是，在1989年政治风波前的一段时期内，由于没有在进行物质文明建设的同时进行精神文明建设，而是“一手硬、一手软”，使得我国在这一时期内，在思想意识形态里，放松了对资产阶级自由化思潮的斗争，直到酿成1989年春夏之交的政治风波。什么是资产阶级自由化？所谓资产阶级自由化，就是要中国全盘西化，走资本主义道路。资产阶级自由化思潮的实质就是要反对共产党的领导，反对社会主义制度。凡是要推翻一个政权，总是要先造成舆论，先做意识形态方面的工作。在一段时期内，一些人竭力攻击共产主义道德，反对全心全意为人民服务，诋毁“毫不利己、专门利人”的献身精神，一些人甚至公开宣扬“人的本性都是自私的”，提倡“一切向钱看”的拜金主义思想，妄图用西方的资产阶级的文明，来反对以至取代社会主义的精神文明，以达到在中国搞资本主义的目的。正是由于资产阶级自由化思潮的泛滥，社会主义精神文明建设被放松，才使得广大青年的思想受到腐蚀，才使得许多青年卷入了那场政治风波，这一点也是需要我们认真反思的。

我们之所以要强调加强社会主义精神文明建设，保证物质文明建设的方向，一个重要的原因是，帝国主义和国际反动势力处心积虑，妄图对中国进行“和平演变”，改变社会主义制度。我国实行改革开放以后，一个著名的西方政治家就曾经说过，当中国打开大门接受西方的先进技术时，西方国家要利用这一有利的情况向中国传播、宣传和迫使中国人接受西方的文化、政治、伦理等价值观念，从而达到其“和平演变”的目的。很多同志，对于西方要对我国进行“和平演变”，可以说是已经认识到了，但是，对于西方究竟怎么样对我们进行“和平演变”，这种“演变”与我们的社会主义精神文明建设有什么关系，则还不是十分清楚的。因此，我们有必要弄清，为什么为了反对“和平演变”，就必须加强社会精神文明建设。

总的来说，西方资产阶级对我国的“和平演变”，包括多方面的内容，如宣扬资本主义的经济模式，支持反共反社会主义的“持不同政见者”，挑起民族矛盾，经济制裁等。但是，在整个帝国主义的“和平演变”的战略中，最重要、最常见也最有效的一个方面，就是通过报纸、杂志、书籍、戏剧和电影等各种传播手段，通过传播资产阶级的意识形态，鼓吹资产阶级的文化、伦理、政治的价值观念；用西方的以个人为中心的“个人至上”、“个人民主”、“个人自由”等价值观念，诱惑和腐蚀广大青年。最近几年来，西方的议会民主和“个性自由”、唯心主义的“精英”史观、资产阶级的个人主义价值观念在青年中日益增长，从而使许多人失去了政治上的辨别能力，动摇了对马克思列宁主义的信念，丧失了对社会主义的信心。一些人日益对党和社会主义制度不满，自觉或不自觉地向往资本主义制度。这一情况有力地说明，帝国主义对我国的“和平演变”，主要就是通过在意识形态领域里传播、鼓吹和宣扬资产阶级的政治观、人生观、道德观和价值观来实现的。为什么那么多青年知识分子、大学生不同程度地卷入了那场政治风波？为什么一些经过社会主义新中国长期培养的青年，竟然同情和支持那些反对共产党和反对社会主义的言论？究其实质，除了国内外反动势力的操纵外，一个很重要的原因，就是在一段时期内，忽视了社会主义精神文明建设的重要作用，使一些人对社会主义的理解陷入了片面性，使一些人的注意力过多地限于物质文明的追求，失去了理想和目标，从而使他们在关键时刻迷失方向，走上了邪路，甚至几乎使我们的社会主义事业毁于一旦。

二、社会主义精神文明的主要方面及其重点

在加强社会主义精神文明建设中，首先应当弄清楚社会主义精神文明所包含的主要方面及其重点。

精神文明建设，一般来说，包括教育科学文化建设和思想道德建设两个大的方面。我们从事教育工作的同志，都深切地感到，对我们的社会主义建设事业来说，教育科学文化事业具有非常重要的意义。教育事业包括基础教育、高等教育、职业技术教育等许多方面。科学技术作为一种生产力，文化事业作为社会广大人民的精神食粮（诸如文学、艺术、电影、戏剧等等），都是社会主义建设所不可缺少的极其重要的条件。没有教育科学文化的发展，就不可能有生产力的高度发展，也就不可能建立起强大的物质基础。从整个世界各国的发展来说，对教育科学

文化的重视程度和投资的多少，往往成为这个国家经济发展快慢的原因之一。凡是重视教育科学文化的发展并进行较多投资的国家，它们的发展，就会比其他不重视教育科学文化发展的国家要快得多。因此，在整个社会主义现代化建设过程中，都必须坚持把教育科学文化事业放在优先发展的战略地位。十一届三中全会以来，我国对教育科学文化事业，已经有充分的重视，投入了很大的力量，取得了明显进步。但是，同样要看到，从我国的社会主义建设的需要来说，发展我国的教育科学文化事业的任务还非常艰巨。我们的国力有限，对教育的投资还不能满足社会的需要。以基础教育来说，随着商品经济的发展，特别是前一段因资产阶级自由化思潮泛滥而出现的“一切向钱看”的思想的影响，不少中小学生因各种原因而中途辍学，在一些地区，文盲的数目有所增加，这些情况都是值得我们重视的。除了教育之外，文学、艺术、电影等社会文化形式，对于广大人民素质的提高，对于满足人民精神生活的需要，对于社会的进步，都有重要意义。科学技术是第一生产力。为了使我国的社会主义建设能够沿着正确的目标前进，顺利实现我们今后的经济战略发展目标，就必须充分认识科学技术是第一生产力的重要作用。因此，只重视物质文明建设而忽视教育科学文化建设，只重视经济建设投资而忽视教育科学文化投资，是一种短视的、缺乏长远观点的思想。从一个短时期来看，似乎物质文明建设得到了暂时的发展，但是从长远来看，则是没有后劲的。这种暂时的物质文明的发展，不但是极其有限的，而且由于没有强大的智力支持，其发展速度必然会越来越慢，最终导致物质文明建设的停滞或衰退。

精神文明建设的第二个方面，就是关于社会主义的思想道德的建设，这是我们应当更加重视的一个方面。思想道德建设也包含很多方面的内容，在当前来说，其主要内容，是工人阶级的、马克思主义的世界观和科学理论，是共产主义的理想、信念和道德，是爱国主义、社会主义、集体主义和全心全意为人民服务的精神等。为什么说思想道德建设具有鲜明的阶级性呢？因为在任何一个阶级社会中，整个思想道德建设，都必然是为特定的阶级利益服务的。我们所要发展的精神文明，是社会主义的精神文明，它建立在社会主义的公有制基础之上，是要为无产阶级的政治制度和经济制度服务的。社会主义的思想道德建设，不仅为社会主义的物质文明提供智力支持，而且能够形成强大的向心力和凝聚力，为社会主义的物质文明提供精神动力，保证社会主义的物质文明建设沿着正确的道路向前发展。有一些同志，对社会主义精神文明建设中的思想道德建设，存在着一些糊涂思想，他们不认识或者不愿意强调思想道德建设的鲜明的阶级性，而总是自觉或不自觉地去模糊和淡化思想道德建设的阶级性。确实，思想道德建设的最根本的目的之一，是要把更多的人，把绝大多数的人团结起来，发挥人们的积极性，从而更好地为社会主义建设服务。但是，没有原则的团结，不是真正的团结。因此，我们只能站在马克思主义的立场上，用社会主义的思想道德观点去教育、团结他们，而决不可能在容许资产阶级自由化分子所提倡的许多政治观、伦理观、道德观、价值观的情况下去无原则地讲什么“和谐”和“团结”。这里还牵涉一个问题，就是怎么看待我国当前社会的阶级状况，这是我们在强调思想道德建设的阶级性时，必须要加以注意的。“三大改造”以前，从我们国家阶级斗争的情况看，阶级斗争是主要矛盾。《关于建国以来党的若干历史问题的决议》讲，经过“三大改造”，剥削阶级作为阶级消灭了，阶级矛盾已经不是主要矛盾了，但是，阶级斗争还在一定范围内存在，在某种条件下，还有激化的可能。因此，我们既要反对阶级斗争扩大化的观点，也要反对阶级斗争已经熄灭的观点。近十年来，有些地区私营经济发展的规模很大，而且今后一段时期内还要不断发展。因此，无产阶级和资产阶级在人生观、道德观、价值观上的分歧，不仅仅在意识形态领域范围之内存在，而且还有着经济的、政治的原因。如果我们不能坚持用无产阶级的思想道德理论去教育广大人民，不强调思想道德建设的鲜明的阶级性，而是听任资产阶级的“民主”、“自由”、“人权”和以个人为中心的个人主义价值观去诱惑、腐蚀广大人民群众，其结果，就会使人们自觉或不自觉地让资产阶级自由化分子引导到邪路上去。正是从这个意义上看，我们才特别强调，精神文明建设中的思想道德建设，规定着社会主义精神文明建设的性质和方向，从而保证着社会主义物质文明建设的方向。这也就是说，只有坚持了马克思主义的思想道德建设，才能使我们的精神文明建设成为真正的社会主义精神文明建设，从而保证我们的物质文明建设的方向，进而保证我国改革开放能够沿着社会主义的方向前进。相反，如果忽视精神文明建设，忽视精神文明建设的社会主义性质，社会主义经济建设就会偏离正确的方向，甚至有使已经取得的社会主义建设成果付诸东流的危险。

在前一段时期，有一种把改革开放同社会主义的思想道德建设对立起来的观点，这是非常错误的。这种理论认为，实行改革开放和发展有计划的商品经济，就必须以放弃社会主义的意识形态和降低道德水平为代价。这种“代价论”的思想，只会为资产阶级自由化的思潮打开大门，无论在理论上和实践上，都已经证明是完全错误和十分有害的。应当承认，改革开放对我国社会的精神面貌既起着积极的作用，也产生了某些消极影响。但是，如果不是由于我们在两个文明建设中发生了“一手硬、一手软”的重大失误，我国前几年曾一度出现的“道德滑坡”现象，是完全可以避免的。我们既不能把这种“道德滑坡”归因于改革开放政策，也不应当认为，为了改革开放，我们就应当以“道德滑坡”为代价，用社会道德水平的降低，来换取生产力的发展。我们完全相信，只要我们能够从过去多年的“一手硬、一手软”的失误中吸取教训，坚持社会主义的思想道德建设，我们就一定能在坚持四项基本原则和坚持改革开放的方针下，既可使我国的生产力水平迅速增长，也能够使我国人民的道德水平和社会风尚日趋进步，从而形成一个物质文明和精神文明都能得到发展的美好的前景。

社会主义精神文明建设中的思想道德建设，体现着社会主义和共产主义的价值目标，对我国的改革开放具有一种导向的作用。从我国最近十年所走过的历程来看，在改革开放和建设四个现代化的过程中，确实存在着一个不容忽视的方向问题，即究竟是沿着社会主义的方向前进，还是沿着资本主义的方向倒退。我们应当看到，在当前世界上，任何一个民族或一个国家的现代化，都绝不会也不可能仅仅是一种单纯生产力发展的经济的现代化，都必然会有与这种生产力发展的经济的现代化相适应的价值目标作为指导，从而使这一国家或这一民族的现代化，沿着一定的方向向前发展，也就是说，或者是社会主义的现代化，或者是资本主义的现代化，中间道路是不存在的。正是从这一意义来看，我们甚至可以说，任何国家、任何社会的现代化的经济活动，都不过是为了实现一定的价值目标的一种经济手段。那种认为一定的现代化的经济活动可以同任何价值导向相分离的观点是非常错误的。

为了保证我国的改革开放能够沿着社会主义道路前进，就必须加强对全国人民的社会主义的思想道德教育，特别是要加强对青年的思想道德教育。现代的青年是跨世纪的一代，随着时间的推移，他们必将在我国建设的各种不同岗位上，承担起历史所赋予他们的重任。因此，加强社会主义思想道德教育，培养他们，使他们成为坚定的社会主义接班人，是思想道德建设中一项重要的任务。

从学校工作来说，加强社会主义精神文明建设，特别是加强思想道德建设，就是要切实贯彻各级各类学校都要把德育放在首位的方针。对于青年学生，应当使他们在德、智、体、美、劳诸方面都得到发展，确确实实地使他们成为有理想、有道德、有文化、有纪律的社会主义接班人。值得我们反思的是，在资产阶级自由化思潮泛滥的一段时期内，特别是由于淡化了党的思想政治工作，在一部分学校中智育第一、分数挂帅、片面追求升学率的情况不断发展，以致一些学生受到了不同程度的资产阶级的人生观、道德观、价值观的影响。从 1989 年春夏之交的那场政治风波中一些青年学生的政治表现来看，主要原因，固然在于整个社会上的资产阶级自由化思潮及其在高等学校中的各种影响，但是也应当看到，加强中学生的思想道德教育，把德育渗透到各门学科的教学过程中去，教书育人，在重视智育和升学率的同时，从各个方面去培养学生的社会主义、爱国主义和集体主义思想，克服个人主义、利己主义、金钱至上等思想的影响，这对于他们走向社会，对于他们进入高等学校，都是一个良好的基础。从思想道德建设的规律性说，从儿童抓起，从中小学抓起，对于他们以后形成马克思主义的人生观、道德观和价值观，将会起重要的作用。

三、社会主义精神文明建设中思想道德建设的重要地位

社会主义思想道德建设，是社会主义精神文明建设的灵魂。在思想道德建设中，社会主义的集体主义的人生观、价值观、道德观的确立，是树立共产主义理想、坚定社会主义信念的基石，是反对形形色色的资产阶级思想的强大武器。社会主义精神文明建设的根本任务，就是要培养有理想、有道德、有文化、有纪律的一代新人，培养为社会主义而献身的集体主义精神。因此，在思想道德建设中，在加强爱国主义、社会主义教育的同时，加强集体主义的思想教育，是我们应当特别重视的。

从最近几年资产阶级自由化思潮泛滥时所提出的种种错误理论来

看，一个主要内容，就是打着“新思潮”的旗号，以提倡“个人价值”、“个人利益”、“自我意识”为幌子，宣扬资产阶级的个人主义价值观，反对社会主义的集体主义。一些青年，在自由化思潮的诱惑下，在“为个人主义正名”的思想的蒙蔽下，把资产阶级个人主义看做一种适应我国商品经济发展、符合我国改革开放要求的一种值得信奉的价值观。他们错误地认为，个人主义的价值观或人生观，就是所谓尊重人的价值、发展人的个性，有利于人的价值和尊严的发展。正是在“为个人主义正名”的思想的影响下，一些人把个人主义作为一切活动的动力，从而使自私自利的思想愈来愈加猖獗，不少青年学生热衷于追求个人的名利，片面地强调物质欲望的满足，贪恋舒适优厚的生活条件，最终成为形形色色的资产阶级思想的俘虏，有的不顾国家、集体利益和民族尊严，有的甚至走上违法犯罪的道路。因此，我们在社会主义精神文明的思想道德的建设中，必须旗帜鲜明地反对资产阶级个人主义，驳斥“为个人主义正名”的种种错误理论，大力宣传和提倡社会主义的集体主义精神。

怎样正确地认识我们提倡的集体主义，这是一个值得我们重视的问题。在自由化思潮泛滥时期，一些人有意混淆是非，说什么集体主义只重视集体的利益，并且排斥和否定个人利益，束缚个性发展。这种理论是完全错误的。社会主义的集体主义，一方面提倡集体利益高于个人利益，强调在个人利益与集体利益发生矛盾时，要牺牲个人利益以维护集体利益；另一方面，又强调集体利益的发展必然离不开个人积极性的发挥，因而强调集体利益不但不会限制个人的正当的个性的发展，而且还要为正当的个人利益、个人价值的实现创造条件。确实，在过去一段时期内，在“左”的思想影响下，曾经出现过损害正当个人利益、忽视个人的尊严和价值的某些失误和不同程度的偏差，在理论的某些论述上，也出现过对个人利益和集体利益之间的辩证关系阐述不够全面的情况。但是，自从十一届三中全会以来，我们已经大力纠正了过去曾存在过的这些偏差，不但在实践上，而且在理论上对社会主义集体主义中的集体利益和个人利益的辩证关系，都已经形成了全面的、科学的理解。但是，那些坚持资产阶级自由化立场的人标榜尊重个性、自由和个人利益，把社会主义集体主义的正确原则与我们已经纠正了的某些“左”的偏差混为一谈，攻击和诬蔑社会主义是反人道、反个性的，鼓吹“个人本位”、“个人中心”和“个人至上”的价值观，实际上是提倡同社会主义格格不入的极端利己主义和个人主义，是对社会主义集体主义的诬蔑和攻击。在我们的思想道德建设中，应当进行正本清源。

在宣传和实行社会主义的集体主义时，我们首先要强调的是，我们所说的集体主义，是随着社会主义运动的产生、发展而逐渐完善起来的一种思想理论体系，是适应社会主义经济、政治、文化、伦理需要的一种价值观念。社会主义的集体利益，代表着无产阶级的、全体人民的根本利益。从经济基础来看，集体主义建立在社会主义公有制基础之上，并以维护和发展社会主义的公有制为目的；从政治上来说，集体主义体现着工人阶级、广大人民掌握政权的民主政治制度和民主集中制的原则；从思想道德建设来说，社会主义的集体主义是正确处理社会主义社会中个人与他人、个人与集体、个人与国家、个人与社会的关系的最重要的指导原则。马克思主义的经典作家们在谈到集体主义这个概念时，总是明确地强调它同社会主义的联系，也正因为这样，国外许多资产阶级思想家都视集体主义与社会主义为同义词，在攻击社会主义时，总是不遗余力地攻击社会主义的集体主义（如奥地利的著名经济学家、诺贝尔奖获得者 A. 哈耶克所编著的《个人主义与经济秩序》一书，就是这么看的）。社会主义的社会、集体和国家，从根本上来说，代表着集体所有成员的共同利益，同资本主义社会中的种种“虚伪的集体”，有着本质的区别，把社会主义的集体利益，说成一种“空洞的抽象”，这不但混淆了资本主义和社会主义两种集体的本质不同，而且在本质上是要用资本主义的个人主义和个人至上来代替社会主义的集体主义，是极为错误的。

在这里，还应当进一步强调说明，集体主义在强调集体利益高于个人利益的同时，集体还要尽最大的力量，创造各种必要的条件，力求充分发挥每个集体成员的活力，充分发挥他们的主动精神，从而使他们的正当的个人利益能够得到保障，使个人的尊严能够得到维护，并使个人的价值能够得以实现。对于个人价值、个人尊严、个人正当利益的维护，也正是社会主义集体主义的应有之义，是集体主义的重要的不可分的内容。同个人主义比较，社会主义的集体主义在提出个人价值、个人尊严和个人的正当利益时，强调集体利益高于个人利益，反对把个人置于集体之上，反对以个人为本位和以个人为中心。在资本主义社会中，金钱统治着一切，归根到底，只有资产阶级中的一部分人的价值和尊严才能得以实现，而广大劳动人民只能处于受压迫和受剥削的境地，他们的价值、尊严是不能实现的。中国的改革实践已经充分证明，在社会主义社会中，在实行集体主义原则的情况下，个人的正当利益的满足、个人尊严的维护、个人价值的实现，已经大大激发了人们为现代化事业奋斗的开拓精神，对我国四个现代化的事业起着积极的作用。

在批判和剖析个人主义思潮时，我们有必要进一步弄清楚个人主义的确切含义。个人主义，严格来说，是从西方输入中国的一种价值观念，它是随着西方资本主义生产关系的产生、形成和发展而出现的一种资产阶级的经济、政治、伦理道德的思想体系。为了反对封建贵族的专制统治和宗教的神权束缚，西方的资产阶级的思想家提出了个人自由、尊严、幸福和价值的思想，用以为资产阶级的利益服务。到 1846 年，法国的政治思想家托克维尔正式创立了“个人主义”一词，并赋予了个人主义以比较完整的、能体现其意义的解释。根据托克维尔的理解，个人主义这一适应资本主义的新观念，主要包括三个方面的内容：(1) 作为一种价值目标，个人主义特别强调个人本身就是目的，它具有最高的价值，社会只是达到个人目的的手段；(2) 作为一种政治思想，个人主义强调个人的民主和自由，它反对国家、社会对个人行为的干预，因而往往导致无政府主义；(3) 作为一种财产制度，个人主义主张维护财产私有制。托克维尔还认为，个人主义是一种温和的利己主义，归根到底，个人主义要发展成为利己主义。根据这一概括，我们可以认为，个人主义就其本质来说，是适应资本主义生产关系而产生的一种一切以个人为中心、一切从个人出发并为了达到个人目的的一种思想体系，它同资本主义制度有着不可分割的血肉联系。正由于此，我们认为，在我们这样的社会主义国家，资产阶级的个人主义的价值观，没有任何积极意义，它只会使人们丧失对国家、对民族、对社会的责任感，使整个社会失去凝聚力，并瓦解社会主义制度赖以存在的基础。

从最近几年资产阶级个人主义对我国青年的影响来说，这更是值得我们注意的。一些青年接受了资产阶级个人主义的价值观，从而把是否对我有利当做考虑、衡量一切事物的尺度。他们甚至相信“人的本性都是自私的”，“人都是主观为自己，客观为别人”，“人不为己，天诛地灭”等思想，把“自私”、“利己”作为自己一切思想和行为的出发点和归宿，把个人利益置于集体利益和国家利益之上。他们往往片面强调自己的金钱、权利、荣誉和地位，而很少或完全不考虑对社会、对国家应尽的责任和义务。他们孤立地强调个人的个性和才能的发挥，而不愿考虑集体和国家的需要。他们只考虑个人利益和个人价值，而不考虑国家利益和民族尊严。每当为了顾全整体利益而影响到某些人的暂时利益时，他们往往会牢骚满腹、怨气冲天，对社会集体产生离心力，有的甚至发展到背离马克思主义、背离社会主义和违法犯罪的程度。总之，这种以个人欲望的能否满足来作为判断是非、善恶标准的个人主义，最终将会引导青年走上向往资本主义的邪路。因此，必须提高青年学生对形形色色的个人主义的危害的识别能力，坚决抵制个人主义腐朽思想的侵蚀，才能更好地培养他们的社会主义的集体主义精神。

四、正确对待西方文化和中国传统文化

如何对待西方文化和中国传统文化，是建设社会主义精神文明中的一个重要问题。

在社会主义精神文明建设中，不论是对西方文化还是对中国传统文化，都要坚持马克思主义的阶级分析方法。对外来文化，既不能盲目排外，更不能良莠不分；对中国传统文化，既不能全盘肯定，更不能采取民族虚无主义。

对外开放，作为一项不可动摇的基本国策，不仅是物质文明建设的需要，也是精神文明建设的需要。我们主张积极地吸收外国的先进科学，也主张积极地吸收外国的优秀文化成果。对资本主义的精神产品，要作具体的分析，从中吸取有益的成分，为我所用，不能搞盲目排外和闭关自守。但是思想文化领域里的对外开放，必须要坚持阶级分析的观点，必须符合于社会主义的根本利益，因此，必须设立种种防线，严格检查、过滤。特别是西方敌对势力亡我之心不死，力图通过意识形态的渗透活动，对我们进行“和平演变”。因此，分清良莠，分别对待，是我们对待西方文化的一个重要原则。对于那些直接宣扬资产阶级的“民主”、“自由”、“人权”和资产阶级个人主义的腐朽的人生观、价值观、道德观的思想，必须进行坚决的批判；对于一些古典的、现实的有价值的文学、艺术等，也要进行马克思主义的分析。最近几年来，资产阶级

自由化思潮中一些人所提出的“全盘西化”的主张，以及所谓的“萨特热”、“弗洛伊德热”、“尼采热”等等，就是不作阶级分析，不分社会制度，不分善恶良莠，妄图把这些东西拿来代替社会主义的人生观、价值观和道德观，从而成为腐蚀我国青年、使他们背离社会主义的一个重要思想基础。这种情况，是我们今后必须引为鉴戒的。

在对待中国的传统文化方面，马克思主义的态度是既反对历史保守主义，也反对历史虚无主义；既反对全盘肯定的、无批判的继承，更反对否定民族优秀文化遗产的错误思想。对中国的传统文化，我们一定要用马克思主义阶级分析的方法，弃其糟粕，取其精华，努力创造出既立足本国，又面向世界，既充分体现时代精神，又继承发扬中国优秀文化传统那样一种充满活力的、不断发展的、有中国特色的社会主义精神文明。

在资产阶级自由化思潮泛滥时期，一股所谓否认中华民族的文化遗产的反传统的思潮，曾经极为流行。这种理论打着反对封建道德的“三纲五常”的幌子，实际上是要全盘否定中国文化伦理中的优秀传统。当然，对于直接为封建统治服务的纲常名教，对于束缚人的个性的“存天理、灭人欲”的道德教条，固然必须坚决批判，但决不能由此而全盘否定在中国悠久的历史中所形成的中华民族的传统美德。我们民族中的刚健有为、自强不息、为他人献身、为民族牺牲的“富贵不能淫，贫贱不能移，威武不能屈”的浩然正气，那种“先天下之忧而忧，后天下之乐而乐”的先人后己的精神，那种“国家兴亡、匹夫有责”的以天下利益为重的集体主义精神，那种“杀身成仁、舍生取义”的为正义而不惜一切的高风亮节，那种“横眉冷对千夫指，俯首甘为孺子牛”的善善恶恶、爱憎分明的精神，那种勤劳俭朴、自力更生、诚实守信的求实精神等，都是极为宝贵的优秀道德遗产，发扬这种优良的道德传统，对于形成有中国特色的社会主义精神文明，有极为重要的作用。

尤其需要指出的是，一些人鼓吹反对传统文化的目的，并不仅仅在于反对封建社会的道德传统，而且要反对他们所说的新传统。有的人完全否认五四以来的反封建的伟大成就，完全否认自延安以来，特别是中华人民共和国成立以来所形成的道德传统的革命本质，说封建传统和从延安以来的新传统，都是束缚人的个性的发展的，说社会主义的集体主义与封建整体主义一样，都是应当摒弃的。由此可见，完全否认民族传统的虚无主义，实质上是要反对社会主义和鼓吹资本主义，这是我们应当认识清楚的。

建设社会主义精神文明，必须高度重视意识形态领域的工作。社会科学研究、新闻出版、广播影视、文化意识形态部门等，对全国的精神文明建设，都有重要作用。各级各类学校，担负着培养我国“四有”新人的重大责任，因此，努力改变我们过去长时期所存在的重智育、轻德育的倾向，认真贯彻把德育工作放在首位的指导思想，教书育人，言传身教，就会逐步地提高学生的思想觉悟，为他们今后成为“四有”新人创造良好的基础。

建设社会主义精神文明，是一个牵涉许多方面的综合工程。我们必须克服“一手硬、一手软”的情况，加强思想道德建设，加强思想政治工作。只要我们全党和全国人民共同努力，就一定能够形成和不断发展有利于社会主义现代化建设的价值观念、文化条件和积极健康的社会环境，不断焕发人民群众的创造精神和巨大热情，使我国的“四化”建设沿着社会主义和共产主义方向顺利地向前发展。

论坚持两手抓*

目前，我国改革开放事业已经步入了一个新的发展时期。抓住当前的有利时机，发展我国的经济，争取每隔几年能够上一个新台阶，在邓小平同志最近的重要讲话之后，已成为大多数人的共识。十年的改革开放和三年治理整顿，已经使我国具备了加速经济发展的条件，只要我们坚持改革开放、坚持解放思想和实事求是的精神，我们的社会主义四个现代化的事业，就一定能够日新月异，搞得更快更好。

我们在加快经济发展，建设高度物质文明的同时，一定要努力建设高度的精神文明，使这两者能够大体上同步地向前发展，这是一个关于建设有中国特色的社会主义的理论和实践的重要问题，也就是我们现在常说的“要两手抓”和“两只手都要硬”的问题。小平同志曾指出：“十年最大的失误是教育，这里我主要是讲思想政治教育”，“教育和思想工作太差”。小平同志认为，在1989年以前的一段时期内，在物质文明和精神文明建设上，“一手比较硬，一手比较软；一硬一软不相称，配合得不好”，这是一个深刻的教训。

在最近南巡的重要讲话中，他又一次强调了这个问题，要求我们在物质文明建设和精神文明建设中，两只手都要硬，不能够重犯过去“一手硬、一手软”的错误。他说：“广东二十年赶上亚洲‘四小龙’，不仅

* 本文原载《理论教育阵地》，1992（4）。

经济要上去，社会秩序、社会风气也要搞好，两个文明建设都要超过他们，这才是有中国特色的社会主义。新加坡的社会秩序算是好的，他们管得严，我们应当借鉴他们的经验，而且比他们管得更好。”小平同志的这段话，包含着十分丰富的内容，对我们进一步搞好改革开放有重要意义。小平同志把社会风气、社会秩序作为鉴定、评价、认识一个社会的精神文明的主要标志。抓社会主义的精神文明，怎样才算抓出成效呢？一个社会的精神文明，一个很重要的标准，就是这个社会的社会秩序和社会风气。所谓社会秩序，就是人们的行为都能依照这个社会的政治、经济、伦理道德原则等和谐、有序地发展，政治上没有不稳定的因素，经济上较少违法犯罪，基本的道德原则和规范都能得到遵守，这样，这个社会的社会秩序也就算是正常了。至于说到社会风气，一般又称社会风尚，则主要指一个社会的伦理道德的价值导向在社会广大群众中的实践程度及其所形成的一种氛围。一般来说，诚实守信、公平正直、开拓进取、助人为乐、见义勇为、先人后己等思想和行为，都同社会风气和社会风尚有着重要的关系。在社会主义社会中，爱国主义、集体主义、社会主义在广大人民中信奉、实行、理解和认同的程度，直接关系到社会秩序和社会风气的好坏。江泽民同志在谈到小平同志的这段话时说：“这段话意味深长。虽然是对广东讲的，但全国都应当这样去做，既要把经济建设、把物质文明搞上去，又要把社会主义精神文明搞上去，做到两个文明同时并茂。”在我国当前的社会中，党风的好转和政治上的廉洁，对社会风气和社会风尚，起着直接的导向作用，因此搞好党风、加强廉政建设、反对腐败、提倡遵纪守法等，都同社会主义精神文明有着重要的关系。

总的来说，我们说的“坚持两手抓”，就是要既抓物质文明，又抓精神文明。小平同志在不同场合，针对不同情况和不同问题，曾经有过多种提法，如一手抓物质文明建设，一手抓精神文明建设；一手抓改革开放，一手抓打击经济犯罪和其他犯罪活动；一手抓改革开放，一手抓惩治腐败；一手抓建设，一手抓法制；等等。其根本目的和要求，都是要既把物质文明建设搞上去，使中国在经济建设上能够不断地登上新台阶，也要把精神文明建设搞上去，使两手都能硬起来，相互很好地配合。这一思想，应当成为我们建设有中国特色的社会主义的一个重要指导思想，也是我们领导现代化建设和改革开放事业的一个重要的领导方法和领导艺术。十多年来的历史发展说明，每当我们认真贯彻这一重要的指导思想和领导方法、领导艺术时，我们的社会主义现代化建设就能取得比较顺利的进步，经济就能够得到较快的发展，社会秩序和社会风气也就会越来越好，国家也就稳定；否则，就会出现这样或那样的问题，干扰经济的发展，甚至会出现社会的动荡。

为什么在改革开放和四个现代化建设的过程中，必须坚持两手抓呢?

第一，我们实行改革开放，把大门打开了，国外的一些好的东西进来了，但也会带进来一些消极腐朽的东西，影响以至毒害人们，特别是青少年。为了有效地防止和减少各种丑恶现象的发生，我们就必须实行两手抓。我们既要改革开放，就必然要吸引外国投资，要引进外国的先进技术和管理经验，发展三资企业，大胆向资本主义国家学习和借鉴有用的东西。那么，我们能不能说或有没有可能不让资本主义的腐朽思想进入我国来呢？不可能，这是无论如何也做不到的。既然要和西方资产阶级做生意、打交道，那么，他们的价值观念、思想认识和个人主义自私自利的原则，是一定要同时进到我国来的。这些思想不但要进到我国来，而且还必然要影响和腐蚀着我们的一些人。我们做不到只准资产阶级来我国投资，而不让他们的思想意识、价值观念和生活方式到中国来。因此，我们必须头脑清楚，即在改革开放的同时，还必须坚决抵制各种腐朽的东西。

小平同志在这次南巡重要讲话中更明确地指出：“开放以后，一些腐朽的东西也进来了，中国的一些地方出现了丑恶的现象，如吸毒、嫖娼、经济犯罪等。要注意很好地抓，坚决取缔和打击，决不能任其发展。”在旧中国，这些丑恶、腐朽的现象相当盛行，在今天的资本主义社会中也依然存在。但是“新中国成立以后，只花了三年时间，这些东西就一扫而光”，说明中国共产党领导的社会主义制度，是完全能够消灭丑恶的东西的。值得注意的是，从最近几年的情况来看，一些地方卖淫嫖娼、吸毒等丑恶现象屡禁不止，某些地区经济犯罪的大案要案逐年增加。这充分说明，越是强调以经济建设为中心，越是改革开放，就越是要加强精神文明建设。如果不加强社会主义精神文明建设，不坚决打击各种违法和经济犯罪活动，不但我们的社会秩序和社会风尚不能好转，就是我们的经济建设，也会因此受到破坏。

第二，我国的四个现代化的建设，是有着明确的目标的，即是要建设一个有中国特色的社会主义社会。为了使我国的社会主义经济能够迅速地发展，我们必须大力发展社会主义的商品经济，必须面向市场，利用市场，把宏观调控的优越性同市场调节的积极作用有机地结合起来，使之适应现代化生产发展的要求。在这个问题上，我们应当解放思想，勇于探索，敢于创新，抓住当前有利时机，使我们的经济得到较快发展。但是，我们同时应当看到，如果我们不提高警惕，等价交换、斤斤计较等经济生活中的一些准则，就会影响、渗透到我们国家的政治生活和道德生活中去，对干部和群众的思想产生消极影响。从事私营经济和个体经济的某些人的自私自利思想，也很可能在社会上流行或传播。资本主义社会的“金钱万能”、“有钱能使鬼推磨”的腐朽思想还会对我们进行腐蚀。所以，我们在贯彻物质利益原则、注意个人物质利益的同时，还必须要加强集体主义原则的教育，强调个人利益服从集体利益、目前利益服从长远利益、局部利益服从全局利益的原则。要使广大群众认识到，集体、社会和国家越重视个人正当利益的满足，个人就越要发扬先集体后个人的精神。对于那种借口个人利益而宣扬“个人中心”的思想，对于那些“为个人主义正名”的理论，必须加以批驳。应当正视我们现实生活中的某些为个人私利而不惜损害他人、损害国家的种种丑恶行为，应当努力克服某些国家干部的以权谋私、损公肥私、贪污腐化、投机倒把等种种不良现象。正像小平同志在南方谈话中所说的：“在整个改革开放过程中都要反对腐败。对干部和共产党员来说，廉政建设要作为大事来抓。”总之，我们既要发展商品经济，允许各种私人经济发展，同时还要头脑清醒，加强社会主义精神文明建设，注意抵制各种自私自利、损人利己等消极和腐朽思想对人们的侵蚀。

第三，社会主义的物质文明建设和精神文明建设，社会主义的经济发展和人民的思想道德、科学文化素质，是相互协调和全面发展的事业，如果不重视精神文明建设，不强调两手抓，即使我们的目的是要把经济搞上去，其结果必然是事与愿违，达不到我们预想的目的。在过去很长的时间里，由于受“左”的思想影响，一些同志看不到发展生产力和把经济搞上去的重要性，只是在我们纠正了这种“左”的错误，认真贯彻了以经济建设为中心、坚持四项基本原则和坚持改革开放以后，我们国家的经济，才能够在这短短的十几年内，取得了使人民高兴和举世瞩目的成就。社会主义精神文明建设中的科学教育文化建设，不但为物质文明建设提供智力支持，而且根据科学技术是第一生产力的思想，它还能直接促进生产力的提高。如果没有科学教育文化建设的发展，我们的物质文明建设就没有后劲，实现我们的最终目标也就可能成为一句空话。至于说社会主义精神文明建设中的思想道德建设，不但能够为我们的物质文明建设提供巨大的精神动力，而且还规定着物质文明的性质和方向，从而保证我国的"四化"建设能够沿着社会主义的道路向前发展。正是从这一意义上，我们认为思想道德建设是社会主义精神文明建设的灵魂。所谓"灵魂"，就是说思想道德建设居于精神文明建设的主导的、统帅的、决定的地位。纠正"一手硬、一手软"，实行"两手都要硬"，其主要方面就是要加强思想道德建设，加强对广大人民群众的爱国主义、集体主义和社会主义的教育，加强中华民族优秀的思想文化传统和优良的社会公德的教育。只有在加强物质文明建设的同时，切切实实、认认真真地加强精神文明的建设，我们的社会秩序和社会风气才能更快地好转；改革开放以后在我国一些地方出现的吸毒、卖淫嫖娼、经济犯罪等丑恶现象，才可能得到克服；我国"四化"建设的社会主义方向，才能够得到有力的保证。小平同志多次指出，我们的改革开放，是社会主义的改革开放，是完善社会主义制度的需要，决不是把社会主义改为资本主义。小平同志说："风气如果坏下去，经济搞成功又有什么意义？会在另一方面变质，反过来影响整个经济变质，发展下去会形成贪污、盗窃、贿赂横行的世界。"① 又说："我们干的是社会主义事业，最终目的是实现共产主义。"②

总之，我们必须坚持以经济建设为中心，坚持四项基本原则，坚持改革开放。能不能克服"一手硬、一手软"，能不能"两手都要硬"，实质上是能否全面坚持党的基本路线的问题。十一届三中全会以来的经验说明，我们越是坚持改革开放，发展我们的经济，我们就越要抓打击各种犯罪活动，抓社会秩序和社会风气的改善，抓党风建设和廉政建设，抓社会主义的精神文明建设，只有长期地、一贯地、始终不渝地坚持两手抓的方针，我们才既能实现经济的发展，又能够促进社会的全面进步。

---

① 《建设有中国特色的社会主义》（增订本），131页，北京，人民出版社，1987。

② 同上书，98页。

必须把精神文明建设提到更加突出的地位*

一

社会主义精神文明是社会主义社会的重要特征。建设有中国特色的社会主义的根本任务之一，就是要在建设高度的物质文明的同时，建设高度的社会主义精神文明。

在发展社会主义市场经济的过程中，在世界各种思想文化相互激荡的条件下，加强社会主义精神文明建设，具有特殊的重要意义。市场经济的发展，一方面使我们的生产力有了很大的发展，取得了举世瞩目的成绩，另一方面也带来了不可忽视的消极因素。邓小平同志曾极其深刻地指出："我们现在搞两个文明建设，一是物质文明，就是发展经济，一是精神文明。实行开放必然会带来一些坏的东西，影响我们的人民。要说有风险，这是最大的风险。"这就是说，对于改革开放所带来的坏的东西，必须加以充分认识，否则，我们的社会主义就会面临着不能健康发展的风险。现在，摆在全党和全国人民面前的一个值得深思的问题是：如果只是把物质文明建设搞好了，而精神文明建设搞得不好，我们是不是能建成有中国特色的社会主义？邓小平同志对此曾作出过明确的

* 本文原载《新视野》，1996（1）。

答复。他指出，只有把物质文明和精神文明建设都搞好，才是有中国特色的社会主义，“不加强精神文明的建设，物质文明的建设也要受破坏，走弯路”，即使我们把物质文明建设搞好了，经济发展了，国力增强了，“形势喜人”，“但风气如果坏下去，经济搞成功又有什么意义？会在另一方面变质，反过来影响整个经济变质，发展下去会形成贪污、盗窃、贿赂横行的世界”。这样的社会，又怎么能成为有中国特色的社会主义社会呢？

为什么说社会主义的精神文明建设，对我们建设有中国特色的社会主义有如此重要的意义呢？这是因为，精神文明建设主要是从思想道德建设和人的素质方面来培育有理想、有道德、有文化、有纪律的“四有”新人，抵制一切腐朽思想的侵蚀，加强对广大人民群众的马克思主义的世界观、人生观和价值观的教育，为我们的社会主义建设提供强大的精神动力和智力支持，从而保证我国的物质文明建设能够沿着社会主义的道路和马克思主义所指引的方向顺利向前发展。如果我们放松了精神文明的建设，就必然会在思想道德领域和社会风气方面，遭到资产阶级个人主义、拜金主义和享乐主义的侵蚀，使我们的社会空气受到污染，人民的思想受到毒害，从而改变我们正在进行的有中国特色的社会主义建设事业的方向。特别值得我们注意的是，不同性质的社会，有不同性质的精神文明。在意识形态领域里，不同性质社会的精神文明，必然要进行复杂而尖锐的斗争。在精神文明建设这一领域内，社会主义思想不去占领，资本主义的思想就必然会去占领。西方世界对我们实行“和平演变”的重要手段之一，就是要用资产阶级的意识形态，用资产阶级的人生观、价值观和腐朽生活方式，腐蚀我们的人民，以达到最终改变我们社会主义制度的目的。

江泽民同志在十四届五中全会召集人会议上所作的《领导干部一定要讲政治》的报告，是一篇重要的马克思主义的文献。他说：“我这里所说的政治，包括政治方向、政治立场、政治观点、政治纪律、政治鉴别力、政治敏锐性。”这里，首先提到的就是“政治方向”，就是要坚持以马克思主义的理论为指导，坚持社会主义的道路，坚持社会主义公有制的主导地位，坚持为工农大众的利益而奋斗。正是由于社会主义的精神文明建设是我们坚持社会主义道路的一个重要条件，因而“把精神文明建设提到更加突出的地位”，同“领导干部一定要讲政治”有着内在的联系，是当前真正做到“讲政治”的一个重要方面。

从当前的情况看，在社会上，意识形态领域内确实出现了某些要淡化政治、淡化意识形态的思潮，尽管这样的一些思潮还不占主导地位，但仍然应当引起我们的重视。有的人反对提倡马克思主义的政治方向、政治观点和政治敏锐性，不愿意甚至回避资本主义思想对我们的腐蚀，不愿意甚至反对人们划清马克思主义和反马克思主义、资本主义和社会主义的根本界限。有的人甚至提出要淡化意识形态，实际上就是要淡化马克思主义的政治。江泽民同志之所以强调要把精神文明建设放到更加突出的地位，也是有很强的针对性的。改革开放以来，在经济发展取得举世瞩目的进步的同时，西方敌对势力对我们的“和平演变”也日益加剧，它们正在加大力度，对我们进行“西化”和“分化”，力图改变我们的社会主义制度；资产阶级的腐朽思想和生活方式对我们的腐蚀，也日益增多。在这种情况下，对有关当前的许多重大原则问题，如社会主义道路的问题、资本主义和社会主义的根本区别、马克思主义和反马克思主义的原则界限，有些人也都模糊不清、观念淡化了，甚至有的共产党员对这些情况也听之任之，听任这些错误思想的发展。这种情况，应当引起我们高度的重视，这也是我们强调精神文明建设特别是要加强思想道德建设的重要原因之一。

二

在加强社会主义精神文明建设中，从近几年来的理论和实践看，有三种模糊认识需要进一步得到澄清。一个是，是否只要物质文明建设搞好了，精神文明建设自然而然就能搞好？一个是，由于我国生产力发展水平低，经济非常落后，是不是可以先把物质文明搞上去，等经济基础搞好了，再去发展精神文明？一个是，为了更快地发展物质文明，是否可以在一定时期内，以牺牲精神文明为代价来换取一时的经济发展？由于对这三个问题所抱的态度不同，因而不但在认识上出现了以不同方式为一些错误观点辩护的看法，而且在实践上导致了极其不良的后果，使一些地区或部门的精神文明建设受到了不同程度的消极影响。

首先，认为物质文明上去了，精神文明就会自然而然好起来的看法，是一种极为有害的"自发论"的错误认识。社会主义精神文明，是社会主义制度在意识形态方面的重要体现，是社会主义优越性的重要特征，是保证我们沿着社会主义道路继续发展并向共产主义过渡的重要条件。社会主义精神文明，不但不可能随着物质文明的发展而自发产生，而且在自己的发展过程中，还必然会遇到各种非社会主义思想的侵袭。失去了社会主义的精神文明和马克思主义及其思想道德的导向，资本主义的、封建主义的腐败丑恶现象，就会滋生泛滥，物质文明的发展就有离开社会主义道路的危险。在建设有中国特色社会主义的实践中，我们必须反对这种错误的"自发论"，使广大干部和人民群众能够充分认识到加强社会主义精神文明建设的重要意义。

对社会主义的重要特征，在过去一段时间内，我们较多地从经济、政治等方面去考虑，即从社会主义的公有制、按劳分配和人民民主专政方面去认识，而没有充分认识到能不能建成高度的社会主义精神文明，也是我们能否坚持、实行、发展和建设有中国特色社会主义的一个重大问题，是我们会不会在社会主义道路上迷失方向的现实问题。对于这个问题，我们现在一定要头脑清楚，提高认识，排除障碍，明辨是非，从理论思想到实际行动上，充分认识建设高度的精神文明对我们建设有中国特色的社会主义的意义。

其次，是不是可以先把物质文明搞上去，等有了一定的经济基础，在经济发展以后再抓精神文明呢？事实给了这种糊涂认识以有力的回答。现实生活证明，如果不抓社会主义精神文明，要想把物质文明真正搞上去，也是根本不可能的；即使短时期内在物质文明方面能获得一时发展，这种暂时的发展也必定会因受到各种干扰而停滞或倒退。社会主义的精神文明同物质文明是相互促进、相辅相成的。物质文明给精神文明创造必要的基础，精神文明给物质文明以精神动力和智力支持。特别是作为社会主义精神文明核心的思想道德建设，大大有助于协调社会主义社会中的人际关系，增强人和人之间的同志互助精神，改善整个社会的道德风尚，促进社会的稳定，使人们遵纪守法，从而给物质文明发展提供极为有利的环境。相反，如果拜金主义思想泛滥，享乐主义流行，腐朽没落的生活方式不断地侵蚀人们的思想，就会使道德风气败坏，社会秩序混乱。如果人们连安全感都没有，经济机制又怎么能够正常运转？尤其应当指出的是，我国的改革开放和经济建设，是在极其复杂的国际环境和多种经济成分并存的国内条件下进行的，物质文明建设中不断出现的种种问题，从意识形态方面来看，都需要靠加强以马克思主义为指导的精神文明建设来解决，放弃了精神文明的建设，就不可能解决现实生活中的这些问题。

最后，在物质文明建设和精神文明建设的关系上，那种认为为了更快地建设物质文明，可以在一定时期内以牺牲精神文明为代价的观点，是一种危害性更大的错误认识。正是在这一错误思想的指导下，一些人公开主张，要把自私自利、利己主义作为发展物质文明的精神动力和思想杠杆；一些地方毫无顾忌地纵容假冒伪劣行为，奉行地方保护主义；有的甚至可以容许赌博、卖淫和贩卖淫秽制品，作为发展物质文明的条件和手段。这种认识，也可以叫做“代价论”，即以牺牲精神文明为代价来换取物质文明的发展。从近几年我国经济发展的情况看，个别地区在“代价论”的影响下，社会道德水平不断下降，社会治安情况不断恶化，人民群众的思想不断受到腐蚀。有的地方道德水平下降，社会风气不好，甚至造成社会治安状况恶化，人民群众没有生活和工作的安全感，发生了许多值得人们注意的严重情况。针对这种“代价论”的错误，江泽民同志在党的十四届五中全会上极其明确地指出：“任何情况下，都不能以牺牲精神文明为代价去换取经济的一时发展。”这一论断，是对我国改革开放以来，在物质文明建设与精神文明建设关系中所存在的问题的一个有针对性的总结，是对在一段时期内，在理论和实践上都极为有害的“代价论”的深刻批判。实际上，一些地方虽然在经济方面获得了一时的发展，取得了某些所谓的“成绩”，但由于忽视了精神文明建设，使假冒伪劣、坑蒙拐骗、吸毒贩毒、卖淫嫖娼等丑恶现象像瘟疫一样不断蔓延，这些地方的物质文明建设也受到严重的冲击，最终也不可能建设好真正的社会主义物质文明。也正是由于这一原因，李鹏总理在《关于国民经济和社会发展“九五”计划和2010年远景目标纲要的报告》中再一次强调：“任何时候都不能以牺牲精神文明为代价，换取经济的一时发展。”并明确提出：“在发展市场经济的过程中，在世界各种思想文化相互激荡的条件下，加强精神文明建设，具有特殊重要的意义。”“精神文明建设包括教育科学文化建设和思想道德建设。各级政府要把精神文明建设纳入社会发展的总体规划，增加投入，给予物质保证，真正做到‘两手抓，两手都要硬’。”这里进一步提出了“纳入社会发展的总体规划，增加投入，给予物质保证”的措施，这一点，也是应当引起我们各级领导干部特别重视的。

三

在当前，应当把社会主义精神文明建设提到更加突出的地位。建设有中国特色社会主义的事业，正处于一个重要的历史时期。在建立社会主义市场经济体制，进一步解放和发展生产力的同时，一定要把社会的全面发展放在重要的战略地位上，特别是要不失时机地突出精神文明建设的重要性。江泽民同志在十四届五中全会上特别指出：“我们进行现代化建设，无疑要致力于发展生产力，把物质文明建设好。同时，必须把社会主义精神文明建设提到更加突出的地位，要把物质文明建设和精神文明建设作为统一的奋斗目标，始终不渝地坚持两手抓，两手都要硬。”他还进一步指出：“改革开放以来，政治、经济形势很好，精神文明建设也取得了很大进展。但是还存在一些亟待解决的问题，思想政治工作薄弱，拜金主义、享乐主义抬头，一些地方治安情况不好，一些腐败丑恶现象又重新滋生蔓延，这些问题应该引起我们高度重视，采取切实有力措施加以解决。”李鹏同志在《关于国民经济和社会发展“九五”计划和2010年远景目标纲要的报告》和第八届全国人民代表大会通过的《中华人民共和国国民经济和社会发展“九五”计划和2010年远景目标纲要》中，也一再强调“要把精神文明建设提到更加突出的地位”的重要指导思想。江泽民同志所提出的“必须把社会主义精神文明建设提到更加突出的地位”的思想，是改革开放以来，党和国家领导人对精神文明建设所提出的一个新的、极其重要的指导思想，对我国当前的发展，有非常重要的意义，值得我们深入理解并采取切实措施加以贯彻。邓小平同志1986年在总结精神文明建设的经验和教训时，曾经有针对性地指出，长时期以来，精神文明建设之所以成绩不够显著，根本原因就是全党不够重视。因此，为了真正能够把精神文明建设提到更加突出的地位，必须提高广大人民群众、党员干部的思想认识，尤其是各级领导干部的思想认识。精神文明重在建设，有四个问题在当前值得我们特别注意。

首先，我们应当清醒地认识到，建设有中国特色的社会主义，必须取得三个方面的进步，即经济进步、政治进步和思想道德进步，只有达到这三个进步，才是社会的全面进步。最近一段时期，江泽民同志在十四届五中全会上的讲话以及李鹏同志在十届全国人大会议上的报告，都一再强调要把精神文明建设纳入社会发展的总体规划，这是有很重要的现实意义的。当前，精神文明建设，特别是全民思想道德建设同经济发展已显出不相适应的情况。改变这种状况是当务之急。这种状况不改变，我们的改革开放就不能持续健康地沿着有中国特色的社会主义道路不断前进。

一个社会的进步和发展，必须是全面的，而不能只是片面的。经济的发展，对一个社会来说，是十分重要而不可忽视的，我们在过去一段时期，曾因忽视经济发展而走弯路，这一教训是应当吸取的。但是，真理向前多走一步，就会导致谬误。同样，如果只看到经济发展而看不到精神文明发展和道德进步的重要，同样会造成严重的失误，受到这种错误的惩罚。在加强社会主义精神文明建设中，树立全面、正确的发展观，力求经济进步、政治进步和道德进步同时发展，是我们在思想认识上需要解决的一个重要问题。前面所讲到的“代价论”，从思想根源上来分析，往往同这种错误的发展观联系在一起。为什么精神文明建设在一些地方或单位，总是处于软弱无力的地位？为什么对于有些领导干部来说，总是“一手硬、一手软”？从认识上来看，就是因为在这些人的头脑里有着这种片面性的认识。从思想兴奋点和注意力来说，认为只有经济发展，才是社会进步，而精神文明方面的思想面貌和道德风尚的进步，则可有可无。从政绩和成就来说，认为只有经济发展，效益提高，才算是成绩，才是进步，而精神文明和思想面貌、道德风尚的进步似乎不能看做什么进步。值得注意的是，一些人往往用经济效益来掩盖在思想道德建设方面所出现的种种问题，从而导致在经济效益提高的同时，出现了腐朽思想对人们的严重腐蚀，形成了经济发展和思想道德退步的巨大反差。从社会的全面发展来看，如果没有政治的进步和思想道德方面的进步，反过来又必然会影响经济的发展。一个社会的精神文明和道德风尚，总是同社会的稳定和人际和谐有密切关系，甚至还将会影响到整个社会的治安和人民的安全。如果只注重经济发展而忽视人们思想道德的进步和素质的提高，造成拜金主义、享乐主义和个人主义思想的泛滥，那么，到头来不但经济的暂时发展不能保持，还将会造成社会的混乱和经济的倒退。因此，从社会的全面进步来要求，我们必须正视这种片面的发展观所带来的危害，在可能的情况下，力争使社会在经济发展、政治进步的同时，加强思想道德建设的力度。因此，从这一意义上看，精神文明建设与我国的经济发展和整个社会主义建设的兴衰成败，都有重要的关系。

其次，在思想道德上，要继续大力弘扬社会主义、爱国主义和集体主义三个主旋律。在我国实行市场经济体制的条件下，有一种观点认为，既然市场经济条件下存在着不同的经济成分，就不应再弘扬社会主义的集体主义精神，而应当在指导思想上采取多元化的态度，这是极为有害的。由于多种经济成分的发展，人们当然会出现多种不同的价值取向，这是不以人们的意志为转移的。但我们是社会主义国家，我们的价值导向只能是一元化的，不能是多元化的。正像江泽民同志在建党七十周年纪念大会上所作的报告中所说的："有中国特色社会主义的文化，必须以马克思列宁主义、毛泽东思想为指导，不能搞指导思想的多元化。"这是从社会主义本质出发的，是任何时候都不能动摇的。

弘扬社会主义的主旋律问题，是党中央和江泽民同志这几年来一再倡导的。1991 年 7 月 1 日，江泽民同志在中国共产党成立七十周年纪念大会上，首先提出了"主旋律"的问题，他说："要鼓励深入研究我国建设和改革的现实问题，鼓励创作更多的健康文明、积极向上、为人民大众喜闻乐见的作品。在这些作品中，反映社会主义时代精神应该成为主旋律。"1992 年 9 月，江泽民同志在上海考察工作时，在强调精神文明建设的重要意义时，第一次明确了"爱国主义、社会主义、集体主义应当成为我们社会的主旋律"。1992 年 10 月 12 日，江泽民同志在中国共产党第十四次全国代表大会上的报告中提出："在全国各族人民特别是青少年中，进一步加强党的路线的基本教育，爱国主义、集体主义和社会主义思想教育……"强调了爱国主义、集体主义和社会主义的重要性。从此以后，江泽民同志多次把弘扬爱国主义、集体主义和社会主义的主旋律同反对拜金主义、享乐主义和极端个人主义并提，成为我们在意识形态领域里进行工作的一个原则。在加强精神文明建设中，我们应当切切实实地把弘扬主旋律作为我们重要的指导原则。

在弘扬三个主旋律的问题上，存在着一个值得注意的问题，就是有极少数人认为，现在是市场经济，应当弘扬个人主义或个人本位思想，不适宜再弘扬集体主义的思想。他们错误地认为，市场经济就是要以“自私自利”、“个人本位”、“利己主义”来调动人们的积极性，是同集体主义矛盾的。他们把资产阶级的个人主义理解为“发展个性”和“实现个人价值”，而根本不了解或有意隐瞒个人主义的核心是要“以个人为中心”和“把个人价值视为至高无上的价值”，反对集体利益高于个人利益的社会主义集体主义。最近几年来，一些以适应市场经济的要求为借口而要“重建”、“重构”以“个人本位”、“个人至上”为基本原则的道德体系的人，总是不遗余力地贬损社会主义的集体主义原则。他们往往以纠正对集体主义的“左”的片面的理解为理由，实质上是要从根本上取消社会主义的集体主义。确实，随着社会主义市场经济的发展，我们应当对社会主义的集体主义的原则和要求，作出符合现实发展的新的解释，但是我们必须旗帜鲜明地坚持社会主义的集体主义原则，反对任何形式的个人主义和“个人本位”的思想。

再次，加强世界观、人生观、价值观的教育，并努力把这三者有机地结合起来，从而为培养有理想、有道德、有文化、有纪律的“四有”新人服务。世界观是人生观的基础，价值观是评论事物有无价值和价值大小的标准。一个人生活在世界上，应当追求什么，哪些事情对我们最有意义，最值得为它献身，这就是我们在世界观、人生观、价值观上所要解决的核心问题。我们所要确立的世界观，即辩证唯物主义和历史唯物主义的世界观，又称马克思主义的世界观，是我们观察和认识当代社会问题的最科学的思想武器，是我们研究和分析国际国内形势的唯一正确指针。我们所要树立的人生观，就是为人民服务的人生观，它把为国家、为民族、为人民而献身视为人生最值得追求的事业，它对提高广大人民群众特别是党员和干部的素质，有重要的意义。正像江泽民同志所指出的，只有为人民服务的人生才是最有意义的、光荣的、闪光的人生。我们所强调的价值观，是以人民利益为最高原则的集体主义的价值观，它是一个人评价和认识当前社会上所有事物有无价值和价值大小的标准，是我们应当倡导的、有利于现代化建设的价值观念。从上述的分析也可以看出，人生观和价值观是既有区别又有联系的。价值观所包含的内容比较广，是我们对各种事物的价值的一个总的指导思想，因而在一定意义上，它也包含了对人生意义的价值的人生观。由于人生观的特殊重要性，它也就必然是人们价值观的一个重要出发点和根据。我们之所以强调世界观、人生观、价值观的教育，就是要使人们树立马克思主义的辩证唯物主义的观点，并真正认识到，尽管在前进的道路上还必然会有这样那样的曲折，但社会主义取代资本主义是人类历史发展不可逆转的总趋势，从而坚定我们对社会主义和共产主义必将取得最后胜利的信念，并以献身这一事业为人生最大的价值。世界观、人生观、价值观的教育，是既相区别又相联系的，是为我们建设有中国特色的社会主义这一根本目的服务的。因此，对世界观、人生观、价值观教育的根本目的和深远意义，应当有一种深入的理解，并使这三种教育统一到为建设有中国特色的社会主义和最终实现共产主义这一根本目的上来。要使全国人民都认识到，为建设有中国特色的社会主义事业而奋斗，是最有意义的事情，是我们人生的最大价值之所在。只要我们能够树立起共产主义的理想，把建设有中国特色的社会主义作为人生最值得的事业去追求，我们的事业就一定能够成功，我们的目的就一定能够达到。

关于人生观、世界观、价值观的教育及其在提高全民素质和加强精神文明建设中的重要意义，从我们党来说，也有一个认识和发展的过程。新中国成立以来，我们特别强调马克思主义世界观的教育，对人生观、价值观的教育并没有放到同世界观并提的位置。1992 年 10 月，江泽民在十四大报告中明确提出了世界观、人生观、价值观的重要性。他强调要“增强民族自尊、自信和自强精神，抵制资本主义和封建主义腐朽思想的侵蚀，树立正确的理想、信念和价值观”，同时，又提出：“共产党员、共青团员和一切先进分子，必须努力学习和掌握马克思主义的立场、观点、方法，树立共产主义的崇高理想和世界观、人生观，身体力行共产主义道德。”1995 年 1 月，江泽民同志在全国宣传部长座谈会上进一步提出：“中央一直强调加强爱国主义、集体主义、社会主义教育”，“要把这种宣传教育坚持下去，搞得更好，就要把它同正确的世界观、人生观、价值观的宣传教育有机地结合起来，引导人们树立崇高的理想和信仰，正确处理个人、集体、国家的利益关系”。1995 年 1 月 23 日，江泽民同志在中纪委第五次全会上的讲话中指出：“树立正确的世界观和人生观，无论过去、现在和将来，对于每一个干部和党员来说，都是首要的问题。这个问题不解决或解决得不牢靠，不论搞革命还是搞建设，是不可能兢兢业业的，也不可能做出什么成绩来。……我们的干部和党员，一定要把人为什么活着这个问题弄清楚。如果只是为自己、为家庭而活着，那个意义是很有限的。只有为社会、为国家、为民族、为集体的利益，奋不顾身地工作，毫无保留地贡献出自己的聪明才智，这样的人生才有真正的意义，才是光荣的人生、闪光的人生。”1995 年 6 月 30 日，在接见全国优秀县委书记表彰会上，1995 年 9 月 29 日，在十四届五中全会召集人会议上，1996 年 1 月，在接见《解放军报》社师以上干部讲话等多次讲话中，江泽民总书记都一而再、再而三地强调树立正确的世界观、人生观、价值观的重要性，在十四届五中全会的会议公报中，还专门提出了“坚持不懈地加强道德建设和爱国主义、集体主义、社会主义思想教育，树立正确的世界观、人生观、价值观”。所有这些，都是值得我们深思，值得我们认真领会并在实际工作中加以贯彻的。

最近，江泽民同志又再一次提出，在加强精神文明建设中，应当把思想道德文化建设放到最重要的地位，对于思想道德建设，尤其强调人生观即人为什么活着，人怎样活着才算最有意义。他多次强调，要全心全意为人民服务。1996 年 3 月 7 日，他在参加八届人大四次会议代表团审议时指出：“建设有中国特色的社会主义，根本目的是全心全意为人民谋利益。在整个现代化建设过程中，我们要始终坚持一个重要原则，就是经济利益分配的着力点，必须首先保证广大工人、农民和知识分子得到实际的利益，保证他们的生活水平不断提高，保证他们充分享受改革开放和现代化建设的成果。只有普遍提高广大工人、农民和知识分子的生活水平，我们的改革和建设事业才能获得最广泛、最可靠的群众基础和动力源泉。”也正是由于这种原因，从事现代化建设的人们，特别是党员、干部，更必须树立起全心全意为人民服务的人生观，否则，如果这一人生观没有树立或树立得不牢靠，甚至受到腐朽思想的腐蚀，只愿为人民币服务而背离了为人民服务这一原则，我们的四个现代化建设就不可能在正确道路上健康发展，甚至会背离我们的目的走到邪路上去。

最后，在思想道德建设上，应充分发挥社会、学校和家庭在思想道德教育中的作用，把职业道德、社会公德和家庭伦理道德三个方面同时加强起来，使之相互配合，相互渗透。加强精神文明建设，一定要从实效方面考虑，从实际可行的、许多看得见的具体事情抓起，也就是要从怎样做人、怎样做一个好公民、怎样做一个尽职尽责的职业工作者、怎样培养良好的社会公德入手，提倡“从我做起”，使人们的道德水平切切实实地不断得到提高。

加强社会主义的精神文明建设，尤其是加强思想道德建设，应当找到能够实际可行的重要环节，从而抓住这些环节，带动其他各方面的工作，更好地培养广大人民群众特别是青少年的思想道德素质，推动整个精神文明建设的不断发展。从这一意义上看，紧紧抓住职业道德、社会公德和家庭伦理道德这三个方面，是有重要意义的。加强职业道德教育，就是要培养广大从业人员的忠于职守的敬业乐业精神，形成对每个人所从事的职业的高度责任心，从而使每个从业者都能够兢兢业业地做好本职工作。在社会生活中，加强职业道德教育，还能够形成良好的社会风尚，协调人际关系，并通过职业道德的感情传递，使社会安定团结，有利于经济的发展。社会公德，对形成助人为乐、团结互助、尊老爱幼、邻里和谐的社会风气，有特别重要的作用，抓好社会公德的教育，就有可能使社会成为培养人民群众思想道德素质的大学校，有利于社会秩序的稳定。在我国当前的社会中，家庭不但有着教育子女、延续后代和家庭成员共同生活的作用，很多家庭还担负着组织生产、经营企业和个体工商业的功能，因此，大力加强社会主义的家庭伦理道德教育，不但对于培养青少年的思想道德素质、维护家庭和谐具有重要意义，而且能够使家庭成员更好地遵守社会主义的法律和社会主义的道德规范，有利于全民素质的提高。

对几个重要提法的建议*

第一，关于社会主义精神文明建设的地位、作用问题。

过去中央的文件对精神文明建设的地位作用，较多地是提“智力支持”和“精神动力”，建议强调精神文明对物质文明的作用，突出社会主义精神文明建设的方向作用。

第二，思想道德建设在精神文明建设中占有特殊的地位。

思想建设，主要是指马克思列宁主义、毛泽东思想和邓小平建设有中国特色社会主义的理论建设。道德建设，主要是指以集体主义为基本原则的社会主义基本道德规范，社会公德、职业道德和家庭伦理道德等的建设。它不但规定着精神文明的性质，而且是精神文明建设的核心。因此，应明确提出思想道德建设是精神文明建设的核心。

第三，关于弘扬中华民族优秀的思想文化传统的问题。

考虑到在弘扬文化传统中所出现的问题，有必要强调马克思主义的优良作风和革命道德传统，努力提高全民族的思想道德素质；强调的目的在于使社会主义道德具有更加丰富的内涵，并形成适应现代社会发展、有中国特色的价值观念和伦理道德规范。

第四，关于弘扬主旋律的集体主义问题。

集体主义是同社会主义本质特征相联系的一种价值导向，在社会主义社会的意识形态中，占有重要的地位。在我们社会主义市场经济建立的过程中，人们对集体主义提出了一些问题，反映了在新的条件下，怎

* 本文原载《光明日报》，1996-05-16，系在中宣部召集的有关精神文明建设的会议上的发言。

么正确理解、阐发、界定集体主义的新问题。对集体主义的界定，应强调三个思想：集体利益高于个人利益；个人、集体、国家利益相结合；在集体利益高于个人利益的原则下，切实保障个人的正当利益，大力发挥个人的能动作用。集体主义分为三个层次：一是无私奉献，即全心全意为人民服务；二是先公后私；三是顾全大局，热爱祖国，遵纪守法，诚实劳动，遵守社会主义社会的起码的公共生活规则、市民公约、社会公德、职业道德和家庭伦理道德。

第五，在市场经济条件下，在思想道德建设上如何对待个人主义也是我们所面临的一个问题。

个人主义是同资本主义的社会制度相联系的一种价值观念，同社会主义的集体主义原则是根本对立的。提到“反对个人主义”时，有三种提法：一是反对个人主义，二是反对形形色色的个人主义，三是反对极端个人主义。为了更加明确，建议用邓小平同志所说的“反对形形色色的个人主义”来代替“反对极端个人主义”的提法。

第四编

培育“四有”新人

邓小平理论同培育“四有”新人*

邓小平同志关于“四有”新人的理论，对于加强青少年的思想道德教育和提高全民族的思想道德素质，有极其重要的意义。

早在1978年4月的全国教育工作会议上，邓小平同志就明确地指出：“我们的学校是为社会主义建设培养人才的地方。培养人才有没有质量标准呢？有的。这就是毛泽东所说的，应该使受教育者在德育、智育、体育几个方面都得到发展，成为有社会主义觉悟的有文化的劳动者。”他还强调，要“把毛泽东同志提出的培养德智体全面发展，有社会主义觉悟的有文化的劳动者的方针贯彻到底，贯彻到社会各个方面”。在培养德智体全面发展的新人的事业中，邓小平同志又特别强调理想和信念的重要性，他说要“把青少年培养成为忠于社会主义祖国、忠于无产阶级革命事业、忠于马克思列宁主义毛泽东思想的优秀人才”。1979年10月，他在《中国文学艺术工作者第四次代表大会上的祝词》中进一步明确地提出，“我们要在建设高度物质文明的同时，提高全民族的科学文化水平，发展高尚的丰富多彩的文化生活，建设高度的社会主义精神文明”，要“提高整个社会的思想、文化、道德水平”，“培养社会主义新人”，从而把培养社会主义新人的任务，提到了全党和全国人民的面前。1980年12月，邓小平同志在党中央的工作会议上的讲话中又

* 本文原载《德育信息》，1997（6）。

进一步强调，“要努力使我们的青少年成为有理想、有道德、有文化、有体力的人，使他们立志为人民做贡献，为祖国做贡献”。接着，到1982年7月，在军委座谈会上，他把“有体力”改换为“守纪律”，发展成为“使我们的各族人民都成为有理想、讲道德、有文化、守纪律的人民”的新的论断。从此以后，邓小平同志的“四有”新人的理论，便正式形成并为全党和全国人民所接受。1986年9月《中共中央关于社会主义精神文明建设指导方针的决议》中，又进一步提出“社会主义精神文明建设的根本任务，是适应社会主义现代化建设的需要，培养有理想、有道德、有文化、有纪律的社会主义公民，提高整个中华民族的思想道德素质和科学文化素质”，把“培养有理想、有道德、有文化、有纪律的社会主义公民”，正式写入了党中央的文件之中。

邓小平同志所强调的“四有”新人的思想，是同他所强调的精神文明建设的极端重要性联系在一起的。他还着重地强调，精神文明不但包括教育、科学、文化等方面，而且更重要的是指“共产主义的思想、理想、信念、道德、纪律，革命的立场和原则，人与人的同志式关系，等等”，如果在建设社会主义的四个现代化的过程中，我们“没有这种精神文明，没有共产主义思想，没有共产主义道德，怎么能建设社会主义?”

自从20世纪90年代以来，特别是党的十四大以来，江泽民同志进一步发展了邓小平理论中有关“四有”新人的理论，强调了思想道德教育在提高全国人民素质中的重要作用。自从1992年开始，江泽民同志不断地强调要弘扬爱国主义、集体主义和社会主义三个主旋律，提出要“以科学的理论武装人，以正确的舆论引导人，以高尚的精神塑造人，以优秀的作品鼓舞人”，强调要反对个人主义、拜金主义和享乐主义。他所提出的要讲学习、讲政治、讲正气的要求，也主要是从提高全党和全国人民的思想道德素质来考虑的。在社会主义市场经济的条件下，江泽民同志根据党的建设和培养“四有”新人的实践经验，根据党员思想的发展变化的实际情况，根据党的纪律检查工作所提供的正反两面的事例，从怎样才能更加有效地达到培养“四有”新人的目的出发，又特别强调了加强世界观、人生观和价值观教育在提高党员的觉悟和培养“四有”新人中的重要作用。世界观、人生观和价值观，关系到一个人对个人利益同社会利益、国家利益的根本看法，关系到一个人的理想、信念和人生的追求，关系到对社会生活中美丑善恶的评价和辨别，关系到一个人待人处世的根本态度和方法。因此，在培养社会主义的“四有”新人的工作中，我们必须认真加强世界观、人生观和价值观的教育。

在为党的十五大所作的政治报告中，江泽民同志又特别强调了“建设有中国特色社会主义文化，必须着力提高全民族的思想道德素质和科学文化素质，为经济发展和社会全面进步提供强大的精神动力和智力支持，培育适应社会主义现代化要求的一代又一代有理想、有道德、有文化、有纪律的公民。这是我国文化建设长期而艰巨的任务”。他特别提到要注意提高青少年的思想道德素质，强调“青少年是祖国的未来，民族的希望，要十分重视青少年思想道德建设”。江泽民同志进一步发展了邓小平关于物质文明建设和精神文明建设的关系以及培养“四有”新人的理论，强调了理想、道德在建设社会主义事业中的不可缺少的重要意义，他说“物质贫乏不是社会主义，精神空虚也不是社会主义”，从而使我们在什么是社会主义和怎样建设社会主义的问题上，有了更加深刻和更加全面的认识。

要充分重视培育“四有”新人的历史重任*

一

在社会主义的四个现代化的长期过程中，我们究竟应当培养什么素质的人才，应当用什么要求来教育我们的青年，使他们能够适应未来建设的需要？这个问题，是关系到社会主义国家和中华民族发展和兴旺的根本问题，应当引起我们高度的重视。中国古代的伟大政治家、思想家管仲曾说：“一年之计，莫如树谷；十年之计，莫如树木；终身之计，莫如树人。”这充分说明了人才对于治理国家的重要。在当前我们面临的激烈国际竞争中，人才竞争，主要是人的素质的竞争，占有极其重要的地位。为了使我们的民族、我们的国家在未来的竞争中，能够自立、自强于世界民族之林，我们一定要十分重视人才的教育和培养。

新中国成立以后，根据当时的需要，毛泽东同志提出，我们应当培养德智体全面发展的、又红又专的社会主义的接班人。改革开放以来，邓小平同志继承并发展了毛泽东同志的这一思想，提出了关于“四有”新人的理论，这对于提高全民族的思想道德素质和培养适应21世纪高素质的人才来说，有极其重要的现实意义。江泽民同志又进一步强调，

---

* 本文作于1999年，原载《罗国杰文集》，下卷，1141～1153页，保定，河北大学出版社，2000。

“培养有理想、有道德、有文化、有纪律的新人，是建设社会主义精神文明的根本目标”，要加强世界观、人生观和价值观的教育，反对个人主义、拜金主义和享乐主义，抵御资本主义和封建主义腐朽思想的侵蚀，以达到提高广大人民群众的思想水平和建设高素质的干部队伍的目的。

改革开放以来，邓小平同志关于培养“四有”新人的思想，是经过了认真的思考而逐步形成的。早在 1978 年 4 月的全国教育工作会议上，邓小平同志就提出：“我们的学校是为社会主义建设培养人才的地方。培养人才有没有质量标准呢？有的。这就是毛泽东所说的，应该使受教育者在德育、智育、体育几个方面都得到发展，成为有社会主义觉悟的有文化的劳动者。”他还强调，要“把毛泽东同志提出的培养德智体全面发展，有社会主义觉悟的有文化的劳动者的方针贯彻到底，贯彻到社会各个方面”。1979 年 10 月，他在《中国文学艺术工作者第四次代表大会上的祝词》中进一步明确地提出，“我们要在建设高度物质文明的同时，提高全民族的科学文化水平，发展高尚的丰富多彩的文化生活，建设高度的社会主义精神文明”，要“提高整个社会的思想、文化、道德水平”，“培养社会主义新人”，把培养社会主义新人的任务，提到了全党和全国人民的面前。在经过充分的思考之后，1980 年 12 月，邓小平同志在中共中央工作会议上的讲话中又进一步强调：“要努力使我们的青少年成为有理想、有道德、有文化、有体力的人，使他们立志为人民做贡献，为祖国做贡献。”这一次，虽然已经明确提出了“四有”的要求，但是这“四有”中，还没有包含“有纪律”的内容。到 1982 年 7 月，在军委座谈会上，他把“有体力”改换为“守纪律”，发展成为“使我们的各族人民都成为有理想、讲道德、有文化、守纪律的人民”的新的论断。从此，邓小平同志的“四有”新人的理论正式形成，并为全党和全国人民所接受。1987 年 2 月，他又说，我们提出要教育人民成为“四有”人民，教育干部成为“四有”干部。邓小平所提出的“四有”新人的理论，对我们社会主义事业和四个现代化的建设，已经产生着和正在产生着极为重要的作用。

1986 年 9 月，《中共中央关于社会主义精神文明建设指导方针的决议》中又进一步提出，“社会主义精神文明建设的根本任务，是适应社会主义现代化建设的需要，培养有理想、有道德、有文化、有纪律的社会主义公民，提高整个中华民族的思想道德素质和科学文化素质”，把“培养有理想、有道德、有文化、有纪律的社会主义公民”，正式写入了党中央的文件之中。

二

为什么要把有理想、有道德、有文化、有纪律这四个方面作为“四有”的内容呢？有理想、有道德、有文化、有纪律这四个方面，为什么这样排列，它们又都包含着什么内容呢？

首先，在培养德智体全面发展的新人的事业中，邓小平同志特别强调理想和信念的重要性，他说，要“把青少年培养成为忠于社会主义祖国、忠于无产阶级革命事业、忠于马克思列宁主义毛泽东思想的优秀人才”。又说：“我们一定要经常教育我们的人民，尤其是我们的青年，要有理想。为什么我们过去能在非常困难的情况下奋斗出来，战胜千难万险使革命胜利呢？这是因为我们有理想，有马克思主义信念，有共产主义信念。我们干的是社会主义事业，最终目的是实现共产主义。这一点，我希望宣传方面任何时候都不要忽略。”1985 年，在《改革是中国发展生产力的必由之路》一文中，他十分明确地指出：“我们多年奋斗就是为了共产主义，我们的信念、理想就是要搞共产主义。在我们最困难的时期，共产主义的理想是我们的精神支柱，多少人牺牲就是为了实现这个理想。”1986 年 11 月，他在会见日本首相时说：“现在中国提出‘四有’，有理想、有道德、有文化、有纪律。其中我们最强调的，是有理想。”1987 年 3 月，他在《中国只能走社会主义道路》一文中指出：“理想就是社会主义现代化。很多人只讲现代化，忘了我们讲的现代化是社会主义现代化。”由此可见，所谓“有理想”，包含着两个方面的内容，一个是我们要有马克思主义信念和共产主义的远大理想，一个是我们要有社会主义四个现代化的理想，这两个理想是相互联系、相互统一的。

“有道德”，就是要有为人民服务的思想和集体主义的精神。我国的社会主义道德建设，以为人民服务为核心，以集体主义为原则，以爱祖国、爱人民、爱劳动、爱科学、爱社会主义为基本要求。邓小平同志十分强调为人民服务的重要性，他说：“我们在新民主主义革命时期，就已经坚持用共产主义的思想体系指导整个工作；用共产主义道德约束共产党员和先进分子的言行；提倡和表彰‘全心全意为人民服务’，‘个人服从组织’，‘大公无私’，‘毫不利己、专门利人’，‘一不怕苦、二不怕死’。现在已经进入社会主义时期，有人居然对这些庄严的革命口号进行‘批判’，而这种荒唐的‘批判’不仅没有受到应有的抵制，居然还得到我们队伍中一些人的同情和支持。每一个有党性、有革命性的共产党员，难道能够容忍这种状况继续下去吗?”邓小平同志还特别强调，对于共产党员和党的干部来说，更应当用共产主义道德来约束自己，“要教育全党同志发扬大公无私、服从大局、艰苦奋斗、廉洁奉公的精神，坚持共产主义思想和共产主义道德”。他一再告诫人们，党和政府愈是实行积极改革和对外开放的政策，党员尤其是党的高级负责干部，就愈要高度重视、愈要身体力行共产主义思想和共产主义道德。邓小平同志还极其强调集体主义原则的重要性，他提醒人们，要充分认识个人主义的腐朽思想同为人民服务的根本对立，指出这种个人主义的思想如不及时制止，就有可能发展到小集团的活动，走上极端错误的道路，因此，要求我们的“四有”新人一定要具有集体主义的精神。

“有文化”，是“四有”新人的一个重要要求，就是要有能适应社会主义现代化发展的科学文化知识，否则，我们就根本不可能使我国的经济发展，不可能使我们的国家富强。邓小平同志说：“劳动者只有具备较高的科学文化水平，丰富的生产经验，先进的劳动技能，才能在现代化的生产中发挥更大的作用。在我们的社会里，广大劳动者有高度的政治觉悟，他们自觉地刻苦钻研，提高科学文化水平，从而必将在生产中创造出比资本主义更高的劳动生产率。”

“有纪律”，是“四有”新人中邓小平同志所特别加进去的。他之所以把“有体力”改变为“有纪律”，是经过充分考虑并和有关方面的同志商量后才这样提出的。1982 年 7 月，邓小平同志谈到了他关于纪律的看法，他说，他跟理论界的同志谈了为什么要强调守纪律，他们赞成这个要求。他又说：“没有纪律可不行啦。同心同德，一心一意，没有纪律可不行。我们过去革命，就是靠纪律，而且是自觉的纪律。中国共产党成立后，最好的风气就是这个。”他反复地强调，我们历来提倡有理想、有道德、有文化、有纪律，其中最重要的是有理想、有纪律。邓小平同志在培养新人中重视“有纪律”的思想，是同我们社会主义的根本制度相联系的。在建设社会主义的伟大事业中，正如邓小平同志所说的，中国要发展起来，要实现社会主义的四个现代化，“没有纪律，没有秩序，什么事都搞不成功。西方民主那一套，我们不能照搬，中国的事情，要根据自己的情况办。中国的民主是社会主义民主，是同社会主义法制相辅相成的。中国正是根据自己的实际情况，建设有中国特色的社会主义”。

邓小平同志所强调的“四有”新人的思想，是同他所强调的精神文明建设的极端重要性联系在一起的。他还着重地强调，精神文明不但包括教育、科学、文化等方面，而且更重要的是指“共产主义的思想、理想、信念、道德、纪律，革命的立场和原则，人与人的同志式关系，等等”，如果在建设社会主义的四个现代化的过程中，我们“没有这种精神文明，没有共产主义思想，没有共产主义道德，怎么能建设社会主义?”

三

20 世纪 90 年代以来，特别是党的十四大以来，江泽民同志进一步发展了邓小平理论中有关“四有”新人的理论，强调了思想道德教育在提高全国人民素质中的重要作用。自 1992 年开始，江泽民同志不断地强调要弘扬爱国主义、集体主义和社会主义三个主旋律，提出要“以科学的理论武装人，以正确的舆论引导人，以高尚的精神塑造人，以优秀的作品鼓舞人”，强调要反对个人主义、拜金主义和享乐主义。他所提出的要讲学习、讲政治、讲正气的要求，也主要是从提高全党和全国人民的思想道德素质来考虑的。在社会主义市场经济的条件下，江泽民同志根据党的建设和培养“四有”新人的实践经验，根据党员思想发展变化的实际情况，根据党的纪律检查工作所提供的正反两面的事例，从怎样才能更加有效地达到培养“四有”新人的目的出发，又特别强调了加强世界观、人生观和价值观关系到一个人对个人利益同社会利益、国家利益的根本看法，关系到一个人的理想、信念和人生的追求，关系到对社会生活中美丑善恶的评价和辨别，关系到一个人待人处世的根本态度和方法。因此，在培养社会主义“四有”新人的工作中，我们必须认真加强世界观、人生观和价值观的教育。江泽民同志说：“任何人总有退出历史舞台的那一天，借用一句话，要‘安全着陆’，‘软着陆’。功名利禄的思想太重了，没有什么好处，使自己不得自由。人总要有一种高尚的灵魂。”

在党的十五大所作的政治报告中，江泽民同志又特别强调了“建设有中国特色社会主义文化，必须着力提高全民族的思想道德素质和科学文化素质，为经济发展和社会全面进步提供强大的精神动力和智力支持，培育适应社会主义现代化要求的一代又一代有理想、有道德、有文化、有纪律的公民。这是我国文化建设长期而艰巨的任务”。他特别提到要注意提高青少年的思想道德素质，强调“青少年是祖国的未来，民族的希望，要十分重视青少年思想道德建设”。江泽民同志进一步发展了邓小平关于物质文明建设和精神文明建设的关系以及培育“四有”新人的理论，强调了理想、道德在建设社会主义事业中的不可缺少的重要意义。他说“物质贫乏不是社会主义，精神空虚也不是社会主义”，从而使我们对什么是社会主义和怎样建设社会主义的问题，有了更加深刻和更加全面的认识。

四

值得注意的是，在培育“四有”新人的工作中，还存在着许多模糊的甚至非常错误的认识。

首先，要特别加以指出的是，在培养和教育“四有”新人的工作中，“理想”的重要性并没有被许多人所认识。在个人主义、拜金主义和享乐主义的腐蚀下，在追求物质欲望的影响下，一些人把理想和信念看做一种抽象的、空洞的东西，不但自己沉溺于低级、庸俗的追求，而且对共产主义、社会主义的理想和信念加以讽刺和嘲笑。这种人并不是没有理想，只不过他们抱着自己的低级的、庸俗的，甚至是腐朽的“理想”来诋毁崇高的社会主义和共产主义的理想。我们正在建设有中国特色的社会主义，最终要建立一个没有人压迫人和人剥削人的共同富裕的社会。因此，有没有社会主义和共产主义的理想，也就必然成为我们能否建成这样的社会的一个关键。失去了社会主义和共产主义的远大理想，我们在建设的道路上，就会失去动力、迷失方向，甚至可能会误入歧途。我们不能不看到，那些极力反对社会主义理想和共产主义理想的人，则正是那些要把我们引入歧途的人。在当前社会主义的初级阶段中，我们首先要为共同理想而奋斗，但是，我们决不能忘记我们的远大理想。邓小平同志多次讲到社会主义和共产主义理想对我们建设四个现代化的重要意义，我们在培养和教育“四有”新人的工作中，一定要认真注意“理想”的重要性。

其次，在“四有”中，一些人似乎只重视其中的“一有”，即有文化，而不重视有道德、有理想和有纪律。我们可以看到，在当前的学校教育中，为了应付考试，为了升学，为了分数，有些学校完全忽视了德智体全面发展的要求，片面地强调智育的重要，把德育看做可有可无的事情，使青年学生在应当受到道德教育的良好时机，没有受到应有的教育，以致在他们长大成人和参加社会工作以后，还不知道怎么做人、怎么处世，还不知道怎样正确处理个人和集体、个人和国家的关系。在党和政府的长期教育下，广大青年的思想道德水平是好的和比较好的。但也要看到，确有一些青年，由于未受到很好的思想品德的教育，在家中，不知道孝敬父母；在社会上，不知道尊敬老人；在工作上，不知道爱岗敬业。极少数青年，由于在家庭中养成了“以我为主、以我为中心”的心理和观念，在学校中又使这种心理和观念得到了进一步的发展，也正因为这样，在走入社会后，他们就经不起社会上各种腐朽思想的腐蚀，一有机会，个人的自私自利思想就会发展。其结果，不仅使他们在事业和工作上遭受各种各样的挫折，而且对我们的四个现代化建设，也必然会造成不应有的损失。

再次，在我们的工作中，特别是在对人才的使用、教育和培养中，也存在着只重视工作能力、技术水平等智力方面的因素，而忽视思想品德的错误倾向。在德和才的问题上，重才轻德，看不到道德品质在人的素质中的重要作用。从一时一事来看，一个有才而无德的人，也可能做成功一件事情，获得一时的成功，带来一时的经济效益，但是从长远来看，最终是对我们的事业不利的，在很多情况下，往往要给我们的事业造成很大的损失。这可以说是屡见不鲜的。原因非常简单，因为这些有才而无德的人，他们的动机和出发点是为了个人的私利，他们进行工作的手段和方法，往往是急功近利而不顾及他人和社会的利益，就是损人利己和损公肥私也在所不惜。而且，更加值得我们警惕的是，这些有才而无德的人，当他们自己感到羽翼丰满、有恃无恐的时候，就会大胆妄为，甚至为了一己私利而不惜牺牲国家和人民的利益。

最后，“纪律”作为人才素质的一个重要要求，也没有得到一些人应有的重视。在我们的社会主义国家中，我们道德建设的原则是集体主义，国家利益和集体利益高于个人利益的原则、每一个人都必须遵守纪律的原则，是我们在任何情况下都必须坚持的。正是由于对纪律的重要性存在着错误的认识，纪律松弛的情况，已经成为我们社会主义现代化建设中一个相当突出的问题。工作的责任心不强，对应该遵守的纪律阳奉阴违，明知故犯，有的人甚至不以为耻，反以为荣。我们知道，没有严格的纪律，我们就不能保证各项法律、政策、法规的正确实施，就不能保证我们队伍的团结一致，就会“上有政策，下有对策”，就会各行其是，我们社会主义的优势就不可能得到发挥。因此，我们在培育“四有”新人的工作中，一定要充分认识到“有纪律”的重要性，使我们的青年和广大群众都能有极强的纪律观念，能够“令行禁止”、政令畅通，我们的社会主义四个现代化建设事业，就能顺利地向前发展。

实现“四化”，振兴中华，把建设有中国特色的社会主义事业全面推向21世纪，是全党、全军和全国人民的庄严而神圣的任务。为了更好地实现这一任务，我们不但要大力发展我们的生产力，增强我国的综合国力，提高广大人民群众的生活水平，更重要的是，我们必须提高全体人民的思想道德素质，培育出有理想、有道德、有文化、有纪律的“四有”新人，以保证我们的经济能够持续不断地向前发展，保证我们的社会能够在经济、政治、文化、教育等各个方面，都能够得到全面的进步。我们必须认识到，在建设社会主义的事业中，如果没有人的素质的提高，不能培育出有理想、有道德、有文化、有纪律的“四有”新人，不但经济的发展是不能持久的，而且要想建设成没有剥削、没有两极分化的社会主义社会，也是不可能的。

大力培育“四有”新人 促进社会全面发展*

——重温邓小平同志有关“四有”新人的论述

邓小平同志关于培育有理想、有道德、有文化、有纪律的社会主义“四有”新人的思想，是邓小平理论的重要组成部分。“四有”新人思想的提出，体现了邓小平同志作为一个伟大的马克思主义者，对建设中国特色社会主义和最终实现共产主义的坚定信念，对什么是社会主义、怎样建设社会主义等重大问题的深思熟虑。理论和现实都已充分说明，能否培育出“四有”新人，是关系中国特色社会主义事业能否顺利进行、社会主义现代化目标能否如期实现的一个全局性问题。

一、“四有”新人的历史使命

纵观历史的发展脉络，考察社会的改革进程，古今中外无数次改革的成功与失败的经验教训充分证明，推动社会进步的改革能否获得成功，无不与是否能培养出与改革事业相适应的人才密切相关。各种不同类型、不同性质的社会改革，均要求有与之相应的人才，得其人，则改革成功，失其人，则改革失败。

社会主义的改革，是一次前所未有的革命性的变革，因此，只有培育出与社会主义发展大业相适应的一代新人，才能保证社会主义改革的

* 本文原载《高校理论战线》，2004（9）。

顺利进行并最终取得成功。正是基于这样一个极其重要的原因，在邓小平理论中，培育“四有”新人的理论，占据着一个极其特殊的地位。全面建设小康社会，加快推进社会主义现代化建设，使社会主义中国发展和富强起来，为人类进步事业做出更大的贡献，这是摆在全党和全国人民面前光荣、艰巨而伟大的历史任务。这一历史任务的完成，不但对中国，而且对世界的社会主义和共产主义运动，都有着极其重大的意义。为了完成这一伟大、光荣而又神圣的使命，就必须教育和培养能够担当这一历史任务的新人。否则，正在成长的一代人就难以承担起这一艰巨的历史重任，我们的国家也不可能走向繁荣富强，我们的民族也不可能实现伟大的复兴。邓小平同志坚持和发展了马克思、列宁和毛泽东关于社会主义接班人的理论，全面而深刻地总结了历史的经验与教训，创造性地将马克思主义新人学说的基本原理与中国社会主义建设的具体实际结合起来，以党在社会主义初级阶段的基本路线为指导，随着改革开放的不断发展和深化，对人的素质和培养问题进行了全面的、认真的思考，并经过多次的考虑和不断完善，最终形成了他的“四有”新人理论，使“四有”新人成为当代中国的理想人格，成为对党和国家的干部的品德标准，成为对未成年人思想道德教育的根本要求。

二、社会主义精神文明建设的主要目的是培育“四有”新人

社会主义精神文明建设的根本目的是什么？这是我们在精神文明建设中必须时刻注意的一个问题。只有明确了这个根本目的，我们的精神文明建设，才能更加自觉、更有成效，才能更好地沿着健康的道路向前发展。

邓小平同志强调，建设社会主义，不但要有高度的物质文明，而且要有高度的精神文明。只有两个文明都搞好，才是中国特色的社会主义。他特别告诫我们“要坚持两手抓”、“两手都要硬”，“不加强精神文明的建设，物质文明的建设也要受破坏，走弯路。光靠物质条件，我们的革命和建设都不能胜利”①。过去我们党无论怎样弱小，无论遇到什

① 《邓小平文选》，1版，第3卷，144页。

么困难，一直有强大的战斗力，主要是我们始终强调精神的力量，有社会主义和共产主义的理想信念。改革开放以后，我们的物质文明建设取得了举世瞩目的成就，但有些同志却忽视了精神力量的作用。值得注意的是，物质文明发展了，一些消极腐朽的东西也跟着进来了，并在一定范围内不断蔓延。针对这样的情况，早在 1986 年，邓小平同志就语重心长地说："经济建设这一手我们搞得相当有成绩，形势喜人，这是我们国家的成功。但风气如果坏下去，经济搞成功又有什么意义？会在另一方面变质，反过来影响整个经济变质，发展下去会形成贪污、盗窃、贿赂横行的世界。"① 因此，坚持两手抓、两手都要硬，加强精神文明建设，成为邓小平同志特别关注的重大实践问题和理论问题。

精神文明建设，是一个包括多方面、多层次的系统工程，有繁重的工作要做，如建设社会主义道德体系、加强公民道德建设、促进党风和社会风气的根本好转、重视青少年思想道德教育、开展文明村镇和文明社区活动等等。但是，一切精神文明建设活动，都必须落脚在培育社会主义"四有"新人这一主要要求上来。邓小平同志不止一次地明确指出，精神文明建设的关键是要培育社会主义的"四有"新人。他把培育"四有"新人作为社会主义精神文明建设的"主要目的"和"根本要求"。

1982 年，在军委座谈会上的讲话中，邓小平同志就说："搞社会主义精神文明，主要是使我们的各族人民都成为有理想、讲道德、有文化、守纪律的人民。"② 1983 年，在《建设社会主义的物质文明和精神文明》一文中，他又说，建设社会主义精神文明"最根本的是要使广大人民有共产主义的理想，有道德，有文化，守纪律"③。之后，他多次强调要"教育全国人民做到有理想、有道德、有文化、有纪律"④，要把"四有"新人作为对全体人民和干部的要求。他明确地指出："要教育人民成为'四有'人民，教育干部成为'四有'干部。"⑤

离开了培育"四有"新人这一主要要求，精神文明建设就难以落到实处，就不能达到应有的效果。因此，检验我们精神文明建设是否取得

① 《邓小平文选》，1 版，第 3 卷，154 页。
② 《邓小平文选》，2 版，第 2 卷，408 页。
③ 《邓小平文选》，1 版，第 3 卷，28 页。
④ 同上书，110 页。
⑤ 同上书，205 页。

成效和进展的根本性的评价标准，就是要看在培育“四有”新人上所取得的成果如何。

三、“有理想”包括共产主义理想和社会主义现代化理想

为什么要突出“有理想”？我们所强调的“理想”，应当是什么样的“理想”？这是我们认识和把握“四有”新人的一个关键之点。邓小平同志是一个坚定的马克思主义者，对社会主义和共产主义抱有坚定的信心。“四有”新人中的“有理想”，包含着两个层次：一个是“共产主义的远大理想”，一个是“社会主义现代化”的现实理想。这两者是相互联系和相辅相成的，前者是最终理想，后者是实现最终理想之现实追求。没有共产主义的远大理想，我们就会迷失方向；没有社会主义现代化的现实理想，我们就容易脱离实际，就会忽视我们正在从事的事业。我们要把共产主义的远大理想和社会主义现代化的现实理想紧密地结合起来，使两者统一于建设中国特色社会主义的实践过程之中。邓小平同志多次明确地强调，“要树立共产主义的远大理想”①，“要特别教育我们的下一代下两代，一定要树立共产主义的远大理想”②。从长期的革命与建设的发展历程和经验教训中，邓小平概括出一条真理，这就是，我们过去干革命之所以能战胜一切敌人、取得新民主主义革命的最后胜利，就是因为我们有坚定的社会主义和共产主义的理想。没有这一崇高的理想，我们就绝不能克服前进道路上的艰难险阻，也就不可能取得今天的胜利。在社会主义初级阶段，在改革开放和建立、完善社会主义市场经济的过程中，面对西方敌对势力“西化”、“分化”的图谋，我们更需要特别强调树立社会主义和共产主义理想的重要意义。社会主义和共产主义理想，反映了历史发展的客观规律和人民群众的根本愿望，是人类有史以来最伟大、最崇高的科学理想。

邓小平同志说：“我们多年奋斗就是为了共产主义，我们的信念理想就是要搞共产主义。在我们最困难的时期，共产主义的理想是我们的

①② 《邓小平文选》，1版，第3卷，111页。

精神支柱，多少人牺牲就是为了实现这个理想。”① 共产主义理想的实现，需要经过几代、几十代人的努力。共产主义理想是一种巨大的精神动力，它引导、鼓舞着共产党员和先进分子，鼓舞着千千万万的人民群众为实现这一崇高的理想社会而英勇奋斗。为此，必须使广大人民群众牢固地树立起共产主义的理想。

在树立共产主义远大理想的同时，我们还必须树立起“社会主义现代化”的现实理想，从而更好地为实现我们当前的任务不懈努力。邓小平同志说：“我们历来提倡有理想、有道德、有文化、有纪律，其中最重要的是有理想、有纪律。理想就是社会主义现代化。很多人只讲现代化，忘了我们讲的现代化是社会主义现代化。”② 实现共产主义是一个漫长的历史过程，为了实现共产主义，我们必须脚踏实地为实现党在现阶段的基本纲领而不懈奋斗，扎扎实实地做好当前的每一项工作。

四、“有道德”就是要坚持社会主义道德和共产主义道德

“有道德”是邓小平同志所提出的“四有”新人的一个重要方面。

邓小平同志认为，鉴于人们有先进和落后的差异，有道德水平高低的不同，我们对每个人的道德要求，也应当区别对待、分出层次。他说：“我们在鼓励帮助每个人勤奋努力的同时，仍然不能不承认各个人在成长过程中所表现出来的才能和品德的差异，并且按照这种差异给以区别对待，尽可能使每个人按不同的条件向社会主义和共产主义的总目标前进。”③ 邓小平同志实际是提出了道德建设的先进性同群众性的关系问题，强调要把道德建设的先进性和群众性结合起来，这一思想对我们的道德建设沿着“实事求是”的路线发展，具有重要意义。

共产主义道德是社会主义道德的最高要求和最高层次，这就是“全心全意为人民服务”、“大公无私”、“毫不利己、专门利人”、“一不怕苦、二不怕死”等道德的最高要求。邓小平认为，尽管这些要求主要是

① 《邓小平文选》，1版，第3卷，137页。

② 同上书，209页。

③ 《邓小平文选》，2版，第2卷，106页。

用来约束共产党员和先进分子言行的规范，在目前只有少数人才能达到，但是，我们决不能因此而忽视它们对提高广大人民群众的道德素质和改善社会风气的重要意义。对于那些否定在当前应提倡共产主义道德的意见，邓小平同志曾给予尖锐的批评，他说：“我们在新民主主义革命时期，就已经坚持用共产主义的思想体系指导整个工作；用共产主义道德约束共产党员和先进分子的言行；提倡和表彰‘全心全意为人民服务’，‘个人服从组织’，‘大公无私’，‘毫不利己、专门利人’，‘一不怕苦、二不怕死’。现在已经进入社会主义时期，有人居然对这些庄严的革命口号进行‘批判’，而这种荒唐的‘批判’不仅没有受到应有的抵制，居然还得到我们队伍中一些人的同情和支持。每一个有党性、有革命性的共产党员，难道能够容忍这种状况继续下去吗？”① 邓小平同志还特别强调，对于共产党员和党的干部来说，更应当用共产主义道德来约束自己，“要教育全党同志发扬大公无私、服从大局、艰苦奋斗、廉洁奉公的精神，坚持共产主义思想和共产主义道德”②。他一再告诫人们，党和政府愈是实行积极改革和对外开放的政策，党员尤其是党的高级负责干部，就愈要高度重视、愈要身体力行共产主义思想和共产主义道德。

对广大群众来说，应当提倡个人利益服从国家利益、集体利益高于个人利益、以集体利益为重的道德要求。邓小平同志说：“不讲多劳多得，不重视物质利益，对少数先进分子可以，对广大群众不行，一段时间可以，长期不行。革命精神是非常宝贵的，没有革命精神就没有革命行动。但是，革命是在物质利益的基础上产生的，如果只讲牺牲精神，不讲物质利益，那就是唯心论。”③ 在社会主义制度下，个人利益要服从集体利益，局部利益要服从整体利益，暂时利益要服从长远利益。这决不是说我们不重视个人利益，而是更好地保证个人利益的实施。如果违反集体利益而追求个人利益，违反整体利益而追求局部利益，到头来，势必两头都受损失。

邓小平同志一再告诫我们，“为了国家和集体的利益，为了人民大众的利益，一切有革命觉悟的先进分子必要时都应当牺牲自己的利益。我们要向全体人民、全体青少年努力宣传这种高尚的道德”④。邓小平

---

①② 《邓小平文选》，2版，第2卷，367页。

③ 同上书，146页。

④ 同上书，337页。

同志强调，能不能坚持集体主义，是社会主义区别于资本主义的一个重要原则。他说："我们提倡按劳分配，承认物质利益，是要为全体人民的物质利益奋斗。每个人都应该有他一定的物质利益，但是这决不是提倡各人抛开国家、集体和别人，专门为自己的物质利益奋斗，决不是提倡各人都向'钱'看。要是那样，社会主义和资本主义还有什么区别?"① 他提醒人们，要充分认识个人主义的腐朽思想同为人民服务的根本对立，指出这种个人主义的思想如不及时制止，就有可能发展到小集团的活动，走上极端错误的道路，因此，要求我们的"四有"新人一定要具有集体主义的精神。

在提倡集体利益高于个人利益的同时，他十分重视"爱祖国，爱人民，爱劳动，爱科学，爱护公共财物"等社会公德的要求，特别是"热爱社会主义祖国"的道德要求，把"热爱社会主义祖国"作为社会主义道德的重要内容。他说："我们一定要在全党和全国范围内有领导、有计划地大力提倡社会主义道德风尚，热爱社会主义祖国，提高民族自尊心，还要进行坚持社会主义道路、反对资本主义腐蚀的革命品质教育。"②

五、"有文化"就是要提高科学、技术、文化水平

当今世界，科学技术突飞猛进，世界经济正日新月异地向前发展，我们既面临着前所未有的大好机遇，也经受着空前激烈的国际竞争。这一竞争的核心，从一定意义上，也可以说就是人才的竞争，而人才竞争中的重要因素之一，就是科学、技术、文化素养的提升。因此，掌握先进的科学、技术、文化知识，就成为社会主义新人的一个重要要求。

早在1956年中国共产党第八次全国代表大会《关于修改党章的报告》中，邓小平同志就提出"党必须特别注意培养精通生产技术和其他各种专门业务知识的干部"③，明确地提出了文化、科学知识的重要性。

① 《邓小平文选》，2版，第2卷，337页。

② 同上书，262页。

③ 《邓小平文选》，2版，第1卷，251页，北京，人民出版社，1994。

对培养干部的标准，他强调“总的是又红又专，红专结合”。1957年，在共青团全国第三次代表大会上，他告诫青年“要结合建设祖国的实践，努力学习马克思列宁主义，提高自己的共产主义觉悟，克服资产阶级思想以及其他各种错误思想的影响。我们要努力学习各种劳动的本领，不断提高自己的文化、科学技术水平”①。1978年，在全国教育工作会议上的讲话中，邓小平同志提出我们要大力在青少年中提倡勤奋学习、遵守纪律、热爱劳动、助人为乐、艰苦奋斗、英勇对敌的革命风尚，把青少年培养成为又红又专的接班人。同年，邓小平同志在全国科学大会开幕式上的讲话中，突出地强调了文化、科学、技术对发展生产力的重要性，阐述了科学、技术、文化对社会主义新人的意义。他说：“今天，由于现代科学技术的日新月异，生产设备的更新，生产工艺的变革，都非常迅速。许多产品，往往不要几年的时间就有新一代的产品来代替，劳动者只有具备较高的科学文化水平，丰富的生产经验，先进的劳动技能，才能在现代化的生产中发挥更大的作用。在我们的社会里，广大劳动者有高度的政治觉悟，他们自觉地刻苦钻研，提高科学文化水平，从而必将在生产中创造出比资本主义更高的劳动生产率。”②

六、“有纪律”是一切事业成败的关键

“四有”中的“有纪律”，是邓小平同志对毛泽东同志社会主义新人思想的一个重要发展。新中国成立以后，毛泽东同志对社会主义的新人，曾提出“又红又专”和“德智体全面发展”的要求，强调理想信念、思想道德、科学文化和健康体格的重要意义。邓小平同志在强调前三者的同时，又进一步提出“有纪律”在“四有”新人的品格中具有特别重要的地位。他明确地指出，“我们历来提倡有理想、有道德、有文化、有纪律，其中最重要的是有理想、有纪律”，“要搞四个现代化，使中国发展起来，就要有纪律、有秩序地进行建设”③。

① 《邓小平文选》，2版，第1卷，277页。

② 《邓小平文选》，2版，第2卷，88页。

③ 《邓小平文选》，1版，第3卷，209页。

在"四有"新人的培养中，强调"有纪律"的要求，是邓小平同志深思熟虑的结果。他从社会主义事业的兴衰成败出发，总结近代以来中国之所以成为一盘散沙而受人欺凌的教训，考虑到在社会主义革命和建设的长期过程中可能遇到的困难和挫折，认为"有纪律"是培养社会主义"四有"新人的一个必不可少的重要方面。有没有严格的"纪律"，是中国革命和社会主义事业成败的关键。中国是一个具有十几亿人口的大国，如果没有纪律，"就会像旧中国那样一盘散沙，那我们的革命怎么能够成功？我们的建设怎么能够成功？"① 更加值得指出的是，中国的发展，必须在一个稳定的环境下，在一个有领导、有秩序的环境下才能顺利健康地前进，如果没有严格的纪律要求，社会就可能发生动荡，人民也就不可能安心地进行经济、政治和文化建设，就不可能保证国家的繁荣和富强。

在社会主义市场经济条件下进行经济建设，既要充分发挥各个方面的积极性，又必须有统一的纪律作保障。下级服从上级、局部服从全局、地方服从中央的思想，就是"有纪律"的一个重要体现。如果让那种"我行我素"的无纪律现象泛滥起来，其结果必然会是纪律松懈、各行其是，从而断送我们的事业。目前我国地方本位主义、地方保护主义、"上有政策，下有对策"等种种违法乱纪现象未能得到及时的纠正和克服，正说明"有纪律"的要求，还需要进一步加强和落实。

"有纪律"不是提倡盲目地服从，而是强调对中央和上级的正确决定，要坚定地加以执行，不以任何借口敷衍塞责，要有大局意识和责任意识，最大限度地维护国家和人民的利益，即使个人利益和小团体利益受到损失，也应在所不惜。

"有纪律"是与崇高的共同理想联系在一起的。有了共同的理想，有了铁的纪律，就能够同心同德、一心一意地建设我们的国家。对纪律的服从，不是盲目的，而是自觉的。社会主义和共产主义的理想，是我们"有纪律"的基础；正如邓小平所指出的，"中国要坚持社会主义制度，要发展社会主义经济，要实现四个现代化，没有理想是不行的，没有纪律也是不行的"②。

---

① 《邓小平文选》，1 版，第 3 卷，111 页。

② 同上书，124 页。

七、培育“四有”新人要从青少年抓起

培育“四有”新人要特别注意加强青少年的思想道德教育，要“从娃娃抓起”，这是邓小平同志的一个重要思想。

青少年时期，不但是学习科学文化知识的重要时期，而且是培育道德品质的关键时期。如果在这段时期没有打好品德的基础，就容易受到各种腐朽思想的侵蚀。由于我们进行的社会主义现代化建设是在改革开放的条件下进行的，西方资本主义社会的腐朽思想以及没落的生活方式，也必然要以各种手段、通过各种渠道来影响和腐蚀我们的青少年。同时，随着社会主义市场经济的不断发展，在个人利益的驱动下，一些不法之徒为了满足个人的贪欲，也不惜采取各种卑劣手段，诱骗青少年走上违法犯罪的道路。一旦我们的青少年受到腐蚀，必将危害我们的民族和国家的兴旺发达。

只有“从娃娃抓起”，才能使广大青少年增强免疫力，提高辨别是非、善恶、美丑的能力，才能抵御来自社会各方面的诱惑，从而免于走上违法犯罪的道路；只有“从娃娃抓起”，才能使广大青少年在“四有”新人思想的哺育下健康地成长。

对青少年的思想道德教育的有效方法，就是要从小养成良好的道德习惯，使习惯成自然。只有经过长期的教育、陶冶、培育和引导，才能使青少年在知识增长的同时，其道德也与日俱进；在智力不断发展的过程中，品德也相应提高。这也就是古人所说的“习与智长、化与心成”，在潜移默化中，使青少年远离邪恶、心向美德。

八、“四有”新人与社会的全面发展

社会的发展，必须以人的全面发展为中心，使经济、政治、文化建设的各个方面都得到全面、协调、可持续的发展。我们不但要大力发展生产力、促进经济的迅猛进步，而且要注意环境保护，实现经济、人口、资源和环境的平衡与协调，决不能只看到眼前的、暂时的、局部的

利益而损害长远的利益。

邓小平同志强调，没有社会主义的“四有”新人，就不可能有社会主义现代化的实施与发展，他把培育“四有”新人作为社会全面发展的根本保证。

邓小平同志指出，“我们要在建设高度物质文明的同时，提高全民族的科学文化水平，发展高尚的丰富多彩的文化生活，建设高度的社会主义精神文明”①，不提高人的思想道德素质，物质文明的建设也要受破坏、走弯路，“精神文明，不但是指教育、科学、文化（这是完全必要的），而且是指共产主义的思想、理想、信念、道德、纪律，革命的立场和原则，人与人的同志式关系，等等”②。从这里可以看出，邓小平同志重视人、关怀人，对社会主义新人在社会发展中的地位给予了高度重视。

社会的全面发展是由广大人民群众来推动的，是以人民群众的根本利益为唯一目的的。正是在这一意义上，人的全面发展，成为社会全面发展的中心环节。所谓“人的全面发展”，包括两个方面的内容：一是社会的全面发展，要以长远地满足人民群众不断增长的需要为目的；二是要把提高人民的思想道德素质，促进人的全面发展，作为一切工作的出发点和落脚点。只有实现了人的全面发展，社会的全面发展才能得到保障；离开了人的全面发展，社会的全面发展就不可能实现。邓小平同志关于培育“四有”新人的思想，体现了他对人的全面发展在社会发展中的地位的深刻认识。

① 《邓小平文选》，2 版，第 2 卷，208 页。

② 同上书，367 页。

第五编

建设先进文化

市场经济下社会主义文化建设的作用*

市场经济是什么？这几年有多种概括。十四届六中全会提出，社会主义市场经济不仅仅是与社会主义政治制度、经济制度结合在一起，而且是和社会主义精神文明建设结合在一起。我觉得这是个新的提法，就是说，社会主义市场经济要受社会主义的政治制度、经济制度和精神文明建设的制约、影响和引导，使社会主义市场经济按照社会主义的方向、道路向前发展。社会主义精神文明建设与文化建设对市场经济不完全是一个适应的问题，还有一个影响和导向的问题。精神文明建设、文化建设要不要适应市场的需要？一般意义上说，应当适应市场经济。但市场经济既有它的积极作用，又有它的消极作用，还有它的缺陷。因此，笼统地提精神文明建设要适应市场经济的发展，就不是很科学。十四届六中全会决议提出，精神文明建设对社会主义市场经济、物质文明建设有极大的能动作用。江泽民同志说，精神文明建设不但对物质文明建设有推动作用，而且能保证它的正确的发展方向。这个思想对我们进行思想道德建设、文化建设很重要。思想道德建设、文化建设要引导市场经济，要影响它，克服它的消极方面，这样才能保证我们社会主义建设不至于走到邪路上去，而是沿着社会主义道路向前发展。这里面存在两个理论问题：一是物质文明建设或者说市场经济本身是不是没有方

* 本文原载《中国文化报》，1997-06-05。

向，它是否需要一个意识形态的东西来保证它的发展；另外一个问题是，文化建设、思想道德建设如何保证它的方向。我认为，物质文明、市场经济本身没有方向。市场经济是一种手段，它既可以与资本主义结合，又可以与社会主义结合。但我们应该明确地意识到，市场经济几百年来一直是同资本主义制度紧密结合的。现在，市场经济的一般形态与社会主义结合在一起，那么就有一个要用社会主义意识形态来引导它的方向的问题。在现实的情况下，我们必须强调用社会主义的政治制度、经济制度和精神文明建设来制约、影响、引导它的方向，保证它沿着社会主义方向前进。要看到，精神文明建设、思想道德建设、文化建设在培养人的人生观、价值观，提高人的素质，形成人的理想、信念方面有极其重要的作用。一个国家的现代化并不单纯是经济上的现代化。经济上的现代化在一定意义上可以说是手段，经济上的现代化的最终目的是要达到社会的共同富裕，建成一个理想的社会。实现社会主义理想、共产主义理想才是我们现代化的目的。在现代化进程中，意识形态起非常大的作用。所以，精神文明建设、思想道德建设、文化建设尽管对社会不像政治、经济那样起着更直接的作用，但是它对形成人们的理想、信念，提高人的素质，起着潜移默化的作用，使人们走向社会主义，远离资本主义，使人们在潜移默化中对社会主义有感情，对资本主义有正确的认识和分析，使我们在思想教育和灵魂深处形成对社会主义的向心力、凝聚力，这是精神文明建设、思想道德建设、文化建设应该起到的重要作用。

我们现在的经济基础是以公有制为主体，多种经济成分共存。根据马克思主义的基本原理，我们的意识形态当然要适应经济基础，服务于经济基础，而道德更是一定经济形态的产物。我觉得既要强调意识形态对市场经济适应的一面，也要强调它对市场经济消极面的影响、引导、抵制的方面。十四届六中全会决议谈到了市场的弱点和消极方面。我觉得我们在相当长的时间内，对市场经济的积极方面强调得比较多，有意无意地不愿意承认或者回避市场的弱点和消极方面，好像提市场的弱点和消极方面对发展社会主义市场经济不好。实际上，我们要使社会主义市场经济健康发展，就要正视它的弱点和消极方面，不要讳言市场的弱点和消极方面。从伦理道德上看，市场所形成的竞争观念对人的素质的提高是有帮助的，但也要看到市场所导致的拜金主义、个人主义、享乐主义的影响。社会主义社会应当把人民利益和国家利益放在首位。文化建设要花大力气，发挥更强的能动作用，去克服市场经济带来的消极方面。通过社会主义文化、意识形态，潜移默化地加强人的素质的培养，保证我们沿着社会主义道路前进、发展。

为建设有中国特色社会主义的文化而奋斗*

江泽民同志在党的十五大所作的政治报告，全面而深刻地阐明了邓小平理论的历史地位和指导意义，对我们今后的社会主义现代化建设的实践和社会科学理论的发展，都有极其重大的意义。正如十五大报告中所指出的，“建设有中国特色社会主义的文化，就是以马克思主义为指导，以培育有理想、有道德、有文化、有纪律的公民为目标，发展面向现代化、面向世界、面向未来的，民族的科学的大众的社会主义文化。这就要坚持用邓小平理论武装全党，教育人民；努力提高全民族的思想道德素质和教育科学文化水平；坚持为人民服务、为社会主义服务的方向和百花齐放、百家争鸣的方针，重在建设，繁荣学术和文艺。建设立足于中国现实、继承历史优秀传统、吸取外国文化有益成果的社会主义精神文明”。现在，就建设有中国特色社会主义文化问题，谈几点自己的认识。

一

十五大报告把社会主义文化建设的重要作用，提到了一个新的高度。

---

* 本文系 1997 年 9—10 月在国家教委和《人民日报》社召开的座谈会上的发言稿，并摘要发表在 1997 年 10 月 10 日《人民日报》（理论版）及 1997 年 11 月 28 日《中国教育报》。

江泽民同志在十五大报告中把社会主义的文化建设提到了社会主义的基本特征和基本属性的高度，使我们对社会主义的认识更加全面、更加深刻和更为完整，对我们今后更好地建设社会主义，有非常重要的指导作用。报告明确提出："社会主义现代化应该有繁荣的经济，也应该有繁荣的文化。"又说："有中国特色社会主义的文化，就其主要内容来说，同改革开放以来我们一贯倡导的社会主义精神文明是一致的。文化相对于经济、政治而言。精神文明相对于物质文明而言。只有经济、政治、文化协调发展，只有两个文明都搞好，才是有中国特色社会主义。"江泽民同志在他的报告中还多次强调经济、政治、文化协调发展是邓小平理论的重要内容，我们必须全面、完整地领会邓小平理论的这一思想。他强调"有中国特色社会主义的文化，是凝聚和激励全国各族人民的重要力量，是综合国力的重要标志"，把有中国特色的社会主义的文化，提高到凝聚和激励全国各族人民力量和保证综合国力的高度。我们都知道，为了更好地建设有中国特色的社会主义，一个很重要的任务，就是要形成一种共同理想和精神支柱。我们怎么样和如何才能形成这种共同理想和精神支柱呢？江泽民同志说："在全社会形成共同理想和精神支柱，是有中国特色社会主义文化建设的根本任务。"对于精神文明建设和文化建设的重要性，他还曾明确地指出："物质贫乏不是社会主义，精神空虚也不是社会主义。"江泽民同志在十五大的报告中，还进一步强调了"社会全面进步"的重要性。正如报告中所指出的，社会主义现代化的实践经验告诉我们，一个社会的全面进步，至少应包括三个方面的内容：第一，是经济的发展，就是大力发展生产力，提高社会的物质财富；第二，是政治的进步，就是在坚持四项基本原则的前提下，推进政治体制改革，扩大社会主义民主，健全社会主义法制；第三，是文化的繁荣，也就是要充分发挥马克思主义、毛泽东思想和邓小平理论在社会主义现代化建设中的指导作用，切实把教育摆在优先发展的战略地位，加强思想、道德、文学、艺术等文化因素的力量，提高全民族的思想道德素质和科学文化素质。江泽民同志所说的"社会全面进步"，就是说，只有这三个方面都得到了不断的进步和发展，社会才算得到了全面的进步。这也就是说，如果只有经济的发展，或者是既有经济的发展，又有政治的进步，我们的社会仍然不能算达到了全面的进步。江泽民同志还强调，有中国特色社会主义的文化，既是社会全面进步的一个重要方面，又对经济和政治的发展起巨大的促进作用。

改革开放近二十年的经验告诉我们，精神文明和文化建设搞好了，人民群众的思想觉悟提高了，社会风气好转了，人和人之间的关系协调了，社会稳定了，就能够对我们的经济建设起到很好的促进作用。反之，如果我们在这方面产生失误，忽视了思想政治教育，忽视了思想道德建设，就必然会对我们的经济建设产生消极的影响，甚至会造成社会的动荡。大力加强社会主义的文化建设特别是思想道德建设，不但不会妨碍我们的经济建设和经济发展，而且必然会推动和加速我们的经济建设的速度。在社会主义市场经济的条件下，对一切损人利己、损公肥私、坑蒙拐骗等行为，一方面要靠法制建设来加以规范，另一方面，更重要的是，还要积极地进行社会主义的思想政治教育和道德教育，不断提高广大人民群众的思想政治觉悟。

总之，江泽民同志在十五大报告中所提出的有中国特色的社会主义文化建设的根本任务、社会主义文化建设对全国各族人民的重要的凝聚和激励力量，以及江泽民同志所强调的“社会全面进步”的思想等有关文化建设的一系列论述，是对邓小平理论关于文化建设思想的进一步发展，不但使我们对社会主义文化在社会主义现代化建设中的作用的认识有了新的提高，而且使我们对什么是社会主义和怎样建设社会主义有了更加全面和更加深刻的认识。

二

十五大报告进一步发展了邓小平同志关于培育“四有”新人的理论，对进一步提高全国人民的素质，有着重要的意义。

社会主义文化建设的核心问题，就是要培育能够适应社会主义现代化要求的“四有”新人。邓小平同志生前非常强调“搞社会主义精神文明，主要是使我们的各族人民都成为有理想、讲道德、有文化、守纪律的人民”。他把“四有”新人的培养，看做精神文明建设也就是社会主义文化建设的最重要的目的。江泽民同志进一步发展了邓小平理论中关于提高全民族的素质和培育“四有”新人的理论，这是我们在学习十五大报告时需要认真加以体会的。自从 1992 年以来，特别是从党的十四大以来，江泽民同志不断地强调要弘扬爱国主义、集体主义和社会主义三个主旋律，提出要“以科学的理论武装人，以正确的舆论引导人，以高尚的精神塑造人，以优秀的作品鼓舞人”，强调要引导人们树立正确的世界观、人生观和价值观。江泽民同志根据党的建设和培育“四有”新人的实践经验，根据党员思想发展变化的实际情况，根据党的纪律检查工作所提供的正反两方面的事例，从怎样才能更加有效地达到培育“四有”新人的目的出发，强调了加强世界观、人生观和价值观在提高党员的觉悟和培育“四有”新人中的重要作用，是有重要的实践意义和理论意义的。世界观、人生观和价值观，关系到一个人对个人利益同社会利益和国家利益的根本看法，关系到一个人的理想信念和人生的追求，关系到对社会生活中美丑善恶的评价和辨别，关系到一个人待人处世的根本态度。怎样来处理个人利益同集体利益的关系，什么样的理想才是人们所应当追求的，只有这些问题解决得好或解决得比较好，培育“四有”新人的工作才能取得好的效果。怎样来解决世界观、人生观和价值观的问题呢？他指出：要解决好世界观、人生观问题，最重要的是引导组织广大干部和党员深入学习马克思列宁主义、毛泽东思想，特别是深入学习邓小平同志建设有中国特色社会主义理论，用以武装头脑和指导各项工作。江泽民同志关于社会主义精神文明建设，特别是关于培育“四有”新人、弘扬三个主旋律、加强“三观”教育和提高全民族素质的一系列讲话，是对邓小平理论的重要发展，对于建设有中国特色的社会主义文化和培育“四有”新人有非常重要的指导意义。

三

十五大报告在道德建设上强调要“深入持久地开展以为人民服务为核心、集体主义为原则的社会主义道德教育”，并把这一教育看做形成全社会共同理想和精神支柱的重要措施。

在创造绚丽多彩的有中国特色的社会主义文化中，特别是在思想道德建设中，为人民服务的思想和集体主义的原则，是我们在意识形态和思想道德建设中的重要的指导思想。正如江泽民同志在党的十五大报告中所提出的，我们一定要“深入持久地开展以为人民服务为核心、集体主义为原则的社会主义道德教育”。在社会主义市场经济的条件下，多种经济成分的存在和发展，必然会导致价值取向的多元化；封建地主阶级和资产阶级的腐朽思想的影响，给我们的思想道德建设提出了许多新的问题。在意识形态领域中，我们应当坚持价值导向的一元化，坚持社会主义的方向。在思想道德建设上，我们一定要从实际出发，在认真提倡共产主义道德的同时，要力求把先进性的要求和广泛性的要求结合起来。我们必须坚持为人民服务的思想和集体主义的原则。为人民服务既是我们党的宗旨，是对每个共产党员的要求，也是社会主义道德建设的核心，又是社会主义社会中人与人之间都应当遵守的一个道德规范。社会主义的集体主义原则，是我们的社会主义道路和方向所要求的。集体主义原则提倡，在社会主义建设中，一方面要发挥个人的积极作用，同时强调，个人要以集体利益和国家利益为重，强调在个人利益与集体利益发生矛盾时，个人利益要服从集体利益和国家利益。毛泽东同志在中国革命和建设的实践中多次强调个人服从集体、局部服从全局、地方服从中央、眼前利益服从长远利益的重要性，并进一步论证了集体利益和个人利益的辩证关系。邓小平同志从建设有中国特色的社会主义的实践出发，强调“在社会主义社会中，国家、集体和个人的利益在根本上是一致的，如果有矛盾，个人的利益要服从国家和集体的利益”①。又说：“在社会主义制度之下，个人利益要服从集体利益，局部利益要服从整体利益，暂时利益要服从长远利益，或者叫做小局服从大局，小道理服从大道理。我们提倡和实行这些原则，绝不是说可以不注意个人利益，不注意局部利益，不注意暂时利益，而是因为在社会主义制度之下，归根结底，个人利益和集体利益是统一的，局部利益和整体利益是统一的，暂时利益和长远利益是统一的。我们必须按照统筹兼顾的原则来调节各种利益的相互关系。如果相反，违反集体利益而追求个人利益，违反整体利益而追求局部利益，违反长远利益而追求暂时利益，那么，结果势必两头都要受损失。”我们是一个有着 12 亿人口的大国，是一个有着五十多个民族的多民族国家，加强集体主义的教育，不但对保证我国的社会主义道路是必要的，而且，对加强我国各族人民的凝聚力和向心力，对巩固国家统一、维护民族团结、增强民族自信，都有着十分重要

① 《邓小平文选》，2 版，第 2 卷，337 页。

的意义。

四

十五大报告在社会主义文化建设上提出了“以我为主、为我所用”的原则，对繁荣和发展我国的社会主义文化有重要意义。

在文化建设上，怎样对待我们的革命传统，怎样对待中国古代的传统文化和世界各国文化，特别是怎样对待西方的文化，关系到有中国特色的社会主义文化建设的发展，是我们在文化建设中需要正确对待的一个重要的问题。在这一问题上，邓小平同志曾经指出，要继承民族的和党的优良传统，吸收和借鉴人类文明成果，来发展我们的社会主义的文化。他还特别提出，要以马克思主义的立场、观点和方法，对西方文化进行鉴别和分析，既要警惕西方没落文化对我们的腐蚀，同时，又要有计划、有选择地引进它们的先进的东西。江泽民同志最近几年来，更加明确地多次提到要很好地继承无产阶级的革命传统，弘扬中华民族的优良文化传统，要吸取一切人类文明的优秀成果，以便更好地建设社会主义的新文化。关于道德建设方面，他明确地提出要“弘扬中国古代优良道德传统和革命道德传统，吸取人类一切优秀道德成就，努力创造人类先进的精神文明”。在十五大的报告中，江泽民同志又提出：“我国文化的发展，不能离开人类文明的共同成果。要坚持以我为主、为我所用的原则，开展多种形式的对外交流，博采各国文化之长，向世界展示中国文化建设的成就，坚决抵制各种腐朽思想文化的侵蚀。”江泽民同志所提出的要弘扬中国古代优良传统和革命传统、吸取人类一切优秀成就、博采各国文化之长和坚决抵制各种腐朽思想文化侵蚀的思想，特别是他所提出的“以我为主、为我所用”的原则，是在建设有中国特色的社会主义文化问题上，对邓小平理论的新的发展。

怎样理解江泽民同志所提出的“以我为主、为我所用”的原则？我觉得主要有三个方面的意思，需要我们认真加以领会：一是不论是继承中国古代优良传统文化，还是吸收世界上一切国家和民族所创造的优秀文化，都必须是以建设我国的社会主义文化为主，也就是说，要有利于有中国特色的社会主义文化的繁荣和发展；二是要能够为有中国特色的社会主义文化所用，也就是说，建设有中国特色的社会主义文化是目的，继承传统和吸收一切外国文化都是为了达到这一目的的手段；三是在继承中国古代的优秀文化遗产、吸收人类一切优秀道德成就和博采各国文化之长的时候，一定要坚持马克思主义的指导思想，坚持社会主义的道路和方向，要坚决抵制各种腐朽思想的侵蚀，注意防止封建思想的复活，高度警惕某些西方国家对我们的“西化”和“分化”。只有如此，我们才算是贯彻和执行了“以我为主、为我所用”的原则。

总体来看，一方面要弘扬中华民族的优良文化传统，一方面要继承和发展无产阶级的文化传统，同时，还要吸取全人类的一切优秀文化，只要我们能把这三个方面结合起来，我们就一定会创造出更加绚丽多彩的有中国特色的社会主义文化，也就一定能够向世界展示中国文化建设的成就，对人类文明做出更大的贡献。

江泽民同志的十五大报告，给了我们极大的鼓舞，作为从事思想道德研究和教育工作的教师，我们一定要在邓小平理论的指导下，在以江泽民为核心的党中央的领导下，尽自己的力量，为创造绚丽多彩的有中国特色的社会主义文化而贡献自己的力量。

以“三个代表”思想指导道德建设*

江泽民同志提出的“三个代表”的思想，是把马克思主义理论同当前我国现实结合的理论创新的新贡献，对推进我们各项工作有重要的指导意义。这一思想是为党和国家今后发展和壮大所提供的强大的思想武器。

在庆祝中国共产党成立80周年大会上的讲话中，江泽民同志指出，“在当代中国，发展先进文化，就是发展有中国特色社会主义的文化，就是建设社会主义精神文明”，“发展社会主义文化的根本任务，是培养一代又一代有理想、有道德、有文化、有纪律的公民”。江泽民同志更进一步强调，“加强社会主义思想道德建设，是发展先进文化的重要内容和中心环节”，从而把思想道德建设的重要意义，提高到了一个新的高度。我们必须认识到，如果只讲物质利益，只讲金钱，不讲理想，不讲道德，人们就会失去共同的奋斗目标，失去行为的正确规范。只有加强思想道德建设，我们中华民族的振兴才能有强大的精神支柱。

第一，从道德建设方面来说，社会主义道德和共产主义的理想，是先进文化的重要组成部分，是当前伦理精神的最高体现。在社会主义的初级阶段，我们既要注意道德建设的广泛性和群众性，脚踏实地，把社

---

* 本文原载《光明日报》，2001-07-10。

会主义道德建设的基本要求落到实处；同时，要旗帜鲜明地坚持社会主义道德建设的先进性，一方面要求所有共产党员和先进分子，必须身体力行地履行社会主义道德和共产主义道德，另一方面要高瞻远瞩地向广大人民群众宣传和提倡共产主义道德，宣传共产主义的崇高理想和信念。离开现实的道德实际而只谈共产主义道德的崇高理想，就会脱离实际；忘记共产主义道德的远大理想而只谈道德的基本要求和最低要求，就会失去前进的方向。

第二，在社会主义市场经济条件下，随着利益主体的日益多样化，在价值观上也出现了前所未有的新情况、新问题和新矛盾。在多种价值取向的情况下，根据江泽民同志“三个代表”的思想，我们在价值观上，要旗帜鲜明地坚持马克思列宁主义、毛泽东思想、邓小平理论的指导，必须坚持价值导向的一元化，坚持社会主义道德建设的正确的价值导向。必须以“中国最广大人民的根本利益”为原则，把“中国最广大人民的根本利益”作为判断一切思想、行动和事物的有无价值和价值大小的最高标准。把国家和人民利益放在首位而又充分尊重公民个人合法利益的社会主义义利观，是我们一切行为所应当和必须依照的行为准则。我们必须充分尊重和保护个人的正当利益，保护个人的劳动所得，又要坚持国家利益、集体利益高于个人利益的原则。

第三，对待中国传统文化和传统道德，对待外国的一切文化道德遗产，都要以马克思主义的立场、观点和方法，采取批判地继承的原则，取其精华，弃其糟粕。既要大力弘扬和发展中华民族的一切优秀文化传统，又要努力学习和吸收外国的一切优秀文化道德成果。中华民族的优良文化传统和道德传统，党和人民从五四运动以来形成的革命文化道德和人类优秀文化道德成果，都要同时代的要求相结合，同现实的生动的实际和我国思想道德生活发展的新情况相结合。

第四，要大力建设与社会主义市场经济相适应的社会主义道德体系，要以为人民服务为核心，以集体主义为原则，以爱祖国、爱人民、爱劳动、爱科学、爱社会主义为基本要求，在实践中把这些内容和要求具体化、规范化和通俗化，逐步建立全社会的“公民道德”，更加明确地体现道德的先进性和群众性的结合，体现社会主义初级阶段的层次性的要求，使每一个公民都能够在不同岗位和不同层次上，履行自己应当履行的道德责任。要大力抵制一切腐蚀人们精神世界的腐朽的文化垃圾，在全社会大力加强道德教育，提高全民族的思想道德素质，把以德治国同依法治国紧密地结合起来，为社会保持良好的秩序和风尚营造高尚的思想道德基础。

以“三个代表”重要思想为指导加强思想道德建设*

党的十六大，把“三个代表”重要思想同马克思列宁主义、毛泽东思想、邓小平理论一道确立为党必须长期坚持的指导思想，实现了我们党的指导思想上的又一次与时俱进，这是一个历史性决策，对我国社会主义现代化建设的发展和进步，对中华民族的伟大复兴，都具有重要的意义。

“三个代表”重要思想，是把马克思主义理论同当前我国现实结合的理论创新的新贡献。马克思列宁主义、毛泽东思想、邓小平理论和“三个代表”重要思想是一脉相承的科学体系，它反映了当代共产党人理论创新和实践创新的统一。

“三个代表”重要思想的根本的目的就是要不断提高广大人民群众的物质生活和精神生活水平，提高人民群众的思想道德素质，满足人民群众的根本利益。思想道德建设是“先进文化的发展方向”的重要内容和中心环节，是丰富人民群众的精神生活、增强人民群众的精神力量的有力保证，是提高人民群众的思想道德素质、促进人的全面发展的根本手段。

一、充分认识思想道德建设的重要性

在学习和贯彻“三个代表”重要思想时，我们必须充分认识思想道

---

* 本文原载《以德治国与公民道德建设》。

德建设的重要意义，要把思想道德建设提高到一个新的高度来理解和把握。

加强社会主义思想道德建设，是发展先进文化的重要内容和中心环节，是以德治国的必然要求，是增强社会主义人际关系和谐、改善社会风尚、提升人民道德素质、维护社会稳定的重要保证。因此，我们应当把思想道德建设提高到以德治国的战略高度，充分认识思想道德建设对“治国”的重要意义和特殊作用。

以德治国就是要加强道德建设和道德教育。

从治国的战略高度来看，依法治国和以德治国，从来都是相辅相成、相互促进的。法治以法律的权威性和强制性规范社会成员的行为，德治以道德的说服力和感召力提高社会成员的思想认识和道德觉悟。在建设社会主义、发展社会主义市场经济的过程中，我们不但要坚持不懈地加强法制建设，依法治国，同时，也要坚持不懈地加强社会主义道德建设，以德治国，要把依法治国同以德治国紧密结合起来。在用法律规范来约束人们的行为的同时，一定要注意从提高人民群众的思想道德素质入手，增强说服力和感染力。

以德治国，就是要把提高全国人民的思想道德素质，把培养一代又一代有理想、有道德、有文化、有纪律的公民，把人的全面发展，作为治理国家的根本国策。在社会主义市场经济的条件下，在经济不断发展、物质生活日益丰富、个人利益日益凸显的新的形势下，加强以为人民服务为核心、以集体主义为原则和以诚信为重点的道德建设就显得特别重要。我们必须认识到，如果只讲物质利益，只讲金钱，只讲享受，只讲索取，不讲理想，不讲信念，不讲奉献，不讲诚信，人们就会失去共同的奋斗目标，失去行为的正确规范，就会思想贫困、精神空虚，就会自然而然地陷入低级、庸俗、腐朽的生活方式之中。如果出现了这种情况，不论我们的国家和民族在经济发展上取得多大的成绩，我们的国家和民族也不可能自立、自强于世界民族之林，更不可能建成共同富裕的社会主义社会。

因此，我们必须提高对思想道德建设的重要意义的认识，克服一切重“法治”轻“德治”、重业务轻政治、重技术轻道德、重才能轻品德的忽视思想道德建设的错误倾向，努力建立与社会主义市场经济相适应、与社会主义法律规范相协调、与中华民族传统美德相传承的社会主义思想道德体系。要大力抵制一切腐蚀人们精神世界的腐朽的文化垃圾，在全社会大力加强道德教育，把以德治国同依法治国紧密地结合起来，为社会保持良好的秩序和风尚营造高尚的思想道德基础，为中华民族的振兴提供强大的精神支柱。

二、在社会主义市场经济条件下要坚持社会主义的价值导向

“三个代表”重要思想是同马克思列宁主义、毛泽东思想、邓小平理论一脉相承的科学体系，是马克思主义不断发展的生动体现。“三个代表”重要思想，以马克思主义为一条主线贯穿始终，对我们坚持社会主义道路和社会主义方向，有着决定性的意义。

“三个代表”重要思想，对社会主义市场经济作了科学的界定，强调“社会主义市场经济是同社会主义基本制度结合在一起的，既可以发挥市场经济的长处，又可以发挥社会主义制度的优越性”，强调“要坚持社会主义市场经济的根本方向”。正如江泽民同志所说：“我们搞的是社会主义市场经济，‘社会主义’这几个字是不能没有的，这并非多余，并非‘画蛇添足’，而恰恰相反，是‘画龙点睛’。所谓‘点睛’，就是点明我们市场经济的性质。”《“三个代表”重要思想学习纲要》对“三个代表”重要思想的科学、明确的阐发，对广大人民群众更深刻领会“三个代表”重要思想，更加拥护中国特色社会主义伟大事业，都有重要意义。

在改革开放和发展社会主义市场经济的过程中，人们思想活动的独立性、选择性、多样性、多变性、差异性明显增加，正确的思想与错误的思想相互交织，各种不同的世界观、人生观和价值观相互激荡和斗争。随着利益主体的日益多样化，必然出现不同阶层的人的不同的价值取向，从而在价值观上也出现了前所未有的新情况、新问题和新矛盾。在多种价值取向的情况下，我们在价值观上，要旗帜鲜明地坚持马克思列宁主义、毛泽东思想、邓小平理论的指导，必须牢牢地把握先进文化的方向，必须坚持社会主义市场经济条件下的社会主义方向，坚持价值导向的一元化。我们必须以“中国最广大人民的根本利益”为原则，把

“中国最广大人民的根本利益”作为判断一切思想、行动和事物的有无价值和价值大小的最高标准。因此，社会主义的集体主义，也就是集体利益高于个人利益的原则，应当是我们价值取向所应当遵循的根本原则，把国家和人民利益放在首位而又充分尊重公民个人合法利益的社会主义义利观，是我们一切行为所应当和必须依照的行为准则。对社会主义市场经济条件下所产生的所有利益关系的问题，我们要细心地加以研究，辩证地加以分析，实事求是地、创造性地给予回答和解决。我们必须充分尊重和保护个人的正当利益，保护个人的劳动所得，又要坚持国家利益、集体利益高于个人利益的原则。我们必须坚持马克思主义，同时，我们又必须根据新的形势、新的矛盾，不断地发展马克思主义。只有在分析和解决实际问题的过程中，大力发展马克思主义，马克思主义才能有强大的生命力。

三、发挥思想道德建设的“思想保证”作用

社会主义精神文明和思想道德建设对社会主义的物质文明和经济发展，有着三个方面的作用：一个是智力支持，一个是精神动力，一个是思想保证。学习“三个代表”重要思想，使我们提高了对思想道德建设这三种作用的认识，增强了思想道德建设对社会主义道路的“思想保证”作用的理解。

社会主义精神文明和思想道德建设对于物质文明和经济发展的“智力支持”和“精神动力”这两个方面的作用，大家了解得比较多一些，我们这里只着重谈一谈对“思想保证”作用的重要意义的认识。当然，从全面、准确的意义上说，“精神动力”的作用本身，就包含着“思想保证”的作用。

一般来说，当人们谈到物质文明和经济发展时，是不涉及它的制度和方向的。我们所说的社会主义物质文明和经济发展，从严格意义上来说，它本来已经包含着“社会主义”方向的意义。但是，人们经常所说的物质文明和经济发展，往往是就经济的层面来理解“物质文明”和“经济发展”的。因此，我们的“社会主义的方向”，主要是靠相应的经济制度、政治制度和思想道德来保证的。

当前，经济全球化的发展趋势不断加强，我们既要看到它的有利因素，也要看到，经济全球化是在不公正、不合理的国际经济旧秩序没有根本改变的情况下发生和发展的。西方发达国家力图主导经济全球化，并利用经济全球化来发展自己、控制别人，并且利用经济全球化来推行它们的价值观念。西方敌对势力对我国实施“西化”、“分化”的战略图谋始终没有改变。在我国加入世贸组织以后，“既有机遇，也有挑战”，这种挑战，不但体现在经济方面，也体现在政治方面，即发达国家利用经济优势来实现它们在政治上的目的，利用经济技术进行推翻社会主义制度的图谋。我们既要看到在经济全球化和我国加入世贸组织后对我们有利的方面，也要看到只要两种社会制度还同时存在，就要提高警惕，加强思想道德建设，坚决抵制各种腐朽的思想，保证我国的社会主义制度日益巩固，保证我国的经济建设能够始终沿着社会主义的道路向前迈进。

思想道德建设，一方面强调要树立正确的世界观、人生观和价值观，树立共产主义的远大理想，弘扬爱国主义、集体主义和社会主义的主旋律；另一方面要抵御一切腐朽的非无产阶级思想道德的侵袭和渗透，抵御拜金主义、享乐主义和个人主义对人们的腐蚀；等等。正由于此，它对我国“沿着社会主义方向前进”，有极其重要的保证作用，这是我们应当特别注意的。

四、既要继承优良传统，又要吸取人类一切有益的文明成果

在思想道德建设中，我们既要继承中华民族的优良传统，又要善于吸取人类一切有益的文明成果。

不论是对待中国传统文化和传统道德，还是对待外国的一切文化和道德遗产，都要以马克思主义的立场、观点和方法，采取批判继承的原则，取其精华，弃其糟粕。中国的发展和进步，离不开中国的历史文化道德，也离不开世界各国的文明成果。我们既要大力弘扬和发展中华民族的一切优秀文化传统，又要努力学习和吸收外国的一切优秀文化道德成果。我们应当认识到，资本主义制度下创造的文明成果，特别是涉及

意识形态方面的内容，反映着资本主义本质属性的东西，是我们所必须加以批判的；同时，我们还应当认识到，在这一制度下所创造的文明成果，只要是进步的、优秀的东西，我们都应当积极地学习和运用。在过去长时期内，我们在对待资本主义的问题上，往往只看到或更多看到社会主义同它对立和斗争的一面，而很少看到社会主义同它还有学习、借鉴的一面。我们既要坚决抵制一切腐朽的、落后的、反映资本主义本质属性的东西，也要大胆地学习和借鉴资本主义国家中一切有益的人类文明成果。对于中华民族的优良文化传统和道德传统，党和人民从五四运动以来形成的革命文化道德，是我们思想道德建设的重要依据，要力求使它们同时代的要求相结合，同现实的生动的实际情况相结合，从而更好地推进有中国特色的社会主义思想道德体系的建立。我们既要反对历史虚无主义和民族虚无主义，又要反对“全盘西化”和复古主义的思潮。

五、大力弘扬民族精神，增强民族的向心力和凝聚力

培育和弘扬中华民族的民族精神，丰富人们的精神生活，增强人们的精神力量，是思想道德建设的一个极其重要的任务。在思想道德建设中，要把理想、信念的教育，把世界观、人生观和价值观的教育，把爱国主义、集体主义、社会主义三个主旋律的教育，紧密地同民族精神的培育和弘扬结合起来，把“以为人民服务为核心的公民道德建设”同为中华民族的伟大复兴、同启迪和养成中华民族的伟大民族精神融合为一体。

在长期发展的历史中，“中华民族形成了以爱国主义为核心的团结统一、爱好和平、勤劳勇敢、自强不息的伟大民族精神”，中华民族之所以能够长盛不衰，之所以能够自立、自强于世界民族之林，同中华民族的这种伟大精神有着密切的关系。这一伟大精神，既体现了中华民族在悠久历史中所凝聚的优良传统，反映了中华民族精神的源远流长和博大精深，也包含着中国人民在长期革命斗争和建设实践中所形成的新的崇高精神，是中华民族生生不息、日新又新、与时俱进的生动体现。

当前，世界各国在经济、政治和文化的激烈竞争中，民族精神已经

成为一个国家综合国力的不可忽视的重要方面，是一个民族和国家在这种激烈竞争中发展、壮大和立于不败之地的强大精神动力。我们是社会主义国家，同资本主义国家相比，培育我们的民族精神，形成一种新的更加强大的精神力量，是我们的优势。我们一定要把培育中华民族精神作为思想道德建设的紧迫而又重要的任务，贯彻到思想道德教育的各个方面和全部过程，使全体人民始终保持热爱祖国、发奋图强、勤劳勇敢、昂扬向上的精神状态，从而为全面建设小康社会、开创社会主义建设新局面做出更大的贡献。

六、要在改造客观世界中改造主观世界，加强“道德品质修养”

“三个代表”重要思想是指导我们改造客观世界的思想武器，也是指导我们改造主观世界的思想武器。学习贯彻“三个代表”重要思想，“既要对事，也要对人”，既要用“三个代表”重要思想来指导我们的工作，又必须用“三个代表”重要思想来加强自身的改造，认真地提高“自我修养”。“三个代表”重要思想的本质是“立党为公、执政为民”，而要做到这一点，就必须加强自身的思想改造，增强自身的党性修养，要把具有正确的世界观、人生观和价值观作为党性修养的根本要求；要把抵御拜金主义、享乐主义和个人主义的腐蚀和诱惑，作为改造主观世界的重要内容；要把提高自身的思想道德素质，作为实践“三个代表”重要思想的基础。

在改造主观世界中，我们要特别提倡加强“道德品质修养”，牢记“两个务必”，积极地改造主观世界，这也是我们学习“三个代表”重要思想、加强思想道德建设的一个重要方面。

在市场经济的过程中，我们每一个人都在不断地经受着各种非无产阶级思想的考验，正像毛泽东同志所说的，“房子是应该经常打扫的，不打扫就会积满了灰尘；脸是应该经常洗的，不洗也就会灰尘满面”。由于我们的思想每天都会“沾染灰尘”，所以必须经常“打扫和洗涤”。正所谓“流水不腐，户枢不蠹”，只有在不停的运动中，才能抵抗各种不良因素的侵袭。周恩来同志一生就特别重视“活到老、学到老、改造到老”，把改造主观世界同改造客观世界紧密地结合起来。值得注意的是，在当前的情况下，我们的一些同志，只愿意“改造客观世界”，不愿意“改造主观世界”，只是要改造别人，而不肯改造自己，其结果不但不能实现改造客观世界的任务，最后往往经受不住腐朽思想的腐蚀，甚至思想堕落，为人民所唾弃。

一个人能够自觉地改造自己的主观世界，这不但不是一种耻辱、一件不光彩的事情，相反，是一个人真正进步的表现，是思想觉悟提高的表现。学习“三个代表”重要思想，我们一定要克服那种骄傲自满、自以为是、言行不一、理论与实践脱节的错误倾向，以“三个代表”重要思想为指导，紧密联系自己的思想实际，增强“道德品质修养”，努力改造自己的主观世界，自觉提高自己的道德品质，以适应改造客观世界的要求。

第六编

世界观、人生观、价值观教育

人生观和道德修养*

人生观和道德修养问题，是伦理学研究中的重要问题。同一切剥削阶级伦理学不同，马克思主义伦理学强调培养具有共产主义道德品质的新人的重要意义，因此，对人生观和道德修养问题，必须严肃认真对待。

人的一切行动，都是由人的思想意识作指导的，人的世界观和人生观，对人的道德理想和道德修养起着总的指导作用。要确立正确的生活道路，树立崇高的道德理想，首先必须解决人生观问题，特别要重视人生观在道德教育和道德修养中的重要作用。列宁曾经深刻地指出："应该使培养、教育和训练现代青年的全部事业，成为培养青年的共产主义道德的事业。"① 而在对青年的教育中，"我们的主要目的是锻炼严整的革命人生观"②。列宁的教导，在今天仍然具有重要的现实意义。

人生观与道德理想、道德修养有着密切的联系。人生观是讨论人生目的和人生意义的，道德理想是研究如何做人或做人的标准的，道德修养是实现人生目的和达到道德理想所实行的一种涵育锻炼的功夫。人生观决定人的道德理想，而道德理想体现人的人生观。道德理想是人们行为的最高标准，从另一角度说，它又是一定的道德原则和道德规范在一

---

* 本文原载《道德与道德教育》一书，上海，上海人民出版社，1981。

① 《列宁全集》，中文1版，第31卷，257页，北京，人民出版社，1958。

② 《列宁全集》，中文1版，第6卷，463页，北京，人民出版社，1959。

定社会、一定阶级的理想人物身上的体现，亦即道德上的理想人格。从历史发展过程来看，无产阶级的人生观和道德理想是最先进、最科学的，是我们的时代精神的集中体现；是无产阶级和革命人民为实现共产主义理想，而进行新民主主义革命、社会主义革命和现代化的社会主义建设的行动指南。从根本上来说，只有树立正确的人生观，才有正确的道德理想和明确的道德修养方向，也只有在各种不同的环境中，经过长期认真坚持不懈地进行道德修养，才能逐步形成道德上的理想人格。

我们知道，人们在社会生活中，在生产斗争和阶级斗争中，必然要和自然界以及周围的人们发生各种各样的关系，产生对各种事物的看法，并在这种看法的基础上，形成对整个世界的一些总的根本的看法，这就是世界观。

人在社会生活的过程中，在形成对周围各种问题的看法时，对自己的生活产生这样那样的感受和认识，并根据这些认识对人为什么活着、人做一切事都是为了追求什么目标、应该怎样做人以及怎样做人才有意义等有关人生的重大问题，形成自己的根本看法和态度，这就是人生观。

一般来说，世界观是人生观的基础，它直接影响人们对人生的看法，影响人们对生活道路的选择，支配着人们的人生观。因此，为了树立正确的人生观，就必须认真地学习和掌握辩证唯物主义和历史唯物主义世界观，认清社会主义必将发展到共产主义的客观规律。世界观对人生观虽然有重大的指导作用，但是世界观不能代替人生观。同一种世界观，又可以有各种各样的人生观。之所以会有这样的情形，一个很重要的原因，就是世界观是人们对自然和社会的总看法，它总是和人对客观世界的认识，特别是对自然界的认识有关，而人生观则更多地和一个人在社会上的生活环境和切身遭遇相联系，同自然界的关系相比较，它同社会中人和人之间的关系更为密切。一个在自然观上坚持唯物主义观点的人，由于在社会上经历各种不幸遭遇或受到许多意外打击，很可能趋向宿命论，产生悲观厌世的人生观。同是主张唯物主义的自然观，有的人却可以把个人的物质享乐当做人生的目的，而有的人却努力追求为人类、为社会谋幸福的理想。同样，一个在自然观上基本是唯心主义观点的人，也可能有比较进步的人生态度，追求为人类和社会利益服务的道德思想。这种复杂的情况，是需要从个人所处的社会环境和复杂的关系中寻找原因并加以说明的。

一个社会的政治状况、道德风尚和人与人之间关系的各种复杂变化，往往给予人们的人生观以深刻的影响。在以生产资料私有制为基础的社会里，在以利己主义为道德原则，充满了投机取巧、营私舞弊、自私自利、尔虞我诈、唯利是图的社会风气中，要想形成整个社会的良好高尚的道德风尚，是不可能的。这样的社会条件必然深刻地影响着人们的人生态度和道德选择。因此，在马克思主义的历史唯物主义看来，为了培养共产主义的人生观，就必须对整个社会实行革命的改造，从而改变社会风气。在社会主义社会里，虽然实现了生产资料的公有制，有马克思主义的正确的政治思想路线，但也必须清除社会上的各种歪风邪气，如损人利己、唯利是图、利用职权作威作福、贪污受贿、营私舞弊等，才能逐步地形成一种人人关心集体、关心他人、朝气蓬勃、健康朴素、乐观向上和讲文明、有礼貌的新风尚。也只有在改造社会和改变社会道德风貌的同时，新的人生观教育才能收到应有的效果。如果只是就人们的人生观问题来谈论人生观，或者想单纯用教育的方法，达到培养“严整而革命的人生观”的目的，也是困难的。

世界观和人生观有着相互制约的关系。世界观支配人生观，人生观又往往能够影响以至改变人们已经形成的世界观。在社会生活中，人们所处的社会环境和所经历的顺逆、荣辱、得失、成败，对人生观有很大的影响。一个基本上树立了正确人生观的人，在连续遭受各种不幸和严重打击之后，也可能对人生产生种种消极、悲观和愤世嫉俗的态度，甚至使原来的世界观发生动摇或改变。经历了十年动乱，有些人产生了“看穿”、“看透”的想法，动摇了原来的信仰甚至改变了自己的世界观，其根本原因就在这里。

为什么在当前情况下，有些人产生了种种非无产阶级人生观，而在过去很长一段时期内，却并非如此呢？回忆在战争年代，广大解放区里的人民朝气蓬勃，踊跃参军，不怕牺牲，前仆后继，一个人倒下去，千万个人站起来，为祖国解放而战。在那么艰苦的环境中，人们对人生的信念并没有发生动摇。在 20 世纪 50 年代和 60 年代初期，社会安定团结，祖国的建设事业蒸蒸日上，人和人之间充满着同志友情，人人相互关心、相互帮助，热爱祖国、热爱集体、热爱社会主义，人们对社会主义建设、对共产主义事业和人生的意义，充满着信心和极大的希望，这是很多人都亲身经历的。为什么这十几年，竟会发生如此不同的情况呢？

依据历史唯物主义原理，道德风尚是社会经济、政治的反映，历来都是如此。从某种意义来说，社会道德面貌、人们的精神境界可以说是社会经济、政治最灵敏的测量仪。在有的人中间，之所以出现“人都是自私自利的”、“人生一世，吃喝二字”、“主观为自我，客观为大家”、随波逐流、敷衍应付以至轻生厌世等人生观，究其原因，最重要的一条，就是由于林彪、“四人帮”的长期破坏，使我国的经济、政治状况以及人和人之间的种种关系出现了倒退。也由于十年动乱，各种腐败现象得到蔓延，社会上的阴暗面有所扩展，封建特权思想影响着部分人的行动，不少人的遭遇和感受往往使他们动摇了无产阶级的革命的人生观。这种情况，虽与一个人的政治、认识水平和道德修养有关，但复杂的社会因素也是一个重要原因。

但是，客观环境、个人遭遇对人生观的影响，也必须辩证地加以考察，既要认识到经济、政治状况和道德风貌对人生观的影响，还必须强调人们在改造现实中树立共产主义人生观的自觉的能动作用。要看到在无产阶级掌握了政权的社会条件下，只要我们坚持为美好的共产主义理想而斗争，始终不动摇自己的革命信念，在任何逆境中都不灰心丧气，并注意进行道德修养，就能逐步树立起共产主义人生观。事实说明，在同样的环境中，虽然有着共同的遭遇，不少人更加坚定了对共产主义的信念，为人类美好理想的最终实现英勇奋斗，坚贞不屈，直到献出了自己的生命。逆境和挫折，既可以使人们失掉信心，消极颓废，也可以使人们发愤图强，奋勇前进。“河出潼关，因有太华抵抗，而水力益增其奔猛；风回三峡，因有巫山为隔，而风力益增其怒号”，就是这个意思。社会有阴暗面，就必然存在着同这种阴暗面作斗争的力量。在我们这个社会里，虽有阴暗的一面，但主流仍然是光明的，广大群众仍然是向往共产主义的。从表面上看，信奉“人人为自己，上帝为大家”、“人不为己，天诛地灭”的人好像不少，但这只是在十年浩劫后出现的短暂现象，其实，热爱集体、关心人民、为集体利益而积极努力的确实大有人在。历史的潮流总是要前进的，可能在向前发展过程中，会有暂时的曲折和倒退，但归根到底是不可逆转的。光明必将战胜黑暗，共产主义最终必然实现。在人生的道路上，不论处在什么逆境中，碰到什么样的困难，都不能动摇为共产主义事业的崇高理想而斗争的信念和决心。

无产阶级的革命的人生观，是和以往一切非无产阶级的人生观相比较而存在、相斗争而发展的。为了树立严整的、革命的人生观，加强无产阶级的道德修养，我们必须了解、分析、批判各种剥削阶级的人生观。在还存在着阶级斗争的社会里，无产阶级的人生观和道德修养总是要受到各种剥削阶级人生观的影响。在一定气候下，这种影响，有时甚至是相当严重的。抹杀人生观领域里的斗争，不批判剥削阶级的腐朽的人生观，不进行无产阶级的道德修养，其结果，必然要使封建阶级、资产阶级的人生观和道德意识自由泛滥，腐蚀人们的灵魂，这样也就不可能树立坚定的无产阶级的人生观。

在现实生活中，我们看到的剥削阶级人生观主要有以下几种：

一种是享乐主义的人生观，认为人的一生就是为了吃喝玩乐。所谓"人生在世，吃喝二字"，就是这种人生观的反映。从中国历史上来看，早就有所谓"浮生若梦，为欢几何"的人生观。《列子·杨朱》篇就宣扬这种享乐哲学，认为"人之生也奚为哉？奚乐哉？为美厚尔，为声色尔"，"唯患腹溢而不得恣口之饮，力惫而不得肆情于色"。在杨朱看来，既然人生在世，总不免一死，即所谓"十年亦死，百年亦死；仁圣亦死，凶愚亦死"，还讲什么人生的价值？还有什么人生的意义？只要有"墙屋台榭，园囿池沼，饮食车服，声色嫔御"，从而尽量满足自己享乐的欲望，也就算达到了人生的目的。这就是说，人生就是为了满足口腹耳目的欲求，达到肉体的、个人的、直接的享乐。剥削阶级这种享乐的人生哲学，曾经为大多数的剥削阶级成员所接受，并把它看做自己的人生目的和人生价值，甚至连一些封建社会的进步的思想家、文学家和政治家，也都或多或少地受这种人生哲学的影响。

在西欧，这种剥削阶级的享乐主义人生哲学，曾经成为延续很长、影响很大的伦理思想体系，并随着社会的发展，以各种不同的形式表现出来。它的主要依据，就是从所谓人的本性、人的生理要求和欲望的满足出发，认为享乐是人生的目的和价值。费尔巴哈认为，快乐是一切有生命的东西所唯一追求的。他说："一个幼虫经历了长时间的不成功的寻觅和紧张的流浪以后，终于安息在它所期望的适宜它的植物上。是什么驱使它采取行动，是什么促使它做这样艰苦的流浪呢？"那就是"对幸福的追求”。近代许多唯物主义哲学家都把自私和追求享乐当做人的本性，把个人欲望的满足看成推动社会进步的动力。对这种享乐主义哲学，应该进行阶级的、历史的分析。这就是说，当这种享乐哲学是针对剥削阶级中的腐朽没落势力而较多强调人的现实利益时，它具有一定的进步意义，起着向旧势力冲击的作用。但是，无论如何应当看到，主张享乐哲学的人，都是具有享乐特权或受到享乐特权影响的人。正像马克思所指出的：“享乐哲学一直只是享有享乐特权的社会知名人士的巧妙说法。至于他们享乐的方式和内容始终是由社会的整个制度决定的，而且要受社会的一切矛盾的影响，则已经不用说了；一旦享乐哲学开始妄图具有普遍意义并且宣布自己是整个社会的人生观，它就变成了空话。”① 可以肯定，劳动人民作为生产劳动和物质财富的创造者，他们的仅有的享乐，总是同创造物质财富的劳动相联系的。从他们的社会地位来看，是不可能产生把单纯追求享受当做人生目的的思想的。劳动人民懂得，不劳动生产，人们就不能活命，更谈不上享乐。如果人们都不从事社会的物质生产劳动，不努力增加财富，只是想着吃喝玩乐，那么，岂不是只能饿着肚子吗？社会又怎样能够存在呢？劳动人民也主张提高自己的物质生活水平，也希望过美好的幸福生活，但他们绝不把追求享乐当做人生的唯一目的，绝不要求把自己的快乐建筑在使别人遭受痛苦的基础上。从历史上看，一切剥削阶级的享乐哲学，都是以剥削别人作为自身享乐的手段，是以极端利己主义为基础的。在现实生活中，凡是受到这种享乐哲学的腐蚀，抱有享乐人生观的人，必然会贪图个人享受，追求吃喝玩乐，从而在人和人的关系上只顾自身需要的满足，损人利己，投机取巧，做出种种不道德的行为。更有甚者，许多贪污盗窃、违法乱纪的犯罪行为，究其原因，正是受了这种剥削阶级人生观侵蚀和毒害的结果。所以，彻底批判这种剥削阶级的人生观，对于实现安定团结，对于建设四个现代化的社会主义祖国，有着重要的意义。

剥削阶级人生观的另一种表现，即“权力意志”的人生观，认为人生的目的就是为了追求权力，有权就有一切。这种表面上是为了追求权力的思想，它的背后仍然是要借助权势来达到自己的欲望，来追求自己的享乐。他们在权力尚未完全到手时，也可能会表现出“艰苦朴素”、

① 《马克思恩格斯全集》，中文1版，第3卷，489页，北京，人民出版社，1960。

“发愤忘食”，一旦攫取到一部分权力后，又总是损公肥私、作威作福，只要一朝大权在握，他们就开始肆意妄为、挥金如土、沉溺于个人的享受。德国的尼采就曾公开说过：“渴望权力，渴望统治，是意志的最高目标、最高价值和最高体现，是一切存在的基原和动力。”在他看来，人生的目的和价值就在于获取统治别人的权力，实现自己的权力意志。尼采还认为，人在社会中生活，一个最大的生活动力，就是要掌握权力，这就是说，希望居于别人之上，即统治别人和奴役别人的欲望，是决定一切的力量。在弱肉强食的生存竞争中，只有夺取到权力，才能夺取到一切。因此，他认为，最善于夺取权力的人，就是一种强者，即“超人”，而这类“超人”为了夺取权力，政治上是可以不讲道德的，也可以采用任何不道德的手段，只有弱者因为无能，才高喊别人不讲道德。正是由于这种“权力意志论”，尼采哲学才成了希特勒法西斯主义的精神支柱。希特勒曾经说过：“我有一个特长，随便什么理论见解和道德准则都不能约制我。”① 我国在十年动乱时期，“四人帮”一伙所奉行的就是这种“权力意志”的人生观。

在中国封建社会，有所谓“书中自有黄金屋，书中自有千钟粟，书中自有颜如玉”的说法，就是妄图通过读书做官来达到自己享乐的目的。无产阶级也承认政权的重要，但是无产阶级之所以强调政权的重要，唯一的目的，就是为了广大人民群众，而不是为了个人的享乐。在林彪、“四人帮”的毒害下，有的人为了夺取部分权力，或者是吹牛拍马、阿谀逢迎以求讨得上级的欢心，或者是损人利己、落井下石以达到攫取高官厚禄的目的。在政治生活中，这种人生观总是这样那样地为阴谋家、野心家和官僚政客们服务，其作用是反动的。

此外，还有所谓悲观厌世的人生观，从这种人生观出发，人们往往把人生看得毫无意义，什么浮生若梦、人生就是痛苦等等，从而产生了厌世轻生和消极悲观的看法。这是剥削阶级人生观的一个特点，它反映在没落阶级和一部分处于逆境人士的思想中。我国先秦道家的消极无为思想，就是这种人生观的表现。庄周认为，天地无穷，人生有限，病疾忧患，死者有时，不如挣脱“四时之事”、“人间之劳”。在庄周看来，人生如梦，毫无意义，人们应该奉行不问是非、不论善恶、与世浮沉、

① 转引自康士坦丁诺夫主编：《历史唯物主义》，北京，人民出版社，1955。

物来顺应的处世哲学。老庄一派的这种没落阶级的消极人生观，对我国后世有着相当大的影响。庄子《养生主》中提出“为善无近名，为恶无近刑；缘督以为经，可以保身，可以全生，可以养亲，可以尽年”的人生哲学，就是说，不要表现太好，也不要表现太坏，经常随大流，事事处中流，只有这样，才能保全自己的生命。庄子的这种思想流毒，在一定情况下，不但受到封建社会中那些失意的知识分子的推崇，就是今天也还有一定的市场。如前所述，在社会主义社会里，也不都是一切顺利、一切光明的。在人生的道路上，不可避免地会有各种挫折和不幸。有一些人，在受到生活的挫折，遇到家庭和个人的不幸，遭受到事业上的以及各种意外的打击而又不能得到领导的关心和同志们的热情帮助时，他们会感到理想已变成幻影、希望已成为失望，这时往往会对现实不满，容易接受所谓人生如梦的剥削阶级人生观的影响。克服这种影响，是思想政治工作和道德教育的重要任务之一，必须要进行深入细致的工作。我们相信，只要有正确的引导和热情的帮助，随着情况的变化，这种思想是不难纠正的。

无产阶级是人类历史上最先进的生产力和生产关系的代表，担负着建立社会主义和共产主义制度的伟大使命。因而，它的人生观必然是一种革命的、向上的、积极的人生观。在无产阶级看来，人活着不是为着自己的利益，而是为着整个劳动阶级以至全人类的利益。这是一个千真万确的真理。我们决不能把这一真理当做空洞的政治口号，更不能把它当做骗人的谎言。人生怎么才算有意义？这是我们每一个人都必须考虑和回答的问题。人生就是为了利己吗？就是为了吃喝玩乐、尽情享受吗？就是为了自己的小家庭，就是为了获得金钱和漂亮的爱人吗？不是。那么，怎样才算是一个高尚的、有道德的人呢？正如毛泽东同志所说，只有树立起“毫不利己、专门利人”的精神，才能成为“一个高尚的人，一个纯粹的人，一个有道德的人，一个脱离了低级趣味的人，一个有益于人民的人”，应该说，这才是人生的价值。刘少奇同志在《做一个好的党员，建设一个好的党》一文中说：“一个人，特别是一个党员，为了党，为了社会进步与人类解放，为了千百万劳动人民的共同的长远的利益而奋斗到底，直至终身，甚至牺牲自己的生命，是最值得、最引人们敬仰的，是为万世子孙所怀念、所歌颂的。”这就是无产阶级所应有的革命人生观，即共产主义的人生观。

这是不是说，无产阶级革命的人生观，就不要正当的个人利益呢？当然不是的。马克思主义从来不否认正当的个人利益，而只是反对剥削阶级的利己主义。所谓利己，指的是自私自利，为一己私利而损害别人的利益，这和人们常说的正当的个人利益是完全不同的。人们在追求集体利益和社会利益时，必须吃、喝、穿、住，也需要在可能的条件下，不断改善自己的生活，否认这一点，就不是马克思主义。把清教徒式的禁欲主义当做无产阶级的生活目的，把起码的、随着社会生产发展而产生的改善物质生活的要求，都当做个人主义，大加挞伐，那是极端错误的。但是，无产阶级绝不应忘记社会主义和共产主义的崇高理想，更不应该只顾个人的眼前利益而不顾以至损害集体的长远利益。一个有觉悟的无产阶级革命战士的最重要品质之一，就是他能使自己的个人利益服从集体和社会利益，甚至在最必要的关键时刻，能为集体而牺牲个人利益，直至献出宝贵的生命。

无产阶级对人生的看法，不是从自己头脑中随意制造的。它是从无产阶级的经济地位和所处的社会关系中，从阶级斗争、生产斗争和科学实验中形成的。正是这样的历史地位和社会实践，使无产阶级能了解自己的历史使命，把实现共产主义、解放全人类作为自己崇高的责任。正如毛泽东同志所说，社会发展到了今天的时代，正确地认识世界和改造世界的责任，已经历史地落到了无产阶级及其政党肩上。这种根据科学认识而定下来的改造世界的实践过程，在世界、在中国，均已达到了一个历史的时节——自有历史以来未曾有过的重大时节，这就是整个地推翻世界和中国的黑暗面，把它们转变过来成为前所未有的光明世界。确实，要有这样的人生观，必须具有相当高的政治觉悟。人类几千年来在阶级社会中生活，广大劳动人民由于受剥削、受压迫而不能过幸福的生活。现在展现在我们面前的将是一个理想的、没有剥削和压迫的社会。在这个社会中，人人都将成为大公无私的、有高度文化和科学技术水平以及高尚道德修养的共产主义者，它是历史上最美好的理想社会。

当然，现实和理想还有很大一段距离，不能因社会上还有许多不合理的现象，从而否认人类未来的光明、美好的理想，否认这种理想实现的可能性。相反，无产阶级也清醒地知道，理想是同斗争结合在一起的，没有斗争的理想，就只能是一种幻想。共产主义事业既是最美好的事业，也是历史上最艰巨的事业，这个事业的到来，这个理想的实现，必须经过长期的、复杂的、艰苦卓绝的斗争。在向共产主义前进的道路上，还必然会遇到各种各样的阻力和困难、挫折和失败，但是，我们不但不应灰心丧气，失去信心，而且更应该斗志昂扬，勇往直前。剥削阶级的残余势力及其代表，必然要用各种办法来阻碍、破坏共产主义的实现，甚至将它引入歧途，引导到复辟资本主义的道路上去。因此，为了实现共产主义的远大理想，为了最终消灭人剥削人的制度，每个无产阶级战士都必须要作长期艰苦的斗争。

共产主义的社会理想的实现，虽然还有一个长期的过程，但这种理想绝不是空想，因为它是从现实生活中产生，并要在将来成为现实的。普列汉诺夫在论述理想和现实的关系时，曾有过一段精彩的议论，他说："恩格斯把自己的全部生命献给一个非常崇高的目的：解放无产阶级。他也曾有过'理想'，但是他的理想从来没有脱离过现实。他的理想，也就是现实，但这是明天的现实，是将要发生的现实，它将要发生并不是因为恩格斯是一个有理想的人，而是因为目前的现实的特性就是如此，因为那可以叫做恩格斯的理想的明天的现实，是应该从目前的现实中，应该按照目前现实本身的内部规律发展而来的。"① 这就是说，从客观上来看，无产阶级的先进人物，所以能够确立崇高的理想并为之奋斗献身，是出于他们的阶级自觉。他们能够从现实中，认识到将要发生的现实，认识到推进这个过程和变革，是他们应尽的职责和一生的伟大任务。无产阶级人生观的形成和发展，正是这样一个主观与客观的辩证统一。

由此也可以看到，无产阶级的革命人生观不是自发产生的，而是同科学的世界观紧密联系在一起的，是建立在辩证唯物主义和历史唯物主义的世界观基础之上的。只有树立起辩证唯物主义和历史唯物主义的世界观，正确地认识人类社会的发展规律，认识主观与客观的关系、个人与集体的关系、理想与现实的关系等，才能进而正确地解决与人生有关的各种问题，树立起严整的革命人生观，并有高尚的道德修养。

"锻炼严整的革命人生观"，在今天看来，有着极其重要的现实意义。如何正确地、透彻地了解人生的目的，自觉地树立正确的人生观，对人的行动有极其重要的指导作用。十年动乱中，那种投机取巧、心狠

---

① 《普列汉诺夫哲学著作选集》，第1卷，547页，北京，三联书店，1959。

手辣、逢迎拍马的政治骗子竟飞黄腾达，而忠直诚实之人，则经常遭到各种厄运。崇高的共产主义理想，变成了野心家奴役人民的口号，为人民服务的思想，变成了阴谋家欺骗群众的谎言。人生的意义究竟是什么？不少人产生了苦闷和彷徨。因而，重新认识人生，树立真正的共产主义人生观，就成为一个迫切需要解决的问题。这一问题不仅对于刚刚开始生活的青年一代，而且对于一切革命同志，对于新老党员，都有重要意义。因此，在道德教育和道德修养中，一定要积极地、切实地、逐步地培养和树立无产阶级人生观和道德理想，提高人们的思想境界和道德水平，树立良好的道德风尚，从而使每一个人都能更自觉地为社会主义的四个现代化贡献力量。

评“主观为自己，客观为别人”*

最近几年来，在一些人中间流行着一种所谓“主观为自己，客观为别人”的说法。这种说法虽然拿不出什么像样的理论，但也可以说是一种人生哲学。有些人把这种人生哲学看做从实践中总结出来的新理论，认为它不但和无产阶级的集体主义精神不矛盾，甚至可以殊途同归。不少同志都在试图驳斥这种论调，但直到如今它在社会上仍有一定的市场。正如狄德罗在批判贝克莱时所说，贝克莱的那种“存在就是被感知”的唯心主义命题，“虽然荒谬绝伦，可是最难驳斥”。所谓“主观为自己，客观为别人”的人生哲学，具有同样的特点。

一、主观上“为自己”，客观上能够“为别人”吗

“主观为自己，客观为别人”的提法，在理论上存在着明显的矛盾。它用诡辩的手法，掩盖着问题的实质。为了弄清它的意义，有必要对它加以细致的分析。

“主观为自己，客观为别人”这个命题，本身是违反逻辑的。“为自

---

* 本文原载《学习与研究》，1982（10）。

己”和“为别人”都指的是主观目的或动机。对同一行为的目的或动机来说，既肯定它是为自己的，又说它是为别人的，这不是自相矛盾吗？这个命题之所以出现这种逻辑矛盾，就是因为玩弄这个命题的人企图用“为别人”来掩饰“为自己”，从而掩盖问题的实质。实际上这个命题所要表达的意思是：一个人的行为，尽管在主观动机上是为了自己的私利，但在客观上却可以是有利于别人的。这种观点，当然是一种欺骗，是一种混淆是非的谬论。实际的情况是：一个主观为自己的人，为了达到自私自利的目的，虽然客观上也有可能会给别人带来某种便利，但这绝不能说他要“为别人”。恰恰相反，这种在实际上给别人带来便利的行为，正是达到“为自己”的目的的一种手段。宣扬“主观为自己，客观为别人”的人，故意混淆了这种区别，把客观上给别人带来某种便利但实际上是“为自己”的行为，说成是“为别人”的行为，这当然是很荒唐的。按照这种逻辑那就是：主观上是为自己的，客观上却是为别人的；动机是“私”的，效果却是“公”的；思想是个人主义的，行动则是集体主义的；等等。这怎么可能呢？马克思主义的伦理学认为，抱着自私自利的动机的人，无论在客观上做了多少便利别人的事情，但在主观上都只能说他是“为自己”，而不能说是“为别人”。正如在私有制社会中的商品交换一样，资本家向市场投入某种商品，为的是获得剩余价值，但他必须设法满足别人的需要。一种商品越是能满足人们的某种需要，它的销路就越广。资本家为了实现对剩余价值的占有，为了使资本能顺利地周转，必然要千方百计地投人所好，因而好像他的行为是有利于消费者的。但是，人们不要忘了，消费者虽然得到了使用价值，却为资本家开辟了市场，而更重要的是资本家实现了他的根本目的，得到了剩余价值，最终达到了动机和效果的统一，即达到了客观上也有利于自己的目的。同样，一个小生产者，为了获取个人利益而生产一些市场短缺商品，以满足人们的某种需要，这是否在客观上为了别人呢？不是。人们会看到，他将以尽可能高的价格出卖自己的商品，从而在客观上达到有利于自己的目的。从一定意义上说，我们也承认，抱着自私目的而不得不满足社会上的某些需要的行为，客观上可以有利于别人，但这和无产阶级所说的为他人、为集体的意义是根本不同的。

如果作进一步的分析，我们将会看到，“主观为自己，客观为别人”的实质就是，一个人的行动的目的虽然是为自己的，但可以把为别人作为一种手段。所谓“客观为别人”，只不过是“主观为自己”的一种变换了形式的说法，是一种为了自私自利的目的而必须运用的手段。资产阶级的思想家早就看到了这一点。他们认为，为了爱自己，就必须学会爱别人，爱别人的目的就是为了爱自己。从这个意义上看，所谓“客观为别人”，只不过是给自私自利的个人主义所缝制的一件新衣。现实生活证明，一些有着严重个人主义思想的人，正是利用“客观为别人”这个幌子，从事着“主观为自己”的损人利己的活动。

从当前思想领域的实际情况和思想战线的斗争来看，这种理论确实有不小的影响，它是一种强烈的腐蚀剂。它不仅在实践上侵蚀我们党的干部和广大群众，而且在理论上企图给自私自利的思想争得合法地位。一个人明明是抱着个人的目的，处处为自己打算，但他却可以说他的所作所为是“客观为别人”。依据这种理论，甚至一个长途贩运、投机倒把、牟取暴利、损害国家和集体的人，也可以把他的行为说成是“主观为自己，客观为别人”。因为，在他看来，他之所以长途贩运，正是为了满足某些人的需要，使一些急于要得到某些商品的人能够得到它们，这又怎么不是“主观为自己，客观为别人”呢？由此可见，揭穿这一理论的错误，是有很重要的现实意义的。

二、人的本性是自私的吗

宣扬“主观为自己，客观为别人”的理论根据之一，就是认为人的本性是自私的。因此，有必要从理论上来分析一下，人的本性究竟是不是自私的问题。

马克思主义认为，人的本性、本质，按其实质来说，是由人的社会关系决定的，是由社会关系中的各种因素铸成的。各种社会关系，特别是其中的生产资料所有制的关系，尤对人的本质起着重要的决定性的作用。所以我们可以说，随着经济关系和其他社会关系的变化，人的本性也是在不断地发生变化的。

在原始共产主义时期内，在公有制的经济关系中，人们是不可能产生私有观念的。我们知道，直到 19 世纪，南美洲的一些地方还处于原始社会的末期。达尔文在旅行中就曾亲眼看到过火地岛的一个土人，把人家送给他的一条毯子，按照伙伴的人数，分割成十几块，以便分送给每一个人。居住在非洲的布须曼人，同样是不论得到什么礼物，都要把它分给本氏族的成员，甚至得到一头牛，也同样要进行平均分配，自己只留最小的部分。很清楚，在原始社会公有制的经济条件下，是不可能产生私有观念的，他们甚至不可能意识到同赖以生存的氏族分开的个人。在许多原始部落里，直到19世纪，对氏族成员的最严厉的惩罚，就是将其从部落中驱逐出去。拉法格在考察了原始社会的各方面情况后说：“私有观念对于一切资产者是非常自然的，但当初跑进人们的头脑却不那么容易。当人们开始思想时，恰恰相反，他们首先想到的是一切应当归大家。”法国的资产阶级思想家拉翁登曾在北美洲进行过多次旅行，考察了印第安人中的情况后说：“野蛮人不知‘我的’和‘你的’这种字眼，因为人们可以说，属于这个人的一切，同样也属于另一个人。”上述这些历史事实说明，人的本性确实是由经济关系所决定的。自私是一种观念，是私有制的产物。随着私有制的消失和公有制经济关系的出现，人的所谓自私的本性，也必然会随着改变。斯大林在论述人的观念同经济关系的联系时曾指出：“有一个时期即原始共产主义时期，人们是不承认私有制的；后来一个时期即个人主义生产的时期，私有制掌握了人们的情感和理性；现在一个新的时期即社会主义生产的时期快要到来，那时人们的情感和理性浸透着社会主义的意向，这有什么奇怪的呢，难道存在不决定人们的‘情感’和观点吗?”① 存在决定意识，经济关系决定人的本质，这是马克思主义的一个基本原理。

人们或许会问，我国已经实行了公有制经济、进入了社会主义社会，为什么还有一些人抱着自私自利的个人主义思想不放呢？对于这个问题，我们必须从我国当前社会的特点来作进一步的分析。

确实，在我们当前的社会里，追求个人名利，处处为个人打算的人，仍然到处可见，这是一个事实。这是几千年私有制的影响所形成的愚蠢和偏见。克服这种愚蠢和偏见，不但需要公有制的建立和共产主义道德的教育，而且还要经过相当长期的曲折、复杂的斗争。这正像马克思所指出的：“我们这里所说的是这样的共产主义社会，它不是在它自身基础上已经**发展了的**，恰好相反，是刚刚从资本主义社会中**产生出来**

① 《无政府主义还是社会主义?》，见《斯大林全集》，中文1版，第1卷，308～309页，北京，人民出版社，1956。

的，因此它在各方面，在经济、道德和精神方面都还带着它脱胎出来的那个旧社会的痕迹。”① 列宁也说：“旧社会灭亡的时候，它的尸体是不能装进棺材、埋入坟墓的。它在我们中间腐烂发臭并且毒害我们。”②这就是说，在私有制曾长期存在的历史条件下，个人主义的影响不可能因公有制的建立而很快地消失。在许多人的思想中，还有个人主义的残余，还经常有公和私的斗争。这种现象的存在，并不能说明人的本性都是自私的，恰恰相反，这正说明人的思想是随着经济基础的变化而不断变化的。事实证明，一些原来带有自私自利思想的人，在革命斗争中，在自觉的修养和锻炼中，能够改正自己的自私自利的思想，分析批判自己的个人主义，从而成为一个在言行上能够做到先公后私的人。这是我们很多人都有过切身体会的，这又怎么能同人的本性是自私的这种错误观点联系在一起呢？在当前的情况下，人们还有私心，这和人的本性是自私的是两个完全不同的问题，这也是应该分清的。

三、雷锋也是“主观为自己，客观为别人”吗

为了辩护“主观为自己，客观为别人”的错误观点，有人甚至把雷锋为别人做好事，同“主观为自己，客观为别人”相提并论。他们认为，雷锋之所以做好事，也是仅仅为了满足自私的欲望。而且，在他们看来，“精神还可以变物质”，做了好事就可以得到好名声，这种好名声又能给自己带来各种现实的、物质的利益。依此类推，从而认为，一切为民族、为人民做出贡献和牺牲的人，也都是要得一个好名声，因而都是“主观为自己，客观为别人”的。这种理论尽管十分荒谬，但却很容易迷惑一些人。

当然，作为在社会中生活的人，总要有思想、有感情、有追求，并且能意识到自己的追求将会给自己和他人带来的后果，这是人之所以区别于动物的特点。但是，社会生活中的人的需要和追求是各不相同的，这种不同的需要和追求，从最终的意义上来说，是受着社会经济条件的制约的。在阶级社会中，它还受着阶级利益的制约。在一个人的需要

① 《马克思恩格斯选集》，1版，第3卷，10页。

② 《列宁全集》，中文1版，第27卷，407页，北京，人民出版社，1958。

和追求中，究竟是为自己还是为别人，是为了利己还是为了利人，这是一个人的道德高尚还是卑劣的分水岭。这个界限无论如何不能加以混淆。

现实生活中也确实有这样一些人，他们从自私自利的个人主义出发，表面上也可能做出一点对别人有利的事，即做出某种所谓好事，而实际上却总是要想捞取名利，满足自己的狭隘的甚至卑鄙的个人私利。但是，生活本身将从各个方面把一个人的内心世界展现在群众的面前，历史必将对人的行为作出公正的裁决。那些想用表面上做好事来捞取名利的人，必然会进一步暴露他们的利己主义的本质。即使有少数的所谓伪君子暂时能捞到名利，历史也将会给以公正的裁决。

在资产阶级的伦理思想发展中，确实也存在着一种叫做自我牺牲或者叫做自我舍弃的利己主义。他们主张牺牲个人的一些暂时的、细小的利益，以换取长久的、更大的利益。垄断资产阶级经常采用这种方法，从剩余价值中抽取出一部分来，作为工人的福利费用，从而有利于资本家榨取更大的利润。这种自我牺牲和自我舍弃的利己主义，曾受到马克思的尖锐批判。这种理论，虽然加上了“自我牺牲”的招牌，实际上只不过是资产阶级利己主义的一种随着季节变换的新装而已。

一定社会的人都会有所追求，但有的人追求的是一己的私利，有的人追求的却是集体、国家、阶级、社会以至人类的利益。后者受到社会的赞扬，但这种赞扬却从来都不是他追求的目的，尽管这些赞扬会给他带来荣誉，但他绝不会把它当做谋取个人私利的资本，因为他本来就不是为了自己的私利而去做这些事情的。

这些人既然也有自己的追求，有向往幸福生活的要求，那么，这是否也是一种“主观为自己”呢？不，绝不能这样说。这里，最根本的不同，是在于他们把使别人幸福看做自己的幸福，因而他们所感受到的绝不是那种自私而可怜的快乐，而是一种和千千万万人共有的快乐。凡人都会有所需求，但是不能说人要满足自己的需求就是自私。把需求等同于自私是一种糊涂的认识。我们可以把人的需求分为三种，即物质的、文化的和道德的。如果说前两种需求是要从社会得到某种必需的满足，那么，道德的这种精神需求，就是对他人、对社会和对人类的牺牲。雷锋之所以伟大，也正在这个地方。他只希望从社会得到最起码的生活条件，但他却是把为别人谋幸福当做自己最大的幸福。天下着大雨，雷锋送一个抱着小孩子的妇女回家，他说："我跑回部队驻地，拿着自己的雨衣给那位妇女，我又抱着她的孩子，冒着风雨送她们回家。在路上，看那小孩冷得发抖，我立即脱下自己的衣裳给他穿上。走了一小时四十分钟，终于把她们送到了家。"当回部队的时候，他写道："我一边走一边想着：我是人民的勤务员，自己辛苦点，多帮人民做点好事，这就是我最大的快乐和幸福。"怎么能说雷锋的这种高尚行为也是为自己或自私的呢？

四、历史的考察

由于"主观为自己，客观为别人"的观点经常被一些人说成是一种从实践中总结出来的新理论，因此，有必要对它作一点历史的考察。

从伦理思想史上来看，"主观为自己，客观为别人"的说法完全是一种资产阶级的道德理论。它是资产阶级利己主义的一种形式，是适应帝国主义垄断资产阶级"联合化"的需要而产生的一种新个人主义。这一理论的创始人，可以追溯到美国著名的思想家杜威和他的合作者塔夫脱，甚至可以追溯到更早的资产阶级思想家。

资产阶级的利己主义，从一定的意义上，可以划分为三个阶段。赤裸裸的利己主义，或者叫做个人利己主义，可以说是它的第一阶段。18世纪以前，资产阶级处于形成发展的上升时期，面对着封建制度和宗教禁欲主义的桎梏，资产阶级要求自由平等，要求解放，要求个人发展。资产阶级思想家由于把私有制神圣化，以至看做永恒不变的制度，从而认为人的本性是自私的，说什么人只知道追求个人的利益，人对人是狼，在自然状态中，人们彼此间进行着你死我活的斗争。著名的资产阶级思想家、个人主义思想的早期指导者马基雅弗利认为，人永远是一个自私的动物，人的最主要的特点就是"能力有限，欲望无穷"。他认为，在人和人之间，只有强权，没有公理，更不可能有从别人出发的道德。早期的资产阶级思想家撕破了中世纪人和人之间的宗教障眼的纱幕，公开地强调自私是人的本性，反映了当时资产阶级反对封建教会统治的历史要求，有一定的进步意义。

在资本主义登上历史舞台（或即将登上历史舞台）的18世纪，一些思想家，如法国的爱尔维修、霍尔巴赫等人，已经深深地懂得，只强调人的本性是自私的这一点，是不利于新兴资产阶级的统治的，也无助于资本主义社会中人和人之间关系的调整。因而，他们在强调人的利己的本性的同时，又注意了社会利益、公共利益的重要。爱尔维修确实说过人的本性就是自私的，要想消灭自私心就等于要消灭人本身这一类的话。但是，法国唯物主义者也都非常重视社会的利益。霍尔巴赫说：“做善事，为穷人的幸福尽力，扶助穷人就是道德。道德只能是为社会的利益、幸福、安全而尽力的行动。”爱尔维修也认为道德就是要服从社会利益：“如果我生在一个孤岛上，孑然一身，我的生活中就没有什么罪恶和道德了。我在那里是既不能表现道德，也不能表现罪恶的。那么我们对道德和罪恶这两个名词必须怎样了解呢？必须了解为对社会有益的行为和有害的行为。这个简单明了的观念，依我的看法，要胜过一切对道德所作的不明了的花言巧语。”所以，法国唯物主义者在强调人都是为自己的同时，又认为“共同的利益是道德的基础。因此，我们的行为对社会越是有害，就越是罪过；对社会越是有益，就越有道德（人民的幸福是最高的法律）”，这完全是适应资产阶级即将或已经取得统治地位的阶级利益的需要的。

继法国唯物主义者之后，德国的费尔巴哈又提倡“合理的利己主义”，认为尽管人按其本性来说都是利己的，但必须要在利己中注意利他。他特别强调，一个人的行为要有道德，必须注意自然后果和社会后果。这就是他所说的酒醉之后、必定头痛，利己损人、必遭反抗的道理。以后英国的边沁、密尔又进一步提出了以“最大多数人的最大幸福”作为道德原则的理论。但应看到，“最大多数人的最大幸福”这一道德原则，“只不过是法国唯物论者们的‘公共利益’的一个非常无力的、剥去了革命色彩的摹本而已”①。从爱尔维修到费尔巴哈以至边沁、密尔，他们在宣扬人的本性是自私的同时，又强调利他和公共利益，可以说是资产阶级利己主义的第二个阶段。

20 世纪以后，资本主义已经发展到帝国主义的阶段。这个时期由于人和人之间的激烈竞争和大企业的日益“联合化”的发展，使资产阶级个人主义的理论，又有了新的变化。1930 年以来，美国的伦理学家

① 《唯物论史论丛》，68 页，北京，人民出版社，1953。

杜威等人又提出了一种新的个人主义理论。杜威认为，人都是利己的，都是信守个人主义的原则的。但是，这种利己主义是同资本主义的“联合化”相一致的。虽然这种活动是利己的，就是说，每个人尽管都是自私自利的，但在客观上却都是在助长资本主义社会的“联合化和集体化”，都是有利于他人、有利于社会的。杜威之所以提出这样一种理论，就是因为他认为，在资本主义的愈来愈激烈的竞争中，尽管每一个人都想在竞争中吃掉对方，但他们还必须彼此合作地生存下去。杜威的伙伴塔夫脱还专门写了一本叫《合作伦理学》的书，详细地论述了这种在竞争中相互合作的关系。其主要论点，就是要人们认识到人虽然都是主观上为自己，但客观上又都是有利于社会的，因而都是为着别人的。很显然，这一理论是适应资本主义新情况而发展了的个人主义，是掩饰资产阶级唯利是图、损人利己的本质的一种诡辩。杜威直言不讳地宣称，随着资本主义社会的发展，由于旧的个人主义在人们的心目中已经破产，而且名声不好，不能起到应有的作用，所以他才提出自己的新的个人主义理论。杜威说“个人主义总是永恒的”，在旧的个人主义已经不适合今天的现实并受到责难的时候，“问题主要就是创造一种新的个人主义”。他还说：“这种新的个人主义对现代情况具有重大意义，正如旧个人主义对它的时代和地点曾起着最好作用一样。”在他看来，这种新个人主义的实质，就是要使人们认识到，在大家都为自己的过程中，都在“相互合作”；在大家的激烈竞争中，又相互分享着彼此所创造的利益。因此，大家彼此之间，不论是老板还是工人，不论是穷人还是富人，都应该消除怨恨，好好合作，保持资本主义社会的和谐。由此可见，“主观为自己，客观为别人”这种理论完全是为资产阶级的阶级利益服务的，是十足的资产阶级的人生哲学。

“自私”是推动社会前进的动力吗*

最近几年来，有些青年在探索“人生意义”的过程中，提出了这样一个观点：“自私”是人的普遍本性，是推动社会发展、历史前进的动力，而且是一切社会形态中永恒的动力，因此，“自私”是神圣的，应当为“自私”平反，应当大力宣传“自私”、提倡“自私”。他们以为，这就是“人生的真谛”。

正如在黑夜里迷失方向的人把远处闪烁的磷火误认为是北极星一样，这些青年把“自私”看成人的普遍本性和推动社会前进的动力，是一个极大的错误；他们苦心探索得来的这个“人生的真谛”，实际上不过是历史上一切腐朽的剥削阶级的人生哲学而已。

个人利益不一定表现为“自私”

这些青年立论的前提是：人跟动物一样，有求生的欲望，要吃，要睡，要繁殖，要保卫自己的安全，换句话说，人有生存和发展的自然需要。人的这种自然需要表现出来就是人的“自私”本性。

---

* 本文原载《人生哲理探讨》，1983（3），与林建初同志合写。

这个立论前提是不正确的。

第一，它混淆了人的生存方式同动物的生存方式的本质区别。人类是从动物发展进化而来的，从广义上说，人类本身就是最高等的动物。人具有同动物相似的自然需要，具有求生的欲望和自卫的本能，这是理所当然的。但是，正如马克思所反复强调指出的，人的本质并不是单个人所固有的抽象物，在其现实性上，它是一切社会关系的总和。人的生存方式同动物的生存方式是根本不同的：一般动物依靠周围环境的现成的自然物来满足自己的自然需要，而人依靠社会的生产和实践——改造自然物的创造性劳动来满足自己的自然需要，在社会环境中发展和提高自己的自然需要。马克思说："一当人们自己开始**生产**他们所必需的生活资料的时候（这一步是由他们的肉体组织所决定的），他们就开始把自己和动物区别开来。"① 这就是说，人从生产自己的生活资料开始，人的需要的产生、满足和发展就受生产活动及其结果（社会生活条件）的制约和决定。任何人一旦离开社会，他就既不能产生作为人的需要，也不能满足作为人的需要，而只能走向死亡，或者变成像狼孩那样的"兽人"。因此，人虽然具有和一般动物类似的自然需要，但是两者的本质是完全不同的：一般动物是自然性的，而人类却是社会性的。把本质上完全不同的两种需要混为一谈，把社会的人看成自然的人、生物学上的人，这就重蹈了旧唯物主义者的覆辙，是根本错误的。

第二，它混淆了"个人利益"和"自私"这样两个不同词语的概念。这些青年很喜欢谈论"自我"问题，认为人之所以有求生的欲望和自卫的本能，是因为有"自我"的存在，受"自我"的支配。这种说法是可以讨论的，问题在于如何正确理解"自我"。什么叫做"自我"？"自我"作为一个哲学概念和伦理学概念，是西方资产阶级首先提出来的。在反对封建基督教的神权主义和禁欲主义的斗争中，资产阶级极力鼓吹"个性解放"和"自我"这样的口号，具有一定的积极意义。但是，正如"个性解放"的口号掩盖着资产阶级对无产阶级的奴役一样，"自我"这个口号后来实际上变成了资产阶级自私自利和个人主义的代名词。德国古典哲学家费希特曾经对"自我"进行哲学概括。他认为，

① 《马克思恩格斯全集》，中文1版，第3卷，24页。

“自我”是唯一的实在，“自我”之外没有独立自在的其他事物，世界上的一切事物都不过是“自我”所建立的“非我”。这是十足的主观唯心主义。这种“自我”哲学后来成了许多资产阶级野心家的精神支柱。由此可见，如果从主观唯心主义的立场上来理解“自我”，那么“自我”只能是“自私”的同义语，这是我们所必须坚决摒弃的。在马克思主义看来，“自我”是指作为认识和实践主体的个人。人类社会是由无数的个人组成的，任何人都是作为个人而生存的。马克思、恩格斯说：“任何人类历史的第一个前提无疑是有生命的个人的存在。”① 个人既然生存，那么就必须有一定的生存条件，就有生活和发展的各种需要，即个人的生活条件、学习条件、工作条件以及发展自己的有利于社会公共事业的个性和特长。这些需要综合起来，叫做个人利益。马克思主义从来没有否认或反对个人利益。正如普列汉诺夫所说：“个人利益并不是一条道德诫命，而只是一件科学事实。”② 反对或否认一件科学事实是荒唐可笑的。恰巧相反，马克思主义历来主张在保证社会利益的前提下，尽可能满足人民的个人利益。那么，什么叫做“自私”呢？马克思主义认为，“自私”是私有制社会产生和形成起来的一种私有观念，是剥削阶级的意识形态。在原始社会末期，社会分裂为两大对抗阶级——奴隶主阶级和奴隶阶级。奴隶主阶级不仅占有生产资料，而且完全占有奴隶。这种经济关系反映到思想上，便形成“自私”观念。在封建社会里，地主阶级在农奴制的基础上进一步发展了“自私”观念。到了资本主义社会，资产阶级在商品经济和自由竞争的基础上，更是把“自私”观念发展到了登峰造极的地步。列宁指出：“旧社会依据的原则是：不是你掠夺别人，就是别人掠夺你；不是你给别人做工，就是别人给你做工；你不是奴隶主，就是奴隶。”③ 列宁的话深刻地揭露了“自私”观念的社会基础和阶级实质。“自私”有两个根本特征：（1）损人利己，即为谋取和扩展个人私利而不惜违犯、损害和牺牲他人利益和社会利益；（2）在社会生活中，极力利用各种权力来谋取和扩展个人私利，而无视或逃避自己应该履行的对他人和社会的义务。对于这样的“自私”观念，马克思主义从来就持否定和反对的态度。总之，“自我”生存的

---

① 《马克思恩格斯全集》，中文1版，第3卷，23页。

② 《普列汉诺夫哲学著作选集》，第2卷，92～93页，北京，三联书店，1961。

③ 《列宁选集》，2版，第4卷，354页，北京，人民出版社，1972。

条件即个人利益与“自私”是两个不同意义的概念：前者是一个客观事实，后者是一种剥削阶级观念。把两者混为一谈，认为人们讲个人利益就是“自私”，从而作为立论的根据，也是完全错误的。

第三，个人利益不一定表现为“自私”。个人利益并不是孤立的单个人的利益，它的本质是由个人的社会关系所决定的，是在同他人利益和社会利益的关系中表现出来的。由于时代和社会制度不同，由于人们所处的社会关系不同，各人的个人利益的性质、内容、实现方式和满足程度也各不相同。在原始社会里，个人和氏族集体是分不开的，个人的生活和发展同氏族集体的生活和发展是一致的，当然那时的任何个人的生活和发展的需要不会也不可能表现为“自私”。只有进入私有制社会以后，由于一切剥削阶级成员的生活和发展的需要即个人利益，是建立在剥夺和压制广大劳动者的个人利益的基础之上的，是以牺牲广大劳动者的个人利益为前提的，所以这些剥削阶级成员的个人利益才表现为“自私”。而广大劳动者，除了奴隶阶级和无产阶级以外，都是小生产者。一方面，他们处于被剥削被压迫的地位，他们依靠自己的诚实劳动去谋取个人利益以维护自己的生活和发展，不表现为“自私”；另一方面，他们又或多或少地占有一些生产资料，常常自觉不自觉地为谋取个人利益而损害他人利益和社会利益，又表现为“自私”。当然，小生产者的这种“自私”同一切剥削者的“自私”是有原则区别的：剥削者的“自私”往往发展成为以“自我”为核心的极端利己主义形态，小私有者的“自私”只不过是企图多占些小便宜而已。在社会主义社会里，由于实行了生产资料公有制，人们的个人利益同他人利益以及社会利益在本质上是一致的。一般说来，人们只有在谋取社会利益的同时才能得到个人利益，因此人们的个人利益不会表现为“自私”。由此可见，个人利益与“自私”并没有必然的联系。个人利益是否表现为“自私”，取决于个人利益处在什么样的经济关系之中。只有在私有制的基础上去谋取个人利益，或者在私有观念的支配之下去谋取个人利益，才会表现为“自私”；在公有制的基础之上，在集体主义观念支配之下去谋取个人利益，就不会表现为“自私”。不加分析地说人们追求个人利益必然表现为“自私”，显然是不正确的。

既然立论的前提是不正确的，那么这个立论不正像建立在沙滩上的一座楼阁吗？

“自私”不是一切社会形态中永恒的动力

我们再来看看这个立论本身。这些青年认为“自私”是推动社会发展、历史前进的永恒的动力。这个论断是不合乎历史事实的。

首先，“自私”不是原始社会发展的动力。地质学家和考古学家的科学研究表明：人类社会发展至今已经有一百多万年的历史了。在这一百多万年里，人类社会经历了原始社会、奴隶社会、封建社会、资本主义社会和社会主义社会这样五种形态。其中，有百分之九十九的时间是处在原始社会。这个漫长的原始社会的发展是由“自私”推动的吗？当然不是。在原始社会里，生产资料公有制，微不足道的个人财产，仅仅是个人生产劳动和个人生活所必需；人们共同劳动，劳动产品归集体所有，实行平均分配，没有阶级，没有剥削和压迫，当然也没有什么“自私”观念。正像拉法格对原始社会的道德风尚做了大量考察之后所说的：“私有观念对于一切资产者是非常自然的，但当初跑进人们的头脑却不那么容易。当人们开始思想时，恰恰相反，他们首先想到的是一切应当归大家。”既然当时人类还没有“自私”观念，那么断言“自私”是推动原始社会发展的动力，不是十分荒谬的吗？

其次，“自私”只是私有制社会发展的一个动力，然而不是唯一的动力。的确，马克思主义从来不否认“自私”对私有制社会发展所起的积极意义。恩格斯明确说过：“自从阶级对立产生以来，正是人的恶劣的情欲——贪欲和权势欲成了历史发展的杠杆，关于这方面，例如封建制度的和资产阶级的历史就是一个独一无二的持续不断的证明。”① 又说：“卑劣的贪欲是文明时代从它存在的第一日起直到今日的动力。”② 但是，我们对恩格斯的这个论断要作完整准确的理解。“自私”为什么会成为推动私有制社会前进的一种动力呢？这是因为，从人类历史发展的进程来看，私有制社会取代原始社会是一个巨大的历史进步，而私有制社会又经历了由奴隶社会到封建社会再到资本主义社会这样一个从新生到成熟又到腐朽的发展过程。当整个私有制时代（恩格斯称为“文明

① 《马克思恩格斯选集》，1 版，第 4 卷，233 页。

② 同上书，173 页。

时代”）取代原始社会（恩格斯称之为“蒙昧时代”或“野蛮时代”）的时候，当一个新生的剥削制度取代另一个剥削制度（例如封建制度取代奴隶制度或资本主义制度取代封建制度）的时候，人们的“自私”动机在客观上是同历史发展的潮流相适应的，所以在客观上促进了社会历史的发展。“自私”作为私有制经济关系在观念形态上的反映，具有相对独立性，反过来保护和促进私有制的发展。它是人类社会发展到私有制阶段的自然历史过程中的一个必然环节，因而具有一定的积极的历史作用。然而，无论如何，我们不能夸大这种历史作用。这是因为，从纵的角度看，“自私”的历史作用随着历史条件的发展而变化。当整个私有制时代走向腐朽没落，即新兴的社会主义和共产主义制度行将取而代之的时候，当历史上的私有制时代里一种剥削制度走向腐朽没落、行将被另一种新兴的剥削制度取而代之的时候，这些腐朽的剥削阶级的“自私”观念已经不能适应新的经济基础的需要，不但对社会历史不起推动作用，而且恰巧相反，只能起阻碍作用或破坏作用。从横的角度来看，在私有制社会里，大多数的剥削者固然都是怀着“自私”的动机去谋取个人私利的，大多数的人民群众固然受“自私”观念的深刻影响，或多或少地怀着“自私”的动机去谋取个人利益，这是历史事实，然而历史表明，人类之中，不论在奴隶社会、封建社会，还是在资本主义社会，还有众多的道德高尚的人并不是怀着“自私”的动机去从事社会活动的。在历代的剥削阶级的杰出人物中，像邓世昌这样的民族英雄，不是能为国家和民族的利益而奋斗终生吗？像魏徵、王安石、包拯这样的清官，不是能为本阶级的整体利益和长远利益而鞠躬尽瘁吗？像谭嗣同、杨虎城、张学良这样的志士仁人，不是能为了民族和国家的前途而不惜抛头颅、洒热血，或则几乎终身受监禁吗？当然，他们努力奋斗的目的不能不受到当时历史条件的限制，也不能不具有阶级局限性。至于在人民群众中，这种不自私的人更是层出不穷、大有人在。难道许许多多科学家对科学事业的追求和贡献是以“自私”为动力的吗？难道李时珍献身科学事业是为了个人名利吗？听听近代著名科学家的自白吧。爱迪生说：“我的人生哲学是工作，我要揭示大自然的奥秘，并以此为人类造福。”居里说：“科学家的天职叫我们应当继续奋斗，彻底揭露自然界的奥秘，掌握这些奥秘便能在将来造福人类。”爱因斯坦说：“人只有献身社会，才能找出那短暂而有风险的生命的意义。”科学家的这些自白表明，推动他们研究科学、献身科学事业的，不是狭隘的"自私"，而是对真理的追求，是造福于人类社会的崇高志愿。由此可见，在私有制社会里，"自私"只是一部分人从事社会活动的动力，但不是所有的人从事社会活动的动力。我们还应当看到，无论是"自私"，是对真理的追求、造福于人类社会的崇高志愿，还是为社会、为民族谋利益的高尚理想，都只是一种"精神的动力"。马克思主义认为，这种"精神的动力"并不是推动历史前进的真正动力，在它背后还隐藏着推动历史前进的最后动力。恩格斯深刻指出："如果要去探究那些隐藏在——自觉地或不自觉地，而且往往是不自觉地——历史人物的动机背后并且构成历史的真正的最后动力的动力，那么应当注意的，与其说是个别人物、即使是非常杰出的人物的动机，不如说是使广大群众、使整个整个的民族，以及在每一民族中间又使整个整个阶级行动起来的动机；而且也不是短暂的爆发和转瞬即逝的火光，而是持久的、引起伟大历史变迁的行动。"①这就是说，推动人们进行社会活动的各种"精神的动力"，归根结底是由社会经济关系所决定的，经济活动是各种"精神的动力"背后的真正动力。总之，恩格斯关于"自私"是私有制社会发展的动力的论断的意义是很清楚的。如果抓住恩格斯的这个论断，从而把"自私"说成是推动私有制社会前进的唯一的最终动力，那是缺乏分析的，是不合乎历史事实的，是对恩格斯的论断的曲解或误解，因而是错误的。

如果说，在私有制社会里，"自私"尚是推动社会前进的一种动力，那么，在社会主义社会里，"自私"只能是社会前进的一种阻力。社会主义社会建立了生产资料公有制，这种公有制要求有相应的观念形态来反映它并反过来保护它，促使它巩固和发展，这就是公有观念即集体主义思想。然而"自私"观念，如前所说，是私有制在观念形态上的反映，是为私有制的形成和巩固服务的。它不能适应社会主义公有制的要求，相反，只能对社会主义公有制起瓦解和破坏作用。社会上那些剥削阶级分子，那些深受剥削阶级思想影响的人，在"自私"观念的支配下，进行贪污盗窃、投机倒把、走私逃税等各种形式的经济犯罪活动，难道对社会主义现代化建设、对社会主义社会的发展有一丝一毫的积极作用吗？

---

① 《马克思恩格斯选集》，1版，第4卷，245页。

有些青年认为，社会主义社会的发展也是由“自私”推动的。因为无产阶级说“只有解放全人类才能最后解放自己”，归根到底还是为了“自己”；而无产阶级的“大我”是由无数的“小我”即“自私”构成的，所以推动无产阶级进行革命和建设的基础和原动力是每个人的“自私”。这种说法是站不住脚的。我们对无产阶级“只有解放全人类才能最后解放自己”要作正确的理解，不能作任意的解释。无产阶级是人类历史上最伟大的、与社会化大生产相联系的阶级。它肩负着最后消灭一切阶级和一切阶级差别、建设共产主义的历史使命。它的阶级利益与全人类的利益从根本上来说是一致的，除了广大人民的利益，它没有另外的特殊利益。我们说无产阶级“只有解放全人类才能最后解放自己”，是说无产阶级只有消灭一切阶级差别和阶级对立，才能最后完成肩负的历史任务，消灭作为无产阶级的自身。这里所说的“解放自己”，是指无产阶级的自行消亡，而不是为无产阶级谋取特殊的阶级利益。这是一方面。另一方面，无产阶级的“大我”当然是由无数的“自我”即“个人”构成的。每个无产者都有自己的个人利益，但是，无产阶级的集体利益并不是无产者个人利益的机械相加的总和。什么叫做“集体利益”？对于无产阶级来说，“集体利益”和“革命利益”、“阶级利益”、“民族利益”、“社会利益”、“国家利益”这几个概念的本质意义是同一的，即指人民的整体利益和长远利益，例如在政治上建立和巩固人民民主专政，在经济上建立和巩固社会主义经济，极大地发展社会生产力，在文化上逐步提高人民的科学文化教育水平，等等。这些利益集中起来，就是进行社会主义革命和社会主义建设，实现共产主义。这种集体利益，是社会主义社会巩固和发展的基础和保证，也是每个无产者个人利益得以实现和发展的前提和保证。集体利益是“源”，个人利益是“流”。两者的关系不容颠倒。如果把个人利益看成集体利益的基础和原动力，那就是本末倒置。无产阶级进行革命和建设的目的，是为大多数人民谋利益，其中当然包括每个劳动者的个人利益，但是并不归结为个人利益。无产阶级认为，集体利益高于个人利益，在保证集体利益的前提下，可以而且应当把个人利益同集体利益很好地结合起来，而当两者发生矛盾的时候，必须以个人利益服从集体利益。

特别应当指出的是，新中国成立三十多年来，各条战线上涌现了许多雷锋式的共产主义战士，他们的先锋模范作用曾经极大地激励广大人民群众去创造历史。然而，也有些青年却认为雷锋是“自私”的。据说，人的“自私”是多方面的，有的为满足自己的物质要求，有的为满足自己的精神要求，雷锋之所以热心帮助别人，就是为了满足自己在精神方面（包括荣誉感等等）的“自私”要求。这真是“以小人之心，度君子之腹”！我们并不否认“精神自私”者的存在。在旧社会里，的确有些剥削者在酒足饭饱之余，经常装模作样地兴办一些所谓“慈善事业”，或者为的是欺世盗名、收买人心，或者为的是“积阴功”，以祈求鬼神保佑他们来世的荣华富贵。他们在一定时间、地点和条件下，也可以做些“好事”，也可以“牺牲”个人的某些利益，以获得精神上的满足，然而他们的出发点和归宿是很清楚的，即为了谋取更大的自私利益。雷锋等英雄人物的所作所为则根本不同：第一，他做好事是一种为造福社会和他人的、根本不指望任何报酬的自觉自愿的道德行为，是以为谋取他人利益和集体利益而自觉自愿牺牲个人利益以至生命作为出发点和归宿的；第二，他做好事后，精神上感到幸福和满足，不是个人的可怜的狭隘的欢乐，而是对履行自己对社会和他人的义务之后的一种自豪感，是对社会主义社会道德关系的正确认识和处理之后的一种自由，是一种伟大而高尚的共产主义道德情操。共产主义新人这种精神上的富有，是那些因袭着旧社会“自私”观念、精神上匮乏的人所根本无法理解的。

总而言之，“自私”观念是人类社会进入私有制阶段的产物，它必将随着人类社会进入共产主义社会而最终消灭。在历史的长河中，它只是推动私有制社会前进的一种动力，但不是唯一的动力，更不是推动一切社会形态前进的永恒动力。那么，推动一切社会形态前进的永恒动力是什么呢？马克思主义认为，这种力量就是人们生存所必需的生活资料的谋取方式，就是社会生存和发展所必需的物质资料的生产方式，即生产力与生产关系、经济基础与上层建筑这个社会基本矛盾的斗争。它们的矛盾和斗争决定社会从这一制度发展到另一制度。在私有制社会里，社会基本矛盾集中表现为阶级斗争，正是这种阶级斗争，成为推动阶级社会前进的主要动力，而人民群众是物质资料的生产者，是推动历史前进的决定力量。在社会主义社会，社会基本矛盾集中表现为人民群众日益增长的物质文化需求同落后的社会生产力之间的矛盾，这种矛盾的不断斗争和解决，推动着社会主义社会向前发展。到了未来的共产主义社会，推动社会前进的仍然是社会基本矛盾，只不过内容和性质不同罢了。所有这些，都是马克思主义的基本常识。然而，我们有些青年对这些颠扑不破的真理知之甚少，却要“另辟蹊径”，去探索“人生的真谛”，结果只能误入歧途。这是一个深刻的教训。让我们记住列宁的教导吧：“**遵循着**马克思的理论的**道路**前进，我们将愈来愈接近客观真理（但决不会穷尽它）；而**遵循着任何其他的道路**前进，除了混乱和谬误之外，我们什么也得不到。”①

共产主义理想是我们前进的精神动力

马克思主义认为，社会基本矛盾及其斗争是推动历史前进的动力，是推动人们从事历史活动的真正的最后动力，但是决不否认社会意识对于社会历史和人们社会活动的巨大能动作用。正如列宁所说：“人的意识不仅反映客观世界，并且创造客观世界。”② 一个社会、一个人以什么样的思想为指导，对于这个社会、这个人的实践影响极大。

如前所述，“自私”是产生于私有制社会并与之相适应的社会意识；在社会主义社会里，“自私”早已失去了积极的历史意义，对社会的发展只能起瓦解和破坏作用，只能把人们引入迷途。因此，在社会主义社会里，“自私”绝不是“神圣”的，我们决不能为“自私”平反，更不能去宣传什么“自私”，提倡什么“自私”。相反，我们必须理直气壮地、旗帜鲜明地反对“自私”、批判“自私”、摒弃“自私”。这是坚定不移的原则，这是一方面。另一方面，公有观念即集体主义思想是反映社会主义公有制并与之相适应的社会意识，它能保护并促进社会主义社会的发展，激励人们去为社会利益而献身。它是我们时代强大的精神原动力。因此，我们说，集体主义思想才是真正神圣的。我们要大张旗鼓地、理直气壮地宣传集体主义思想，提倡集体主义思想，这也是坚定不移的原则。这两方面综合起来，就是宣传和提倡共产主义思想，批判和抵制剥削阶级思想，这是社会主义精神文明的思想建设的主要内容。如果我们不批判和抵制剥削阶级思想，却去宣传什么“自私”，提倡什么

① 《列宁选集》，2版，第2卷，143页。

② 《列宁全集》，中文1版，第38卷，288页，北京，人民出版社，1959。

"自私"，那么正如党的十二大政治报告所指出的，我们的现代化建设就不能保证社会主义方向，我们的社会主义社会就会失去理想和目标，失去精神的动力和战斗的意志，就不能抵制各种腐化因素的侵蚀，甚至会走上畸形发展和变质的邪路。

那么，我们是否否认个人利益原则对社会主义建设事业的积极意义呢？是否否认追求个人利益对个人从事社会活动的积极意义呢？绝不是的。列宁在总结俄国革命和建设的经验时曾经指出："必须把国民经济的一切大部门建立在个人利益的关心上面。共同讨论，专人负责。由于不会实行这个原则，我们每一步都吃到苦头。"① 可见，对个人利益关心的原则，是社会主义经济的一个重要原则。这是因为，第一，我们无产者是人不是神，我们每个人首先必须吃、喝、穿、住，然后才能从事其他社会活动。我们一方面要全心全意为人民服务，另一方面也要堂堂正正地从集体和国家那里领取自己必要的生活资料和学习资料，这是我们进行革命和建设的必要条件。在我国目前的社会条件下，生产力水平较低，集体和国家尚不能充分满足人们的正当的个人利益，人们花一定的时间和精力去考虑个人利益问题，是无可非议的。第二，我们无产阶级革命和建设的目的，我们谋求社会集体利益，归根到底是要保障人民的个人利益的实现。社会集体利益不是存在于人民的个人利益之外的，如果离开人民的个人利益，所谓"社会集体利益"也就成为空洞、虚幻的了。因此，否认和抹杀个人利益是跟无产阶级革命和建设的根本宗旨背道而驰的。应当指出，在十年动乱时期，林彪、"四人帮"一度否认或抹杀人们的个人利益，把人们正当的个人利益同"自私"混为一谈，结果给社会主义经济建设和人民群众生活水平的提高，造成了极大的损失和影响。我们应当吸取这种深刻的教训。

问题在于，我们应当正确认识个人利益和社会集体利益之间的关系，正确对待个人利益。马克思主义认为，人们对个人利益的追求本质上是一种社会关系，是在与他人利益或社会利益的关系中表现出来的。在不同时代、不同制度下，个人利益与他人利益以及社会利益的内容及相互关系是各不相同的。在原始社会里，个人和氏族集体是根本分不开的，个人一旦离开集体就根本不能生存，因此也就无所谓个人利益和集

① 《列宁全集》，中文1版，第33卷，51页，北京，人民出版社，1957。

体利益的问题。人类进入私有制社会以后，社会分裂为两大对抗阶级，个人利益与社会利益的对立也随之产生了。在这种制度下，所谓“社会利益”实质上是剥削阶级的阶级利益，对劳动人民来说，不过是一种虚幻的社会利益；所谓“个人利益”，如前所说，由于除了奴隶阶级和无产阶级以外的任何阶级的个人，都是私有者或小私有者，都是作为单个的私有者进行生产活动和其他活动的，人们并没有也不可能结成一个真实的集体，所以都是建立在私有制之上的，都在不同程度上表现为自私利益。在这样的历史条件下，人们要获得个人利益以保证自己的生活和发展，就只能依靠“个人奋斗”：剥削者把谋取和扩大个人利益建立在损害和牺牲社会大多数成员的利益之上；劳动者要谋取个人利益，只能在私有制的基础上，同剥削者进行反奴役、反剥削的斗争。所谓“社会利益”不仅不能保障他们个人利益的获得，反而成为他们进一步贫困的根源。因此，在私有制社会里，个人利益和社会利益的对立是无法消除的，两者不可能结合起来。在社会主义社会，情况就不同了，个人利益和社会集体利益在生产资料公有制基础上统一起来了。一方面，社会利益不再是剥削阶级的阶级利益，而是全体劳动者的共同利益；另一方面，个人利益不再是私有者的个人利益，而是无产者的个人利益。这种社会利益是个人利益得以实现和发展的基础和保证。而且，随着社会化生产的日益发展，社会组织越来越严密，劳动者个人越来越离不开社会，劳动者个人利益的获得和增长也越来越离不开社会利益的巩固和发展。劳动者个人利益中具有决定意义的主要部分或绝大部分正是与社会利益一致的，正是从社会集体利益这个“大仓库”中领取的。一句话，在社会主义条件下，人们的个人利益与社会集体利益有机地结合在一起。任何劳动者，要离开集体事业、集体利益去谋取个人利益和个人的发展，都只能是缘木求鱼、舍本逐末。马克思和恩格斯深刻指出：“只有在集体中，个人才能获得全面发展其才能的手段，也就是说，只有在集体中才可能有个人自由。”① 这就是说，集体和社会集体利益是无产者和社会主义条件下的劳动者生活和发展的前提和基础。因此，我们要正确对待个人利益，要在首先谋求社会集体利益的过程中去求得个人利益的增进，绝不能为满足个人利益而损害他人利益和社会集体利益，要

① 《马克思恩格斯全集》，中文1版，第3卷，84页。

同各种损人利己的自私行为作坚决的斗争。这就是无产阶级的集体主义精神。

毛泽东同志说：“人是要有一点精神的。”人类区别于动物的一个重要标志，就是人类具有某种精神。古往今来，各种高尚的精神曾经激励一代又一代的志士仁人去战胜各种各样的包括物质上的艰难险阻，为人类的事业建立了丰功伟绩。那么，在今天，在党中央领导我们开创社会主义现代化建设新局面的时期，作为一个革命者，作为一个对历史负有重任的青年，应该具有什么样的精神呢？也就是说，应该树立起什么样的人生理想呢？为谋取个人利益而生活、而奋斗吗？这样的人是有的。他们仅仅从生理需要出发，整天沉湎于个人利益，特别是物质利益的追求和享受中。但是，他们跟一般动物有什么两样呢？正如陶铸同志所说：“一个受物质支配的人，一个个人‘物欲’很强的人，一定是缺乏理想、趣味低级、精神生活很空虚的人，也是生活极为可悲的人。”为自己一家人的利益而生活、而奋斗吗？这样的人也是有的。如果说，在旧社会，人们由于基本生活得不到保证，不得不为个人和家庭的生活而惨淡经营的话，那么，在大家基本生活普遍得到保证的社会主义社会里，仍然埋头于经营自己的小窝，置祖国和人民的利益于不顾，就太自私了。因此，正确的结论是：只有为百分之九十九以上的人民服务的精神，也就是集体主义精神，才是高尚的精神。而要具有这种高尚的精神，就必须树立共产主义的远大理想。共产主义理想是我们时代精神的集中体现，是代表历史发展方向和全人类根本利益的最合理的社会理想。正是这种崇高的理想，指引和鼓舞无数革命先烈和老一辈革命家奋斗终生。当然，共产主义作为社会制度在我国得到完全的实现，还需要经过若干代人的长时期的努力奋斗。我们广大青年作为革命的下一代，应该坚定不移地确立共产主义必胜的信念，应该在当前开创社会主义现代化建设新局面的伟大事业中，在为共产主义事业而奋斗的长期实践中，领略人生的真谛，确立无产阶级人生观，把自己造就成为有理想、有道德、有文化、有纪律的社会主义新人。

价值观念与思想政治工作*

思想政治工作，是一种从思想、道德、人生观、世界观和价值观上培养人、塑造人和完善人自身，以适应社会不断发展的一种工作。思想政治工作，也是一门科学。如果给这门学科下一个定义，可以说，思想政治工作学是一门研究从思想素质上、从价值观上培养人、塑造人和完善人自身，以适应社会发展需要的一门科学。

十年改革，使我们愈来愈认识到，在经济发展的同时，一个正确的价值观念，一个能激励人们奋发上进的精神支柱，一种团结整个民族和国家的向心力，对我们建设“四化”和振兴中华来说，是极其重要的。凡是对我国近年的经济发展、道德面貌、社会风尚进行过深入思考的人，恐怕都不能不认为这一意见是正确的。

改革十年，给我们提出了一个值得关心的问题。1985 年，在广州召开的全国伦理学的讨论会上，我曾经提出一个重要的问题，就是：

> 我们能不能在建设高度物质文明的同时，建设起高度的精神文明；能不能随着经济建设的发展，也能使我国人民在共产主义道德的阶梯上不断向前攀登；能不能使我国人民在物质生活水平不断增长的情况下，为集体、为国家的集体主义思想更加牢固；能不能在

---

* 本文原载《新时期加强和改进思想政治工作的途径与方法》一书，北京，海洋出版社，1989。

> 学习西方先进技术的同时，使我国人民的自尊心和自信心得到进一步加强。近两年来……确实有那么一股拜金主义的“洪流”在冲击我们的社会，有那么一股黄金“瘟疫”在侵袭我们一些人的头脑，甚至已毒害到我们的青少年一代。如果这种情况发展下去，蔓延开来，我们“四化”建设将会有一个什么样的结果？共产主义理想能不能实现？道德品质能不能提高？民族自尊心和自信心能不能保持？传统的优良道德能不能发扬？都将是不堪设想的！

这是五年以前所说的话。与此同时，我还特别指出了当时的拜金主义思潮对“四化”建设的危害，提出在这场理想与金钱的斗争中，怎样正确地回答和解决这一问题，对我们伦理学工作者来说，是一个非常重要而严肃的课题。

十年改革，就其主要方面来说，是在经济领域内进行的，当然，也同时进行着政治体制和其他各方面的改革。十年改革反馈给我们的社会综合信息，使我们得出了一个重要认识：一个社会、一个国家，它所进行的任何现代化的经济改革，都不可能是一种单纯经济形态的现代化的改革。就是说，任何国家为了达到现代化所进行的经济改革，一方面，总是要依赖一定的价值目标（包括道德价值目标）的导向；另一方面，又总是包含或伴随着从事现代化的人们的一定价值目标的追求。正是在这个意义上，可以说，一定的经济现代化，往往只是一定的价值目标在经济实力上的体现，或者说，这种经济的现代化，不过是达到设定的价值目标的一种最重要的手段。

从这个意义上说，在社会主义国家中，思想政治工作，就其在经济建设、四个现代化过程中的作用来说，就是要使经济改革和现代化的建设，能够沿着正确的方向向前发展；就是要在社会主义的政治方向和伦理道德原则的导向下，避免使这种改革走上邪路或误入歧途。

但是，在当前，不少人对思想政治工作的重要性缺乏应有的认识，甚至对思想政治工作抱着一种轻视的态度。为了发挥思想政治工作的作用，找出这一问题的原因，我想是有意义的。

第一，自从十一届三中全会以来，我们逐步地纠正了过去的“左”的错误，包括我们在思想政治工作中“左”的错误。但是，在纠正过去思想工作中的“左”的错误时，有些人有意无意地轻视、忽视以至否认思想政治工作本身的重要性。在他们看来，似乎做思想政治工作，就是进行“左”的说教，就是宣传所谓假、大、空，甚至认为为人民服务、为国家和社会做出个人牺牲、为集体献身、替群众做好事，也都属于大话、空话和假话之列。有些人认为，改革开放和发展商品经济要讲实效，反对“耍嘴皮子”，反对“空对空”，因此，也就应当淡化思想政治工作。有的人甚至怀疑、反对列宁关于思想“灌输”的原则，反对进行思想政治教育。列宁所说的“灌输”，不是要硬灌，而是认为社会主义和共产主义的思想是不可能自发产生的。他主要是反对“自发论”的，因为“自发论”就必然会走向机会主义。

据报纸登载，在美国，中国的雷锋受到著名的西点军校的重视，在那里兴起了学习雷锋的活动。《雷锋日记》受到学员们的注意，校园中张贴着雷锋的画像，教室里还贴着雷锋的名言。

为什么在我国，学习雷锋的活动却反而收效不大呢？其中一个原因，是有些人败坏了雷锋的形象，败坏了学雷锋的声誉。确实，不论是雷锋本人还是学雷锋活动，都有着很大的时代特点，都有其不可避免的局限性，都必须随着时代的前进而赋予新的认识。但是，不能以此来败坏雷锋和学雷锋活动的声誉。近几年来，有人专门批评雷锋的螺丝钉精神太愚蠢；有人指责雷锋的“革命战士是块砖，哪里需要哪里搬”是奴隶性；有人说他不喝汽水而喝白开水是禁欲主义，是苦行僧；有人说他的公而忘私违背了个人的物质利益原则，是同商品经济的发展不相符的；有人说他的扶老携幼、为人民做好事是一种低层次的文明，现在应该升格了；有些人则认为，雷锋只知道为他人、为国家而不知道为自己，在今天已经没有现实意义了，因为今天是商品经济发展的时代。总之，他们不是根据雷锋的为人民服务的精神来评价雷锋，而是有意无意地在不同程度上损害了雷锋的形象，损害了学雷锋活动的声誉。

第二，在相当长一段时期内，有些人认为，改革开放、发展商品经济，似乎是同社会主义道德相矛盾的。或者说，社会主义和共产主义道德的提倡，就会影响或阻碍社会主义商品经济的发展。在这些人看来，发展商品经济主要是强调人们的个人私利，诱发人们为追求个人私利的一种强烈的欲望，刺激他们为自己及其家庭而努力的积极性。有的人甚至认为，改革开放就是要利用人们的自私自利的心理，来把我们的经济搞活，使我们的生产力得到发展。这些同志的信条就是，“人都是自私的”，“自私是人的一切行为的唯一动力”。为了适应发展商品经济的需要，自私自利、投机取巧甚至损人利己，都是允许的。正是在这种思想、信念的指导下，这些人认为道德，特别是共产主义道德和社会主义道德是同改革开放、同发展商品经济直接对立的。因此，他们反对在发展商品经济中进行什么道德教育和思想政治工作，而强调道德不要干涉经济领域中的任何问题。这种理论是非常有害的。在商品经济的买卖关系中，固然要贯彻等价交换原则，可以“斤斤计较”，但在人和人的更广阔的社会关系中，在个人与他人、与集体的相处中，又怎么能没有社会主义和共产主义道德呢？社会主义、共产主义道德，确实是反对自私自利、损人利己的，它对坚持社会主义四个现代化的改革开放，不但不会起阻碍作用，而且还将会起到推动和保证其方向的作用。

当然，在端正对思想政治工作的认识、提高思想政治工作的威信的同时，还必须注意到党风和政府干部的廉洁问题对思想政治工作的影响。最近一个时期以来，社会上正在研究如何加强和改进思想政治工作，如何使思想政治工作同当前实际更好地结合起来，这也是我们许多思想政治学习班、研讨会之所以举办的目的。在我和许多做思想政治工作同志的接触中，大家都深感，在人民群众所提出的许多问题中，有相当一部分是关于党政干部的某些腐败现象，从而给思想政治工作带来了许多困难。我们思想政治工作的要求，就是要人们个人利益服从集体利益、忠于职守、顾全大局、为人民服务、为国家献身等等，而群众往往很自然地提出某些高层的政治领导干部，他们贪污腐化、收受贿赂、大吃大喝、以权谋私、以权换钱，为什么一定要我们忠于职守？一个社会主义国家，如果它的政治腐败现象不能被克服，无论怎么进行思想政治工作，这种思想工作都不会收到预期效果。中国的孔子曾说过几句话：“政者正也，子帅以正，孰敢不正？”“其身正，不令而行；其身不正，虽令不从。”“苟能正其身，其正人何？”这里也说明，只有克服了政治的腐败现象，我们的思想政治工作才能更好地发挥作用，同时说明，我们思想政治工作者本身，必须自身能够践履社会主义社会的道德要求。

第三，在改革开放中，在西方科学技术进入我国的同时，西方的各种政治、伦理思想以及当代的种种思潮，也进入我国。这对于拓宽我们的见闻，拓展我们的视野，启发人们的思想，当然是有好处的。列宁说：“只有了解人类所创造的一切财富以丰富自己的头脑，才能成为共产主义者。”“文化大革命”前，在“左”的思想指导下，凡是西方的文化、伦理思潮，不加分析，一律都被戴上资产阶级的帽子，痛加批判。甚至出现了一些奇怪现象，如有些人从未认真看过西方一些思想家的著作，只是根据报章杂志的摘引，在缺乏对那些思想的全面理解的情况下，就进行批判。有些人甚至于成为批判方面的专家，但知识却很贫乏。现在，又出现了另一种情况，有些人对西方思潮，往往不加分析、不加区别地向往和追求，他们甚至认为，学习西方现代化，就要全方位地学习，即不仅要学习西方的先进的科学技术，也要学习西方的政治体制，学习西方资本主义社会的伦理道德。在有些人看来，西方社会文化中流行的极端个人主义、非理性主义、虚无主义、颓废主义等等，都是值得追求和学习的。正是在这种思想指导下，多元化的思想认为，应该让人们有独立选择信仰的权利，任何思想政治工作都是对人的这种权利的侵害，因而是不必要的。

在当前的企业思想政治工作中，有以下几个理论问题，值得我们注意。

一、关于个人利益同整体利益的关系

在社会主义社会的企业中，在改革开放中，也同样存和着一个个人与社会、个人与整体、个人与企业的关系问题。在长期封建社会中，生产是由一家一户进行的，家庭既是一个生产单位，也是一个消费单位，所以，维护家庭的和谐，调整家庭各成员间的地位、职能和义务，就成为社会的重要基础，因此，法律、政治、道德也都特别注意家庭作为伦理实体的作用。现代工业社会，可以说是以大小不同的企业为生产单位的，因此，也必然会碰到企业同其成员的关系。企业的整体利益，不但是企业主所关心的，而且也是所有企业的劳动者所关心的。在企业内部，必须充分发挥每一个成员，特别是那些具有各种才能的人员的活力，但是，归根到底，还是要增强整个企业人员对企业的兴衰成败的关心，提高企业的凝聚力。这里，有两方面的工作：从企业来说，要关心每一个成员的利益，尽可能地发挥每一个成员的活力，使企业的利益同企业成员所做的贡献相适应；另一方面，每一个企业成员，都必须以企业的整体利益为重，关心企业的发展，关心企业其他成员的利益，决不能以自我为中心，使个人的活动损害企业整体的利益。

从理论上来看，在实现“四化”、振兴中华的事业中，思想政治工作中的一个核心问题，就是个人同社会、个人同整体的关系问题。社会主义四个现代化建设，必须要发挥广大人民群众的积极性、能动性和创造性，从某种意义上，也就是现在许多人所说的人的主体性。

过去，在对集体主义的阐释中，由于受形而上学的思想影响，只注意强调集体利益高于个人利益的方面，在某种程度上忽视了个人的主动性的发挥。今天我们应当站在改革开放、实现“四化”和振兴中华的高度，从人的主体性的高度来认识个人的作用，来辩证地分析个人同集体的关系。应该承认，在强调集体主义原则时，同时要强调个人的价值、个人的权利、个人的尊严、个性的发展以及自我意识、自我设计和自我实现等等。今后，我们还应当继续在这方面进行工作，启发、激励人的主体性的进一步发挥，克服那些一切听人摆布、逆来顺受、毫无主体意识的愚昧落后状况。如果不克服这种情况，我们的经济改革、政治体制改革，都将是不可能达到目的的。

从价值观来说，我们在理论上，仍然要划分集体主义和个人主义的原则界限，用集体主义作为我们建设“四化”的道德原则和精神支柱。个人主义，当然不完全等同于利己主义。利己主义在西方，早在古代希腊罗马就已经成为一种同享乐主义相联系的人生观，并有相当的影响。“个人”这一概念，尽管古代希腊已经出现，却并未成为一种人生的价值观念，文艺复兴以后，西方的“个人”的观念得到了发展，个人利益、个人尊严、个人自由等观念不断形成，有关个人幸福、自由、尊严的思想日益发展，但并未形成“个人主义”这一概念。“个人主义”是直到 19 世纪 40 年代以后，才由法国的思想家托克维尔提出的。

人是社会的动物，人都要在社会中生活，如果每个人都把个人的利益看得至上，都以个人为中心，那么社会又怎么能得到和谐、公正的发展呢？实际上，在社会主义的整体、集体中，如果人们都相信个人主义的价值观，都以自我为中心，就必然会涣散人们的整体观念，减弱人们的向心力和凝聚力，在许多问题上，陷入彼此争夺、钩心斗角的困境。个人的正当利益必须要满足，个人的权利应该享受，个人的尊严应当受到尊重，个人的个性应当得到发展，但是，当个人利益和整体利益发生矛盾时（当然，在社会主义社会中，在大多数的情况下，个人利益同整体利益是一致的)，当为了整体利益而必须牺牲个人利益时，当他人遇到危险、困难而需要别人相救时，个人利益就应当服从社会、整体的利益。在资本主义初期，个人主义曾起到过积极作用，但是，在当前，许多经济发达的资本主义国家也都放弃对个人主义的宣传，而强调一种民族精神和家国观念，强调民族利益和国家利益。那种认为只有个人主义才能使商品经济得到发展的理论，是没有根据的。资本主义社会尚且如此，更何况我们要建设的是社会主义的四个现代化，又怎么能宣传个人主义呢?

在个人利益与集体利益的关系上，集体的意志、集体的决定、集体的利益，有时候也还有一个是否正当、正确、公正的问题。特别是在当前的社会中，我们的集体，既不是马克思所说的那种资本主义社会中的虚假的、虚妄的集体(这种集体不代表集体成员的利益)，也还没有达到马克思所说的在推翻资产阶级以后所建立的理想社会中的真实集体(这种集体完全代表所有成员的利益)。我们的集体，是建立在社会主义公有制基础上的、基本上代表着集体所有成员利益的现实的集体。因此，我们必须从各个方面完善我们的集体，改进我们的集体，使我们的集体能够尽可能地代表集体所有成员的利益，而不应当以此为借口，认为既然集体的意志、集体的决定、集体的利益有时候可能被某些人认为不正当，从而就认为应当否认集体主义的原则(当然，也还可能有一种极端的情况，如果整个国家作为一个整体已经腐败，那就是另外一个问题了)。正像在民主制度中的少数服从多数的原则一样，尽管多数通过一致的意见，也可能是不正确或不完全正确的；集体的每一个成员，应当力求改善集体，使集体的意志能尽量符合全体成员的利益，但却不能因此否认这种少数应当服从多数的原则。关于个人和整体关系中的集体主义原则，也有大体同样的情形。

一个在社会生活中的个人，当他的个人利益与整体、与国家的利益发生矛盾时，是不是可以因为集体利益可能有不正当的情况，因而就反对个人利益在与集体利益发生矛盾时应服从集体利益这一原则呢?这不但是一个伦理学的理论问题，也是一个方法论的问题。一个集体，特别是我们当前的许多现实的、不完善的、有缺陷的集体，确实会在一些情况下，做出一些错误的决定，包括我们在改革中可能产生的政策上的失误，我们是不是就可以因此取消个人利益应当服从集体利益、服从国家利益的原则呢？当然，这绝不是说，对某些集体确实做出的某些错误决定，不去设法改正，更不是说我们可以听任某些集体的错误发展下去，相反，我们明确地提出，在实行个人利益应当服从集体利益的同时，应当尽力完善我们的集体，克服我们的集体中某些成员的腐败现象，使我们的集体和整体的利益，尽量能够从根本上符合成员的利益，使集体利益成为正当的利益，而不是借口因集体利益可能有不正当的情况，就从根本上否认集体至上的原则，否认个人利益应当服从集体利益的原则。

如果个人利益和集体利益都是正当利益，如果个人利益在价值的量上大于集体利益，是不是这时个人利益就不应当服从集体利益，而应当按照个人利益去行事呢？如果进一步思考，这里就会出现以下几个问题，集体利益和个人利益的正当性，是由什么来判定的？每一个个人的利益，是由每个人自己判定的，还是由集体判定的？所谓个人利益的价值量上大于集体利益，是如何计算的？是由个人计算的，还是由集体计算的？我们想，这种计算总不能是以个人的主观衡量为标准吧。这种计算，怎么才算是公正的？如果说这种价值量的多少是可以计算出来的，这种计算又是由集体所判定的，那么，集体在这种情况下，就会承认，满足某一个人的“个人利益”，是符合集体利益的，就不存在要求这种个人利益去服从整体利益的问题。当然，从发展上来看，在开始，整体对个人的要求，对个人利益的价值量的计算，可能还会有一个认识过程，有一个从不完全认识到认识的过程，也还有着计算上的困难（尽管我们已经承认这种价值量的计算是可能的），因此，应当允许个人提出充分的论证，使个人利益的价值量能够计算得公正。但是，不论怎样，我们却不能因此而否认在个人利益与集体利益发生矛盾时，我们就主张只顾个人利益而不顾集体利益。

在当前，我国社会上出现了一种道德冷漠，甚至可以说是一种道德麻木现象，这可以说是整个社会道德水平下降、道德堕落的一种测量仪。为什么会出现这种道德冷漠或道德麻木？原因当然很多，其中以个人为中心的、只顾自己而不顾他人的思想，起着重要的作用。《人民公安报》1988年12月23日以《暴行——发生在众人眼前》为题目的报道中所说的情况，有典型的意义：

> 10月18日上午10时，山东“95—00240”客车满载旅客，由山东梁山开往菏泽。11时，客车进入山东省郓城县境内，车上一

名烫发男青年以点烟为由向旅客何马夫借火，然后顺手将对方的打火机放进自己的衣袋里。何马夫正欲要回，烫发人二话没说照他脸上就是一拳，接着又围过4名男青年，对何马夫及其同伴陈友灿拳打脚踢，并将何马夫的手表抢走。5名歹徒高叫停车。车停后，这伙人把何马夫、其妻和陈友灿三人连推带拽弄下车，并继续对他们拳打脚踢。司机、乘务员和车上的乘客全部下车围观，却无一人相助。这时，又一辆客车和一辆解放牌汽车从后面开来，司机、乘务员和乘客也全部下车围观，但无一人出面主持公道。

5名歹徒冲众人高声骂道："想活命的快走，不怕死的过来!"众人纷纷上车，于是这辆客车扔下它的8名旅客与另外两辆汽车一起开走了。

5名歹徒把何马夫3人挟持到公路南的一片芦塘和棉田的交接部，搜身翻包，抢走现金1 410元，密码箱一个，其中3名歹徒又将何妻拖入芦塘内轮奸。在犯罪分子实施抢劫、轮奸过程中，先后跑来9名群众围观。棉田男主人李某对正在点钱的5名歹徒说："你们在这里玩，别踩坏了棉花棵。"并从地上拣起歹徒们扔来的香烟，吸着走了。

目前，犯罪分子侯文安、陶明峰、陶光武、陶正已被抓获。

这是发生在社会主义中国的一个道德现象，仅仅对这种道德现象进行描述、发出义愤是不够的，应当对这种现象进行深刻的反思。在中国人的意识中，由于文化、教育、政治等各种原因，固然缺乏个人的主体意识，缺乏个人的人格尊严的意识，但作为社会生活中的人，又是多么需要培养尊重他人的人格、维持人的尊严的意识。长期的小农意识，个人只顾自己的思想，是我们建设社会主义所必须克服的。

二、关于义和利的关系

义和利、金钱和道德的关系问题，不仅仅牵涉社会中的个人的价值目标，同时也涉及整个社会的价值目标问题。作为整个社会的价值目标，它的集中表现就是道义和功利的关系、长远利益和暂时利益的关系、远见卓识和急功近利的关系。

改革开放以来，义利关系问题日益成为现实生活中人们所关注的问题。在中国传统伦理观念中，基本上存在着三种不同的义利观：以孔丘为代表的儒家的先义后利的思想，他们提出要见利思义、见得思义，强调义重于利。这一派思想，到西汉董仲舒，提出了“正其谊不谋其利，明其道不计其功”，是片面重视所谓道义、否认功利的一种价值观念。后来，宋明理学家更加以片面化的发展，成了重义贬利、存理灭欲的封建教条，对中国宋代以后社会的发展产生了严重的阻挠作用。以墨家为代表的义利并重的思想，强调利是人民的大利，义也就是国家人民的利益，所以他们认为义就是利，这是一种义利统一的思想。但墨家所强调的是国家人民的公利，他们并不强调和尊重个人的利益。以法家为代表的重利贱义的思想，认为人都是自私的，即人皆有“自为”心，统治者不可能消除人的自私自利的心理，只能利用人们的这种心理，以赏罚作为杠杆，特别是通过严刑峻法和奖励耕战来发挥人们的这种自私自利的积极性。道家则主张人们应当完全超脱利益。

儒家的重利轻义思想，建立在宗法等级的封建社会的基础上，同我们的现代化，同社会主义的商品生产，是不相适应的。“义”，一方面是指道德原则，另一方面又有适宜、合宜和应当的意思。在中国长期的封建等级社会中，强调“义”，也就是强调“应当”，也就是强调维护那种严格的等级制度：每个人都处在一定的等级地位上，而且，谁只要有了某种等级地位，他就可以拥有与这个等级地位相对应的一切。等级越高，他就可以取得越多的财富。国君是最大的富有者，并依等级地位来分配社会的财富。所谓正谊不谋利、明道不计功，其实，功和利都在“谊”和“道”中。谋利、经商赚钱等思想，是卑贱的。作为商人，即便发了大财，也往往要被有权势的人所夺去。因此，商人总是要设法依附于官僚，否则他们就往往会受到各方面的刁难和欺侮。因此，我们在改革开放和发展社会主义商品经济中，必须要克服那种只言“义”不言“利”的重义贱利思想，反对那种口不言钱的迂腐观念，批判那种把经商谋利看做卑贱职业的错误思想。这种思想，直到现在，在一些较偏僻的农村中，还有一定的影响，有些农民仍然认为经商的人是卑贱的。但是，我们在思想上一定要认识到，我们所主张的“利”，除了个人的正当利益之外，更重要的，还应当包括国家人民之公利，企业、集体之公利，而不是唯利是图、自私自利。

当前，唯利是图，一切向钱看的歪风，确实越刮越大。最近一位外国记者在给一位中国朋友的信中提出：“为什么中国人失去了自力更生的精神?”他说：“看到最近的中国，令人十分遗憾，一切就是钱、钱、钱……国家领导与人民百姓靠自己的力量努力奋斗的意志毫无所闻。”当然，“这话有明显的偏颇”。正像《人民日报》每周论坛的作者申今所说的，“然而，细想一下，一位外国记者在通信中对中国提出一点批判，只是不那么准确，就扣上‘诬蔑’的帽子，似欠公允。再看看现实生活中桩桩件件丢失国格、人格的丑闻，我们又怎么能安然入睡呢?!”

> 在北京、在上海、在广州，在那些开放城市和旅游点，尾随着外国人争兑外币和外汇券的“小倒”们，已经不少见，以致有的外国人不得不在自己穿的上衣上用醒目汉字写上“我没有外汇券”。这种现象不叫人触目惊心吗？在外国人居住的豪华宾馆和各式游乐场门前，有时也出现一些为了几张外币，为了一点洋货，甚至是为了“开开眼”而攀干亲、不惜出卖灵魂的人，这种现象难道还不令人痛心吗？……放眼那些大公司，那些衣冠楚楚同外商洽谈、频频举杯、签字画押的大老板里，又何曾没有寡廉鲜耻之徒呢？一位常驻北京的欧洲商人说：“在 80 年代初，几条外国香烟，就能为签订价值几十万美元的合同铺平道路，现在，人们要求得到出钱送他们的子女去西方读大学这样的好处。……”看看这些腐败现象，我们能够否认这些中国人眼里只有钱、钱、钱吗？我们能够说他们没有失掉自力更生精神吗？

1984 年以来，拜金主义、一切向钱看的思想，不断地像潮水般涌来，虽然很多人都已看到了这一点。但是，也确还有些人为这种思潮正名，为它推波助澜，以致它像瘟疫一样，不断地得到发展。当时，江苏无锡的 10 个五年级的小学生，由于对这种一切为了金钱、为金钱而工作的现象迷惑不解，决心寻找理想，所以就写信给老作家巴金同志以及其他一些为他们所尊敬的老前辈寻求答案。这几年来，拜金主义和一切向钱看的思想，仍然是一些人所信奉的价值目标，并严重地影响着我国的社会风气，影响着我国社会主义四个现代化的建设事业。究竟应当以什么态度、什么理论、什么样的价值观念来对待这样的思潮，我想，这是我们所有思想政治工作者所应担负的一种义不容辞的责任。我们应当认真地反思，在培养人、塑造人、教育人和完善人的工作中，我们究竟应当怎样来培养人们的价值观。我们的企业，是必须要获得利润的。但是，见得思义、见利思义的原则，对我们是不是也适用呢？

如何看待金钱，从伦理道德上来看，也是一个价值观的问题，就是一个“贵”、“重”的层次问题。中国古代所说的以什么东西最为重、最为贵，也就是一个以什么东西最为有价值的问题，对某一具体事物，有具体的价值标准，贯穿一切事物之中的总的要求，就是总的价值标准。

在资本主义社会，金钱具有最高的价值。莎士比亚在他的剧本中曾经说过：“金子！黄黄的、发光的、宝贵的金子！……这东西，只这一点儿，就可以使黑的变成白的，丑的变成美的，错的变成对的，卑贱变成尊贵，老人变成少年，懦夫变成勇士！”“它可以使窃贼得到高爵显位，和元老们分庭抗礼，它可以使鸡皮黄脸的寡妇重做新娘，即使她的尊容会使那身染恶疮的人见了呕吐，有了这东西也会恢复三春的娇艳。”马克思曾进一步指出金钱、货币在资本主义社会中，在拜金主义下的颠倒黑白的作用。在资本主义社会，谁持有货币，谁就可以持有一切。“货币的特性就是我（货币持有者）的特性和本质力量。因此，我是什么和我能够做什么，这绝不是由我的个性来决定的。我是丑的，但是我能给我买到最美的女人。可见，我并不丑，因为丑的作用，丑的吓人的力量，被货币化为乌有了。我（就我的个人特点而言）是个跛子，可是货币使我获得 24 只脚，可见我并不是跛子。我是一个邪恶的、不诚实的、没有良心的、没有头脑的人，可是货币是受尊敬的，所以它的持有者也受尊敬。货币是最高的善，所以它的持有者也是善的。此外，货币还使我不必为不诚实的人伤脑筋，所以我事先就被认定是诚实的。我是没有头脑的，但货币是万物的实际的头脑，货币持有者又怎么没有头脑呢？再加上我可以给自己买到很有头脑的人，而能够支配他们的人，不是比他们更有头脑吗？既然我能够凭借货币得到人心所渴望的一切东西，那我不是具有人的一切能力了吗？这样，我的货币不是就把我的种种无能变成它们的对立物了吗？”这就是莎士比亚和马克思所描述的在资本主义社会中的金钱万能。马克思认为，在这种金钱万能的情况下，“货币也是作为一种颠倒黑白的力量出现的。它把坚贞变成背叛，把爱变成恨，把恨变成爱，把德行变成恶行，把奴隶变成主人，把主人变成奴隶，把愚蠢变成明智，把明智变成愚蠢”。在社会主义社会中，我们究竟应当怎样看待金钱？怎样看待善恶、金钱的作用、金钱的功能？是不是也允许它成为一种颠倒黑白的力量？在政治上、法律上、伦理道德上，在人和人的关系中，究竟应当怎样看待金钱？

目前，所谓的道德麻木现象也同拜金主义思潮有一定的影响。贵州某煤矿倒塌，数十人压在井下，井上数百人只顾自己逃命，却无一人相救，而解放军战士在抢救过程中要求群众相助时，他们竟开口问："谁给钱？"某战士路上得急病，同行战友要求过往车辆相助，一直到战士双膝跪下、脱下军装作抵押、司机收了 50 元（20 里）才有人帮忙。在四川某地，一青年不幸跌入河中，围观者很多，但无人援救，当其爱人苦苦求人援救时，一些人却以给予巨金为条件。这样的事情，从近几年的报纸来看，已经不是个别的现象，而是值得引起人们注意的一种社会现象了。在一些地方，群众中流传这样的顺口溜："干部拿钱引，群众为钱干，一切向钱看，离钱玩不转。"一个社会、一个国家、一个民族，如果不提倡为整个国家和全体民族的利益而献身，不提倡一种为祖国强盛、为人民幸福而奋斗的理想，如果使那种一切向钱看的思想，在理论上、实践上得到泛滥，那么，不但人们的积极性不能够发挥，而且还将会带来严重的后果。

三、关于权利和义务的辩证关系

权利和义务的关系，是一种对立统一的辩证关系，这是我们很多人都了解的。马克思曾经说过一句非常著名的话，这就是："没有无义务的权利，也没有无权利的义务。"没有权利的观念，也就不可能有现代意义上的个人主体性的发挥，也就不可能有四个现代化的建设；没有义务的观念，社会中的人和人之间的关系，个人同整体、同社会的关系，就不能得到维持，社会就不能得到和谐的发展，就不可能达到安定团结。就个人来说，权利与义务的统一，意味着个人对社会所做的贡献与社会对他的报酬相适应，个人从社会领得的报酬与他对社会应尽的责任相统一，这两个统一是缺一不可的；就社会来说，社会在尽量满足人的权利的同时，要求每个人要能够为维持社会的安全、和谐和发展尽自己应尽的责任。一个社会、一个国家，权利观念和义务观念愈是发达，这个社会和国家的进步也就会愈快。任何一个社会，只有正确地处理和阐明权利与义务的关系，才能使社会得到公正。葛德文在他的《政治正义论》中说："有两个问题，对于正确阐明社会原则是极其重要的，因此应该分别研究，一个是生活在社会中的人应尽的义务，一个是他们应享的权利。义务和权利不过是表达正义原则的不同方式。"也就是说，只有正确阐明了权利和义务的关系，国家才有可能是正义和公正的。

但是，从中国长期处于封建社会的特点看，权利和义务几乎是完全分离的。等级地位越高的人，只享权利，不尽义务；处于低级地位的人，则只尽义务，没有权利。自从汉代以后，封建社会的"三纲"成为支配人们的主要原则，即君为臣纲、父为子纲、夫为妇纲。君、父、夫有绝对的权利，臣、子、妇主要是要尽自己的义务。宋明以后，权利和义务更加两极分化，一方面权利越来越大，另一方面，义务越来越多。所谓"君叫臣死，臣不得不死；父叫子亡，子不得不亡"，以及所谓"天下无不是的父母"，"饿死事小，失节事大"（程颢语）等，也都成为调整人和人之间关系的教条。正是由于这种原因，在中国人的国民性中，或者说在中国人所因袭的传统包袱方面，不敢争取自己的权利，总是把自己依附于、从属于一种在自己之上的势力，即使明明感觉到自己的权利受到了侵害，也往往忍气吞声、唯唯诺诺，敢怒而不敢言，甚至在内心里十分委屈，但是在表面上还不得不顺着去做，以致表现出一定的两重心态和两重人格。

正是由于这种原因，在人民群众中提倡个人权利，强调尊重人民群众的权利，反对一切不公正的事物，以争取每个人的正当权利，对我们的改革开放和社会主义事业来说，有十分重要的意义。特别是由于我国从未经历过西方资本主义反对封建主义的长期、曲折而比较彻底的斗争，没有像欧洲近四五百年的反对封建领主和宗教神权的斗争中所形成的民主权利观念，更没有像法国大革命时期人们所形成的"自由、平等、博爱"的意识，因此，在今天，权利的意识更有重要的意义。不但在经济体制改革中，需要加强个人权利的观念，而且在政治体制改革中，更需要培养、形成和提高个人的权利的观念。在经济体制改革和政治体制改革中，都有一个如何更好地发扬人民的正当权利、正当利益的问题，这就更需要人们具有正确的权利观念。正确的权利观念的加强，可以使每一个社会成员都能受到公正、公平的待遇，从而可以激发人们进行改革和投身"四化"的热情，可以使我们更快地走上民主化的道路，更有效地抵制各种不正之风，反对各种以权谋私的腐败现象。这一切，对于我们振兴中华和实现“四化”来说，都有重要的意义。

同时，我们也不能走向另一种片面性，也就是只讲权利而忽视了个人对他人、对社会的应尽的责任和义务。在强调权利意识的同时，应当强调对国家、对民族和对社会的义务。我国在经济上还非常落后，生产力还不发达，文化、文明程度也较低，教育也跟不上，在这种情况下，更需要发扬艰苦奋斗、自力更生的精神，发扬对祖国、对人民的义务感和责任心。“国家兴亡、匹夫有责”，这也说的是人民对国家的一种义务和责任。一个人，作为社会生活中的一员，从道德要求上来说，还应当强调要助人为乐，强调要有一种为他人、为社会的献身精神，这也可以说是一种对社会、对他人在危难时应尽的责任。我认为，一个人的道德行为，总是不以取得某种权利为前提的。这句话曾受到过许多人的批判，但我至今仍觉得它没有什么大的不妥。道德上的义务，常常与法律上的义务不同，它不是以获得某种相应的权利为前提，而是以或多或少地牺牲个人利益为前提的。因为在道德上尽义务，就是要做出有利于他人、有利于社会的行为。它不但不是为了获得某种个人的权利或报偿，而且总是要牺牲一些个人利益以至生命，来实现他人和社会的利益。当然，在实现了自己的道德义务，完成了自己的使命、职责和任务时，可以得到社会舆论的赞扬，甚至也可能得到社会给予的权利和他人给予的报偿。但是，从行为者本人来说，不但在行为过程中不应该要求以某种权利和报偿为条件，而且在行为过程前的动机和目的上，也不应当希求得到某种权利和报偿。事实上，履行义务的道德行为并不总是同权利和报偿联系在一起的，只是因为有些道德行为往往同经济行为、政治行为或法律行为相重合，才使这种道德行为同一定的权利和报偿相联系。即使这样，一个有道德的人，在他履行对他人、对社会的道德义务时，也不是为了追求某种权利和报偿才去履行义务，而是要以高尚的道德境界和自觉的道德行为去对待社会给予的权利和他人给予的报偿。如果不是这样，从追求某种权利、贪图某种报偿的动机出发去履行道德义务，那么他的行为不但不是履行道德义务，而且行为的性质也不是道德的行为，不能给予他道德的美名。正是在这个意义上，普列汉诺夫认为，道德意味着或多或少的牺牲；康德认为，道德之所以招来如此大的美名，就是因为它伴随着巨大的牺牲。

人生观教育的重要性和迫切性*

去年春夏之交在我国发生的那场震撼人心的政治风波已经过去。它所暴露出的许多深层次的问题，需要我们进行认真的反思。如何加强对青年以至全社会的共产主义的人生观教育，是我们应当反思的重要和迫切的问题之一。

一

人生观是指人们对人生的意义、目的和活动的认识和评价，是人们经过长期的教育、影响、锻炼所形成的一种思想深层的价值观念。一个人无论在主观上自觉或不自觉、明确或不明确，只要形成了一定的人生观，他就必然会以这一人生观作为自己思想、行动的指导，并倾注自己的情感、意志和信念，去实现自己对人生的追求。从社会的经济关系和政治关系来看，在我国现阶段，共产主义的集体主义人生观同资产阶级个人主义人生观是最重要的两种表现形态。新中国成立以来的两种人生观斗争的过程说明，共产主义的集体主义人生观同资产阶级个人主义人生观的分歧，从根本上来说，是社会主义同资本主义两种制度、两条道

* 本文原载《光明日报》，1990-10-22。

路的分歧在意识形态上的重要表现。共产主义人生观归根到底是要引导人们走社会主义道路，而资产阶级人生观，则是要把人们引向资本主义邪路。去年在我国发生的政治风波，已经有力地说明了这一点。

二

人生观和价值观的问题，是帝国主义和国际反动势力通过“和平演变”同我们争夺青年的一个重要方面。帝国主义的“和平演变”战略，固然包含着许多方面，如传播资本主义的经济制度，支持反共反社会主义的“持不同政见者”，挑起民族矛盾，经济制裁等，但其中最重要的一个方面，就是运用各种手段进行政治、思想、道德和文化渗透，用西方资本主义的民主、自由、人权和个人主义的价值观念，来诱惑、腐蚀我们的广大人民、广大干部和青年学生，使他们向往资本主义，并使他们相信只有实行资本主义制度，他们的人生目的和价值才能得到充分实现。早在1949年，当我国民主革命在全国取得决定性胜利的时候，在武力威胁已不可能改变中国政权的性质时，美国当时的国务卿艾奇逊就开始构想“和平演变”的战略，妄图以美国的民主、自由和个人主义作为武器，来颠覆新中国。毛泽东同志当时就极其深刻地揭露了这种“和平演变”的卑鄙意图。20世纪80年代，我国实行改革开放以后，一个著名的西方政治家就一再强调说，当中国打开大门接受西方的先进技术时，西方国家要利用这一有利时机迫使中国接受西方的价值观念，从而达到改变中国社会性质的目的。1988年，一位美国前总统发表了他推行“和平演变”的《1999：不战而胜》，提出了要从意识形态，特别是价值观、人生观方面加紧对社会主义国家进行渗透，认为到20世纪末，资本主义对共产主义就可以“不战而胜”，并具体地提出了“和平演变”的日程表。他希望通过西方的价值观、人生观的传播，在社会主义国家的人民中，播下不满的种子，并肯定这些种子有朝一日“将结出和平演变之果”。

在国内，搞资产阶级自由化的头面人物极力颂扬资产阶级的“个人至上”、“个人中心”、“个人自由”和“个人价值”的个人主义人生观，宣扬一切向钱看和人性自私的思想，提倡西方资产阶级的自由、民主和人权，鼓吹极端利己主义和享乐主义。正是在这种国际资本主义和国内自由化分子的密切配合下，所谓政治上的三权分立、思想上的多元论、经济上的私有化理论、人生观上的“个人中心”思想愈演愈烈，从而为一小撮人制造去年的风波做了思想准备。

三

加强共产主义的人生观教育，培养集体主义精神，是社会主义精神文明建设的组成部分，对保证我国“四化”建设的社会主义方向，有重要作用。实践证明，我们的现代化绝不可能也绝不会仅仅是一种单纯生产力发展的、经济技术的现代化，而必然会有与这种生产力发展的、经济技术的现代化相适应的价值观和人生观作指导，从而使我们的现代化沿着一定的方向发展。从这一意义来看，我们甚至可以说，任何国家、任何社会的现代化的经济活动，都是为了实现一定的价值观和人生观的一种手段。在反思这几年的教训时，大家都已经认识到，由于党在指导工作中的某些失误，出现了抓物质文明和精神文明“一手硬、一手软”的失误。但是，仅仅认识到这一点，还不足以有效地克服我们的失误。我们还必须进一步认识在社会主义精神文明建设中，思想道德建设（包括对青年和全国人民进行共产主义人生观、价值观的教育）所具有的核心地位和重要作用。思想道德建设具有鲜明的阶级性，它规定了整个精神文明建设的性质和方向。因此，在加强精神文明建设中，加强思想政治工作，加强共产主义的人生观的教育，就能更好地提高中华民族的伦理道德水平，提高坚持四项基本原则的自觉性，增强对社会主义的信念。

四

在当前形势下，共产主义人生观同资产阶级人生观的对立，集中表现为集体主义与个人主义的对立与斗争。个人主义作为西方的一种价值观和人生观，是一种一切从个人出发、一切以个人为目的、以满足个人的私欲为目的的思想体系。不论什么人，只要受了个人主义的毒害，就会在考虑个人同他人、同社会相关的各种问题时，只强调个人的权利而不考虑个人对国家的责任和义务，只考虑个人的自我价值而不考虑集体和社会的价值，甚至每当为顾全整体利益而需要牺牲某些个人利益时，他们就牢骚满腹，怨气冲天。更有甚者，某些人为了追求个人的“自我价值”和“绝对自由”，在重要关头，不惜背离社会主义，走上危害社会和国家的邪路。社会主义的集体主义原则，一方面强调集体利益高于个人利益，强调在两者发生矛盾时，个人利益应当服从集体利益；另一方面，又强调集体利益的发挥离不开个人的积极性和创造性，集体要尽可能地关心个人的利益。重视个人的正当利益，维护个人的尊严和权利，创造个人价值实现的条件等，本来就是集体主义的应有之义。从这个意义上来看，集体和个人之间的权利和义务是双向的而不是单向的，是辩证的而不是片面的。那种把集体主义原则理解为只能是个人无条件地服从集体，而集体可以完全不顾个人的思想是错误的，这是对集体主义的误解和曲解。在过去一段时间内，一些坚持资产阶级自由化的人，说什么集体主义是束缚个性、“反个人”、“恐个人”的等等，这完全是别有用心的。在当前形势下，加强集体主义思想的教育，树立共产主义人生观，必将更有利于发挥个人的积极性和创造性，有利于形成和培育有理想、有道德、有文化、有纪律的一代新人，有利于增强对社会主义事业的向心力和凝聚力。这一切，对于防止“和平演变”，坚持社会主义，有着极其紧迫和深远的意义。

高度重视人生价值观的教育*

近几年来道德理论的发展和人们道德实践的结果，从正反两方面一再表明，正确的人生价值目标，对人们的言论、思想和行动有着极端重要的作用。1989年春夏之交所发生的那场严重的政治风波，更使我们进一步认识到，在人生价值观上，用资产阶级个人主义影响和腐蚀我们的青年，诱使他们背离社会主义，这是西方资产阶级敌对势力对我们进行“和平演变”的一个基本策略，也是国内资产阶级自由化分子所采用的一个重要手法。回顾1989年前的情况，我们可以看到，在相当长的一段时期内，国际敌对势力和国内资产阶级自由化分子相互配合，紧锣密鼓，集中主要力量，运用各种手法，一而再、再而三地发动舆论攻势，一个重要的目的，就是要反对社会主义和共产主义的人生价值目标。他们非难集体主义，嘲笑“为人民服务”、“大公无私”，咒骂“雷锋精神”，甚至公开地宣扬“个人本位”和“个人至上”，片面地宣扬“自我中心”，要“为个人主义正名”。在这种资产阶级人生价值观导向的诱惑下，一些青年误以为只有那种“自由竞争”、“个人第一”和追求金钱、追求享受的西方资本主义社会，才是他们发展自己的最佳的理想环境。这一教训应当为我们认真吸取。

与此相对照的是，我们前几年对这一问题却没有给予充分的注意，

---

* 本文原载《教学与研究》，1991（4）。

在此问题上，我们的理论研究的深度和所取得的成果，还远远不能适应形势发展的要求（至少 1989 年的政治风波之前的情况是如此）。这一状况应引起我们的高度重视。

一般来说，伦理学上所说的人生价值观，也就是我们所说的人生观，它主要表明人们对人生意义，人为什么活着，人怎样处理同他人、同社会的关系的一种道德理解、道德评价和道德追求。由于人们对人生意义、目的等问题的道德理解、道德评价和道德追求，总是同人们的价值观念相联系，因此，我们又往往把人生观称为人生价值观。

我们知道，价值是一种关系范畴，任何价值都只表明人与外界的一种联系，这种联系又总是与人的需要（包括物质需要、精神文化需要和道德需要）及其需要的满足密切相关的。所谓价值对于人的“意义”，其奥秘就在于此。从这一点来说，一切价值都是相对于人而言的，在一定程度上，我们可以说价值是为人设计，或人自己设计的。人生价值观的最根本、最重要的特点，就在于它能够而且必将要在深层次的思想上影响、制约和指导人们的行为。一个人的人生价值观，是从一定的社会关系中形成的，但又能反过来对社会关系发生作用。社会生活中的个人一旦形成了一定的人生价值观，就会自觉不自觉地按照这种人生价值观所指引的方向前进。一个人对一种人生价值观越是认同、服膺、信仰和追求，就越是会以自己的全部情感、意志、信念去实现自己的人生价值的要求。

社会主义精神文明建设的根本任务，就是要提高整个中华民族的科学文化素质和思想道德素质，培养适应社会主义建设需要的、坚持社会主义方向的“有理想、有道德、有文化、有纪律”的一代新人。人们愈来愈深刻地认识到，在社会主义精神文明建设中，“思想道德建设是社会主义精神文明建设的灵魂”，而共产主义、社会主义的人生观教育，又是思想道德建设的核心，是使“精神文明建设的灵魂”具有活力的最重要的因素。“灵魂”的思想，多年来，似乎不再为人们所重视了，现在重新提出“灵魂”来，主要是要强调思想道德建设在精神文明建设中有着主导的、统帅的和决定性的意义，这也就进一步说明了人生价值观教育的重要意义。

我们之所以特别强调思想道德建设和人生价值观教育的重要意义，其最根本原因在于，它是同我国在当前改革开放的形势下能否坚持社会主义方向的问题相联系的。十年的改革开放，更使我们认识到坚定社会主义的“方向”的极端重要性。西方敌对势力的“和平演变”，国内资产阶级自由化的目的，归结到一点，就是要改变我国的社会主义方向，把我们的社会主义引到资本主义的邪路上去。我们之所以强调要加强精神文明建设，就是因为精神文明建设不但为物质文明建设提供强大的精神动力和智力支持，而且能保证物质文明建设的方向；进一步说，我们之所以强调思想道德建设，就是因为思想道德建设规定着整个精神文明的性质和方向。人生价值观在思想道德建设中的核心地位，更决定了它对于保证社会主义的方向有着特殊的重要的意义。一切从事经济建设的人，都必然自觉不自觉地受着一定的人生价值观的指导，并希望通过自己的经济活动达到自己的人生理想，进入理想的社会境界。从这一意义上，我们可以说，一定的经济活动只不过是达到一定的人生目的和理想社会的一种手段。社会主义、共产主义的人生观，必然要引导人们走向共同富裕、没有剥削、没有压迫的社会；资产阶级的个人主义人生观，必然会引导人们背离社会主义，走上资本主义的道路。这就是我们强调人生价值观的重要性的原因。

人生价值观具有鲜明的阶级性，它总是为一定阶级服务的。在我国当前的社会上，无产阶级的集体主义的人生价值观同资产阶级的个人主义的人生价值观之间，必然存在着长期的、尖锐的斗争。社会主义的集体主义的人生价值观，是建立在公有制的经济基础之上，并为实现和巩固公有制制度服务的，而自私自利的、以个人为中心的个人主义人生价值观则是为私有制经济，为建立资本主义的经济、政治制度服务的。这是一场真正的“你死我活”的斗争，应当说，这场斗争谁胜谁负，在我国还没有最终解决。

当代青年是跨世纪的一代，他们的健康成长，对我国坚持马克思主义的指导、坚持社会主义道路有着至关重要的意义。青年时代，正是人生价值观形成的关键时期，社会、学校和家庭的教育，特别是思想道德教育，对他们人生价值观的形成，起着重要的作用。从这一点来看，一些青年是资产阶级自由化思潮的受害者，我们对他们应当给予充分的同情、关心和理解。现在，我们提出要加强人生价值观的教育，正是要清除资产阶级自由化思潮对他们的腐蚀和影响。当然，青年人自己的主观努力，特别是自觉地学习马克思主义，树立社会主义的集体主义人生价值观，不断地在实践中磨炼自己，也是使自己成为有社会主义觉悟的“四有”新人的重要条件。我们应当把加强对青年的人生价值观教育同青年自身自觉的努力结合起来，从而使广大青年能够更快地树立起社会主义、共产主义的人生价值观。

树立正确的世界观、人生观和价值观*

树立正确的世界观、人生观和价值观，对于提高广大党员和干部的思想觉悟，培养社会主义的有理想、有道德、有文化、有纪律的“四有”新人，从而保证我国的现代化建设能够沿着社会主义道路向前发展，有着重要的意义。什么是正确的世界观、人生观和价值观，它们之间的关系是什么，怎样才能树立起正确的世界观、人生观和价值观，这三个问题，是我们在加强思想道德建设中所应当深入研究和讨论的问题。

世界观是人们对世界上各种各样的事物的总的看法。我们所要树立的正确的世界观，也就是辩证唯物主义的世界观，有时候也称马克思主义的世界观。辩证唯物主义的世界观承认世界的物质性、客观性，承认物质世界是按照自身发展的规律运动和变化的；人的活动，既要遵守客观世界的规律，又能够通过实践认识和改造自然界及人类自身。辩证唯物主义的世界观认为，社会主义必然代替资本主义，是社会历史发展的不可逆转的总趋势；尽管在社会主义发展的长期过程中，还必然会存在和发生这样那样的曲折和反复，但由于资本主义制度存在着无法克服的固有矛盾，社会主义必然要代替资本主义，并将最终发展成为共产主义的社会。树立辩证唯物主义的世界观，就能够增强社会主义和共产主义

* 本文原载《中国特色社会主义研究》，1996（3）。

的理想和信念，提高为社会主义献身的力量和勇气，就能够在困难面前知难而进，在各种曲折复杂的情况下，保持革命的乐观主义精神。从国际共产主义运动所面临的情况来看，在苏联解体和东欧剧变之后，一些人之所以失去了对社会主义和共产主义的信心，徘徊动摇，裹足不前，甚至悲观失望、堕落蜕化，原因之一，就是没有能够真正树立起辩证唯物主义的世界观，被资本主义的暂时的“得逞”所迷惑，看不到资本主义必然灭亡的本质，看不到社会主义将最终取得胜利的光明前途。国际共产主义运动的这种暂时的“低潮”，也还可能持续一段时期，在这种情况下，我们更应当加强辩证唯物主义世界观的教育，使广大干部、工人、农民都能够从社会发展普遍规律的高度认识社会主义的光明前途，从而在建设有中国特色社会主义的伟大实践中坚定必胜的信心。

我们所说的正确的人生观，就是为人民服务的人生观。人生观是人对人生的意义、目的和价值的根本看法。其中，人为什么活着、人怎样生活才最有意义和人生的价值问题，是人生观的核心。在社会中生活的人，由于经济利益和政治利益不同，处在不同的社会关系之中，从而形成不同的人生观。在阶级社会中，不同的阶级，由于利益不同，必然会形成不同的甚至根本对立的人生观。就是同属于一个阶级，由于每个人所生存的环境和所受的教育及自我修养的差异，也往往会形成不同的人生观。一般来说，人们的人生观必然要受到一定的经济、政治和环境的制约，但不同阶级和不同阶层的人，又可以主动地、自觉地选择自己的人生观。出身于非无产阶级的人，可以接受共产主义教育，刻苦锻炼，从而树立起马克思主义的世界观，成为坚定的共产主义者；相反，即使是出身于劳动人民家庭的人，接受社会主义的教育，在红旗下长大，如果不注意世界观、人生观和价值观的改造，仍然会受到各种非无产阶级思想的腐蚀，接受庸俗、腐朽的资产阶级的人生观。人生观的这种可选择的特点，说明加强人生观教育的必要性。深入持久地开展人生的意义、目的和价值的教育，强调为人民服务的人生观的意义，就能帮助广大青年和人民群众真正懂得人生的真谛，从而自觉地选择为人民服务的人生观，为社会主义建设事业多做贡献。在当前我国的社会中，从表现形式上看，有着纷纭复杂的、各种不同的人生观：一种是为自己求得金钱、荣誉的以个人为中心的个人主义的人生观，也就是资产阶级的人生观；一种是以国家利益、人民利益为重的为人民服务的人生观，也就是无产阶级的人生观。在建设有中国特色社会主义的伟大事业中，对每一个人来说，人生观问题也就是为什么人的问题，是人生一切问题中一个根本的、首要的问题。这个问题不解决，不论是搞革命还是搞建设，是不可能兢兢业业，也不可能做出什么成绩的。如果一个人生活的目的只是为自己、为家庭的私利，即使是在物质享受上能够得到满足，那又有什么意义？那又有什么价值？一个人只有为他人的幸福、为社会的发展、为国家的兴旺做出贡献，使自己的工作能够造福人民、造福子孙后代，才是最有意义、最值得人们追求的人生，才是光荣的人生、闪光的人生。值得我们注意的是，改革开放以来，在资产阶级的拜金主义、享乐主义和个人主义的人生观的腐蚀下，一些人经受不住考验，自觉不自觉地把金钱、享受和权力、地位当做人生的唯一目的去追求，陷入资产阶级的极端利己主义的泥坑而不能自拔。因此，树立为人民服务的人生观，对我们来说，在今天有着尤为重要的现实意义。

一个树立了为人民服务的人生观的人，对人生的意义就能够有真切的理解，就能够把人民群众的利益放在心上，力求为人民做好事，使人民能够从自己的工作中得到幸福。一个人的能力有大小，职业有不同，但只要有了为人民服务的人生观，就能够时时处处为人民着想，助人为乐，造福人民，成为人民群众欢迎的人。因而，全心全意为人民服务的精神，“毫不利己、专门利人”的精神，应当成为我们时代的最崇高的精神。正像毛泽东同志所说的，只有具有了这种崇高的精神，才是“一个高尚的人，一个纯粹的人，一个有道德的人，一个脱离了低级趣味的人，一个有益于人民的人”。越来越多的人能够树立起为人民服务的人生观，必将促使社会主义的事业更快地向前迈进。

世界观和人生观有密切关系。正确的世界观是正确的人生观的基础，人们对人生意义的正确理解，是建筑在对世界发展变化及其规律正确认识的基础之上的。从这一意义上，我们可以说，人生观从属于世界观，没有正确的世界观，也就不可能有正确的人生观。因此，只有把握了社会主义必然要取代资本主义这一历史发展规律，才能具有对共产主义的坚定的理想和信念，才能牢固地树立起相信人民、依靠人民、全心全意为人民服务的人生观。同时，人生观发生变化，又往往会反过来影响到世界观的变化。人生观能够积极作用于人的世界观，对世界观的巩固、发展和变化起着重要的作用。现实生活说明，一个人在长期革命斗争中曾经树立起正确的世界观和人生观，但如果经不起拜金主义、享乐主义和极端个人主义思想的腐蚀，一旦放弃了为人民服务的人生观，那么，他就必然会丧失对社会主义和共产主义的信念，从而背叛自己的崇高理想和世界观。

正确的价值观，就是集体利益、人民利益高于个人利益的集体主义的价值观。集体主义既是社会主义的道德原则，又是人们应当树立和奉行的一种价值观念。什么是价值？我们在价值观中所说的价值，并不完全等同于经济学中的使用价值和交换价值，而是指人们所认为的最重要、最贵重、最值得人们去追求和珍视的东西，它既可以是物质的东西，也可以是精神的东西。

在中国古代思想史上，人们常用“贵”来表示“价值”这一概念。“贵义”就是把“义”看得最有价值，“贵生”就是把生命看得最有价值，等等。价值观就是对什么最重要、最贵重、最值得人们追求的一种观点和评价标准。处于不同的经济政治利益关系中的人，必然会有不同的甚至截然相反的价值观。对于个人主义者来说，由于他处处强调以个人为中心，把为个人看做唯一的目的，把为社会看做达到个人目的的手段，因而他必然会认为，只有个人的一切，才是最重要、最值得他去追求的，因而也就有最大的价值；相反，对于国家的利益、人民的利益，被认为是没有价值的，也就不值得为它去奋斗，更不值得为之而献身。对于无产阶级和革命人民来说，国家的利益、人民的利益、中华民族的利益是至高无上的，是最重要、最宝贵、最值得去追求的，因而也就是最有价值的。正是从这一价值观出发，无产阶级认为，广大人民群众的利益、国家和社会的利益是我们评价一切事物的有无价值和价值大小的最重要的标准。在建设有中国特色社会主义的过程中，不断发展变化着的许多新事物、新情况和新矛盾，每日每时都向每一个人提出有关事物的有无价值和价值大小的许多现实问题，需要我们去判断和解决。对于社会主义事业和对广大人民群众有利的事业，我们应当看做最有价值的、最值得我们为之献身和奋斗的，我们应当尽力去做；反之，一切不利于社会主义事业和人民利益的，我们就应当旗帜鲜明地加以反对。我们之所以强调要树立正确的价值观和用正确的价值导向来引导我们的人民，其意义就在这里。

人生观和价值观的关系既有相同的方面，又有不同的方面。价值观的范围较大，因为它泛指人们对一切事物的有无价值和价值大小的看法和评价标准，而人生观主要是对人生的意义和价值大小的一种根本的看法。从这个意义上，可以说价值观包括人生观，人生观也是一种价值观，即对人生的意义和价值的一种总的根本的看法。由于对人生价值的看法是人对其他事物的看法的一个出发点，因而一个人对人生价值的看法，又必然会影响对其他事物的看法，所以人生观在一个人的整个价值观中占有最重要的地位。人的正确价值观的确立和巩固，又能不断地促进正确人生观的形成和发展。世界观是人生观的基础，人生观是价值观的出发点，它们相互作用、相辅相成。

怎样才能树立起正确的世界观、人生观和价值观？

首先，要认真学习有关世界观、人生观、价值观的基本理论，从思想上提高觉悟，认识树立正确的世界观、人生观、价值观的重要意义。在当前，学习和掌握马克思列宁主义、毛泽东思想和邓小平建设有中国特色社会主义的理论，学习江泽民同志关于世界观、人生观、价值观的讲话，有非常重要的意义。我们应当准确、科学地把握这些理论的精髓，深刻理解在当前形势下，树立正确的世界观、人生观和价值观的特殊的重要意义。特别应当强调的是，在目前形势下，树立正确的世界观、人生观和价值观，就能够立场坚定，方向明确，对我们坚持社会主义道路，有着不可忽视的重要作用。

其次，要在实践中加强锻炼，不断地同各种非马克思主义以至反马克思主义的世界观、人生观和价值观划清界限。在意识形态和思想道德建设上，要提高政治敏锐性和识别力，对一切没落腐朽的东西，要进行坚决的抵制和斗争。正如江泽民同志所指出的："思想宣传阵地，社会主义思想不去占领，资本主义思想就必然会去占领。""树欲静而风不止"，我们还应当清醒地看到，西方敌对势力所大力进行的"西化"和资产阶级腐朽生活方式对我们的侵蚀，最重要的就是要从世界观、人生观和价值观上来腐蚀我们。一旦我们接受了西方资产阶级的世界观、人生观和价值观，我们就必然会在建设社会主义的道路上迷失方向，误入歧途。西方敌对势力曾经以这种手段，在某些国家得逞。因此，他们正不遗余力地要把他们的世界观、人生观和价值观强加给我们，这一点应当引起我们的高度警惕。马克思主义强调理论对实践的指导作用，强调理论认识要在现实生活的斗争中得到发展。为了更好地树立正确的世界观、人生观和价值观，就必须旗帜鲜明地同一切反马克思主义的世界观、人生观和价值观划清界限，认识它们的危害，肃清它们的影响。

最后，要自觉地进行自我改造，充分认识自我改造的长期性和艰苦性，活到老，改造到老。我们认识到什么是正确的世界观、人生观和价值观之后，一定要联系自己的思想和行为，身体力行，不断地在实践中检查自己，进行必要的自我批评。列宁曾经极其深刻地指出："资本主义旧社会留给我们的最大祸害之一，就是书本与生活实践完全脱节。"我们应当努力改正那种"书本与生活实践完全脱节"的情况，在实际生活中，认真培养锻炼正确的世界观、人生观和价值观，更好地为社会主义贡献力量。一个人生活在社会中，不可避免地要受到各种思想的影响。马克思主义的科学的世界观、人生观和价值观是不可能自发产生的，必须经过教育、培养和在实践中的艰苦磨炼。即使在长期的革命斗争甚至战争年代中经受过严峻考验，已经树立或形成了无产阶级的世界观、人生观和价值观的人，如果不能继续锻炼、修养和自我改造，稍一放松，就有可能倒退、滑坡，甚至丧失掉已经树立起来的世界观、人生观和价值观，被资产阶级的"糖衣炮弹"所打中。改革开放和实行社会主义市场经济以来，在世界观、人生观和价值观方面所出现的问题，已经充分说明了这种情况的严重性，尤其值得我们注意。由于私有制经济的发展，特别是西方各种思潮的涌入，再加上享乐主义、拜金主义和形形色色的个人主义思想的泛滥，在我国当前的社会主义社会中，各种不同的世界观、人生观和价值观相互斗争、相互激荡，对人们的世界观、人生观和价值观产生了种种不可忽视的影响。改革开放十几年来，不仅一些涉世未深的青年人受到错误思想的腐蚀，成为资产阶级腐朽生活方式的俘虏，就是一些经过锻炼的老党员、老干部，由于经不住金钱、权力的考验，也有少数人变质，违法犯罪，成为人民的罪人。每一个有志于建设社会主义的先进分子，都要引以为鉴，见微知著，严格要求，增强在改造客观世界中改造主观世界的能动性。

人类对客观世界的改造是永无止境的，在改造客观世界中，对人类自身的改造也是永无止境的。周恩来同志生前曾多次强调一个革命者改造自身的重要性。他强调要"活到老、学到老、改造到老"。为了适应建设有中国特色社会主义的需要，我们一定要强调改造世界观、人生观和价值观的重要性。"改造思想"，不但不是一件不光彩的事，而且还是一个坚定的、自觉的革命者的必然要求，是革命事业胜利的重要条件。只有这样，我们才能在前进的道路上通过各种考验，才能抵制一切腐朽思想的侵蚀，才能始终保持革命者的品质，使我国的现代化建设能够沿着社会主义道路健康地向前发展。

论新时期的义利观*

在社会主义市场经济条件下，究竟应当怎样对待义利关系，已经成为当前政治生活、经济生活和人与人关系中一个有重要意义的问题。

一、在社会主义市场经济条件下，正确把握义利关系的基本前提

在谈到社会主义市场经济条件下的义利关系时，我们应当首先对社会主义市场经济有一个确切的理解，从而为我们研究社会主义市场经济条件下的义利关系提供一个正确的前提。

建立和发展社会主义市场经济，是我国经济振兴和社会进步的必由之路，是社会主义建设实践中对马克思主义理论的重大发展，是一项前无古人的伟大创举。发展社会主义市场经济，不仅极大地促进了我国生产力的发展，增强了社会主义国家的综合国力，提高了广大人民的生活水平，同时也增强了人们的利益观念，形成了为个人利益、集体利益和国家利益而奋斗的思想。正是从这一意义上，人们也可以说，社会主义市场经济也是一种利益经济，它在集体利益、国家利益为先的前提下，

---

* 本文原载《北京日报》，1997-05-04。

充分保障和满足个人的正当利益，从而调动人们的积极性，更有力地推动生产力的发展。“利益”的驱动，增强了人们的竞争意识和效率观念，有利于人们自立、自强精神的形成。同时，我们还应当看到，在改革开放和建立市场经济体制以后，由于西方意识形态及其价值观念的影响，由于我国封建社会、半殖民地半封建社会遗留的腐朽思想和小生产习惯势力等等原因，“个人利益”的观念，又往往会诱发出自私自利、损人利己、唯利是图、见利忘义等行为，以致一些人置他人利益和国家利益于不顾，出现了损害他人利益、损害社会利益的严重后果。党的十四届六中全会决议指出，“市场自身的弱点和消极方面也会反映到精神生活中来”，其中一个重要的方面，就是造成了人们对义利关系认识的扭曲。

我国由社会主义计划经济向社会主义市场经济的转变，只是一种经济体制的转变，并不是社会主义制度的转轨或转型。决议明确指出：社会主义市场经济体制，“不仅同社会主义基本经济制度政治制度结合在一起，而且同社会主义精神文明结合在一起”。这就是说，我们所实行的市场经济，不仅是同以公有制为主体的社会主义经济制度和人民民主专政的政治制度结合在一起，而且同我们的以马克思列宁主义、毛泽东思想和邓小平建设有中国特色的社会主义理论为指导，以社会主义道德规范为重要要求的精神文明建设紧密结合在一起。从这里可以认识到，我国市场经济，必须受到社会主义的政治制度、经济制度和思想道德的制约，并且在其指导下沿着社会主义道路向前发展。这是我们讨论社会主义市场经济条件下义利关系时应当明确的一个最重要、最基本的前提。

二、对义利问题的历史回顾与分析

义利问题，之所以在社会生活中受到人们的重视，因为它是同整个社会的根本价值导向连在一起的，是同一个社会的政治理想、经济目标和道德标准相辅相成的。义利问题，作为一种价值观，它几乎渗透到每个人的一切活动之中，并在人们的所有行为选择和价值取向中，起着重要的导向作用。义利问题，作为整个社会的政治、经济、伦理观念的一个重要组成部分，对社会的政治稳定、经济发展和道德进步，都有着重要影响。不同的时代、不同的社会和不同的阶级，对义利问题有着不同的理解。

什么是“利”？尽管不同的思想家对它有着不同的理解，但总的来说，“利”就是指物质利益，其中又包括个人利益和民族、国家利益。什么是“义”？一般来说，“义”就是正义和道义。宋代的思想家朱熹说：“义者，宜也。”“宜”有“应当”的意思，也就是依据一定社会的政治生活、经济生活和道德生活的原则而应当去做的，就是“义”。因此，义和利在中国古代，主要是指思想道德与物质利益的关系、个人利益与国家利益的关系以及物质生活与精神追求的关系等多方面的意义。

义利关系在中国传统思想中，作为一种价值观念，历来受到政治家、思想家以及伦理学家们的特别重视。一般来说，孔子、孟子和后期儒家都强调先义后利或重义轻利。商鞅、韩非等法家一派则重利轻义，而管子、墨子、荀子等，多主张义利并重，力求使义利能够统一起来。正是由于中国古代思想家们对义利问题的特别关心，义利关系成了中国古代的一个被反复争论的重大问题。儒家创始人孔子曾经把“好义”和“好利”看做区别一个人道德高尚和道德卑下的唯一标准，他说：“君子喻于义，小人喻于利。”孟子认为，如果社会上的人们都去相互争“利”，那么国家就会出现动荡和危险，因此，只有实行“仁义”，才是社会安定的重要保证。荀子认为，“义”与“利”都是一个在社会生活中的人所需要具有的，是不能被剥夺的，但他主张对那些不适当的“利”要加以限制，同时，又强调“先义而后利者荣，先利而后义者辱”。法家从人性自私的理论出发，比较强调“利”的重要性，强调通过使私人获得“利”的方法，奖励耕战，使人们积极从事农业生产和服兵役，从而使国家很快地富强起来。汉代的董仲舒早年认为：“天之生人也，使人生义与利。利以养其体，义以养其心。心不得义不能乐，体不得利不能安。”他把义利关系看做物质生活和精神追求的关系，并强调了两者之间相辅相成的关系。但到后来，他把义利关系引向片面，提出“正其道不谋其利，修其理不急其功”的思想，走上了重义轻利的极端。宋明理学家们进一步扭曲了义利关系，形成了重利贱义的理论，对以后中国思想史上的义利之辩，有重要影响。他们认为“大凡出义则入利，出利则入义”，主张“存天理，灭人欲”。综观中国传统思想家的义利观，应当说大多数思想家都认为，在个人利益和国家利益、社会利益发生矛盾时，应当是先义后利、义重于利的，这就是《论语》中所说的“见得思义”、“见利思义”和“义以为上”的基本观念。但是也确有少数思想家，片面地强调了“义”的重要性，走上了重义轻利甚至重义贱利的极端。他们只许言义，不许言利，否认个人利益的必要性，造成了抹杀人民群众的正当个人利益、束缚人们个性发展的后果。这里应当指出，即使是那些强调“先义后利”、“义重于利”的思想家，他们之所以强调“义”的重要性，主要是为了维护当时的封建统治阶级的利益，以巩固封建阶级的统治为最终目的。

三、在社会主义市场经济条件下，什么是我们应当提供的正确的义利观

确实，我们要实行社会主义市场经济，就必须承认并强调“利”在经济生活中的重要作用。但是，我们必须明确，社会主义市场经济所强调的“利”，绝不像资本主义市场经济中所强调的“利”那样，只强调个人的物质利益，只重视个人的私利。在社会主义市场经济条件下，正当的个人利益，包括个人的物质利益在内，理所应当得到保护和保障，任何不重视个人正当利益的思想和行为，都会损害人民群众发展社会生产力的积极性，都是错误的，对社会主义的建设是有害的。同时，在社会主义市场经济条件下，在强调和保护个人正当利益的同时，更应当强调国家的利益、社会的利益和全体人民的利益。

马克思主义者从物质文明建设和精神文明建设的辩证关系出发，强调义利关系的辩证统一。我们所说的“义”，主要是指社会主义的思想道德要求和国家人民的利益。我们所说的“利”，主要是个人的物质利益和某些单位或地区的利益。在社会主义市场经济条件下，正确处理道德原则、精神追求同现实生活中的个人利益、局部利益的关系，是保证社会主义事业兴旺发达的一个重要问题。马克思、列宁、毛泽东等，都反复强调革命的理想、精神的追求同个人的物质利益的辩证统一。邓小平同志明确地指出，“革命精神是非常宝贵的，没有革命精神就没有革命行动。但是，革命是在物质利益的基础上产生的，如果只讲牺牲精神，不讲物质利益，那就是唯心论”，进一步明确了革命精神必须要以

物质利益为基础。但是，我们还应当强调，我们绝不仅仅追求个人的物质利益，而且还要把社会的、民族的和国家的利益放在更加重要的位置上。从根本来说，在社会主义社会中个人的正当利益和国家的利益是一致的。国家的利益体现着个人长远的、根本的利益。离开了社会主义国家的整体利益，任何个人的利益都是不可能实现的。正如邓小平同志所指出的："每个人都应该有他一定的物质利益，但是，我们提倡物质利益，决不是提倡个人抛开国家、集体和别人，专门为自己的利益奋斗，决不是提倡个人都向钱看。要是那样，社会主义和资本主义还有什么区别?"因此，在社会主义市场经济条件下，在对待义利的关系上，我们首先应当强调的就是社会的利益、集体的利益和国家的利益，个人利益只有是合法的、正当的和不违背国家利益的，才应当受到保障和保护。我们的义利观是以国家利益和人民的利益为先、为重的个人利益与社会利益相统一的一种新的义利观。

值得注意的是，一段时期以来，一些人以发展市场经济为由，把"义"和"利"对立起来，认为市场经济既是强调"利益"的经济，就不应当再讲"义"。有的人甚至认为，市场经济应当"金钱至上"、"先利后义"。更值得注意的是，一些人以市场经济要重视个人利益为理由，提出要把个人主义作为道德原则来代替集体主义，认为市场经济就是要把个人利益作为唯一的杠杆来发展我们的经济。正是在这样的思想影响下，在所谓"只要利"、"不要义"的情况下，一些人的"自私自利"、"唯利是图"、"见利忘义"、"损人利己"思想不断泛滥，有的甚至公然违犯国家法律，坑蒙拐骗，谋财害命，毒化了社会风气，严重影响了社会主义市场经济的正常发展。因此，正确认识社会主义市场条件下的义利关系，对当前来说，在理论上和实践上都有重要的意义。

党的十四届六中全会决议，根据我国现实的实际情况，明确地提出要"形成把国家和人民利益放在首位而又充分尊重公民个人合法利益的社会主义义利观"。这一提法，是对社会主义市场经济条件下义利观的科学概括。这一概括，从马克思主义的立场、观点、方法出发，批判地继承了我国古代义利观中的合理内容和积极因素，从社会主义市场经济的内在要求出发，以人民利益、国家利益和个人合法利益的实际地位、作用、意义为根据，对义利问题作了创造性的、科学的概括，对于指导我们的经济生活，对于调整社会主义社会中人和人的各种关系，有着鲜明的针对性和极重要的现实意义。

“把国家和人民利益放在首位”，这就是说把“义”放在首位，“国家之利”、“人民之利”、“天下之利”，也就是我们今天所强调的“大义”。我们是社会主义国家，国家和人民利益就是我们的大局，任何个人利益都必须符合集体的利益，决不能损害集体和人民的利益。“充分尊重公民个人合法利益”，这就是说，“公民个人合法利益”同社会主义的国家利益和人民利益从根本上说是统一的、一致的，应当受到充分的尊重，得到认真的保护，并鼓励和倡导每一个公民为获得自己的合法利益而诚实劳动和积极工作。社会主义市场经济的义利观，一方面强调以国家利益和人民利益为重的思想，即把人民利益和国家利益“放在首位”，又强调个人合法利益应当受到充分的尊重。这种新的义利观，也可以说是一种“以义导利、义利统一”的价值观。这种“以义导利、义利统一”的价值观，有利于我们正确处理个人、集体和国家的关系，有利于既能维护人民和国家的利益，又能保障个人的合法利益。在人民群众中，广泛而深刻地加强新的义利观教育，就能够在更坚固的基础上，更好地调动广大群众建设四个现代化的积极性，有利于促进我国的经济发展，有利于克服和消除个人主义、利己主义和拜金主义对人们的腐蚀，有利于提高全民族的思想道德素质。

理想、信念与“三观”建设*

改革开放二十多年来，我国在物质文明建设方面取得举世公认成就的同时，精神文明建设方面也取得了可喜的进步。在人民群众中间，我们广泛进行了爱国主义、社会主义和集体主义的教育，大力培养有理想、有道德、有文化、有纪律的“四有”新人。在思想领域，为树立正确的世界观、人生观、价值观，进行了长期不懈的努力。“以科学的理论武装人，以正确的舆论引导人，以高尚的精神塑造人，以优秀的作品鼓舞人”已成为我国意识形态中的舆论导向。正是由于社会主义精神文明建设的成绩和作用，我国社会主义的现代化建设，正沿着正确的道路，健康地向前发展。

然而，我们还应该看到，在社会主义物质文明和精神文明不断蓬勃发展的同时，资本主义和封建主义的腐朽思想，还不断地腐蚀我国的人民，西方的敌对势力还力图对我国进行“西化”和“分化”，以达到他们颠覆我国社会主义制度的目的。剥削阶级的政权虽然被推翻了，但是它们的思想是不会自动退出历史舞台的。正像列宁所指出的，剥削阶级的腐朽思想是不可能同它们的棺材一起埋入地下的，它们必然在人类社会中腐烂发臭，毒化人的精神，危害人类社会。在意识形态领域里，如果马克思主义的思想不去占领，资产阶级和封建阶级的腐朽思想必然要

---

* 本文原为《理想、信念与“三观”建设》一书导言，北京，中共中央党校出版社，2000。

乘虚而入，并从各个方面诱惑人们，夺取这一阵地，以便为它们的复辟创造条件。所以，意识形态领域的斗争，是深层次的思想斗争，它关涉到人们的理想、信念与世界观、人生观、价值观的正确与错误，关涉到我们社会主义事业的兴衰与成败，对于这一问题，我们必须把它提高到一个新的高度，认真地加以对待。

一

理想和信念是人的精神支柱和精神动力，它激励着每一个人为了一定的社会理想和生活目标而不断努力追求。正确的、科学的、崇高的、进步的理想和信念，能推动历史的发展和社会的进步，能净化和纯洁人的灵魂，能改善和协调人与人之间的关系；错误的、非科学的、卑下的、迷信的“理想”和“信念”，必然会腐蚀和诱惑人们，使人们陷入颓废的、堕落的泥坑和陷阱，扭曲人的灵魂，败坏人的道德，疏远以至恶化人与人之间的关系。共产主义的理想和信念，是建立在对社会发展规律的科学认识基础之上的，是合乎时代进步的理想和信念。树立共产主义的理想和信念，能够提高人们的道德水平、坚定人们对共产主义的信念、激发人们为社会主义和共产主义奋斗的勇气和力量。

在社会主义市场经济条件下，要不要坚持共产主义的理想和信念，要不要继续宣传和提倡共产主义道德，要不要坚持社会主义道德的集体主义原则，在最近几年来，成了人们特别关心的问题。一些人认为，既然我们现在处于社会主义初级阶段，而且在市场经济条件下，我们还必须强调发挥个人的能动作用，强调个人的利益，因此，在当前，既不应当再提倡共产主义的远大理想，也不应当实行社会主义集体主义的道德原则。而且，有些人错误地认为，现在既然是社会主义初级阶段，又实行市场经济，如果仍然要提倡共产主义的理想和信念，提倡共产主义道德，就是超越了当前的历史阶段，就是脱离实际的“大话”、“空话”。这种否认共产主义的理想和信念的观点，是错误的，是极为有害的，必须加以澄清。

我们知道，社会主义和共产主义是人类历史发展的必然趋势，它的实现建立在社会发展的规律的基础之上。社会主义和共产主义的实现，将使人类社会达到消灭剥削、消除两极分化并最终实现共同富裕的美好社会。社会主义社会是共产主义的初级阶段，而共产主义则是社会主义发展的必然结果。今天，我们建设社会主义，其目的就是要走向未来的共产主义。在今天，我们既要有建设社会主义的共同理想，又要有实现共产主义的远大理想。我们党在社会主义初级阶段的纲领和路线，包括在一定时期内把国家建设成为一个富强、民主、文明的社会主义国家的发展目标和规划等，反映了人民的根本愿望和要求。我们应当把这个现实的共同理想作为理想和信念教育的基础和重点，即不应该把它同共产主义的远大理想对立起来。现实是通往未来的基础，共同理想是通向远大理想的阶梯。

人是一种有精神生活的动物，人决不能也不会同其他动物一样只知道追求自己的物质欲望。人在社会中生活，既需要一定的物质条件来满足生存的需要，更需要有一定的理想和信念的支持来满足自己的精神生活。有了正确的理想和信念，人生的航道就有了指路明灯；树立了社会主义和共产主义的理想和信念，我们就能够排除前进道路上的各种困难和障碍，沿着社会主义道路不断前进。

在社会生活中，人固然都要有自己正当的个人利益，但一切自私自利的欲望和利己主义的冲动，都必然要引导人们误入歧途，使之陷入极其狭隘的、只考虑自己而不考虑别人的误区中。当一个人的精神和灵魂陷入和束缚在狭小的自我利益之中时，就会只顾自己而不顾社会，甚至会损害社会的利益，破坏社会的稳定；如果一个人陷入狭隘的物质利益的追求中，他就必然思想空虚、精神萎靡，不可自拔地走向沉沦。一个思想空虚、精神萎靡的人，是一定要被各种邪恶势力牵着鼻子引入邪路的。正如毛泽东同志所说的："人是要有一点精神的。"如果没有精神、理想和信念的支持，一个人的生活，只能是庸庸碌碌、无所作为，甚至会造成对国家和社会的危害。

马克思主义的思想家们，都十分强调精神、理想和信念在人的一生中的作用，并把有无这种精神、理想和信念，看成社会能否进步的一个重要因素。为什么我们过去能在非常困难的情况下奋斗出来，战胜千难万险使革命取得胜利呢？就是因为我们有理想，有马克思主义信念，有共产主义信念。无数革命先烈，正是为了这样一个崇高的革命理想，才毫不犹豫地献出了自己的生命。社会主义和共产主义的理想、信念，是革命力量的源泉，是革命事业成功的保证。不论在任何时候，我们都不能淡化、削弱或丢掉我们对社会主义和共产主义的理想和信念，否则，我们的事业就会遭到挫折，甚至会走入歧途。在思想领域还充满着斗争的现实社会中，社会主义和共产主义的理想和信念不去占领，资产阶级的和一切腐朽的、迷信的、落后的甚至反动的“理想”和“信念”，就必然乘虚而入；丢掉了社会主义和共产主义的理想和信念，就必然会成为追求资产阶级的“理想”和“信念”的俘虏。

尤其值得注意的是，在市场经济条件下，在改革开放环境中，在西方敌对势力的“分化”、“西化”的影响下，各种思潮大量涌向社会，资产阶级和封建阶级的腐朽思想也在这一浪潮下沉渣泛起。西方的敌对势力正或明或暗地采用各种形式、手段和途径，对我国进行思想和文化的渗透，极力鼓吹西方的政治观、价值观和腐朽没落的意识形态，妄图腐蚀人们的思想，使人们丧失社会主义和共产主义的远大理想，走上资本主义的邪路。

正因为如此，我们在建设社会主义的市场经济的同时，要特别注意坚持共产主义的远大理想。在社会主义初级阶段，我们既要正视人民群众的物质利益，不断提高和改善人民的物质生活，又要进行理想和信念的教育，充实人民群众的精神生活。正如江泽民同志所说的：“物质贫乏不是社会主义，精神空虚也不是社会主义。”建设有中国特色的社会主义，使祖国走向富强、民主、文明，是不可能没有远大理想作为全体人民的精神支柱的。

人们的理想是人们对一定社会关系、社会制度、社会运行方式的向往和追求，它的力量是巨大的。一个有远大理想的人，就能够有坚定的信心和强大的力量，就能够克服前进道路上所遇到的各种挫折和困难。一个有远大理想的人，他能够在极大的程度上，激励自己的意志、奋发自己的精神，就能够“富贵不能淫，贫贱不能移，威武不能屈”，就能够艰苦奋斗、不怕牺牲，为追求和达到自己的理想去英勇奋斗。

总之，理想、信念教育，是一切革命干部和人民进行社会主义建设的指路明灯，是团结全国广大人民群众的旗帜，它是我们一切思想政治工作的核心，不论在什么情况下，我们都不能忘记理想、信念的重要性。

二

科学的、崇高的理想和信念，必须建立在科学的世界观、人生观和价值观的基础之上，也就是说，只有树立了科学的世界观、人生观和价值观，才能培养和形成科学的、崇高的理想和信念。

从我国现实的思想教育和道德教育的情况来分析，我们还可以看到，一些人之所以没有能够树立起科学的理想和信念，或者是虽然曾经抱有社会主义和共产主义的远大理想，但后来经不起腐朽思想的腐蚀而背弃了原有的理想和信念，一个十分重要的原因，就是在世界观、人生观和价值观上出了问题。李洪志及其“法轮大法”所宣扬的歪理邪说的一个主要目的，就是要以他的极端荒诞、腐朽、糜烂的世界观、人生观和价值观来腐蚀人们的灵魂，使一些人误入歧途。在李洪志及其“法轮大法”的歪理邪说的诱惑下，有的人信仰神灵，追求“成佛成仙”，成了唯心主义世界观的忠实信徒；有的人追求个人的“圆满”，为了自己能够“修炼”、“提高层次”和“升天”，不惜抛弃生命和家庭；有的人甚至不顾社会和国家的利益，聚集中南海，向党中央和国务院发难；一些人为这种腐朽的世界观、人生观和价值观所腐蚀，还自以为在修炼自己的德性，为社会做好事。这充分说明，错误的、反动的、非科学的世界观、人生观和价值观的危害作用是绝不能被低估的。

从我国实行和建立市场经济以来，在“市场”的负面影响下，一些人受了个人主义、拜金主义和享乐主义的影响，在一切向钱看的错误思想腐蚀下，把追求金钱当做人生的唯一目的，为了追求更多的金钱，他们不惜采取自私自利、损人利己、损公肥私等种种手段，有的最终走上了犯罪的道路。究其原因，都是同他们受了资产阶级的世界观、人生观和价值观的影响有着重要的关系。就党员和国家机关干部来说，最近十几年来党员、干部中所发生的种种违纪案件的思想原因，归根到底，都同他们没有树立正确的世界观、人生观和价值观有重要的关系。他们之中的有些人，原来就没有能够树立起马克思主义的世界观、人生观和价值观；有些人，虽然曾经树立起了马克思主义的世界观、人生观和价值观，但由于经不起资产阶级腐朽思想的诱惑，成了资产阶级的世界观、人生观和价值观的俘虏。这些教训，是值得人们认真吸取的。

什么是正确的世界观、人生观和价值观？在社会主义革命和建设的长期发展中，广大人民群众认识到，只有马克思主义的辩证唯物主义和历史唯物主义的世界观，才是指导我们观察和认识世界的科学世界观；只有全心全意为人民服务的人生观，才是每一个革命者应当奉行的人生观；只有以个人利益与集体利益相结合，以集体利益高于个人利益为原则的集体主义的价值观，才是唯一正确的价值观。

世界观是人们对世界各种现象和事物的总的看法，其中包括社会观、自然观以及伦理观、审美观等看法的总和。在阶级社会中，不同阶级有不同甚至对立的世界观。马克思主义的辩证唯物主义和历史唯物主义的世界观，是建立在对客观事物的正确认识的基础上，是唯一正确的、科学的世界观。它坚持唯物的辩证法，强调物质第一性和精神第二性的观点，有力地反对了一切唯心的、迷信的和形而上学的思想，是我们反对一切歪理邪说的强大的思想武器。它揭示了人类社会发展的客观规律，给人们指出了观察社会、观察历史发展的正确方法，得出了资本主义必然灭亡、社会主义必然胜利的科学认识。它对社会发展的科学预见，给人们指出了前进的方向。它能够使人们在社会主义的事业遭到挫折和困难时，看到光明的前途，增强人们的信心，能够在资本主义的发展变化中，看到资本主义的不可克服的矛盾，使人们能够从表面现象中看到事物的本质。

人生观主要是指对人生问题的总的看法，包括人生的意义、目的、态度和理想等。不同的阶级有不同的人生观。一切代表先进生产力的要求、能推动历史前进的人生观，是进步的人生观，而一切逆历史潮流而动、阻挡社会前进的人生观，是落后的、腐朽的人生观。历史上曾经有过各种各样的人生观，如享乐主义的人生观、利己主义的人生观、禁欲主义的人生观等等。为人民服务的人生观，是人类有史以来最先进、最崇高的人生观，它指明了一个革命者应当如何正确对待生死、荣辱、得失、苦乐和贫富关系，使我们能够正确对待在人生道路上所遇到的各种问题，知道和学会如何处理顺境和逆境，从而克服人生道路上的困难。为人民服务的人生观，能够使我们更好地关心他人、爱护他人，更好地协调人和人之间的关系。更加重要的是，为人民服务的人生观使我们懂得人为什么活着、人活着有什么意义、人怎样活着才最有价值等等，使人的一生能为一个崇高的目的而奋斗，从而使人们生活得更有意义。

一个人只有为人民的利益而生活和工作，才是最有意义和最值得的。如果只知道谋取自己的私利，为个人或自己的小家庭活着，就是寿命活得再长，又有什么意义呢？一个人生活在世界上，从人生的意义来说，应该把个人的名利看得淡一些，这些东西，生不带来，死不带去，又有什么值得留恋的呢？伟大的思想家、教育家陶行知先生说，“捧着一颗心来，不带半根草去”，这就是一个人应有的高尚的人生观和价值观。一个国家干部特别是一个党员，在自己的一生中，只有多做些有益于人民、有益于国家的事，才是最有意义和最有价值的。

价值观主要是指人们对客观事物的一种认识和评价。在日常生活中，对什么是“价值”和什么是“价值观”，从不同的学科和视角来说，有不同的认识和理解。有从经济学方面理解的，有从哲学方面理解的，有从美学方面理解的。从伦理道德方面来理解和认识一个事物之所以有价值，就是因为它能够满足主体的物质的、精神的需要，能够正确地调整主体同客体的关系，对主体的生存和发展有重要的意义。我们所说的“价值”和“价值观”，主要是从社会主义社会中个人和社会的关系来考察的。在社会主义的利益关系中，集体利益高于个人利益的集体主义的价值观，使我们懂得了集体利益之所以高于个人利益的客观必然性，使我们认识到个人的利益、价值、尊严和自由，都只能依赖于集体利益的发展和完善。集体利益和个人利益，在根本上是统一的，集体利益代表着个人的长远的利益。集体主义的价值观，有利于我们正确地处理个人同他人、个人同社会、集体同国家的关系。

市场经济的建立，既给我们带来了发展经济、开拓创新等种种的积极力量，同时也在世界观、人生观和价值观方面，给我们带来了不可忽视的消极因素。正如江泽民同志早已指出的：“市场活动中出现和存在的东西，并不都是积极的、健康的、合理的。对于错误的、丑恶的东西，必须予以抵制、批判和纠正，不能漠然视之，更不能任其泛滥，让它们去腐蚀人们的思想和灵魂。”① 市场经济的消极方面，对我国的影响是多方面的，但就其最主要的方面来说，就在于它总是要以不同的形式来诱发个人主义、拜金主义和享乐主义，宣扬“个人中心”和“个人

① 《毛泽东 邓小平 江泽民论世界观人生观价值观》，486 页。

至上”，鼓吹“个人是唯一的目的”和“社会只能是达到个人目的的手段”，它极端轻视“社会利益”和“集体利益”，说什么这只是一种“抽象”。它无限放大“个人的利益”，并把它突出和强调到不适当的程度。一旦“个人”成了唯一和至上的东西，什么国家、社会、人民的利益，都可以置之度外了。一些人斤斤计较于个人的私利，把“蝇头小利”和“蜗角虚名”看做最重要和最有价值的，其结果则往往是坠入“私欲”的深渊而不能自拔，最终毁了自己。中国古代的思想家老聃说过“祸莫大于不知足，咎莫大于欲得”，说的就是这种情况。从价值观来说，这样的价值观，不但是错误的，而且是卑鄙的，因为它只有利于个人而有害于集体，只有利于自己却有害于人类社会。

在进行理想、信念和世界观、人生观、价值观教育的过程中，要注意在新的情况下所出现的新情况和新问题。要针对广大干部所面临的种种实际问题，有的放矢地进行教育。我们的党和国家的干部，是领导我国人民建设社会主义的骨干力量，担负着极其重要的责任。我们的干部，应当有远大的理想和信念，应当有坚定的意志和毅力，应当有全心全意为人民服务的高尚的品德。我们正面临着一个极其复杂的情况，面临着前所未有的各种诱惑。我们一定要始终保持清醒的头脑，保持自身的纯洁，努力抵制各种腐朽思想的腐蚀。

在进行理想、信念和世界观、人生观、价值观教育的过程中，要正确认识和理解“灌输”思想在政治工作中的地位。这里所说的“灌输”，是指教育者将外在的思想理论和科学文化知识输入受教育者的大脑的过程。最早将“灌输”这个词引入思想政治工作领域的是列宁。1902年，他在《怎么办?》一书中指出：“工人阶级本来也不可能有社会民主主义的意识，这种意识只能从外面灌输进去。”毛泽东同志在《论持久战》中也说：“没有进步的政治精神贯注于军队之中，没有进步的政治工作去执行这种贯注，就不能达到真正的官长和士兵的一致，就不能激发官兵最大限度的抗战热忱。”这都说明了社会主义和共产主义的先进思想不可能也不会在人们头脑里自发产生，而必须从外面灌输进去。马克思主义所说的“灌输”，是有其特殊的意义的。从这里我们可以认识到，社会主义和共产主义的理想和信念，马克思主义的世界观、人生观和价值观，只有经过教育才能在人们的头脑中扎下根来，也就是说，在这一领域，如果马克思主义不去占领，那么，非马克思主义的、反马克思主义的东西就会去占领。我党历来十分重视和善于运用“灌输”教育的方法，并取得了显著效果。早在黄埔军校时期，我党就以上政治课的形式，向学生灌输反帝反封建的思想，培养了大批的革命骨干。在北伐战争和土地革命时期，我党运用上课、政治讲话、贴标语、呼口号等形式，向部队和群众宣传“打倒军阀，打倒列强”以及“打土豪分田地”的道理，点燃了武装斗争的星星之火。历史的经验告诉我们，从思想政治工作的目的和任务来看，灌输是原则；相对于自我教育、寓教于乐等方法来说，灌输又是一种行之有效的方法。其实，各类宗教和西方资产阶级也采取灌输的宣传、教育方法以维护统治阶级的统治地位，他们所宣扬的唯心主义的思想、理论和价值观念对劳动人民起到了极大的欺骗和腐蚀作用。那么，在市场经济条件下我们进行共产主义的理想、信念和世界观、人生观、价值观的教育，就应当理直气壮地坚持灌输的原则。

同时，我们还必须强调，我们在对广大人民群众进行理想、信念和世界观、人生观、价值观的教育时，必须要根据社会主义市场经济条件下，人们实际生活中所出现的新情况和新问题，采用有针对性的、能够为人民群众所接受的新方法，既要晓之以理，又要动之以情，要善于启发和诱导，绝不能把灌输理解为注入式的说教。

三

在改革开放和发展社会主义市场经济的条件下，我国社会发生了广泛而深刻的变化。我国现在所实行的是以公有制为主体、多种所有制经济共同发展的基本经济制度；在分配制度上，我国当前所实行的是以按劳分配为主的多种分配方式；在经济政策上，允许一部分人和一部分地区通过诚实劳动和合法经营先富起来，以先富带动后富，最终实现全体人民的共同富裕。这一切都是为了更好地促进我国经济的迅速发展，更好地推动我国社会主义的四个现代化建设。

随着以上这些变化，社会成员在经济利益上，也必然发生着相应的变化。经济利益的主体的多样化，必然要给社会成员的政治、思想、文化等方面带来不同的变化和要求，出现前所未有的新的复杂的情况，即出现了人们价值取向的多样性。这些变化，向人们提出了一个问题：在人们价值取向多样性的情况下，社会的价值导向究竟是应当多元化还是应当一元化呢？

最近几年来，“多元化”一词，已经成为一个很常见的用语。人们可以在很多的报刊中看到，也能够在各种不同的会议中听到。什么是“多元化”？每个人的理解可能不尽相同，但有一点似乎是共同的，这就是说，改革开放以前，我国是以马克思主义的思想、文化和价值观念来做指导的，西方文化在我国的传播和发展是很困难的，因此可以说是“一元化”的；改革开放以后，我们这个社会，已经出现了各种不同的思想、文化和价值观念的共同存在，在意识形态领域，已经从一个“一元化的社会”，走向了所谓“多元化的社会”。对于这种认识，我们究竟应当怎样对待呢？

首先，应当看到，我国改革开放以来，在同其他各国特别是西方各国经济上扩大交往的同时，中国和世界其他各国的文化交流也日益发展，各种不同国家和民族的文化、思想、价值观念，也都在我国相继出现，大量的外国著作被翻译成中文，打开了我们的眼界，丰富了我们的知识，这是一个好的现象，是我国改革开放和发展的必然结果。这种多元文化和多种价值观的出现，又是同我国的经济和政治的变化密切联系在一起的，是社会发展和进步所必然要出现的。大家知道，以公有制为主体和多种经济成分共同存在的现实，必然要出现价值取向的多样性。应当说，各种思想、文化和不同价值观的比较，有利于我们吸取各种思想、文化和价值观的合理成分，有利于我们吸取人类所创造的一切文化、思想和道德的优秀成果。正由于此，我们认为，文化的多样性给我们带来了新的机遇，使我们能够有机会分析、借鉴和继承人类所创造的一切优秀成果，使我们能够在这一条件下，经过自己的努力，创造出更先进的文化和更优秀的精神文明。因此，对于文化多样性的现象，我们应当采取欢迎的态度，以积极的心态来迎接这一机遇。

其次，我们也要看到，在这各种不同的文化中，也有着反映时代要求的、进步的文化和过时的、落后的、腐朽的文化。在当今的社会中，还有资本主义的文化和社会主义的文化的不同。尽管在资本主义的文化中也有着人类所创造的优秀成果，也有进步的思想家们所提出的有益于人类发展的正确思想，但不可否认，其中确有一些消极和腐朽的东西对我们是有害的，如个人主义、拜金主义和享乐主义，如西方所谓的性自由、性解放等。很显然，对于这些思想，如果我们任其泛滥，就必然要污染我们的空气，败坏我们社会的道德，腐蚀我们的人民。在许多文化现象的背后，或者公开或者隐蔽地包含着不同的世界观、人生观和价值观，都有着自己的鲜明的思想倾向。在这些不同的世界观、人生观和价值观之间，又是有着复杂的矛盾和斗争的。“树欲静而风不止”，这种情况，也是不以人们的意志为转移的。

这种文化多样性的现象，确切地说，是同社会生活中各种主体的价值取向的多样性密切相关的。既然在经济上出现了各种不同的经济利益主体，这些不同的利益主体必然按照自己的利益和要求而有所取舍。各种不同的利益主体对不同文化、思想和价值的接受、认同、爱好和信仰，就是我们所说的价值取向。一个人的价值取向，总是同他的世界观、人生观和价值观相联系的。

因此，对于这种价值取向多样性的现象，我们应该怎样来对待呢？也就是说，在意识形态和思想领域，还要不要用马克思主义的立场、观点和方法，来对这些多样性的文化和价值观进行分析、鉴别和指导呢？

一种看法认为，我们既然是一个“多元化的社会”，那么，各种不同的思想，就应当不分优劣“平起平坐”，任何一种思想和价值观都可以作为社会的价值导向，都可以不受任何限制地以自己的思想体系和要求来影响他人、影响社会。在一些书籍和报刊中，常常可以看到这样一些意见，以“多元化”为理由，要以西方的个人主义作为我国社会主义社会的道德原则，要以合理利己主义作为我们的行为规范，要以西方的自由主义和新自由主义作为我国政治生活的指导原则，要推行和效法西方的性自由、性解放等。有些人非常欣赏和羡慕西方的“多元化”社会和那里的“自由”，认为西方的“多元化”就是各种思想的完全自由，没有任何思想导向和价值导向。这样的看法，是不符合事实的，是不正确的。

在阶级和阶级统治还存在的社会中，一个社会的统治阶级的思想，必然是这个社会中占统治地位的思想。这个占统治地位的思想，也必然要成为这个社会在意识形态中的价值导向。这种情况，可以说是古今中外概莫能外。美国是一个资产阶级掌握政权的国家，在意识形态和思想领域中，它的价值导向是非常鲜明的，这就是维护美国资产阶级的利益和国家的利益。只要看一看 1999 年那次对南斯拉夫的赤裸裸的侵略，却被美国舆论说成是“维护世界和平”的人道主义行动，我们就可以认识到美国的“多元化”和“自由”是怎么一回事，就可以认识到美国是如何运用价值导向来控制它的社会舆论了。认为美国这个“多元化”的社会的导向是多元的，说一切思想都可以自由地成为社会的导向，这是不正确的，是一种非常肤浅的看法。

我国是社会主义国家，我们明确地提出，在我国的意识形态和思想领域中，要以马克思主义、毛泽东思想和邓小平理论为指导，这是写在我国庄严的《中华人民共和国宪法》中的。宪法是我们应当遵守的根本大法。我们一方面承认我国社会所出现的价值取向的多样性现象，另一方面，又明确地强调在价值导向方面的一元化。价值导向的一元化同价值取向的多元化是相互影响和相辅相成的。不同思想、文化、价值观的共同存在，其最终目的，必须要有利于社会主义的思想、文化、价值观的繁荣和发展，有利于社会的进步。社会主义一元化价值导向之所以能发挥其导向的作用，是由于这一价值导向代表着广大人民群众的利益，代表着社会发展的方向，代表着科学的真理，体现着时代的要求。这种一元化的价值导向，不是靠压服、压制、强制来限制不同的意见，而是通过“百花齐放、百家争鸣”来进行吸收和扬弃，通过比较和鉴别来教育和提高人们的思想觉悟和道德境界，通过引导、激励来培养人们的理想、信念和道德情操。认真学习和了解各种不同的思想、文化和价值观，使人们能够从学习和比较中，吸取有益的精华，抛弃腐朽有害的糟粕。马克思主义的价值导向能给人们以选择取舍的正确标准，给人们以科学取舍人类一切文化的方法论的指导。我们是社会主义的国家，我们的价值导向有着保证我们沿着社会主义的道路向前发展的重要功用，忽视或背离这一价值导向，我们就有可能误入歧途。还应当指出的是，我们愈是强调思想、文化和价值观的多样性现象，愈是强调吸收人类所创造的一切优秀文明成果，我们就愈要提倡用马克思主义的价值导向来分析和鉴别。不能认真地、充分地吸收古今中外人类所创造的一切优秀成果，我们就不能更好地发展，就会故步自封；没有马克思主义的指导，我们就不能沿着正确的道路前进，就可能迷失方向。

最后，我们应当强调，社会主义和共产主义是我们的理想和信念，马克思主义的世界观、人生观和价值观是当今社会上唯一科学的、正确的世界观、人生观和价值观。我们不仅要自觉地以马克思主义为指导来改造客观世界，而且要更自觉地在实践中树立起坚定的社会主义和共产主义的理想和信念，用马克思主义的世界观、人生观和价值观来改造自己的主观世界，努力按照毛泽东所说的那样，做一个高尚的人，一个纯粹的人，一个有道德的人，一个脱离了低级趣味的人，一个有益于人民的人。

哲学社会科学和“三观”教育*

2002年4月28日，江泽民同志在考察中国人民大学并同师生座谈时指出：“我们要始终高度重视哲学社会科学在治党治国和建设有中国特色社会主义事业中的巨大作用，高度重视哲学社会科学领域高等教育的改革和发展，高度重视改善哲学社会科学研究和人才培养的条件，高度重视哲学社会科学研究领域重大课题的攻关，高度重视为哲学社会科学做出杰出贡献的学者的成就和作用。”他还从如何“治党”、怎样“治国”的高度来说明哲学社会科学的重要性。这是江泽民同志自2001年北戴河“八七”讲话强调哲学社会科学和自然科学“四个同样重要”之后，再次全面、深刻、科学地阐明在新时期哲学社会科学的重大作用和重要意义。

哲学社会科学为什么重要？江泽民同志强调：“哲学社会科学，主要是帮助人们解决世界观、人生观、价值观，解决理论认识和科学思维，解决对社会发展、社会管理规律的认识和运用的科学。”这是江泽民同志对哲学社会科学所要解决的问题所做的重要而简明的概括。在此，仅就哲学社会科学“主要是帮助人们解决世界观、人生观、价值观”方面的特殊作用和意义，谈一点个人的体会。

我们知道，在社会主义社会中，世界观、人生观和价值观的问题，同广大人民群众的思想道德素质、同坚持社会主义道路和方向、同一个

* 本文原载《中国人民大学学报》，2002（3）。

民族的精神面貌有着重要的关系。一个国家，要想兴旺发达，其人民既要有先进的科学技术和文化方面的素质，还必须有高尚的思想道德素质。只有具有高尚的思想道德素质，人民才能够具有自立、自强的意识，有为国家、为民族献身的精神，有坚强的毅力和信心，才能使国家强盛和民族振兴。哲学社会科学之所以重要，正是因为它能够帮助人们解决这些方面的问题。

“加强世界观、人生观、价值观的教育”（又称“三观”教育）是江泽民同志从 20 世纪 90 年代初期就大力提倡的。1993 年，他提出要在全国“加强正确的理想、信念、人生观、价值观的教育”。同时，为了在实践中坚持和发展马克思主义，他认为我们必须“坚持用辩证唯物主义和历史唯物主义的世界观、方法论去分析和解决问题”。1994 年，江泽民同志在《必须坚持教育优先发展的战略》中就明确提出了“三观”的思想，强调要“引导和帮助青年树立正确的世界观、人生观和价值观”。此后，他在关于思想政治、思想教育、思想道德的重要报告中，几乎每次都要反复不断地强调“树立正确的世界观、人生观、价值观”的重要意义。他提出军队要“进行共产主义的世界观、人生观和价值观的教育”，要对广大人民群众和青年“经常进行世界观、人生观、价值观的教育”，要“牢固树立正确的世界观、人生观和价值观”，等等。江泽民同志认为：“树立正确的世界观，无论过去、现在和将来，对于每一个干部和党员来说，都是首要的问题。这个问题不解决或解决得不牢靠，不论搞革命还是搞建设，是不可能兢兢业业的，也不可能做出什么成绩来。”江泽民同志这次在考察中国人民大学时更明确地指出，哲学社会科学之所以重要，我们之所以要大力促进我国哲学社会科学事业的发展繁荣，重要的原因之一就是它能够“帮助人们解决世界观、人生观、价值观”的问题。

一、关于世界观

我们正在建设有中国特色的社会主义，面临着前所未有的纷繁复杂的新情况和新问题，在这种特殊的环境下，我们能不能顺利地实现这一历史上最艰巨、最光荣的任务，关键是要看我们能不能用辩证唯物主义和历史唯物主义的世界观和方法论来分析、处理我们所遇到的问题。

物质和意识、经济基础和上层建筑、矛盾斗争和发展变化等，是辩证唯物主义和历史唯物主义的基本观点。在当前，如何认识社会主义的发展进程、如何认识资本主义发展的历史进程、如何认识我国社会主义改革实践过程对人们思想观念的影响、如何认识当今的国际环境和国际政治斗争对我国的影响，是我们面临的重大问题。在处理这些重大问题时，我们只有坚持辩证唯物主义和历史唯物主义的基本观点，才能在纷繁复杂、瞬息万变的国际环境中保持清醒的头脑，坚定我们的信念。

“历史归根到底是人民群众创造的”，我们党之所以要代表广大人民群众的根本利益，坚持为人民服务，坚持从群众中来、到群众中去，就是基于历史唯物主义的这一基本原理。马克思主义的世界观是“三个代表”思想的理论基础，在贯彻“三个代表”思想过程中，尤其要重视马克思主义世界观的重要意义。

我们同“法轮功”邪教的斗争，也是一次辩证唯物主义世界观同唯心主义世界观的尖锐斗争。“法轮功”的歪理邪说之所以能迷惑一部分人，其重要原因之一，就是这些人在世界观上误入了唯心主义的泥潭，不能够识别“法轮功”的谎言。

马克思主义的哲学，就是辩证唯物主义和历史唯物主义，是唯一科学的、正确的世界观。要帮助人们解决世界观问题，帮助人们解决理论认识和科学思维，解决对社会发展、社会管理规律的认识和运用，必须大力加强哲学社会科学的研究。

二、关于人生观

人生观问题在人的思想和活动中占有极其重要的地位。强调人生观问题的重要性，是江泽民同志对毛泽东思想和邓小平理论的一个重要发展。在革命战争年代和改革开放以前，尽管人生观的问题始终是我党思想政治工作和思想道德素质的一个重要方面，但由于当时思想政治工作的环境，毛泽东同志所注意的问题主要是世界观的问题。邓小平同志强调了培养“有理想、有道德、有文化、有纪律的四有新人”的重要意义，实质上已经注意到了人生观在提高人的素质中的作用。江泽民同志根据形势发展的需要，明确提出了“人生观”问题，强调“人生的目的”在革命和建设中的作用。人为什么活着，人生究竟有什么意义，这是我们每一个人都必须解决的一个问题。人在社会中生活，当然离不开个人的利益，离不开物质的需要和文化的需要，希望得到信任、荣誉和最大限度地实现自己的价值。但是，人究竟是为自己的利益而活着，还是应当为社会、为他人多做一些贡献；是仅仅追求和重视个人的名利，还是应当淡泊一些自己的名利，而更多地考虑国家和民族的荣誉和尊严；一个人活着是为了什么；一个革命者参加革命是为了什么：不论你自觉与否，不论你是明确地考虑还是在潜意识中思索，这都是我们每一个人回避不了而且要经常思考的重要问题。

随着改革开放的不断深入，资本主义的腐朽思想文化的影响乘机进入，同我国封建社会遗留下来的剥削阶级的腐朽思想文化相结合，使拜金主义、个人主义和腐朽生活方式等消极现象，犹如一股强劲的“西风”，腐蚀着人们的人生观。正像邓小平同志所指出的：“这股风来得很猛。如果我们党不严重注意，不坚决刹住这股风，那么我们的党和国家，确实要发生会不会‘改变面貌’的问题，这绝不是危言耸听。”这股风的严重后果之一，就是使一些人对人生的目的和意义产生了困惑，追求金钱，追求个人的名利，追求升官和发财，成了一部分人的人生目的。正是在这种新的形势下，江泽民同志提出了解决人生观问题的重要意义。他反复强调：“我们的干部和党员，一定要把人为什么活着这个问题弄清楚。如果只是为自己、为家庭而活着，那个意义是很有限的。”人生到底怎样才算最有意义、最值得呢？“只有为社会、为国家、为民族、为集体的利益，奋不顾身地工作着，毫无保留地贡献自己的聪明才智，这样的人生才有真正的意义，才是光荣的人生、闪光的人生。”一句话，我们的人生观应当是为人民服务。

三、关于价值观

价值观的问题是江泽民同志所特别强调的。由于历史的原因，毛泽东同志和邓小平同志都没有对价值观的问题加以阐发，也没有能够提出这个问题。在人们判断一切事物和现象对自己的意义的时候，常常用有无价值和价值大小、多少来加以表达。一般说来，价值观就是对一切事物和现象有无意义和意义大小、多少的看法和评价的观点的总和。

在建设社会主义四个现代化的过程中，价值观的重要作用日益凸显出来。在社会主义市场经济条件下，在个人同社会、国家、民族的关系上，我们应当有什么样的价值观呢？江泽民同志多次强调，要“把党和人民的事业摆在第一位”，在个人利益和集体利益发生矛盾的时候，我们应当以集体利益为重，以国家利益为重，这就是我们马克思主义者对待个人利益和集体利益的态度。个人的利益是应当而且必须考虑的，正像马克思所说的：“人们奋斗所争取的一切，都同他们的利益有关。”个人利益、家庭利益是应当重视的，没有个人正当利益的实现，一个人就不可能为社会、为国家、为集体贡献自己的力量。在社会主义市场经济条件下，正当的个人利益是促进经济发展、提高经济效益的重大推动力。但是，个人利益同国家利益、集体利益相比较，哪个更重要、更有意义、更有价值呢？这一点是我们每一个人在面对这两种利益冲突时必须要考虑和做出选择的。从国家和集体来说，在强调国家和集体利益重要性的同时，要尽量照顾每一个公民的合法利益；作为一个社会主义社会的公民，应当极力使自己的个人利益融入集体利益和国家利益之中，在追求和获取个人利益时，一定要以集体和国家的利益为重。

总之，在哲学社会科学中，哲学、伦理学、教育学、政治学、心理学、社会学等，对帮助人们树立正确的世界观、人生观和价值观有着极其重要的作用。大力促进我国哲学社会科学事业的发展繁荣，必将进一步提高我国人民的科学文化素质，推动我国社会主义四个现代化建设事业的更大发展。

第七编

坚持集体主义价值导向

关于伦理道德的价值导向的反思*

对于中国的青年一代来说，20 世纪 80 年代，从价值观念所受的影响来说，是有极其特殊的意义的。回顾、反思这十年来，整个社会的价值导向的失误，使不少青年一度陷入这样那样的泥沼而不能自拔。在经过了我国最近发生的这场极其严重的政治风波之后，分析、总结一下伦理道德领域中的错误思潮对我国社会，特别是对广大青年的冲击，分析这些错误思潮的根源及其危害性，从而冷静地回顾过去，面对现实，考虑未来，研究我们究竟应当选择何种价值导向，应该说是有着重要的理论意义和实践意义的。

自从改革开放以来，国际资产阶级就企图利用这一机会，更进一步加速实现其所谓“和平演变”的目的。他们在输出先进技术的同时，用尽办法，输出他们的意识形态和价值观念。美国的一位政界要人曾说，中国人需要我们的技术，需要同我们做生意，当他们打开大门取他们想要的东西的时候，我们应当把尽可能多的美国的价值观念送给他们。多年来，西方资产阶级利用各种渠道培养了一批为他们的“和平演变”效力、主张在中国“全盘西化”的人。正是由于这种原因，这些年来，在意识形态和思想领域里，特别是在对社会、对青年的价值导向上，是非不分、善恶颠倒、黑白混淆的情况，确实已经达到了十分严重的程度。

---

* 本文原载《高校社会科学》，1989（5）。

在一些报刊上、学术会议上，甚至在学校讲坛上，共产主义理想、共产主义道德被视为超越历史阶段的不可能实现的“乌托邦”。中华民族的传统伦理道德被全盘否定，只有西方的蓝色文明才是我们所应当接受的唯一先进的文明。为人民服务、集体主义思想被判作过时的、僵化的教条，“一切向钱看”的拜金主义思想，成为一些人公开宣扬的价值目标。有些人公开主张，要把等价交换、斤斤计较引入我们的道德生活和政治生活。他们公开反对大公无私的思想，说什么“如果讲大公无私，完全忘我，岂不都成了佛教徒?”并且明目张胆地要“为个人主义正名”，说什么“对个人主义的认识，是对观念更新的问题”。现在我们可以看得比较清楚，宣扬个人主义的价值导向，反对集体主义的价值导向，其实质是要在中国否定社会主义制度，从而建立起一个以私有制为基础的资产阶级国家。正是在这个意义上，可以说在相当长一段时期，我们的改革开放事业，已经被拉到丧失社会主义价值导向的关头。有鉴于此，为了在伦理道德的价值导向上正本清源，本文拟对几个有重要影响的问题进行分析，希望能够澄清理论是非，有助于引导广大人民群众，特别是青年人沿着社会主义的正确价值目标，更好地向前迈进。

一、关于拜金主义思潮

拜金主义的思潮，“一切向钱看”的思想，最近几年来，真可说是沸沸扬扬，甚嚣尘上。有些人，更从理论上加以论证，说什么我们现在既然要发展商品经济，就不能不重视“钱”的作用，因此就不能不“向钱看”。他们打着在伦理价值上要反对“重义贱利”的旗帜，主张把资产阶级的“赚钱就是道德”的理论，搬到社会主义的中国。有的人还公开宣传“低头向钱看，抬头向前看，只有向钱看，才能向前看”是合乎社会主义商品经济的要求的。有的人甚至还从理论上来加以论证，说“低头向钱看”，就是向个人利益看，“抬头向前看”，就是向远大目标看，并且说，人们只有向个人利益看，才能具有远大的社会主义理想。试想，如果一个人一心一意只是追求个人利益，梦寐以求地追求金钱，甚至把金钱看得高于一切，那他就必然会成为一个自私自利的庸人，这种人又怎么能够会具有远大的社会主义理想呢？更有甚者，有的人还说，“一切不向钱看的行为”由于不符合商品经济和等价交换的原则，会使人们形成“吃大锅饭”的懒汉思想，必然会阻碍社会的发展，所以也是不道德的。如果按照这种逻辑，那么历史上为国捐躯、可歌可泣的民族英雄，为中国革命事业而抛头颅、洒热血的革命先烈和当前在改革开放中无私奉献的人，岂不都成了不道德的了吗？这种理论，究竟要把人们引导到什么地方去呢？

“一切向钱看”的思想，经过某些理论工作者的不断阐发和论证，通过某些在全国有影响的传播媒介的广泛扩散，已成为社会主义中国的一种非常值得注意的特殊现象。“一切向钱看”已经不仅仅是经济行为和商品买卖中对利润的追求，也不仅仅是一部分“小市民”的卑下心理，更不仅仅是人们的一种处世态度。“一切向钱看”已经成为渗透到许多人的思想中的毒剂，成为一些人处理人和人的一切关系的指导原则，成为一些人信奉的价值目标。最近几年来，凡是对我国社会的道德面貌、社会风气以及人们的精神境界、价值追求等各方面的现象进行过认真的、深入的思考的人们，都不能不承认，拜金主义、“一切向钱看”已经像瘟疫一样，在我国社会上到处蔓延，渗透到社会的各个方面。我国社会风气和道德水平之所以出现大的滑坡，社会上的种种腐败现象之所以久久不能克服，原因当然很多，但从意识形态和价值导向来说，“一切向钱看”和拜金主义的思潮，确实起着推波助澜的作用。

在社会主义社会中，我们必须旗帜鲜明地反对“一切向钱看”的腐朽资产阶级思想，警惕这种思想对广大群众的腐蚀。在义和利的关系上，我们必须强调“义重于利”，强调“见利思义”和“见得思义”。在存在着商品和货币关系的社会内，我们当然还不能没有货币，企业当然还必须注意经济效益，人们当然还必须获得自己的正当的劳动报酬，但是这一切与我们必须鄙视和蔑视那种“见钱眼开”、“见利忘义”、“唯利是图”、“自私自利”的思想和行为并不是对立的，而是一致的。我们决不能把获取金钱当做生活的动力，当做人生追求的目标。我们必须在人民群众中，特别是在青年中提倡社会主义的理想和信念，提倡为振兴中华、建设“四化”而献身的崇高精神。社会主义道德和共产主义道德评价的准则应当是，一个人越是为自己追求金钱，那么，这个人在道德上就越不值钱，一个只是想用更多的金钱来抬高自己的价值的人，其结果，就是一个最没有价值的人。资产阶级的思想家孟德斯鸠曾经说过，对人的尊敬不能只根据他所拥有的财富，同时还要考虑到他的个人品质。现在有些人比资产阶级的思想家还要倒退一步，认为只要能赚钱，就是有道德，就应受到社会的尊重。我们应当强调，在处理人和人的关系中，愈是能牺牲个人的利益来维护他人、社会和国家的利益的人，就是愈有道德的人。我们必须在全社会造成一种舆论和氛围，形成一种新的社会风气，鄙视那些“一切向钱看”的思想，鼓励和褒扬那些为他人、为国家做出贡献、做出牺牲的人，鼓励和褒扬那些英勇献身、见义忘利、舍生忘死的人，从而改变这几年形成的“唯利是图”、“自私自利”和“有钱能使鬼推磨”的庸俗、腐朽、混浊、污秽的社会风气，加强社会主义的精神文明建设。

二、关于民族虚无主义

最近几年来，随着对中国文化传统的否定，社会上也掀起了否定中国传统伦理道德的思潮。一些人把中国的一切传统道德，不论是劳动人民的，还是剥削阶级的，不论是墨家的，还是儒家的，都一概称之为封建的传统。以儒家思想为主体的道德，更被一些人当做绝对的糟粕。在这些人眼中，不但中国不再是一个文明古国和礼仪之邦，而且中华民族是一个毫无优秀道德传统的劣等民族。这种形而上学的方法和否定一切的民族虚无主义，在一段时期内，曾经到处流传，一些人更以骂祖宗为荣，似乎中国今天之所以落后，中华民族之所以不能振兴，都是由于中国的传统道德的束缚。一些人就是在所谓要适应商品意识要求的口号下，从否定和批判儒家的“重义轻利”开始，片面地强调要“重利轻义”，甚至公开主张要“唯利是图”。那么，对于中国的传统文化，特别是传统伦理道德，究竟应当怎样看待呢？

对中国的传统伦理道德，特别是对以儒家思想为主体的传统道德，必须用辩证的、一分为二的科学态度，根据时代的需要，批判其阻碍我国社会发展的封建性的糟粕，继承其有利于民族发展的精华。一切全盘肯定的复古主义的态度，认为儒家的道德可以不加批判地用于社会主义社会的观点，是违背时代潮流的倒退思想，是我们不能接受的。同时，用民族虚无主义的态度来对待民族传统，全盘否定中华民族的优秀道德，必将导致民族的自卑感，诱使人们崇洋媚外，从而为宣扬西方的资本主义伦理道德服务，这种态度更是错误的。

中国传统道德中，封建专制主义的整体主义和等级森严的伦理道德规范，确实对人们的个性发展产生过严重的束缚和压抑作用，这是应当彻底批判的。儒家伦理道德中“重义贱利”、重农轻商等思想，对中国社会的发展产生过严重的阻挠作用。在改革开放和存在着商品货币关系的社会条件下，对这些过时的陈腐教条，当然是更要予以摒弃的。儒家传统思想中的重视道义、鄙薄技艺的思想，不利于科学技术的提高，无益于生产力的发展，对整个国家和社会的进步都是有害的，因而也是应当予以否定的。同时，儒家伦理道德中的愚忠愚孝的教条、夫唱妇随的戒律，是维护封建社会的等级制度和统治秩序的意识形态，是为巩固封建专制制度和剥削阶级的利益服务的。进行社会主义的四个现代化建设，必须与这些传统道德决裂，这无疑是正确的。

但是，我们还必须看到，在中国的传统道德中，确确实实包含着中华民族的各族人民在千百年来的劳动和社会交往中积累起来的维护民族发展的优良道德传统。中华民族之所以能经历数千年的历史而屹立于世界民族之林，它之所以能绵延发展而历久不衰，其重要原因之一，就是这种优良的道德传统。中华民族的优良道德传统，尽管在其发展的长河中，曾经受到封建专制制度的扭曲，受到以血缘为纽带的宗法关系的影响，使它在漫长的封建社会中，有着维护统治阶级的社会秩序的消极的甚至反动的一面，但是，我们仍然应当看到，中华民族的一些优秀道德传统，在今天社会主义现代化建设的过程中，如果经过扬弃、过滤并赋予新的内容，仍然可能而且必然会产生积极的作用。

这里，我们不妨简要地概括一下中华民族优秀传统道德的几个主要方面。

“自强不息、奋发有为”的斗争精神，“学而不厌、诲人不倦”、“发愤忘食、乐以忘忧”和“知其不可为而为之”的进取乐观的人生态度，充分表现了中华民族一种自觉地、顽强地改造社会和改造自然的价值取向。尽管在长期的封建社会内，这种人生态度和价值取向只能是为封建制度服务的，但是，如果能够批判地加以分析，赋予这种人生态度和价值取向以新的内容，可以肯定，它对我国的社会主义建设将会是有益的。

“国家兴亡、匹夫有责”，“先天下之忧而忧，后天下之乐而乐”的先国家、后个人、先民族、后家庭、为国为民、先公后私、公而忘私的民族传统精神，蕴含着一种强烈的对国家、对民族的义务感和责任心，它们极有利于形成和培育广大人民对民族、对国家的向心力和凝聚力。正是在这种民族优秀传统的指导下，中国的优秀知识分子，表现出了极其诚挚的爱国主义精神。每当国家危难之时，一些忧国忧民的爱国人士，总是勇于自我牺牲，直至为国捐躯。这种为中华民族富强而奋斗的爱国主义精神，在今天，仍然是需要我们继承的。

“富贵不能淫，贫贱不能移，威武不能屈”、“见得思义”、“独立而不倚”、“志士仁人，无求生以害仁，有杀身以成仁”、“舍生取义”的崇高道德理想和追求高尚人格的大无畏的牺牲精神，对于中华民族的发展，也曾发生过积极的作用，直到现代，对我国的知识分子还有着重要影响。中国人的这种骨气和精神，也就是中华民族所以能巍然屹立的“中国的脊梁”。在改革开放和社会主义现代化建设过程中，在向西方学习先进技术的同时，大力发扬艰苦奋斗、自力更生的精神，反对崇洋媚外，反对依赖思想，更有着重要的现实意义。

强调道德修养，注意克制自己、约束自己，不断地提高自己的道德境界，更好地调整个人同他人关系的思想，在今天，也有积极的意义。在封建社会中，为了遵守那些维护封建制度的道德规范而“克己”、“修身”，其作用当然是不好的，但是我们不能因此而否定道德修养在人们道德升华中的作用。以道德规范来约束自己，“克制”自己同社会道德规范不合的言行，正是道德修养的一个重要内容。最近几年来，一些人从否定中国传统道德修养的“克己”开始，进而片面地宣扬道德就是要摆脱社会加于个人身上的限制，就是要发扬人的“道德主体性”，就是要满足个人的需要和欲望等。事实证明，否定在道德修养中“克制”自己，就是要使人们沿着非道德主义的斜坡向下滑去，其危害也是很大的。因此，批判地继承、发扬中国传统道德中的重视修养的特点，应当说是大有必要的。

艰苦奋斗、勤俭节约、勤劳勇敢、诚实守信、谦虚谨慎等思想，在中华民族的各民族的伦理道德规范中，在中国的劳动人民中，都是受到尊重的。特别值得指出的是，最近这些年来，有些人在否定民族传统道德的思潮下，把艰苦奋斗和勤俭节约也看做应当抛弃的思想，其实质，就是要否定艰苦奋斗的传统。有的人把诚实守信看做“窝囊废”，看做“无能”的表现，提倡在商品经济中，要学会所谓“投机取巧”。有的人把“谦虚谨慎”看做虚伪，看做不会表现自己，因而提倡要学会吹捧自己和推销自我。在这种情况下，大力提倡中国劳动人民所奉行的艰苦奋斗、勤劳勇敢、诚实守信和谦虚谨慎的美德，对进一步促进我国的“四化”建设，是有重要意义的。

总之，上述几个方面的中华民族的优良道德传统，曾在中华民族源远流长的历史发展中，代代相传，世世相继，形成了中华民族不同于其他民族的特有的民族心理、民族情操和民族道德。中华民族赖以生存、发展的这些优秀道德传统，是决不应当也根本不可能完全否定的。那些抱着西方中心论的人们，完全拜倒在西方文化和西方价值观念的脚下，对自己祖国的优良道德传统，采取漠视、鄙视和民族虚无主义的态度，正好从另一个方面说明了，他们所追求的是西方资产阶级的价值观念，其结果只能是为实行资本主义制造舆论。

在改革开放的今天，我们在学习西方国家的科学技术时，必须发扬中华民族的优良传统，形成自尊、自强、自立、自信的观念，任何崇洋媚外的思想，任何民族自卑心理和民族虚无主义，非但不能为我们铺垫一条成功之路，而且必然将我们引入歧途。

三、关于利己主义、合理利己主义和个人主义

最近几年来，在伦理价值导向上，合理利己主义和个人主义两种有代表性的思想，在一个相当长的时期内成为两种时髦的思潮。分析这两种思潮的出现及其社会影响，考察它们对人们思想的腐蚀作用，从而作出必要的评价，在今天的情况下是有着重要的现实意义的。

20 世纪 80 年代初期，围绕着“人生的路”究竟应当怎样走的问题，展开了一次人生价值取向的大讨论。一些人公开搬出了所谓“社会达尔文主义”，宣扬人作为一种生物，“谁也逃不出它本身的规律。在利害攸关的时刻，谁都是按照人的本能进行选择，没有一个人真正虔诚地服从那平日挂在口头的崇高的道德和信念”，从而斩钉截铁地断言，“人都是自私的，不可能有什么忘我高尚的人”。这一结论所包含的伦理价

值导向，就是社会达尔文主义的利己主义。还有人散布“人都是自私的”，“人都是为自己而生活和工作的”，人们的生活信条，只能是“主观为自己，客观为别人”。总之，在这些人看来，只有利己主义才应当成为我们生活的价值取向。这次讨论，是十年动乱后，随着反对“左”的思想而出现的一股对社会主义集体主义的冲击，其最终目的是要否认“为人民服务”、“个人利益应当服从集体利益”等社会主义的价值导向。

应当指出，在社会主义的中国，直接地宣传利己主义，未免过于显眼，因此，一部分人又搬出所谓合理的利己主义。他们说，人在社会上生活，既不能纯粹利己，也不能纯粹利他，应当把两者结合起来，实行一种合理的利己主义。

随着改革开放和社会主义现代化建设事业的进一步发展，与资产阶级自由化思潮相联系，在我国社会上形成了一股以西方为中心的思潮。这一思潮的主要表现就是，不仅要向西方学习先进的技术，而且要把西方的政治制度、经济制度和伦理道德移植到中国来。在西方文化中心论的鼓噪中，从伦理道德方面来看，最突出的就是鼓吹要把西方的个人主义作为广大青年和整个社会的价值导向，认为个人主义在今天仍然有积极作用。一些人突出强调个人主义与利己主义、合理利己主义的不同点，认为个人主义强调的不是“自私自利”，而是个人的尊严、个人的价值、个人的幸福和个人的自由。他们说，我们过去对个人主义的认识已经陈旧了，要实行观念更新。他们以改革开放需要充分发挥个人的能动作用为借口，极力宣扬“个人本位”的思想，主张中国伦理的趋势就是要从“社会本位”转向“个人本位”，从集体主义转向个人主义。

为了正确理解利己主义、合理利己主义和个人主义的区别和联系，我们有必要从历史上、理论上和实践上作出一些最简单的考察。

从历史渊源上看，利己主义作为一种伦理价值导向，早在古代希腊就已经出现了。作为一种伦理学说和理论体系，利己主义从“人是自私的”出发，强调善就是追求自己的利益和幸福。但是，对利益和幸福的理解，西方的感觉主义和理性主义又各有所不同，前者强调感官的满足，后者强调理性对感性的制约。17 世纪英国的托马斯·霍布斯、18 世纪法国的爱尔维修等人的伦理思想，就是利己主义价值观的比较典型的表现。霍布斯通过详细的论证所得出的最重要的伦理前提，就是人性是恶的，人都是自私的，人的一切活动都是利己的。爱尔维修又进一步发展了“人的一切行动都是利己的”的理论，认为自私是人的永远不可改变的本性，谁如果对“自私”大发脾气，这无异就等于“埋怨春天的雹子、夏天的炎热、秋天的阴雨、冬天的冰雪”，主张要用“自私心”和利己主义来解释一切道德现象。由于这种思想过于露骨，法国百科全书派的一些思想家，也都因此而对爱尔维修的价值导向持批判的态度。

费尔巴哈在承认“人性是自私的”、“人都是利己的”的同时，深感利己主义越来越遭到思想家们的反对，因而提出了他所谓的合理利己主义。费尔巴哈一方面强调利己主义是人的本性，认为“这种利己主义和我的头一样是这样紧密地附着于我，以至如果不杀害我，是不可能使它脱离我的”。作为一个利己主义者，他认为忘掉或牺牲自己的利益去照顾别人的利益，是不可理解的。另一方面，费尔巴哈又强调，单纯的利己会使人们无法在社会上和谐相处，因此，他认为要在利己的前提下利他，这就是他所提出的“合理利己主义”。他否定那种恶的、残忍的、冷酷无情的、任性的、故意的、只在对他人的冷淡无情中或甚至在直接的恶意行为中寻求满足的利己主义，而强调一种善的、富有同情心的、合乎人情的、宽厚的、自己克制的、只在对他人的爱中寻求满足的利己主义。在费尔巴哈看来，利己主义经过他的限制，就可以从被人们视为不合理的伦理导向，变成合理的人生导向了。

随着资本主义社会阶级矛盾的日益激化和资产阶级作为一个剥削阶级的腐朽性、寄生性的日益显露，人们对利己主义的责难也越加强烈。如果说在资本主义初期利己主义还有某些积极作用的话，到 19 世纪中叶，无论怎样打扮，利己主义已经臭名昭著，很难再为人们所接受了。正是由于这一原因，19 世纪中叶，在西方资本主义国家，与民主、自由、平等、公正相呼应，个人主义作为一种价值导向产生了重要作用。在个人主义出现以后，在西方，利己主义已经再也没有市场了。

个人主义作为一种思想体系和价值导向，是由法国的思想家托克维尔正式提出的，托克维尔对其作了系统的解释（在西方，也有人考证，在托克维尔之前，爱默生已经在英语中使用过这个词）。19 世纪 40 年代以前，在西方，尽管个人的幸福、个人的个性、个人的自由、个人的利益，早已成为思想家们讨论的重要议题，但还始终没有形成一种理论体系。从理论上说，在个人主义开始出现时，强调的并不是自私自利，而是要追求个人的尊严、个人的自由和个人的幸福等。一些从积极意义上理解个人主义的学者，更着力强调个人主义是为了使个人的价值和尊严受到尊重，使个人的利益和个人的自由得到保障。但是，不论个人主义者怎样力图美化个人主义，就其本质来说，个人主义和利己主义却有着共同的亲缘关系。个人主义作为一种价值目标，强调个人本身就是目的，认为个人具有最高的价值。个人主义作为一种政治民主思想，反对社会对于个人的干预，往往导致无政府主义。个人主义作为一种经济思想，主张维护和发展资本主义的私有财产制度。值得指出的是，不论是利己主义还是个人主义，都是一种一切以个人为中心、一切从个人出发并为了达到个人目的的价值导向。利己主义和个人主义在对待个人和社会的关系上，都把个人置于社会之上，都把“社会”看做达到个人目的的手段。而且，利己主义和个人主义，都是从私有制的经济关系中产生出来，并为维护私有制服务的。尽管个人主义者们费尽心机地想把个人主义同利己主义区分开来，但最终结果，个人主义总是最后要走向利己主义。

综上所述，我们可以比较清楚地看到，西方历史在伦理价值导向上的变化，即从利己主义到合理利己主义，再由合理利己主义到个人主义，恰好同中国近十年来出现的这一思潮相近似。在 1980 年以后，从“人是自私的”、“人都是利己的”，到“主观为自己，客观为别人”的合理利己主义，再到“为个人主义正名”，就是这一思潮的逻辑发展。他们既不了解利己主义和个人主义在西方产生的根源及其发展历史，又否认资本主义制度和社会主义制度的根本对立，更不认真地考察我国当前的实际国情，硬要在我国社会主义的“四化”建设中来宣扬维护私有制的价值导向。他们如果不是由于对个人主义的无知而轻信了西方的宣传，那就必然是为了要在中国发展资本主义而有意制造舆论。

四、关于集体主义

什么是社会主义的集体主义？为什么在社会主义社会，只能提倡集体主义的价值导向？

一般来说，集体主义，在西方又称为整体主义，它所强调的是一种个人应当从属于社会，个人利益应当服从于国家、民族和阶级利益的一种理论。从这个意义上说，不同的阶级有不同的集体主义。18 世纪法国著名的思想家卢梭，在他所著的《社会契约论》中，强调了只有服从团体的意志，个人才能获得自己的存在和自由。黑格尔从他的国家是社会最高道德的体现出发，认为个人应当绝对服从民族、国家的法律和意志，这种资产阶级思想家们所谓的整体主义或集体主义，主要是为维护资本主义制度服务的，是为少数剥削者的利益服务的。由于这种集体不能代表全体成员的利益，所以马克思把这种集体称之为“虚幻的集体”、“不真实的集体”和“虚妄的集体”。在马克思看来，在过去的种种冒充的集体中，个人自由只是对那些在统治阶级范围内发展的个人来说是存在的，他们之所以有个人自由，只是因为他们是这一阶级的个人。从前各个个人所结成的那种虚构的集体，总是作为某种独立的东西而使自己与各个个人对立起来；由于这种集体是一个阶级反对另一个阶级的联合，因此对于被支配的阶级说来，它不仅是完全虚幻的集体，而且是新的桎梏。

社会主义的集体主义，可以说是与马克思主义同时产生的。马克思在批判资产阶级虚构的集体的同时，指出在无产阶级革命胜利后形成的集体是一种完全新型的、能代表集体成员利益的真实的集体。马克思认为，只有在这种集体中，个人才能获得全面发展其才能的手段，也就是说，只有在集体中才可能有个人的自由。

社会主义的“集体主义”这一概念，最早是由保尔·拉法格在题为《集体主义——共产主义》的文章中提出的。在拉法格那里，集体主义是作为一种政治信仰和政治原则，或者说是作为一种价值导向而提出的。作为无产阶级的政治原则，社会主义的集体主义，是以实现社会主义并最终实现共产主义为目标的。当社会主义的社会制度成为现实，在社会主义社会中，社会主义集体主义是为了维护、巩固和发展以公有制为基础的社会主义制度服务的。作为一种伦理道德的价值导向，社会主义集体主义强调个人利益应当服从社会整体利益和“只有在这种集体中，个人才能获得全面发展其才能的手段”的原则。同时，在个人利益服从集体利益的前提下，集体主义不但不束缚个人的发展，相反，在这样一个联合体内，“每个人的自由发展是一切人的自由发展的条件”。社会主义的集体主义，对个人和社会的关系的理解是，它既强调社会利益的至上性，又强调发挥个人活力的重要性；既强调社会利益高于个人利益，又强调对个人的正当利益应当尽可能予以保障。社会主义集体主义认为，在个人利益同集体利益发生矛盾时，个人应当牺牲自己的利益，以维护和保障集体利益，因为这一集体利益本身也就包含着个人的利益。集体主义同时也认为，从集体的长远利益出发，有时候往往需要牺牲集体的部分利益，以保护某些个人利益，因为对这些个人利益的保护，归根到底还是有利于集体利益的。

因此，对集体主义所强调的“个人利益应当服从集体利益”，不应当片面地、绝对化地去理解。社会主义的集体，不但不是“反个人”、“恐个人”和“敌视个人”的，相反，只有社会主义的集体才能给正当的个人利益以最充分的满足，才是维护个人利益的最可靠的保证。集体主义一方面强调集体利益至上，强调个人的所为要受集体利益的约束，另一方面，又强调要尽量发挥个人的能动作用，尊重个人的尊严，发展个人的个性，实现个人的价值。社会生活是复杂的，由于各种因素的作用和影响，即使在社会主义社会，在某些情况下，也有可能出现一些并不能代表其所有成员利益的集体，在这样的集体中，有时甚至会出现某些违背其集体中个人的正当利益的事情。这种情况并不能说明社会主义的集体主义原则有什么错误，而是说应当努力改善这种有着这样那样缺点的“集体”。在我国当前的社会主义初级阶段的社会中，作为社会主义国家这样一个“集体”，就其本质来说，是代表着全体成员的根本利益和长远利益的。当然，就某些局部的“集体”来说，也可能产生或多或少的失误，是需要不断予以完善的，但决不能因此而对集体主义产生任何的动摇和怀疑。至于说在某种特殊的情况下，有些人打着集体主义的幌子，或者盗用集体主义的名字，做了一些损害集体成员利益以满足个人私欲的事情，这只能是对集体主义的明目张胆的背离，是对集体主义的亵渎，以此为由来贬斥或否定集体主义的原则，当然更是极端错误的。

社会主义的集体主义，作为一种价值导向，是同社会主义的公有制经济和社会主义及共产主义的政治目标完全一致的。只有在社会主义集体主义原则的价值导向下，全国人民才能产生关心集体、关心国家的向心力和凝聚力，人和人之间才能形成关心他人、相互帮助、和睦团结的新型人际关系。只有在社会主义集体主义原则的价值导向下，广大群众才会具有深厚的爱国感情，才能正确地对待祖国的文化和伦理道德，才能真正发扬中华民族的优良传统。只有社会主义集体主义原则的价值导向，才能够有力地抵制“全盘西化”的思想，抵制以个人为中心的个人主义价值观念，才能使我们的改革开放事业沿着正确的航道向前发展。

价值导向*

一

最近几个月来，在我国发生的这场极其严重的政治风波，促使我们从血的教训中，反思十年改革过程中的种种问题，寻找这场风波的各方面的根源。毫无疑问，在我们得到的各种启示中，除了政治和经济的原因外，还有思想意识领域，特别是价值导向上的原因。从这个意义来看，我们甚至可以说，这几年思想上价值导向的失误，是非善恶的混乱，资产阶级个人主义，极端利己主义，以自我为中心的“自我实现”、“自我奋斗”等思想像瘟疫一样地泛滥，是导致这场政治风波的一个重要的思想根源。当我们冷静地思考过去和现在时，我们就会更加明确地认识到，理论思想上价值导向的错误，同这场政治风波确实存在着必然的联系。

从伦理道德方面来总结经验教训，最根本、最主要的就是必须重视伦理道德的价值目标导向的重要作用。一种错误的伦理价值导向思想的长期泛滥，不但使全国人民的道德水平和社会风貌发生了严重的滑坡现象，而且由此引发的思想混乱及其所导致的后果，几乎葬送了十

* 本文原载《光明日报》，1989-08-28，原题为“坚持集体主义价值导向”。

年改革开放所取得的成就，葬送了青年人的理想、抱负以及对民族的自信心。

最近几年来，一些人在开放引进的过程中，低估了国际资本主义反动势力凭借其经济实力而进行的政治、文化渗透的作用，忽视了这些势力依靠输出先进技术而推销他们的所谓民主、自由和人权的阴谋企图。现在可以看得很清楚，国际资本主义中的反动势力，为了使中国“和平演变”，采用的重要手法之一，就是在输出技术的同时，通过各种传播媒介，并和国内搞自由化的人相呼应，宣扬他们的价值观念。在伦理道德领域则主要是鼓吹和宣扬以个人为中心的个人主义的价值观念，并以此作为整个社会的价值目标导向，诱使青年用无限胀大了的“自我”来反对社会主义的集体主义，反对社会主义制度，并试图最终达到在中国搞资本主义的目的。

国内一些搞资产阶级自由化的人，正是顺应了国际资本主义对中国的政治、文化的要求，并与这种要求相配合，在宣扬资本主义的社会制度和政治思想的同时，也试图在伦理道德领域树立起搞资本主义所需要的价值目标导向。最近几年来，个人主义思潮日趋泛滥，个人主义的价值观对集体主义价值观的猛烈攻击，从大背景来看，正是这种资产阶级自由化思潮在伦理道德领域里的典型表现。许多同志长期不明白有的人为什么要那么不遗余力地美化个人主义、丑化集体主义，现在终于可以明白了，这种思潮的实质，就是要为在中国搞资本主义大造伦理道德的、价值导向的舆论。

从报纸、杂志及各种会议上反映出来的有关伦理道德的理论观点来看，情况是复杂的。有一些观点，是直接反对社会主义、反对马克思主义和宣扬资本主义的；有一些观点虽并未直接反对四项基本原则，但却公开颂扬资本主义的道德理论和价值目标，宣扬个人主义、极端利己主义、一切向钱看以及“自我中心”、“自我至上”和“自我神圣”等理论。由于这些理论都是资产阶级自由化思潮的理论基础，其影响和作用，也是不容忽视的。另外，还有一些同志，由于受资产阶级自由化思潮的影响，在许多有关伦理道德的问题上，分不清马克思主义和非马克思主义、社会主义和资本主义，或者由于缺乏马克思主义的立场、观点和方法，受西方文化和资产阶级伦理道德的影响，从而提出了一些不利于社会主义精神文明建设的错误观点和看法，宣扬了许多在客观上有害于社会主义道德建设的观点。本文主要是为了正本清源，弄清理论是非，分析、批判个人主义的价值导向，弘扬集体主义的价值导向，使我国的改革开放能够更好地沿着社会主义道路向前迈进。

二

伦理道德领域里在价值导向上的一个重要问题，就是宣扬个人主义的价值观，宣扬以个人为中心、以个人为本位的“自我存在”、“自我价值”和“自我实现”的理论。这一理论，热衷于强调“个人”以及“个人利益”的“至上性”和“神圣性”，反对个人利益服从集体利益，反对个人为整体、为国家做出必要的牺牲。应当说明的是，从马克思主义的观点来看，只要能正确地摆正个人和集体的关系，对于“个人”、“自我”以及“自我价值”和“自我实现”这些概念，是可以在一个恰当的限度内解释清楚的。但是，宣扬“个人主义”和“个人至上”的人，却完全从社会主义的集体主义的对立方面出发，打着满足个人利益和发展个性的幌子，蛊惑人心，争取青年，引导青年只关心个人的一切，从而最终使他们走向同社会、整体和国家对立的道路。

伦理道德领域内的错误的价值导向的提出，大体上是借助于在伦理道德领域内反“左”防“左”的气候不断发展而蔓延开来的。一些人打着解放思想和观念更新的旗帜，打着适应商品经济的需要的旗帜，对社会主义道德和共产主义道德提出种种责难，并以彻底否定社会主义道德和共产主义道德为最终目的。从历史的发展来看，最近十年，大体经历了四次浪潮。

早在 1980 年前后，在围绕着对毛泽东同志和毛泽东思想的历史评价上，一些人率先对社会主义和共产主义道德的集体主义原则发难。他们集中批评个人利益应当服从集体利益的社会主义道德和共产主义道德准则，攻击共产主义理想以及共产主义的牺牲精神，认为这些都是不切实际的空想，应当统统抛弃。有些人甚至把“全心全意为人民服务”、“一不怕苦、二不怕死”、“大公无私”、“毫不利己、专门利人”等道德原则，都当做“左”的思想予以批判。还有的人，更直接地批判“雷锋精神”，污蔑“雷锋精神”是一种奴隶主义、工具主义等，甚至认为

“雷锋精神”是为专制服务的，是对人的个性的压抑，是没有“主体性”的表现，说什么20世纪80年代的青年，已经不需要雷锋这样的人物作为自己的榜样了，等等。

随着改革的进一步展开，随着商品经济的发展，一些人已不满足于一般地反对社会主义道德和共产主义道德，而是更明确地要建立一种“新”的道德秩序、道德准则体系和道德价值目标。“金钱至上”、“一切向钱看”的拜金主义思想，被公开地提了出来。一些人要为“钱”正名，为“一切向钱看”正名，甚至要为“唯利是图”正名。有人直言不讳地说，“一切向钱看”的思想是符合商品经济发展的需要的。有些人鼓吹在人与人的关系中，不但要“斤斤计较”，而且要“两两计较”，认为道德不应当干涉人们的经济活动，如果道德妄图去干涉人们的经济生活，就是阻碍商品经济的发展，就是阻碍改革开放的进行，就是一种“泛道德主义”，就是“道德越位”，等等。现在的实践证明，这种“一切向钱看”的思想，对人们的灵魂产生了极大的腐蚀作用。在这种拜金主义的腐蚀下，整个社会的道德水平和人们的道德素质，从某些方面看可以说已退步到了新中国成立以来的最低水平，甚至在新中国成立后已经绝迹的吸毒、卖淫等现象，又死灰复燃。在某些情况下，人和人之间的关系，已经成了一种庸俗的金钱关系。这种价值导向所产生的恶果，是值得我们认真反思的。

与这种否定社会主义和共产主义道德的集体主义原则，宣扬资产阶级的个人主义、金钱至上的观点相配合，一些人又在全盘否定传统文化、传统道德上大做文章。他们把传统道德完全等同于封建道德，同时又把封建道德视为根本不可能进行任何批判继承的糟粕，把中国人的国民性说成是只有奴性而无个性。他们从否定儒家的“重义轻利”思想开始，片面地强调要“重利轻义”，大肆宣扬个人利益、个人欲望、个人需要的至上性，进而否定中国传统道德中的勤劳、俭朴、谦虚、诚实以及识大体、顾大局和勇于献身等美德，发展到后来，甚至走上彻底的虚无主义，否认中华民族的一切传统美德。更有甚者，他们打着批判传统道德的旗帜，实际上是借古人打今人，借死人打活人，借否定传统否定现实，一句话，是要把新中国成立以来在共产党领导下形成的社会主义道德，统统加以否定。他们直言不讳地说，他们所说的传统，既包括1949年以前的旧传统，也包括新中国成立以后到现在的新传统。在他们眼中，新旧传统都已经被他们反掉了，整个国家再也不可能用这些传统规范来约束人们了，社会已经出现了一种道德无序状态，出现了道德危机和道德混乱。那么，出路何在呢？这就需要进行所谓道德转轨，实行道德重建。现在可以清楚地说，有些同志所说的道德重建和道德转轨，其核心就是要建立一种以个人主义为最基本价值目标的伦理道德体系或伦理道德秩序，包括“个人本位”、“个人神圣”、“个人至上”、“个人功利”等等所谓新型的伦理道德规范。这些东西，尽管他们没有明确说出来是与哪种社会相适应的，但就其实质来看，正是资本主义社会所需要的，是为劝诱人们走资本主义道路而设置的价值目标导向。这种民族虚无主义，这种全盘否认中华民族有任何优秀道德遗产的谬论，在国民中，尤其是在少数青年中，所造成的混乱和危害是绝不可低估的。一时间，一些人竟以骂祖宗、刨祖坟为时髦，认为这就算是改革，就可以救国。这种十分荒唐愚昧的观念，竟然成为时尚，红极一时，左右人们的思想，这不能不说是这种错误的价值导向的结果。

最后，其逻辑的必然结果，就是一些人终于站出来公开“为个人主义正名”，并在彻底否定集体主义的道德原则之后，试图在整个社会用个人主义代替集体主义。他们打着改革开放和弘扬所谓人的道德主体性的旗帜，把人的道德主体性理解为以个人为中心的个人的需要和欲望的满足，把个人的好恶、个人的任性、个人的“自我”以至个人的“冲动”，都看做高于社会理性、高于国家利益、高于人类的公理的东西。他们从抽象的人性出发，站在个人绝对论这一片面的立场上去解释“自我意识”、“自我奋斗”、“自我发展”、“自我价值”等等与自我相关的范畴，把自我的一切绝对化、神圣化、孤立化，不但把“自我实现”与“社会实现”割裂开来、对立起来，而且使之成为人生唯一值得追求的价值目标。这种唯我独尊、唯自我至上、唯个人利益神圣的错误的“自我观”，导致了一小部分人的“自我意识”、“自我价值”的急剧膨胀，成为一些人自以为是、鄙视一切的思想根源。从最近发生的这场严重的政治风波来看，少数青年人受“个人至上”影响，鄙视同学、鄙视老师、鄙视校规校纪，以至发展到鄙视社会、鄙视国家、鄙视政府、鄙视法律、鄙视宪法的程度。他们的喜怒哀乐，一切都以个人的需要、欲望能否得到满足为转移，他们受不得一点委屈，遇不得一点挫折，吃不得一点苦头，不是想着要为社会多做贡献，而是热衷于个人的“自我”实现和发展。他们从追求个人的“绝对自由”出发，把个人对社会应尽的责任，视为限制个人自由的可憎“桎梏”。对具有这种反社会的病态思想的极少数青年，我们就很难想象他们会成为社会的栋梁，成为民族的精英。中国的社会主义的四个现代化，是决不可能由这样一些受“以个人为中心”的价值导向所指导的青年来完成的，这正是问题的严重性所在。如果我们经过这场政治风波之后，还不能意识到这种错误的价值目标导向的危害，并努力来改变这种情况的话，我们就仍然没有能从这场政治风波中吸取到应当吸取的教训，甚至由于这种失误，我们将成为历史的罪人。因此，作为伦理学的理论工作者，应当正视最近几年来在伦理道德领域内的关于价值导向失误的种种问题，找出症结，铲除祸根，使全国人民，尤其是使年轻一代从中国未来这个高度，认识到坚持正确的价值目标导向、抵制错误的价值目标导向的重要意义。

三

从上述的分析来看，当前我国社会上的伦理价值导向，主要是个人主义和集体主义的对立。这个看来似乎是一个老生常谈的问题，现在却已被弄得十分模糊，需要重新在理论上加以正本清源了。

怎样认识个人主义？它在我国当前的改革开放中，有没有积极作用？个人主义同利己主义有什么不同？为什么我们不能同意将个人主义、个人本位作为伦理道德的价值导向？

个人主义作为一种思想体系和价值观念，在西方有着源远流长的历史。一般来说，个人主义可以有广义和狭义之分。广义的个人主义，是泛指西方从文艺复兴以来，随着资本主义生产关系的发展，随着反对封建压迫和神权统治的斗争而形成的以个人为中心的思想；狭义的个人主义，主要是指“个人主义”（Individualism）这一概念出现以后的个人主义思想体系及其理论。最早的广义的个人主义，可以追溯到文艺复兴初期的一些人文主义思想家，他们强调个人的个性、个人的尊严和个人的幸福，包含了个人主义思想的萌芽。17 世纪英国的著名思想家霍布斯，最早对个人的欲望、幸福等思想，作了较多的论述。他从心理上和生理上来分析，认为人都是利己的，所有的人按其本性来说都只关心个人的利益，都是为了满足和发展个人的欲望，都是为了追求个人的幸福。霍布斯还特别强调，这种对人的欲望的满足，是人生而具有的一种平等的、自然的权利。霍布斯之后的又一个英国思想家洛克，对有关个人的思想作了进一步的发展。他认为，每一个人都是一个道德上的存在，每一个人的生活目的，都是为了保全自己。他还特别注意人的“自由”。针对封建社会对人的个性的压抑，他强调“重压下呻吟的人，自然要努力挣脱套在脖子上的锁链”。18世纪初，随着资本主义自由竞争的发展，英国的政治经济学家亚当·斯密，又提出了个人的选择、个人的奋斗等，在资本主义社会自由竞争日益激烈的情况下，给有关个人的思想增添了新的内容。在资本主义社会近四百年的发展中，尽管个人的幸福、个人的个性、个人的欲望、个人的利益都已经到处被人们所议论，但“个人主义”这个词却始终没有出现［从这个意义上说，个人主义和利己主义，应当说是有着明显的不同的。利己主义（egoism）早在古代希腊就已经出现了。认为追求自己的利益、追求自己最大的幸福就是善的快乐论的伦理学，就是古希腊的一种利己主义］。直到19世纪40年代，法国的思想家托克维尔，在他考察美国后所写的《论美国的民主》一书中，最先提出了“个人主义”这一概念，并对其作了系统的解释。以后，西方的思想家们，基本上都是承袭托克维尔的这一解释而有所损益的。根据托克维尔的概括，人们可以从不同的方面去理解个人主义。作为一种价值目标，个人主义特别强调个人本身就是目的，具有最高的价值，而社会只是达到个人目的的手段；作为一种政治民主思想，个人主义因反对国家、社会对个人行为的干预，往往导致无政府主义；作为一种财产制度，个人主义主张维护财产的私有制。个人主义同利己主义究竟有什么区别和联系？托克维尔说：“个人主义是一种新的观念创造出来的一种新词。我们的祖先只知道利己主义。”又说：“利己主义是对自己的一种偏激和过分的爱，它使人们只关心自己和爱自己甚于一切。”与利己主义稍有差别，“个人主义是一种只顾自己而又心安理得的情感，它使每个公民同其他同胞大众隔离，同亲人疏远，和朋友疏远”，其结果是，“利己主义可使一切美德的幼芽枯死，而个人主义首先会使公德的源泉干涸。但是，久而久之，个人主义也会打击和破坏其他一切美德，最后沦为利己主义”①。托克维

① 《论美国的民主》，下卷，625页，北京，商务印书馆，1988。

尔关于个人主义的思想，对以后的一些西方伦理思想家有很大影响。著名的功利主义者密尔在他写的自传中，就特别强调了托克维尔对他的影响。

在托克维尔提出个人主义这个新概念之后，西方对个人主义的理解，又可分为两个方面，即从积极意义上理解的个人主义和从消极意义上理解的个人主义。一些自称为个人主义者的人，较多地从个人的幸福、尊严、价值方面去理解个人主义；一些对个人主义持批评态度的人，则较多地从个人的欲望、个人的私利等方面去理解个人主义。另外，也有一部分思想家，主张要反对低级的个人主义，提倡高级的个人主义；还有一些思想家认为旧的个人主义已经声名狼藉了，应当用“新个人主义”来代替旧的个人主义；等等。但是，不论从哪种意义上理解，谁都不能否认，个人主义是一种一切以个人为中心，一切从个人出发并为了达成个人的需要、愿望的思想体系。这种思想体系在反封建的斗争中，曾发挥过积极作用，这是历史的事实，在当前的资本主义社会中，在某些情况下，还能产生进步的影响，这也是可以理解的。但是，由于个人主义总是要诱发人们的私欲的不断膨胀，总是要造成个人同整体、同国家疏远和分离，总是要使个人从整体中孤立出来，并最终沦为利己主义，所以，即使是在资本主义社会，它的消极作用也是非常明显的。我们是以公有制为主体的社会主义国家，我们的目标是要建设社会主义并最终建设共产主义，而以个人为中心、从个人出发并为了达到个人目的的个人主义，其目的是要引导我们走向资本主义，因而我们是必须反对的。

社会主义的集体主义，从公有制的经济基础出发，强调集体利益高于个人利益，强调个人对集体、对国家、对社会的义务感和责任心，认为当个人利益同集体利益发生矛盾时，要发扬先公后私、顾全大局的精神，反对自私自利、损人利己的思想和行为。集体主义明确地强调，社会比起个人来说，是更重要、更根本的存在，只有社会主义的整体、国家和社会能够兴旺发达，只有社会主义的整体、国家和社会能够独立发展，这个社会中的每一个个人才能够得到更好的发展，才能够有美好的未来。社会主义的国家、整体和社会的利益，绝不是一种抽象的东西，而是实实在在地体现着每一个社会成员的利益。从十年改革开放的历程来看，每一个社会的成员都可以感受到国家整体利益同个人利益的休戚与共的关系。那种认为“较之社会，个人是更为根本的存在和价值”的观点是十分有害的，其最终结果，就是要引导人们同社会疏远开来、对立起来，最终引导人们走向资本主义社会。只有在全国人民中确立集体主义的价值导向，才能增强人们的爱国主义精神，增强民族的凝聚力和向心力，增强建设“四化”、振兴中华的强大力量。

社会主义的集体主义，对个人与社会的关系的理解是辩证的和科学的。为了建设社会主义的强国，集体和国家应尽最大力量调动广大人民群众的积极性，发挥个人的活力。没有每一个“个人”的活力，没有每一个“个人”的价值的实现，没有每一个“个人”的开拓奋发的精神，整个国家就不可能朝气蓬勃地向前发展。集体主义绝不是也不应当成为限制个性发展、束缚个人才能的桎梏，更不应是实现个人价值的障碍，相反，只有集体主义才是实现个人利益，包括个人的尊严、个人的个性和个人的价值的必需的条件。同个人主义的价值观念不同的是，集体主义反对把个人利益置于集体利益之上，反对只顾个人而不顾整体的自私自利的思想和行为。那种把集体主义看做敌视和防范个人需要及欲望的观点，当做“反个人”和“恐个人”的主张，正好从另一方面证明了他们所主张的个人的需要和欲望对于集体主义的恐惧和敌视。

社会主义的集体主义作为一种价值目标导向和伦理道德原则，强调要为完善个人、完善他人和完善社会而努力。集体主义既要维护集体的利益，又要保持集体的纯洁和完善；既要强调集体利益高于个人利益，又要尽力保障集体利益的合理和正当。社会主义的集体主义要求它所强调的高于个人利益的集体利益本身，只能是正当的而不能是不正当的。它不是如某些人所说的，不论集体的利益是否正当，集体主义都要充当集体利益的辩护士。正是由于这种原因，集体主义作为一种指导人的行为的原则，强调集体的每个成员都有义务和责任为健全和完善集体自身、为克服集体所可能产生的种种腐败现象而斗争。个人主义最终将使个人同集体疏远和对立，而集体主义最终将使集体和个人更好地协调起来。应当承认，在我们当前的社会中，就某些集体的组织来说，确实还不能完全地体现集体成员的利益，这正是需要不断加以完善的。我们强调，集体中的个人在必要时应为集体利益而献身的要求，本身就包含着为健全和完善集体，为消除集体的腐败现象而无私无畏的斗争精神。

在经历了这场政治风波之后，从伦理道德的价值目标导向上进行反思，应当说最重要的教训之一，就是我们这几年忽视了“个人至上”、“个人主义”、“金钱至上”等思想的发展所产生的危害，没有一贯地、旗帜鲜明地坚持集体主义的价值导向。因此，理直气壮地坚持集体主义的价值导向，反对个人主义、拜金主义、个人至上、自私自利的思想，提倡个人利益服从国家利益、局部利益服从整体利益和眼前利益服从长远利益的思想，提高对民族、国家的凝聚力和向心力，切实加强精神文明建设，是当前思想理论战线的重要任务。

坚持社会主义的集体主义价值导向*

集体主义价值观与个人主义价值观的对立和斗争，是社会主义与资本主义两种根本不同的政治经济制度的对立和斗争在意识形态中的反映。在社会主义社会中，集体主义原则能不能成为整个社会和广大人民群众的价值导向，是关系到我国“四化”建设能否沿着社会主义道路前进的根本方向问题。在社会主义改革与开放的过程中，坚持对党员干部和人民群众的集体主义价值观教育，反对资产阶级个人主义价值观的侵蚀，对保证我们社会主义国家政治上的长治久安、经济上的繁荣昌盛、文化上的正确导向，都有极为迫切的现实意义。

一、正确理解集体主义的科学含义

集体是社会主义社会经济、政治和文化利益得以实现的具体组织形式。社会主义集体主义是建立在公有制基础之上，并为社会主义公有制服务的一种价值观念。作为一种价值观念，集体主义强调个人利益服从集体利益，强调个人利益和集体利益的辩证统一，强调集体要尽最大的努力关心个人利益和个人幸福，并在集体的价值实现的同时，实现个人

---

* 本文原载《阵地》，1992（2）。

的价值。

在社会实践中真正坚持集体主义价值观，应当从以下三个方面正确理解集体主义的含义：

第一，集体主义总的指导思想是提倡个人利益与集体利益的辩证统一。在社会主义条件下，集体利益表现为集体中各个人的共同利益的有机统一。集体利益高于个人利益，个人利益应当服从集体利益。为了保证集体利益的实现，在必要的时候要牺牲个人的利益，维护集体的利益。我们并不提倡无条件地牺牲个人利益，因为各个人利益的实现，集体中各个人的全面和谐的发展，是社会主义集体主义的最终目标。但是，集体利益的实现是每个人的利益实现的前提和条件，只有社会主义的集体兴旺发达了，个人才能获得全面发展的条件。离开了集体，个人的全面发展只能是一句空话。强调在集体利益实现的基础上实现和发展个人利益，这是集体主义价值观的最基本的含义。

第二，集体要尽最大的努力关心个人的利益、个人的幸福，实现个人的价值。社会主义集体不是要束缚个人和压制个人，而是要尽量发挥集体中每个成员的创造性，保证个人的正当利益能够得到更好的实现。集体主义原则应该是双向的。从集体的角度来讲，要求个人利益服从集体利益，这是一个大前提。在这个大前提下，集体应尽最大可能来满足个人的正当利益，使个人的尊严、价值、权利得到最好的实现，为个人的全面发展创造条件。正是从这个意义上讲，重视个人的尊严、价值和权利，保障个人的正当利益，是集体主义原则的应有之义，是集体主义的重要内容之一。我们既不以集体利益来否定个人利益，也不以个人利益来否定集体利益。我们只是强调，要在个人利益服从集体利益这个总原则下来实现个人的正当利益，也就是说，个人价值的实现必须同社会的价值和集体的价值相一致；个人正当利益的保障，个人的尊严和权利，必须同国家的尊严相一致。同时，在强调个人利益服从集体利益的前提下，如果不注意个人正当利益的保障，不注意个人的尊严、价值、权利的实现，就不可能调动广大人民群众的积极性，就不可能使我们社会主义国家生动活泼、充满活力、不断发展。改革开放十年来，在思想理论战线上，我们同自由化思潮、个人主义思想最根本的矛盾，不是要不要个人价值，要不要个人正当利益，而是应该把个人价值、个人利益摆在一个什么位置上。是以个人利益为中心，还是以集体利益为中心？

是一切从个人利益出发，还是从集体利益出发？我们的观点是：只有在集体利益高于个人利益这个总原则下，才能更好地实现个人的利益，保障个人的尊严，实现个人的价值。这才是对集体主义科学的、全面的、辩证的理解。

第三，集体是在社会主义建设实践中不断完善和发展的。随着社会主义社会不断地发展和成熟，集体必然能够真正代表和反映所有集体成员的利益。前几年资产阶级自由化思潮的一个重要理论，就是借口某些集体不能真正代表所有集体成员的利益，从而把社会主义的集体说成是以权谋私的集体、腐败的集体和为少数领导人服务的集体，这种观点是错误的。从我国的实际情况来看，从总体上讲，我们的集体确确实实是代表人民利益的。诚然，确有一些集体不能完全体现集体所有成员的利益，存在着以权谋私、任人唯亲等腐败现象，但决不能以偏概全，否定我国各基层单位代表人民利益的本质，否定集体主义作为我们社会主义国家的价值导向。

要使集体主义原则成为我们国家的价值导向，需要从各方面努力：既要防止国际反动势力利用资产阶级个人主义价值观向我们渗透，也必须做好我们国内的工作，坚持反对资产阶级自由化，克服我们政治上的某些腐败现象。党的各级领导干部和普通党员，必须进一步发扬我党密切联系群众、言传身教、以身作则等优良传统，用共产党员的光辉形象教育和武装群众，只有这样，才能使我们社会主义国家的集体主义价值导向，变成亿万群众的基本心理素质，形成坚定的社会主义信仰。

二、充分认识个人主义的本质和坚持社会主义集体主义价值导向的艰巨性

在人生观、价值观和道德观上，资产阶级自由化思潮的主要表现就是否定集体主义，宣扬个人主义。个人主义究竟代表着一种什么思潮，这是我们在反对个人主义时应当首先弄清的。

个人主义是随着资本主义生产关系的发生、发展而出现的一种价值观念，是为资本主义服务的一种思想体系。资产阶级为了反对封建压迫和神权统治，极力强调个性的解放和个人的欲望的满足，从而发动了反

对封建压迫的启蒙运动，并最终战胜了封建主义。

个人主义在西方经过了漫长的发展阶段，并且形成了许多不同的学派，其中有所谓极端个人主义、合理个人主义、高级个人主义、人道个人主义以及所谓新个人主义等。尽管这些派别在阐释其所主张的个人主义时存在着某些差别，但它们的共同的特质却是一样的。正像个人主义一词的创始人、法国的著名思想家托克维尔所指出的，个人主义这一适应资本主义发展的新观念，主要包括三个方面的内容：(1) 它强调个人是目的，认为同社会相比，个人具有最高的价值；(2) 它强调个人的民主和自由；(3) 它从个人出发，维护财产私有的社会制度。托克维尔是西方有关个人主义思想的最有权威的思想家之一，因而，他对个人主义的解释，也就理所当然地成了西方有关个人主义的经典解释。依据这一解释，从马克思主义的观点来看，个人主义是一种一切从个人出发、一切以个人为中心并为了达到个人目的的一种思想体系，它同资本主义制度有着不可分割的血肉联系。个人主义的思想，尽管在资产阶级反对封建阶级的斗争中起过进步作用，但由于它强调以个人为中心，并且把个人摆在社会之上，因此，随着资本主义社会的发展，在个人同社会、国家的关系上，总是要造成个人同社会和国家的疏远和分离，因而在西方的资本主义国家中，也日益显露出它对社会的破坏作用。西方的某些思想家也已经认识到，个人主义犹如西方社会肌体上的一种癌变，正在危及当前社会的正常发展。我们是以公有制为主体的社会主义国家，我们的目的是要建立一个没有剥削、没有压迫的共同富裕的社会。资产阶级的个人主义，对社会主义社会的发展，不但不可能有任何积极作用，而且必然要诱发个人的私欲，使人们为追求个人目的而损害集体、民族和国家的利益。现实生活已经有力地说明，不论什么人，一旦受到个人主义思想的腐蚀，就必然会斤斤计较个人的利益，把个人的私利置于集体利益之上，从而走上损人利己、损公肥私的自私自利的道路。因此，我们必须旗帜鲜明地反对形形色色的个人主义，反对宣扬个人主义的种种错误理论。

十多年来，社会主义的集体主义价值观与资产阶级个人主义价值观的论争，大体上表现在八个方面，或者说进行了八个回合的斗争。随着资产阶级自由化思潮的滋长、泛滥，在每一个斗争回合，在人生观、价值观和道德观上，都不同程度地造成了混乱。回顾这些回合的斗争，正视资产阶级自由化思潮宣扬个人主义价值观造成的严重后果，对我们弄清个人主义的本质，认识坚持社会主义集体主义价值导向的重要性、艰巨性，是颇有裨益的。

第一，1980 年 5 月开始的关于“潘晓问题”的大讨论，历时一年之久。其中固然也有不少正确意见，但从讨论的发展过程来看，一些人利用这次讨论公开否定为人民服务的集体主义价值观，宣扬“主观为自己，客观为别人”和“人都是自私的”等个人主义价值观。这场大讨论，从其影响的范围、宣扬的某些内容等方面来看，实际上拉开了资产阶级的个人主义价值观与社会主义的集体主义价值观斗争的序幕。从此以后，一些所谓理论“精英”就进一步大谈所谓价值多元化和利己主义的合理性等等。现在人们已经可以清楚地认识到，所谓价值多元化的理论，首先就是要把马克思主义的价值导向拉下来，与资本主义的价值观念平起平坐，然后，用资产阶级的价值观来代替和取消马克思主义的价值导向。

第二，20 世纪 80 年代初，围绕着对毛泽东和毛泽东思想的历史评价，一些人借学术讨论为名，乘机否定毛泽东思想的重要组成部分——集体主义思想。他们在报刊上发表文章，认为大公无私、全心全意为人民服务、个人利益服从集体利益、“毫不利己、专门利人”等等都是超越当前历史阶段的空话，是不切合实际的幻想，有的人甚至诬蔑雷锋精神是奴隶主义、工具主义等。这种对毛泽东同志所倡导的集体主义思想的否定，与“潘晓问题”大讨论中某些人对利己主义思想的宣扬一样，进一步造成人民群众在价值观上的混乱。

第三，在 1983 年以后的几年里，出现了持续不断的“文化热”。首先是“萨特热”，随后是“叔本华热”、“尼采热”、“弗洛伊德热”、“弗洛姆热”，等等。我们并不反对吸收西方文化中积极的、有生命力的因素。但是，一些人借吸收、借鉴之名，不加分析批判地“客观介绍”，把资产阶级的实用主义、非理性主义、相对主义、个人主义的价值观当做新思想、新思潮加以宣扬，把社会主义的集体主义价值观当做“僵化的”、“落后的”观念加以否定。在“文化热”中，“自我奋斗”、“自我选择”、“自我价值”、“自我设计”、“自我实现”等概念很盛行。我们并不笼统地、不加分析地否定自我设计、自我选择和自我奋斗，而是主张正确地理解自我设计、自我选择和自我奋斗。在“文化热”中，其最根本的错误在于宣扬把自我放在社会之上，用自我价值超越社会价值，进而达到宣扬个人中心和个人至上，从而否定集体主义的目的。

第四，随着社会主义商品经济的发展，第四次争论是围绕着拜金主义的“向钱看”的观点进行的。众所周知，马克思主义历来就对资本主义的金钱拜物教持坚决批判的态度。在社会主义社会里，人与人之间的关系是同志式的互助合作关系，不应当让金钱关系占支配地位。但是，前些年“向钱看”的思想在我们的社会上广为流传。有的理论工作者还为这种错误观点进行理论上的论证，甚至有人说“如果发展商品经济你不允许人家向钱看，这就是不道德的行为”。这种观点，在社会上引起了极坏的反响。有些人甚至还提出在个人与他人、个人与国家的关系中，也应提倡等价交换的原则，提倡“斤斤计较”和“两两计较”。从思想史上来看，这种赤裸裸的金钱至上思想，即使是一些资产阶级的理性主义思想家，也是耻于出口的，而一些号称信仰马克思主义的理论工作者，却大加宣扬，从理论上为“向钱看”作论证，对社会上金钱拜物教思潮的泛滥起了推波助澜的作用。我们必须从理论上把经济效益和“向钱看”区分开来，既保证社会主义生产力和经济效益的提高，又坚决反对“向钱看”的腐朽思想对社会肌体和人际关系的渗透。

第五，1985 年以后，在我国思想理论界出现了一种以“个人本位”来批判“社会本位”的思潮。有些人著书立说，宣扬资产阶级的个人主义。他们提出：中国伦理无论是在封建时代还是在现代，都是“以社会为本位”，都是“强调社会利益高于个人利益”，因而都是对个人能动性的一种束缚，并认为这是我们这个民族性格的悲剧所在。他们认为，在价值导向上的观念解放的任务，就是要改“社会本位”的观念为“个人本位”的观念，提出要把个人放到一个中心的地位，即把个人放到社会之上。他们明确主张：较之于社会，个人是更为根本的存在和价值；不是个人为了社会而存在，而是社会为了个人的发展而存在。他们反对“社会本位”的目的，就是要最终反对社会主义的集体、国家和社会，反对社会主义的集体主义价值导向。

第六，与反对“社会本位”的思想相联系，第六次争论是围绕着要不要继承中华民族的优秀道德传统而展开的。近几年，一些人借反对封建主义为名，彻底否定中华民族的优良传统，宣扬民族虚无主义，认为观念现代化的首要任务是反封建主义，而不是反资本主义。某些人公开提出不但要反对封建主义的老传统（诸如整体主义、“社会本位”等），而且也要反对新中国成立以来的新传统（诸如集体主义、社会利益高于个人利益等）。他们认为，新传统是老传统的继承和发展，这两者都束缚了人的个性，阻碍了人的创造性的发挥。因此，他们要寻找一种新价值观，以实现道德观念的转轨；这种新的价值观，就是“个人本位”，就是资产阶级的个人主义的价值观。从这里可以看到，某些人反对老传统的目的是为了反对新传统，反对封建主义的目的是为了反对社会主义，反对整体主义的目的是为了反对集体主义。某些人把这一观点发挥得更彻底，明确地指出“马克思主义的中国化就是马克思主义的封建化”，反封建就是要反马克思主义。他们认为，毛泽东思想和儒家思想是“同构对应关系”，即两者结构相同，理论观点是对应的。他们提出反儒家文化的实质，最终就是要反对毛泽东思想。

第七，1986 年 9 月，有个刊物发表文章，公开提出无私不是共产主义的口号，而是奴隶主要求奴隶无条件服从的口号。第七次争论就是围绕这一主题展开的。这种公开反对无私和提倡自私自利的观点，受到社会舆论的反对。著名化学家、诺贝尔化学奖获得者、美籍华人李远哲著文说：中国社会还是应该提倡无私精神的，私心人人都有，但还是可以克制的。两个月以后，该报刊登的一篇讲话中又公开提出要“为个人主义正名”，认为讲大公无私、完全忘我，就成佛教徒了，并说“为个人主义正名”是“观念更新时必然出现的正常现象。在改革时期必然有个观念更新与之配套的问题”。言下之意，为了适应商品经济的发展，就必须用个人主义作为指导我们社会的价值观念。不难看出，为个人主义正名的实质，就是以适应发展商品经济为由，否定集体主义的价值导向。

第八，1988 年 1 月，一些人全面地提倡个人主义、享乐主义和一切向钱看，反对集体主义和奉献精神，并把大公无私和集体主义说成是不适应现代社会的“陈腐意识”，而把一切向钱看、人生就是为了赚钱、有钱就有道德等思想看做“现代意识”和“现代观念”。他们极力贬低和丑化雷锋，把雷锋精神说成是奴性思想，是个人崇拜的现代迷信，是只讲义务不讲权利的道德观，是封建君主要求臣民只讲奉献不讲索取的虚无人生观等，认为全心全意为人民服务将会造成懒汉。他们宣扬这些观点，其目的就是要把社会主义集体主义的价值观全部否定掉，公开地提倡资产阶级的个人主义价值观。

上述的论争说明，十多年来，社会主义集体主义价值观和资产阶级个人主义价值观的斗争从来没有停止过，而且涉及各个领域，影响很大。应当看到，在我国社会主义初级阶段，由于多种经济成分并存，剥削阶级思想的影响将长期存在，因而具有滋生个人主义和利己主义思想的内部条件；加上外部敌对势力用资产阶级价值观对我国意识形态领域的不断渗透，反对个人主义价值观的斗争，将是一项长期而艰巨的任务。

三、加强集体主义价值观教育的重要意义

近几年国内思想理论战线上的斗争和国际上两种制度的斗争实践表明，社会主义集体主义价值观和资产阶级个人主义价值观的斗争是一个长期而又复杂、有时非常激烈的过程。资产阶级民主、自由和人权的观念，其理论基础就是个人主义的价值观。国际反共反社会主义势力把改变社会主义中国的希望寄托在“和平演变”的方式上。“和平演变”与反“和平演变”斗争的一个重要方面，就是两种对立的价值观的斗争。因此，批判资产阶级个人主义价值观，不仅是反对国内资产阶级自由化思想的需要，而且也是反对国际反动势力对我国进行“和平演变”、巩固社会主义制度的需要。

价值观上集体主义与个人主义的斗争，是同走社会主义道路还是走资本主义道路紧密联系在一起的。过去一个时期，我们很少把个人主义价值观与资本主义生产关系、政治和经济基础联系起来深入考察，没有认识到个人主义价值观本质上是为资本主义的社会制度、经济制度服务的，更没有从资产阶级“和平演变”的战略高度来认识个人主义思潮在我国泛滥的危害。回顾十年来社会主义集体主义价值观与个人主义价值观的斗争，我们可以清楚地认识到：表面上似乎是理论上、学术上要不要集体主义的争论，实际上则是同要不要走社会主义道路密切联系的。要走社会主义道路，就必须在价值观上坚定不移地倡导集体主义。

在社会主义物质文明与精神文明建设的过程中，必须始终坚持两个文明一起抓的方针。社会主义的精神文明，保证社会主义的物质文明的

方向；社会主义精神文明中的思想道德建设，又规定着整个精神文明建设的性质和方向。邓小平同志指出："建设社会主义的精神文明，最根本的是要使广大人民有共产主义的理想，有道德，有文化，守纪律。"① 因此，我们必须全面理解和贯彻党的基本路线，坚决纠正过去"一手硬、一手软"的失误，深刻地认识到道德价值观教育的重要性，使全党在这个问题上统一认识。同时，我们也必须坚持不懈地不断发展和完善社会主义的集体，使集体成为完全体现个人利益、个人尊严、个人价值的集体，成为促使个人全面发展的集体。只有这样，社会主义事业才能兴旺发达，沿着正确的道路前进。

① 《建设有中国特色的社会主义》（增订本），15页。

坚持价值导向一元性的思考*

在社会主义市场经济条件下，加强精神文明建设，坚持集体主义的价值导向，在当前有着特别重要的意义。但是，在道德建设领域，有一些同志，对集体主义道德原则能不能和应当不应当成为我国社会主义初级阶段的价值导向和主旋律，还存在着这样那样的疑虑。这些同志认为，既然我国当前还处在社会主义初级阶段，现在又要建立市场经济体制，多种经济成分不但存在，而且还要不断发展，因而也就必然存在着多种利益主体及其价值观念。既然如此，集体主义原则又怎么能成为整个社会的主旋律及其价值导向呢？因而，在社会的价值导向上，应当是多元的而不应当是一元的。更值得注意的是，有些人以我国当前发展市场经济为理由，提出我们在道德原则和价值导向上也应当“转轨”、“重建”和“更新观念”，并提出所谓“个人主义原则”、“合理利己主义原则”或其他别的什么原则，以作为当前我国社会的道德基本原则和价值导向。其实质，就是要把社会主义社会的价值导向，从集体主义原则“转轨”到其他原则上去。应当说，这些认识是不符合加强社会主义精神文明建设、弘扬集体主义原则的要求的。本文拟就上述问题提出一些粗浅的看法。

随着我国改革的不断深化，特别是商品经济的发展，我国的经济生

* 本文原载《中州学刊》，1994（3）。

活正在发生深刻的变化。从所有制来看，过去的单一的社会主义公有制，已发展成为以公有制为主体的多种经济成分并存的所有制结构。不同经济成分的并存，也就意味着多种利益主体的并存，因而在意识形态和思想领域，也就不可避免地会出现反映不同利益主体的人生观、价值观和道德观。这种情况，是由我国政治经济的实际状况所决定的，是不以人们的主观意志为转移的。正是由于反映各种不同利益主体的人生观、价值观和道德观的出现，因此，也就必然会存在着人们关于人生观、价值观、道德观上的不同的价值取向。这就对我们的思想教育工作和道德建设，提出了新的问题和新的挑战。

面对新的情况和新的问题，我们必须在有中国特色的社会主义理论的指导下，从实际出发，实事求是，迎接这一挑战，坚持不懈地对广大人民群众进行社会主义道路，社会主义理想，社会主义的人生观、价值观和道德观的教育。

社会主义的本质和原则，一方面是解放生产力和发展生产力，另一方面就是要消灭剥削，消除两极分化，最终达到共同富裕的目的。我们还应当清醒地认识到，社会主义的最大的优越性就是共同富裕，这是社会主义本质的一个重要方面。为了达到共同富裕的目的，在解放生产力和发展生产力的过程中，我们必须始终保持公有制的主体地位，使公有制不断完善并得到巩固和发展。总之，在建设有中国特色的社会主义实践中，一个公有制占主体，一个共同富裕，这是我们所必须坚持的社会主义的根本原则。我们的一切思想教育工作和道德建设，都应当紧紧围绕着解放生产力、发展生产力，以公有制为主体、最终达到共同富裕这两个方面来考虑。

正是由于这种原因，在我国社会出现多种经济利益主体和人们价值取向多元化的情况下，在思想教育工作和道德建设上，我们必须坚持社会主义价值导向的一元化，即强调用爱国主义、集体主义和社会主义的价值导向，反对和抑制种种反社会主义的腐朽没落的思想。我们应当旗帜鲜明地反对拜金主义、享乐主义、极端个人主义的思想，反对低级庸俗、自私自利、损人利己、享乐糜烂的生活方式，提倡积极向上、奋发有为、艰苦创业、关心集体、热爱人民的崇高理想和思想品德。引导广大人民群众以马克思列宁主义、毛泽东思想为指导，用有中国特色的社会主义理论教育群众，对各种不同的价值观、人生观和道德观，认真地加以分析，予以鉴别，并决定自己的价值选择和价值取向。应当看到，为了发展社会主义社会的生产力，最终达到共同富裕的目的，现行经济政策所允许甚至所提倡的经济上的某些利益主体，其在政治上、道德上的主张和愿望，往往并不都是符合社会主义的意识形态的要求的。今天，在我们建设有中国特色社会主义的较长的一段历史过程中，占统治地位的意识形态，包括人们的人生观、价值观和道德观，必须是社会主义的。在我们立国之本的四项基本原则中，坚持马克思主义、毛泽东思想在意识形态中的指导地位，是不容动摇的。我们允许并鼓励在相当长的时期内兴办和发展“三资”企业，允许在现阶段存在一定限度的剥削，但这绝不意味着在我们的思想政治工作中和道德建设上可以宣传和鼓励人们去信仰剥削阶级的人生观、道德观和价值观。

社会上既然出现各种不同的利益主体及其人生观、道德观和价值观，也就必然会产生相互之间的影响、渗透、矛盾和斗争。这同样也是客观必然的，是不以人们的主观意志为转移的。这种影响、渗透、矛盾和斗争，也必然会随着不同时期的经济发展和政治发展而呈现出复杂情况。不容讳言，归根到底，还必然会形成一种谁战胜谁的斗争。一个社会占统治地位的意识形态，是统治阶级的意识形态。从历史的发展来看，任何一个统治阶级的意识形态，都不可能自然而然地就处于领导地位，总是要在与不同的意识形态的矛盾和斗争中，通过有目的、有组织的宣传和教育，才能成为社会生活中的主旋律，才能在广大人民群众中产生影响，才能使自己的人生观、价值观、道德观为广大人民群众所接受。由此可见，在思想政治教育和道德建设中，反对和批判拜金主义、享乐主义和极端个人主义，目的就是为了能够更好地确立爱国主义、集体主义和社会主义的主旋律的地位，使集体主义的价值导向更好地成为指导广大人民群众的言论和行动的指针。

正是由于多种利益主体及其思想的形成和传播不可避免地会出现价值选择的多样性，因而，在强调价值导向的一元化的同时，我们必须照顾到现实生活中人们的不同层次的道德觉悟和道德水平，注意从实际出发，加以引导、教育和逐步提高，切忌揠苗助长、要求人们一蹴而就，从而造成事与愿违、欲速则不达的后果。在思想教育中，既要提倡最高理想和最高要求，也要从最低要求出发，使人们能够根据自己的实际情况，沿着思想道德的阶梯，一步一步地、循序渐进地向着更高的境界攀登。

从道德要求的最低层次来看，在社会主义市场经济条件下，遵纪守法，诚实劳动，不损害他人和国家利益，尽管还可能从不同的动机出发，但在社会主义和社会关系的制约下，这种行为在道德上是应该得到肯定的，是符合社会主义职业道德的要求的。同时，我们还必须着眼于提高和教育，引导这一层次的人们向更高层次前进，摆正他们个人利益的地位，使他们能够在谋求个人利益的同时，兼顾他人和国家的利益；认识到我们的社会是最终要走向共同富裕的社会，因而要校正自己的个人利益的方向，使其符合社会主义的总的发展趋势，不断克服和纠正同社会主义不一致的思想和行为。在此基础上，还应当进一步提高他们，使他们能够自觉地认识到集体利益高于个人利益，在集体利益和个人利益发生矛盾时，应当强调以集体利益为重，以集体利益为先，从而树立起“先集体、后个人”的思想。以集体利益为先，以集体利益为重，这绝不是忽视个人利益，更不是否认个人利益，而是在承认个人、集体、国家利益相一致的基础上，在个人利益同集体利益发生矛盾时，强调集体益高于个人利益。道德要求的最高层次，就是毛泽东同志所说的全心全意为人民服务、大公无私、“毫不利己、专门利人”、毫无自私自利之心的精神。正像毛泽东同志所说的，一个人只要有了毫无自私自利之心的精神，“就可以变为大有利于人民的人。一个人能力有大小，但只要有这点精神，就是一个高尚的人，一个纯粹的人，一个有道德的人，一个脱离了低级趣味的人，一个有益于人民的人”。我们把社会主义社会中人们的道德大体上区分为四个层次，就是要从实际出发，既照顾到最低层次的实际觉悟，又要加强教育，使低层次不断地向高层次递进。

实事求是地提出道德要求的层次性，这是同我们在价值导向上的一元化相一致的。应该认识到，价值导向的一元化，本身就是一个多层次的、由低到高的道德要求的总的体系，它既有最高的崇高理想的要求，又有最低的层次，从而使人们根据自己的情况，依次循序渐进。最低层次的要求，应当是为最高层次的目的服务的；最高层次的要求，则是诸多最低层次要求的必然升华。

在弘扬社会主义的主旋律和坚持集体主义的价值导向时，我们还应当注意加强中华民族传统美德的教育。我们中华民族是有着五千年历史的文明古国和礼仪之邦，向来以具有优秀道德传统而自立、自强于世界民族之林。我们要认真总结新中国成立以来在中华民族传统美德教育方面的经验和失误，既要克服那种只强调批判、不注意继承的“左”的思想，也要克服那种“全盘西化”的民族虚无主义错误。对于中国古代的道德遗产，应当用马克思主义的立场和观点，取其精华，弃其糟粕，继承和弘扬中华民族的真正优良的道德传统，从而使我们的社会主义道德更具有民族形式，更加有生命力，更加为广大人民所喜闻乐见，从而收到更好的教育效果。

在我国的传统道德中，有很多民主性、人民性、科学性的精华。在当前发展社会主义市场经济的条件下，如能以马克思主义为指导，有选择地加以继承，仍具有现实的、有针对性的教育意义。中国传统美德中一个非常重要的内容，就是一种为国家、为民族、为社会的整体主义精神和爱国主义精神。“公而忘私”、“国而忘家”、“先天下之忧而忧，后天下之乐而乐”、“国家兴亡、匹夫有责”的思想，鼓舞着无数民族英雄为国家、民族的利益而不屈不挠，英勇奋斗，直到献出自己的宝贵生命。这对于今天那些为追求金钱而丧失国格、人格的人，无疑是一种无情的鞭笞。在义利关系问题上，中国传统美德主张义利并重，要“见利思义”和“见得思义”，强调“义然后取”，而在义利发生矛盾的情况下，要“先义后利”。这对于今天一些人所宣扬的“见钱眼开”、“不拿白不拿”以及“唯利是图”的处世哲学，显然是有力的抨击。在人生态度上，中国传统美德历来都强调勤劳俭朴、艰苦奋斗、自强不息、奋发图强的精神。这对于今天某些追求享受、生活糜烂、一掷千金、争权斗富的人来说，不是一种最辛辣的嘲讽吗？

总之，在当前情况下，我们一定要认真对待市场经济对思想道德教育及价值导向所提出的各种问题，既要全面地、充分地估计市场经济对人的思想素质的提高所产生的积极作用，又要正视和认真对待某些不健康的社会现象和思想行为对人们思想品德以及人生观、价值观所造成的负面效应。在思想道德建设中，我们一定要坚持以集体主义原则为核心的价值导向的教育，弘扬社会主义的主旋律。

第八编

弘扬爱国主义价值导向

加强对大学生的爱国主义教育*

10 年来，我国改革开放和社会主义现代化建设的进程说明，加强对大学生的爱国主义教育，对于培养有理想、有道德、有文化、有纪律的一代社会主义事业的接班人来说，有着非常重要的意义。最近几年来，一些坚持资产阶级自由化的人，极力宣扬民族虚无主义，鼓吹“全盘西化”，其目的是要使中国重新沦为外国反动势力的附庸，使中华民族重新遭受帝国主义的奴役。为了从理论思想和价值导向上正本清源，为了加强对大学生的政治思想和伦理道德教育，有必要对爱国主义的有关问题，进行一番认真的探讨。

爱国主义，一般来说，就是一个国家的人民对自己祖国的忠诚和热爱。爱国主义是一个历史范畴，在不同的时期和不同性质的国家，有着不同的内容。毛泽东同志说：“爱国主义的具体内容，看在什么样的历史条件下来决定。”剥削阶级的爱国主义是一种狭隘的民族主义，尽管在某种特定条件下，它也能起一定的积极作用，但其实质必然是为剥削阶级的利益服务的。在当前，有的资产阶级国家往往以爱国主义为幌子，推行其霸权主义和侵略政策，以强凌弱，以大欺小。社会主义中国的爱国主义同资产阶级国家的爱国主义则有着本质的不同，它是从中国各族人民的根本利益出发，并为维护其独立和尊严而对社会主义共和国

* 本文原载《中国高等教育》，1990（5）。

抱有的一种忠诚和热爱。

在社会主义建设的新时期，爱国主义是我国改革开放和建设社会主义四个现代化的强大精神动力。中国是一个多民族的国家，有着源远流长的历史和灿烂的文化传统。中华各民族在长期的发展过程中，唇齿相依，休戚与共，从而形成了一种特有的凝聚力。每一个中华民族的成员都能切身地体会到，他们的命运是和祖国的命运密切相关的。社会主义新中国 40 年，特别是改革开放 10 年来所取得的举世瞩目的成就，大大地提高了我们民族的尊严。就是侨居外国的华侨，也都能切身感受到祖国国际地位的提高给他们带来的光荣和自豪。因此，对中国各民族人民来说，热爱祖国的优良文化传统和伦理传统，热爱祖国的山山水水，维护社会主义祖国的稳定，反对国内外反动势力的破坏，积极投身于社会主义四个现代化的建设事业，就是爱国主义在当前的具体表现。

一

对大学生进行爱国主义教育的一个重要方面，就是要让他们了解我们祖国长期发展的历史，了解近百年来中华民族的苦难遭遇及其所走过的道路。

今年是鸦片战争 150 周年。在鸦片战争中，英国侵略者用枪炮打开了中华古国的大门。之后，美、法等世界资本主义列强接踵而来，竞相宰割、瓜分中国，甚至划分势力范围，把中国变成它们的半殖民地。紧接鸦片战争之后，便是中法战争、甲午中日战争、八国联军侵华战争等等。更有甚者，帝国主义之间由于分赃不均，竟在中国土地上大打“狗咬狗”的日俄战争。它们强迫中国订立不平等条约，割地赔款，在中国土地上为所欲为。除动用武力之外，它们还进行政治侵略、经济侵略和文化侵略，乃至豢养走狗，扶植反动政权，鱼肉中国人民。它们的魔爪，从沿海伸向内地，控制了中国的财政金融，直到把持中国的海关。近代中国，就是这样被帝国主义弄得山河破碎、满目疮痍、经济破产、民不聊生。正如毛泽东同志所说，由于帝国主义的入侵，“中国的广大人民，尤其是农民，日益贫困以至大批地破产，他们过着饥寒交迫和毫无政治权利的生活”。

中华民族长期以来有着爱国主义的光荣传统，面对资本主义的侵略，中国人民英勇不屈，前仆后继，进行了艰苦卓绝的斗争。一百多年的中国近代史，是一部资本主义侵华的罪行史，也是一部中华民族反对外国侵略的爱国史。鸦片战争、太平天国运动、中法战争、甲午中日战争、戊戌变法、义和团运动、辛亥革命、五四运动、五卅运动、北伐战争、抗日战争，都充分地表现了中国人民高度的爱国主义精神。

中国人民经历了长期血与火的考验，无数革命先烈用鲜血和生命创造了独立自主的新中国，中华民族终于以巨人般的姿态屹立在世界的东方。“忘记过去就意味着背叛”，列宁的这句至理名言，我们应当永志不忘，在我们欢庆人民革命胜利的今天，我们要永远不忘资本主义对我们的侵略和压迫，永远不忘革命先烈们所付出的巨大牺牲。“灾难深重的中华民族，一百年来，其优秀人物奋斗牺牲，前仆后继，摸索救国救民的真理是可歌可泣的。”我们应当发扬革命先烈英勇无畏的精神，继承中华民族爱国主义的优良传统，坚决反对帝国主义和国际反动势力对我国的政治颠覆和“和平演变”的阴谋，更加坚定地为振兴中华、实现社会主义的四个现代化而努力奋斗。

二

在今天的中国，爱国和爱社会主义是完全一致的。中国人民选择社会主义道路，这是历史的必然。在鸦片战争以后，无数志士仁人，都在极力探求中国发展的道路。事实证明，在旧中国，由于资本主义和封建势力过于强大，软弱的民族资产阶级不可能建立起独立发展的资产阶级国家。戊戌变法失败了。康有为写了《大同书》，他没有也不可能找到一条到达大同的路。辛亥革命失败了。正像毛泽东同志所说的，资产阶级的共和国，外国有过的，中国不能有，因为中国是受帝国主义压迫的国家。一切别的东西都试过了，都失败了。历史证明，只有中国无产阶级的先锋队中国共产党，才能担负起领导中国革命的任务，使中国走上社会主义道路。

新中国社会主义制度的建立至今已有 40 年的历史。在这 40 年中，尽管我们遭受过一些挫折，走过一些弯路，犯过若干错误，但总的来说，社会主义制度已经初步显示出它的优越性。中国人民站起来了，外国反动势力欺凌、压迫中华民族的历史已经一去不复返了，中国实现了国家的独立和统一。在经济建设方面，就国民生产总值和年增长速度来说，就工农业的产品、产量来说，我们都取得了举世瞩目的成就。到1989年，我国的钢产量已超过6 000万吨。与此同时，在国际舞台上，中国不畏强权，坚持正义，坚决反对帝国主义的强权政治，揭露国际反动势力的强盗行径，在维护世界和平和争取人类正义事业的斗争中，发挥着越来越重要的作用。中国的国家实力增强了，国际地位提高了，从而使每一个中国人都为此感到自豪。

当然，我国在社会主义的发展过程中，确曾有过若干重大的失误。但是，这不能归咎于社会主义制度本身。社会主义制度是人类社会前所未有的新事物。应当看到，我们的有些失误是由于缺乏经验，有些失误是由于在指导思想上违背了社会主义建设的规律，还有些失误则是由于某些具体体制还不够完善，等等。值得欣慰的是，我们的国家对这些失误已经进行了并正在继续进行深入的分析，从中吸取教训，以保证我们的社会主义事业更好地向前发展。

近些年来，资产阶级自由化思潮泛滥，特别是在1989年春夏之交的政治风波中，一些别有用心的人，故意混淆是非，利用人们的某些模糊认识，如对爱国与爱社会主义的关系认识不清，他们就鼓吹说什么爱国不等于爱社会主义，企图把爱国和爱社会主义两者对立起来，其实质，就是企图在中国复辟资本主义，使中国人民重新陷入半殖民地的水深火热之中。资本主义代替封建主义，应当说是人类历史上的一大进步。但是，正像马克思所说的，资本的原始积累，是伴随着对劳动人民的残酷剥削、对黑人的贩卖以及对殖民地人民的疯狂掠夺等而获得的。今日一些资本主义国家之所以能够积聚大量财富，也主要是由于它们对全世界广大不发达地区长期强取豪夺的结果。

历史已经雄辩地证明，社会主义制度在中国的确立、巩固和发展，体现了中国社会发展的必然规律。如果不进行社会主义革命，就不可能推翻帝国主义、封建主义、官僚资本主义，就不可能建立起独立自主的新中国。我们可以设想，如果新中国成立之后不走社会主义道路，不坚持人民民主专政，那么，我们就不可能维护国家的统一和民族的独立，更不可能使全国人民的生活水平不断地得到提高。在当前的形势下，如果我们放弃社会主义，走资本主义的回头路，那么，在我国人口众多、社会生产力水平很低的情况下，大多数人就必然要重新遭受资产阶级的剥削和压迫。而且这种资本主义，只能是原始的、野蛮的、买办的资本主义。

对于我国的广大人民来说，在今天的历史条件下，爱国就是爱社会主义的中国，就是爱社会主义制度，就是爱坚持走社会主义道路的国家政权，就是爱领导中国社会主义革命和社会主义建设的中国共产党。在进行爱国主义的教育中，培养大学生具有坚定的社会主义信念和强烈的社会主义意识，并使他们能自觉地成为社会主义事业的接班人，是极为重要的。

三

对于广大大学生来说，确立集体主义的价值导向，培养和树立集体主义的思想，是向他们进行爱国主义教育的重要方面。

社会主义的集体主义，作为一种道德原则和价值导向，它的基本要求是，坚持社会主义的国家利益和整体利益高于个人利益；在保障国家和社会整体利益的前提下，充分发挥个人的才能，实现个人的价值；在两者发生矛盾时，要自觉地、无条件地使个人利益服从于国家和社会利益。

在社会主义社会中，爱国主义和集体主义是完全一致的。热爱祖国，就是要热爱社会主义的整体，为维护社会主义国家的整体利益而贡献自己的力量。热爱祖国，就是要强化每个人对国家的义务感和责任心，并把这种义务感和责任心转化为强烈的信念，从而自觉地以国家的主人翁的姿态，为祖国献身，直到当国家处于危亡关头，能够“杀身成仁、舍生取义”，为祖国牺牲自己的一切。

在培养爱国主义思想中，要使大学生认识到，每一个青年的成长，都是同祖国和人民的辛勤哺育分不开的。对于大学生来说，尤其是这样。国家和社会，为培养社会所需的各种专门人才，付出了很大的代价，因此，每个大学生都应当把报效祖国、为社会主义建设服务作为自己应尽的光荣职责。在前几年资产阶级自由化思潮泛滥时，资产阶级个人主义思想不断地滋长蔓延，其结果是，一些人不适当地强调“个人价值”、“个人尊严”，以至把个人利益摆在民族利益和国家利益之上。有些人还公开提出要“为个人主义正名”，要把个人主义作为一种顺应改革开放潮流的新观念来取代集体主义。他们片面地强调个人的权利和自由，宣扬“自我设计”和“自我奋斗”，其结果，则使“个人”日益与“社会”疏远，把实现“自我价值”同维护国家的尊严绝对地对立起来。这种把个人和国家对立起来、诱导青年一味追逐个人私利的思想，是极端有害的。要发扬爱国主义的精神，就必须发扬集体主义的精神。要想使国家富强起来，就必须在广大大学生中树立起“个人利益服从整体利益、眼前利益服从长远利益、局部利益服从全局利益”的思想，树立起为民族争光、为国家争气的思想。现在许多大学生都热切地提出一个问题：青年知识分子怎样选择正确的成长道路？我想，最根本的就是要树立起正确的人生观和价值观，正确地理解个人与社会、个人与国家的关系，以国家利益和整体利益为重，把个人的事业融入振兴中华的强大洪流之中去。青年人的自我价值和自我尊严，只有在维护社会主义的整体及国家的价值和尊严中，才能得到真正的体现。从这个意义上来看，集体主义是爱国主义的基础，而爱国主义则是集体主义的运用。树立集体主义的价值导向，培养大学生对国家和社会的高度责任心，使他们能够胸怀全局，为国分忧，自觉地把满足国家的需要看做自己的责任，只有这样，我们的爱国主义教育才算真正收到了成效。

四

对大学生进行爱国主义教育，还要使他们认识到，要努力学好知识，掌握好现代的科学技术，从而为振兴祖国贡献自己的力量。

中国的社会主义建设，已经取得了重大的进展，例如，工农业生产都有了很大的增长，初步地解决了 11 亿人口的温饱问题，粮食、棉花、钢铁、煤炭、电力等主要产品产量已跃居世界前列，有的已居于首位。但是，我们应当清醒地看到，我国人均国民生产总值，同世界发达资本主义国家相比，差距还相当悬殊。在一些领域里，我国的科学技术的发展还是比较落后的。我国的大学生，必须在坚持正确的政治方向的前提下，刻苦学习，勤奋钻研，尽早掌握现代的科学技术，只有这样，才能使我们的祖国尽快地强盛起来。

在当前，国际资本主义的反动势力，正是依靠着其在科学技术上的优势，不断地扩大军事实力，威胁发展中国家，并以其高、尖技术所生产的工业产品，以不等价交换的方式，继续对发展中国家进行经济上的掠夺。最近半年来，我曾到过联邦德国、英国、法国、日本和美国，在这些国家的超级市场中，几乎可以看到来自世界各地的农副产品，真可以说是品种繁多、应有尽有，而这些东西，都是它们以极为低廉的代价从发展中国家用工业产品换来的。直到现在，国际资本主义的反动势力仍然肆无忌惮地妄图干涉中国的内政，叫喊要在经济上制裁中国，原因之一，就是由于它们掌握了先进的科学技术，拥有较为雄厚的经济实力。在旧中国，许多爱国志士，也曾看到科学技术对于发展国家的重要作用，他们从爱国主义的立场出发，曾经想走科学救国的道路。但是，实践证明，不推翻旧的剥削制度，这种愿望是不可能实现的。社会主义制度的建立，为发展科技、振兴祖国创造了根本的前提。老一辈的科学家，宁愿放弃在国外优越的物质条件和研究条件，排除万难，毅然回国，正是看到了科学技术能使我们国家富强的重要作用。新一代的不少大学生，也正是抱着企望祖国能够尽快富强的满腔热情，努力学习科学技术，为“四化”建设贡献自己的力量。每一个大学生都应当认识到，“振兴中华”同“振兴科技”是一致的，在社会主义制度下，“科学兴国”恰恰是爱国主义的重要内容。每一个热爱祖国的大学生，都要把“掌握科学技术”作为自己的一项光荣责任，并尽心尽力、全心全意地为祖国的“四化”建设做出自己的贡献。

在资产阶级自由化思潮泛滥期间，曾有一种观点认为，科学无国界，科学家应当是世界公民。这种观点否认了一个基本事实，就是在当代世界上，仍然存在着剥削和压迫，仍然存在着两种根本不同的国家即资产阶级统治的国家和无产阶级统治的国家。当然，从科学是全人类的共同财富这个意义上来说，科学可以是无国界的，但是，谁都知道，科学家是有祖国的。在社会主义国家中，科学家献身祖国是献身科学的应有之义，每一个科学工作者，都要尽力使自己所掌握的科学技术，能为祖国的建设服务，能够在捍卫社会主义和反对国际资本主义反动势力的斗争中贡献力量。这是我们对社会主义祖国应尽的义务和应负的责任。那些宣扬科学家要当世界公民的人，他们的丑恶嘴脸已经被他们的叛国行为彻底揭穿了，这对我们的大学生来说，也是一个很好的教育。

加强爱国主义教育应注意的一个问题*

在加强爱国主义教育中，有一个问题必须引起我们的注意，那就是要提高当代青年对国家、对社会、对民族的责任感。

改革开放以来，在我们的舆论宣传中，更多地讲到个人的权利、个人的尊严、个人的价值以及个人正当利益的获取。在改革开放和建设有中国特色社会主义的过程中，为了推动我国社会主义经济的发展，为了使个人能够得到全面发展，正确地强调"个人"有其积极的意义。目前的问题是，舆论宣传不应过于片面，也就是说，当我们宣传尊重个人的权利时，不应忽略强调在享受个人权利的同时，要相应承担一定的责任和义务，否则便会对青少年起到不正确、不全面的导向作用。

对青少年进行爱国主义教育，很重要、很基本的一点是要让他们意识到自己对家庭、对学校、对社会、对民族，特别是对国家应该尽一种责任。

孔子说，小孩"三年不免于父母之怀"。这是说每一个人都是在父母的关心、爱护与辛苦抚养下慢慢长大的。儿女的成长凝结着父母的心血。因此，中国传统伦理道德讲孝，就是强调儿女长大后对父母是负有一定的责任、义务的。一个对父母不孝、不爱父母的人，怎么还可能爱其他人？又怎么会是一个爱社会、爱国家的人？

---

* 本文原载《中国高等教育》，1995（2）。

现在有些人认为自己的成长完全是个人的事，是凭个人的本领，与他人、与社会无关。他们自觉或不自觉地不承认以至否认学校、国家多年对他们的培养教育。1989 年我在美国时，曾碰到一个来自中国贵州的留学生，交谈之中我发现他对祖国有许多不正确的看法。我问他："祖国怎么不好？你父母养育了你，学校教育了你，国家培养了你，你现在总算成才了。你现在身处异国，即使对父母、对祖国有意见，也不该说有损祖国的话。"没想到他竟然回答说："国家没有培养我，我也没受到国家的照顾。我上小学、上中学、上大学的钱是我们老百姓缴的税，国家哪有什么钱？"我说："你是贵州人，贵州是个穷省，你们一家能向国家缴多少税？你从小学到中学再到大学，又花了国家多少钱？"他却说："上大学是一种机遇，办大学的钱是老百姓交给国家的，总得有人来获得这种机遇，不是我就是别人。"我相信像这样的留学生是极个别的，但我觉得家庭、学校、社会、国家花这么大力气培养出这么一种对家庭、对学校、对祖国没有一点儿感情、没有一点儿责任感的学生，实在是一件十分遗憾的事情，很值得我们思考。

中华民族优良道德传统中很重要的一条就是，强调每个人从小要认识到父母养育了他，学校教育了他，国家培养了他，他从小就处于一定的人伦关系中，就应该对父母、对老师、对国家尽伦尽责。因此，一个人做任何事都要对得起自己的祖国、学校和父母，这是中国传统道德的基本要求。如果一个人时时想到报答父母养育之恩的话，他一生做事就会尽量讲道德，不给父母带来耻辱。中国传统总是把"孝"作为"德之本"，因为父母养育了你，很不容易。为什么重师德？因为学校、老师教育了你，也很不容易。为什么要讲社会责任感？因为国家培养了你，更不容易。因此，每一个公民都应该时时意识到自己无论对家庭、对学校、对国家均负有一定责任和义务，应把国家的荣誉当成自己的荣誉，把民族的耻辱当做自己的耻辱。对于自己在社会上所从事的职业，更应该敬业，应该认真负责地做好自己的本职工作，以此回报社会。一个人只有从小培养起这样一种对家庭、对学校、对社会、对国家、对民族的高度责任感，并对此有一种自觉的意识，才会与国家和社会融为一体，血肉相连，荣辱与共，才有可能为进一步接受爱国主义教育和思想品德教育打下一个好的基础。

为了培养青少年的这种责任感和义务感，我觉得我们的教育应该注意这方面的问题。我主张从小学起就强调进行怎样做人的教育，要把现在初中政治课里政治经济学、哲学和社会学等比较深的理论问题往后推一推。世界各国在初中阶段，一般也不讲这些较深的理论问题，到高中以后再根据情况去讲。

其实，怎样做人的教育，从学龄前的家庭教育时就应该开始。问题是现在的很多年轻父母，不知道教育自己的孩子，不教育子女要孝顺父母，要关心别人，对其他人要承担义务，要有责任。现在有些孩子在家里是“小皇帝”，一切以自己的意志为准。这样从小受溺爱的孩子长大后哪里会想到父母、想到国家、想到社会？“养不教，父之过”历来是中国的古训，不教育自己的孩子知道关心他人、孝顺父母和关心社会的父母，将来吃亏最大的首先是自己。此话绝非危言耸听。

我研究过社会上的许多犯罪案例，发现案犯一般都没有多少对父母、对家庭、对社会的责任感和义务感。只要他们能想到自己的父母和社会，也就不会轻易去干违法犯罪的事了。从这个意义上讲，中国传统道德讲孝，讲凡事要想到父母，是有一定道理的。

过去我们进行的爱国主义教育，似乎更多的是讲祖国山河壮丽、地域辽阔、物产丰富、历史悠久、人才辈出，这些当然很重要。但与此同时，还应该着重讲个人的成才是与家庭、学校、社会的培养分不开的。因此，每个人都应有责任感，成长后首先都应立志报国，这也是做人很重要的一个方面。

中华民族精神的新升华*

中华民族是一个具有自强不息、艰苦奋斗光荣传统的民族，是一个具有强大凝聚力的民族。

数千年来，中华民族在自己的发展中，形成了一种独特的自强不息、贵公重义、艰苦奋斗、奋发图强的光荣传统。中华民族的这一光荣传统，曾经在中国历史上起到过反对国家分裂、抵御外部侵略、维护祖国统一的重要作用。几千年来，中华民族能够屹立于世界民族之林，最终战胜一切艰难险阻和外来的侵略，始终保持团结和统一，都同这一精神有着重要的关系。

自从中国共产党成立以来，在长期的革命斗争和建设的实践中，又形成了无产阶级的崭新的革命精神，这就是热爱社会主义祖国的爱国主义的精神，顾全大局、以集体利益为重的集体主义精神，见义勇为、不怕牺牲的革命英雄主义精神等。这些革命精神是我国人民的极其宝贵的精神财富，在我国的社会主义革命和社会主义的四个现代化建设中，推动着我们的事业不断前进，成为我们进行社会主义建设的精神支柱。

在社会主义建设的新时期，历史赋予我们一个重要的使命，就是在弘扬中国革命传统的同时，在马克思主义的指导下，大力弘扬中华民族古代的优良传统，也就是通过工人阶级，特别是共产党员和中国人民的

* 本文原载《北京青年报》，1998-09-10。

革命实践，赋予中国古代优良传统以新的内容。江泽民同志在谈到道德传统时说：“弘扬中国古代优良道德传统和革命道德传统，吸取人类一切优秀道德成就，努力创建人类先进的精神文明。”这就是说，只有把中国的革命传统和中国古代的优良传统结合起来，才能创造出人类的先进的精神文明。

这里需要特别加以指出的是，在改革开放以后，尤其是20世纪90年代以来，我们已经更加自觉地把弘扬无产阶级的革命精神同弘扬中华民族的优良传统密切地结合起来，从而赋予了中华民族的优良传统以新的意义，使无产阶级的革命精神有了更鲜明的民族特色。弘扬中华民族古代的优良传统，根本的目的就是要使其能够有益于社会主义的精神文明建设，能够在当前焕发出新的活力；弘扬无产阶级的革命精神，又必须使其体现出自己的民族特点，从而为广大人民所喜闻乐见。

在这次伟大的抗洪抢险斗争中，中国人民所形成的“万众一心、众志成城、不怕困难、顽强拼搏、坚韧不拔、敢于胜利的伟大抗洪精神”，就是中华民族古代优良传统同革命传统的结合，就是新时代中华民族精神的一种体现，是中华民族精神的新升华。这是一种新时代的、崇高的中华民族精神，是中华民族长期发展壮大、兴旺繁荣的最重要的精神力量。正像江泽民同志所说的，这是我们的“无比珍贵的精神财富”。

老子曾说：“祸兮，福之所倚；福兮，祸之所伏。”毛泽东同志也说，在好事和坏事中间，有着辩证的关系，在发生坏事的时候，我们在努力改变坏事的时候，也要善于从坏事中吸取教训，汲取有益的东西。这次抗洪抢险斗争中所表现出的这种崇高的精神，就是我们所应当认真加以总结和提高的。古人说“树德莫如滋”，就是说要想使一种好的社会风尚和道德精神树立起来，就一定要经常不断地滋养它。在我们充分认识这一精神的重要性的同时，一定要更加地珍视它、爱护它、培养它和弘扬它，使它不断地发扬光大、万古长青。

离开一定的、必要的物质条件去空谈“精神”，当然是不正确的，这个教训，我们很多人是有认识的。只强调物质生活的满足而看不到精神力量的作用，看不到精神也是一种强大的、推动我们事业前进的巨大动力，同样也是错误的。对于这一点，我们有些同志到今天仍是缺乏认识的。一个人不能只迷恋于物质生活的追求，沉溺于个人的享受。正像毛泽东同志所说的：“人是要有一点精神的。”只有那些有崇高精神的人，生活才能充满信心，富有朝气，才能有真正的幸福，才能领会到人生意义的真谛。同样，一个民族更是要有一点精神的，一个只知道追求物质生活享受的民族，是一个没有前途的民族、一个必然要走向衰败和没落的民族，这种情况，在世界历史上，是屡见不鲜的。可以说，这是一个不以人的意志为转移的客观规律。只有那些有崇高精神的民族，只有那些重视精神力量的民族，才能自立、自强于世界民族之林，才能在未来的 21 世纪的激烈竞争中，立于不败之地，才能使自己的民族兴旺发达，长盛不衰。

伟大的中华民族精神是实现小康社会的精神动力*

“坚持培育和弘扬民族精神”，是我们建设先进文化的重要内容之一，它对于大力发展有中国特色社会主义文化，不断丰富人们的精神生活，增强人们的精神力量，反对一切腐朽思想的侵蚀，提高中华民族自立、自尊、自强、自信的精神，具有重要的现实意义。

改革开放以来，我国不但在经济上取得了举世瞩目的成就，在文化建设上，也呈现出明显的进步。随着物质生活水平的不断提高，人们的精神生活也日益丰富多彩。社会主义精神文明建设和公民道德水平的提高，大大改善了社会风气和道德风尚，对经济发展起到了有力的促进作用。

伟大的事业之所以能够成功，必须而且一定有强大的精神力量作支撑。全面建设小康社会，开创有中国特色社会主义事业新局面，更需要一种强大的精神力量来支撑。在当前，培育和弘扬中华民族的“民族精神”，就是培育和弘扬我国社会主义四个现代化建设和小康社会建设的精神支撑。

新时期的中华民族精神就是“以爱国主义为核心的团结统一、热爱和平、勤劳勇敢、自强不息的伟大民族精神”。

爱国主义是中华民族精神的核心，是贯穿中华民族精神自古至今的

* 本文原载《以德治国与公民道德建设》。

一根极其鲜明而清晰的主线，所有中华民族精神的内涵，都是紧紧围绕着这一主线而发展和丰富的。爱国主义是维护中华民族各民族之间的团结、友好与合作，维护祖国的统一、安全和稳定的最重要的精神力量。社会主义的爱国主义，是传统爱国主义的新发展，是我们时代精神的体现，这一爱国主义同爱社会主义密切联系在一起，爱中华人民共和国、爱中华民族、爱社会主义三者是统一的。

中华民族精神是一种强大的向心力和凝聚力，“团结统一”是中华民族精神的重要内容。中国之所以能够几千年自强、自立于世界民族之林，所有生活在中国的各个民族之所以能亲密无间，这都同中华民族的民族精神有着密不可分的关系。在建设社会主义四个现代化和实现完全小康社会的新时期，培育和弘扬“团结统一”的民族精神，对于加强各民族的精诚团结、广大群众的同心协力和全国人民的同心同德，更有着不可忽视的意义。“民族的团结”、“国家的统一”，不但是建设中国特色社会主义事业的必要条件，也是和平统一祖国的强大武器和精神力量。

“热爱和平”是中华民族自古以来所形成的民族精神。中华民族以热爱和平著称于世，以平等待人为世界各国所称道。“以和为贵”，是中华民族在为人处世中的一个基本准则。在各民族之间，强调要友好相处，要“和衷共济”、“和睦相亲”；在人和人的交往和相互关系中，强调要“和气致祥”、“和气生财”；在社会生活中，主张“政通人和”；在国与国的关系中，主张“协和万邦”、“和平共处”，反对一切形式的侵略战争，反对“以强凌弱”、“以众暴寡”，主张国家不分大小，都应当平等相待。

“勤劳勇敢”是中华民族在漫长的历史时期中，在与艰苦的自然条件和严酷的社会斗争中锻炼和培育的一种吃苦耐劳、艰苦奋斗、不畏艰险、勇于攀登、俭朴勤奋的不屈不挠精神。在全面建设小康社会的新时期，弘扬“勤劳勇敢”的精神，尤其有着重要的意义。

“自强不息”是中华民族传统民族精神的一个极为突出的方面。在长达数千年的历史中，形成了中华民族的“独立自主”、“自力更生”、知难而进、排除万难去争取胜利的精神。自强不息，就是要自立、自信，要发奋图强，要知难而进、前仆后继。只有“自强不息”，我们才能随着时代的变化而不断发展，才能不囿于陈规而勇于创新，才能不自满自足而谦虚谨慎，才能在当前国际的激烈竞争中立于不败之地。

“一个国家，一个民族，如果没有自己的精神支柱，就等于没有灵魂，就会失去凝聚力和生命力。有没有高昂的民族精神，是衡量一个国家综合国力强弱的一个重要尺度。”在完成建设小康社会、开创有中国特色社会主义事业新局面的伟大历史任务中，我们一定要大力培育和弘扬中华民族的民族精神。

建设先进文化　弘扬民族精神*

“民族精神是一个民族赖以生存和发展的精神支撑。一个民族没有振奋的精神和高尚的品格，不可能自立于世界民族之林。”为了实现中华民族的伟大复兴，为了建设全面的小康社会，在我国社会主义现代化建设中，进一步认识民族精神所具有的特殊重要作用，是我们在先进文化建设和思想道德建设方面所面临的一个特别突出的问题。

综观历史上各民族发展的兴衰成败过程，我们可以从中看到一个值得注意的带有规律性的现象，这就是，凡能够自立、自强于世界民族之林的强大民族，都有一种特有的民族精神作为支撑；同时，一个民族之所以衰亡和没落，又总是同丧失了这种民族精神密切相关。因此，有没有高昂、振奋的民族精神，就成为一个民族能否兴旺发达的一个重要因素，这也就是一切强大民族都特别致力于民族精神的培育和弘扬的一个重要原因。

当前，民族精神在综合国力的竞争中的地位和作用，愈来愈显得重要和突出，我们建设社会主义先进文化的一个十分重要的方面，就是要丰富人们的精神生活，增强人们的精神力量，培育和弘扬中华民族的民族精神，从而为中华民族的伟大复兴提供最强大的精神支撑。

---

* 本文原载《以德治国与公民道德建设》。

一、中华民族精神的形成和发展

我们知道，民族是由共同语言、共同地域和共同经济生活相联系，并孕育着共同的心理素质、思想感情和文化观念的一个共同体，民族精神就是这个共同体赖以发展和壮大的精神动力。

中国是一个多民族的国家，这些民族自古以来就劳动、生息、繁衍在这块幅员辽阔的大地上，并形成了一种博大精深、内容丰富的中华民族精神。这一民族精神是在长达5 000年漫长的历史中，由众多成员共同创造和培育的，是各个民族在生产劳动和社会生活中，通过思想感情、意志信念、心理素质、道德观念等长期的相互交融后凝聚而成的，是所有民族的共同精神财富。中华民族的各族人民，为了维护各民族的共同生存和共同发展，为了维护社会稳定和国家主权，为了抵御外国侵略和建设美好的家园，不断培育和发展中华民族所特有的民族精神。中国这个文明古国之所以能长盛不衰，中华民族之所以能够不断蔓延、发展和壮大，就是同这一民族精神密切相关的。在今天，中华民族的民族精神，不但是社会主义四个现代化建设的精神动力，而且是凝聚中华民族和全世界各地华人华侨的一种不可代替的民族情感和精神力量。正如民族是不断发展的一样，民族精神也是随着时代的变化而发展变化的。今天我们所要培育和弘扬的中华民族精神，正是在历史的发展中不断丰富和完善的。

中国古代所孕育、发展和形成的传统民族精神，是中华民族精神之源。这些精神，在今天仍然有着强大的生命力。只要我们能“古为今用”，结合时代的要求，立足于社会主义的实践需要，赋予其新的意义，它就必然能显现出更加强大的生命力。这些精神就是：“公而忘私、国而忘家”、“先天下之忧而忧，后天下之乐而乐”、“国家兴亡、匹夫有责”的爱国主义精神；“仁民爱物”、“厚德载物”的博爱精神；自力更生、发奋图强的自强不息精神；“以和为贵”、“协和万邦”、重视“人和”、强调“德莫大于和”的团结友善、热爱和平精神；勇敢勤劳、知难而进的艰苦奋斗精神；“富贵不能淫，贫贱不能移，威武不能屈”的坚贞刚毅精神；“与时偕行”、“革故鼎新”、“日新又新”的改革精神等。

这些古代传统民族精神，已经成为中华民族世世代代、生生不息的力量源泉，是中华民族悠久传统文化的重要组成部分。

自从中国共产党成立以来，在中国共产党人、人民军队、一切先进分子和人民群众的努力下，在中国新民主主义革命和社会主义革命与建设中，又不断地形成了中华民族的革命精神，这是中华民族精神在新时期的重要发展。这些精神就是：以“井冈山精神”、“长征精神”、“延安精神”、“红岩精神”等为代表的排除万难、勇往直前、压倒一切困难的不屈不挠的革命精神，以“张思德精神”、“焦裕禄精神”、“雷锋精神”为代表的大公无私的全心全意为人民服务的精神，以“大庆精神”、“铁人精神”为代表的新的艰苦奋斗、勤俭创业的精神，“抗美援朝、保家卫国”、自立自强的新的爱国主义精神等。这些革命精神，对我国的新民主主义革命和社会主义革命，对我国的社会主义建设，发挥着极其重要的作用，没有这些精神作为动力和支撑，我们就不可能建立起今天的社会主义社会。

十一届三中全会以来，特别是十一届四中全会以来，在“实事求是”思想路线的指导下，在“一个中心、两个基本点”的思想指引下，在中华民族伟大复兴的感召下，历史又不断地赋予中华民族以适合时代需要的新的精神。这些精神就是：坚持“实践是检验真理的唯一标准”的“解放思想、实事求是”的精神，新中国成立以来不断孕育发展的、以“两弹一星精神”为代表的“热爱祖国、无私奉献、自力更生、艰苦奋斗、大力协同、勇于攀登”的精神，以“抗洪精神”为代表的“万众一心、众志成城、不怕困难、顽强拼搏、坚韧不拔、敢于胜利”的精神，为社会主义四个现代化而努力的不懈奋斗精神，为实现中华民族伟大复兴、不断推动我国各个方面事业不断发展的“紧跟时代、勇于创新”的精神，以徐虎、李素丽、李国安等为代表的新的“淡泊名利、无私奉献”的精神等。这些精神，是我们建设社会主义四个现代化和全面实现小康社会的新的精神财富。

二、新时期的中华民族精神

党的十六大，在“三个代表”重要思想的指导下，在先进文化的建设上，不但强调了“坚持培育和弘扬民族精神”的重要任务与使命，而且对中华民族精神作了新的提炼和概括，明确提出新时期的中华民族精神就是“以爱国主义为核心的团结统一、热爱和平、勤劳勇敢、自强不息的伟大民族精神”。

爱国主义是中华民族精神的核心，是贯穿中华民族精神自古至今的一根极其鲜明而清晰的主线，所有中华民族精神的内涵，都是紧紧围绕着这一主线而发展和丰富的。爱国主义是维护中华民族各民族之间的团结、友好与合作，维护祖国的统一、安全和稳定的最重要的精神力量。在漫长的历史时期中，爱国主义已成为我们民族的宝贵的民族性格，越是在艰难困苦、外敌侵略、生死存亡的危急关头，中华民族的爱国主义就更加显示出强大的力量。社会主义的爱国主义，是中国古代历史上传统的爱国主义的新发展，它最显著的特点是，这一爱国主义是同爱社会主义密切相连的，爱中华人民共和国、爱中华民族、爱社会主义三者是统一的。培育和弘扬中华民族精神的中心环节，就是要使社会主义爱国主义成为我们时代的最强音。

“团结统一”是新时期爱国主义精神的一个重要方面。“团结统一”就是要形成一种对社会主义中国、对中华民族的一种强大的向心力和凝聚力，要使中国的56个民族亲密无间，各阶层的广大群众同心协力，全国人民同心同德、精诚团结。中国自古以来就有“和则一，一则多力，多力则强”的思想，这里的“和”就是“团结”。“团结就是力量”、“团结就是胜利”，只有“统一”，只有“万众一心”，才能不断地发展，才能战胜一切艰难险阻。“民族的团结”、“国家的统一”是中华民族在历史经验中所培育的民族精神，也是我们建设中国特色社会主义事业、和平统一祖国的强大武器和精神支柱。

“热爱和平”在中华民族精神中有着特殊的地位。自古以来，中华民族就以热爱和平著称于世，以平等待人屹立于世界民族之林。“以和为贵”，是中华民族在为人处世中的一个基本准则。在各民族之间，强调要友好相处，要“和衷共济”、“和睦相亲”；在人和人的交往和相互关系中，强调要“和气致祥”、“和气生财”；在社会生活中，主张“政通人和”；在国与国的关系中，主张“协和万邦”、“和平共处”，反对一切形式的侵略战争，反对“以强凌弱”、“以众暴寡”，主张国家不分大小，都应当平等相待。

“勤劳勇敢”是中华民族在漫长的历史时期中，在与艰苦的自然条件和严酷的社会斗争中锻炼和培育的一种吃苦耐劳、艰苦奋斗、不畏艰险、勇于攀登、俭朴勤奋的不屈不挠精神。“愚公移山”、“精卫填海”就是这一精神的最早体现。既勤劳而又勇敢，这种“特别能吃苦、特别能战斗”的艰苦奋斗精神，是中华民族所以能够生存和发展的一个重要原因。坚持和发扬这一精神，就能够在极端困难的条件和环境下，迎着困难而勇往直前，顶着逆流而百折不挠，直到取得最后的胜利。在全面建设小康社会的新时期，弘扬“勤劳勇敢”的精神，尤其有着重要的意义。

“自强不息”是中华民族传统民族精神的一个极为突出的方面。在长达数千年的历史中，形成了中华民族的“独立自主”、“自力更生”、知难而进、排除万难去争取胜利的精神。自强不息，就是要自立、自信，要发奋图强，要知难而进、前仆后继。中国自古就有“富贵不能淫，贫贱不能移，威武不能屈”的“德操”，有“杀身成仁、舍生取义”的献身精神。“自强不息”，就是要有“与时偕行”、“日进不已”、“与时俱进”的精神。只有“自强不息”，我们才能随着时代的变化而不断发展，才能不囿于陈规而勇于创新，才能不自满自足而谦虚谨慎，才能在当前国际的激烈竞争中立于不败之地。

三、坚持弘扬和培育民族精神

中华民族精神，随着时代发展而前进，在前进中不断形成新的内容，体现着新的时代要求，是时代精神的反映。在建设中国特色社会主义和全面实现小康社会的历史时期，在世界范围内各种思想文化相互影响、相互激荡的激烈竞争中，弘扬和培育中华民族的民族精神，已成为我们思想道德建设、精神文明建设和先进文化建设的一个极为重要的任务。

为了更好地培育中华民族精神，党的十六大要求我们，把坚持弘扬和培育民族精神“纳入国民教育全过程，纳入精神文明建设全过程”。这就是说，我们要从幼儿教育开始，在各级各类学校，运用各种有效的手段，创造有利的氛围，培育人们的民族精神；同时，在精神文明建设的各个方面和各个地区，在创建先进城市、社区等各种活动中，在思想道德建设的各个环节，都要注意民族精神的培育和弘扬，以丰富人们的精神生活、增强人们的精神力量，使全体人民始终保持昂扬向上的精神状态。只有这样，中华民族的伟大复兴和全面建设小康社会的宏伟目标，才能顺利实现。

民族精神与先进文化*

江泽民同志强调："要把培养和弘扬民族精神作为文化建设的一个极为重要的任务。"怎样理解培养、弘扬民族精神在先进文化建设中的地位、作用和意义呢？

江泽民同志指出："在当代中国，发展先进文化，就是发展有中国特色社会主义的文化，就是建设社会主义精神文明。"① 在发展先进文化和建设社会主义精神文明的过程中，思想道德素质的提高，理想信念和世界观、人生观、价值观教育，弘扬民族精神，占有重要的地位。

为什么是这样呢？

我们正进行着前所未有的艰巨而又伟大的事业。伟大的事业，必须要有伟大的精神力量作为支撑。我们的经济建设已经取得了举世瞩目的成就，这是国内外所公认的，而且，要在新的世纪取得更大的成就，就更需要一种强大的精神力量和精神支柱。

在当前，一些人只看到发展生产力的重要性，只看到经济力量的增强，而看不到精神力量的重要性，这是一种片面的认识。

建设有中国特色的社会主义，实现中华民族的伟大复兴，既需要发展先进生产力和提高人民的生活水平，增强综合国力，同时更需要发展先进文化，提高人们的思想水平和道德水平，提升人们的精神境界。这

---

* 本文原载《以德治国与公民道德建设》。

① 江泽民：《论"三个代表"》，158页，北京，中央文献出版社，2001。

两者又都是为了广大人民群众的根本利益。江泽民同志 2002 年 5 月 31 日在中央党校的讲话中，特别提出了“不断丰富人们的精神世界”、“不断增强人们的精神力量”，并提出“要把培育和弘扬民族精神作为文化建设的一个极为重要的任务，使广大人民在建设有中国特色社会主义的征途上，始终保持奋发有为、昂扬向上的精神状态”，这是先进文化前进方向的重要内容，有重要的理论意义和现实意义。

什么是中华民族精神?

中华民族精神，是在长期历史中逐渐孕育、发展、形成的又富有时代新意的一种中华民族所特有的精神，其中最突出的就是“团结统一、独立自主、爱好和平、自强不息”的精神。中华民族精神是同中华民族的博大精深的文化传统和优良的道德传统紧密相连的，而且又是同中国新时期的革命精神融为一体的。

中华民族被称为礼仪之邦和文明古国，所谓“礼仪”和“文明”，就是同中华民族的这一伟大的民族精神密切联系在一起的。

民族精神又总是同一个国家和一个民族的爱国主义思想紧密联系在一起的。在中华民族长期发展的历史中，爱国主义是中华民族精神的一根主线，为公、为国、为民族、为社会、为整体的献身精神，是中华民族在长达几千年的历史中能够保持统一的一个最重要的精神支柱。“公而忘私、国而忘家”、“先天下之忧而忧，后天下之乐而乐”、“国家兴亡、匹夫有责”的思想，成为鼓舞、激励中华民族不断奋进的一股强大的力量。从我国的文学、艺术和民间的大众舆论和荣辱观念中，我们也能够感受到这一深入人心的爱国主义精神，感受到在中华民族中所形成的以爱国为荣、以卖国为耻的荣辱观念。江泽民同志说，“世界上任何国家在任何制度下，都非常重视对人民进行爱国主义的教育，在我们这样人口众多的社会主义国家里，更应如此”，又说，“对全民族和全体人民来说，首先要抓好爱国主义教育”①。

在社会主义社会，中华民族精神是社会主义先进文化的一个重要组成部分。

文化是有继承性的一种意识形态。社会主义的新文化，既是对社会主义经济、政治的反映，是一种崭新的文化，同时，又继承和吸取了民

① 《毛泽东 邓小平 江泽民论思想政治工作》，124 页。

族优秀传统文化的成果。同样，民族精神特别是我们所说的中华民族精神，既包含着社会主义实践发展所要求的新的文化，更包含着一切民族的优秀文化遗产。

中华民族精神，体现着为国家、为集体、为民族的整体主义精神，体现着“爱国守法、明礼诚信、团结友善、勤俭自强、敬业奉献”的道德要求，体现着为实现中华民族的繁荣富强而不屈不挠的奋斗精神。“仁者爱人”、“忧国忧民”、“德莫高于爱民”、“因民之所利而利之”，这些民族的优良传统，在被赋予新的时代意义后，已经成为最大多数人民利益的反映。在先进文化的要求中，热爱社会主义祖国，自强不息，艰苦奋斗，为祖国的繁荣昌盛而献身，是一个极其重要的方面。

弘扬中华民族精神，对增强民族凝聚力，有什么重要意义？

正如我们在前面提到的，中华民族精神是在长达 5 000 年的漫长的历史时期中，由中华民族的众多成员共同创造和培育出来的，它是所有民族的共同财富，是同各民族的感情、意愿、心理、道德等有着亲密联系的。从一定意义上，我们可以说，中华民族精神体现着所有民族的共同感情、共同意愿、共同心理和共同道德，它对每一个民族、对所有民族的每一个成员，都有一种亲和力。对于一个有众多民族的多民族国家来说，这种亲和力尤为重要。

中华民族精神，不但是团结国内 50 多个民族的一种强大的精神力量，而且是凝聚全世界各地华人华侨的一种不可代替的民族情感，是中华民族不断兴旺发达、日益亲密团结的一个重要纽带。弘扬中华民族精神，对促进祖国的统一、加强海外侨胞对祖国的关心和爱护，都有特殊的重要作用。

在社会主义市场经济条件下，强调精神力量有什么特殊意义？

在人们生存和生活的社会中，既有维持人们生存和发展的物质世界，也有提高和升华人们思想道德的精神世界；我们既要建设高度发达的物质文明，又要建设丰富多彩的精神文明。同样，对于整个社会的可持续发展来说，既要有推动社会发展的物质力量，也要有促使社会前进的精神力量。整个人类社会的发展和进步，就是物质力量和精神力量交互作用的结果。

在历史发展的相当长的时间里，一些唯心主义的思想家和政治家，把精神力量看成推动社会发展的唯一决定的力量，认为精神主宰一切和决定一切。随着资本主义启蒙思想的发展，特别是世界工业化进程的不断发展和科学技术的日新月异，物质主义、消费主义、拜金主义和享乐主义的思潮大行其道，曾经成为西方一种影响重大的伦理思潮。这一思潮的主要特点就是：只重视物质财富的增加和物质生活水平的提高，只重视物质生活的享受和感性欲望的满足，而忽视、排斥甚至否定人的精神生活的重要性，宣扬“人活着就是为了吃、喝、玩、乐”的腐朽、消极的人生观和价值观。改革开放以来，这种思潮也随着西方先进技术的传播，在我国社会上的一些阶层和一部分人中间不断蔓延，冲击着我国社会主义的理想和信念，败坏着我国的社会风气，腐蚀着人们的灵魂。

对于这种错误思想，马克思主义经典作家和我党的三代领导人都进行过多次的批评，并多次强调思想道德、精神境界和精神力量的重要性。马克思曾经尖锐地批判过当时的庸俗唯物主义者，因为他们不知道精神力量在社会生活中的极其重要的作用。毛泽东同志从辩证唯物主义的观点出发，提出了人的“主观能动性”和“物质变精神”、“精神变物质”的重要理论。邓小平同志在改革开放初期就明确地指出，我们不但要建设高度的物质文明，而且要建设高度的精神文明，他说：“从延安到新中国，除了靠正确的政治方向以外，不是靠这些宝贵的革命精神吸引了全国人民和国外友好人士吗？没有这种精神文明，没有共产主义思想，没有共产主义道德，怎么能建设社会主义？”① 他还特别强调，“理想”、“信念”等精神力量，“无论过去、现在和将来，都是我们的真正优势”。江泽民同志针对市场经济可能对社会主义的理想、信念带来消极影响，使人们的思想道德和社会风气受到腐蚀，多次提出在提高人民物质生活水平的同时，要提高人们的思想道德和精神境界，他说：“物质贫乏不是社会主义，精神空虚也不是社会主义。社会主义不仅要使人民物质丰富，而且要使人民精神生活充实。”江泽民同志把民族精神作为我国的综合国力的一个重要体现，他说：“一个国家，一个民族，如果没有自己的精神支柱，就等于没有灵魂，就会失去凝聚力和生命力。有没有高昂的民族精神，是衡量一个国家综合国力强弱的一个重要尺度。”

按照马克思主义的观点，物质条件是基础，一切政治、文化发展变

① 《邓小平论社会主义精神文明建设》，2 页，北京，学习出版社，1996。

化的背后，都有其物质的、经济的动因。但是，精神对物质有着巨大的反作用。在一定条件下，精神可以变物质，精神力量可以转化为强大的物质力量。在人类发展的历史长河中，精神力量曾经发生并且正在发挥着极其重要的作用。包含科学技术发明在内的对客观世界的真理性认识需要精神力量的推动，鼓舞人们不断前进的美好、幸福又极其艰巨的社会主义和共产主义事业，若没有一种伟大的精神力量作为支柱，也是决不可能实现的。精神力量的伟大，是不可以被低估和轻视的。那些沉醉于物欲之中而看不到精神重要性的人，都是一些被物欲蒙蔽的庸人。在一定情况下，精神力量可以成为战胜一切艰难险阻的“至大至刚”的强大力量。在建设社会主义现代化的过程中，理想、信念、思想道德和民族精神的力量，更有着特殊的作用。

“精神”，对于人来说，是最可宝贵的。毛泽东说，“人是要有一点精神的”；邓小平说，没有革命精神，就不可能有中国革命的胜利；江泽民同志又进一步指出，没有精神支柱，“就等于没有灵魂”，要“使人们的精神世界更加充实”。因此，丰富人们的精神世界，增强人们的精神力量，是实践先进文化前进方向的重要要求，它必将有利于提高全民族的思想道德素质和促进人的全面发展，有利于形成民族的凝聚力和向心力，有利于增强我国的综合国力，实现中华民族的伟大复兴。

值得注意的是，在当前，确实存在着一种忽视精神力量的庸俗的、低级的物质消费主义和享乐主义的倾向，它把“感官的享受”作为人生的唯一的目的，否认精神力量的重要性，鼓吹物质生活高于一切。它不要“理想”、只要“金钱”，不要“信念”、只要“私利”，不要“精神”、只要“物质”，不要“奉献”、只要“索取”，散发着腐朽、糜烂的气息，污染和腐蚀着社会风气和社会环境。我们一定要坚决抵制这种腐朽、糜烂的享乐主义和自我中心主义，充分认识到丰富人们的精神世界、增强人们的精神力量的特别重要的作用。

我们党要始终代表先进文化的前进方向，就一定要按照江泽民同志在2002年5月31日的讲话中所强调的，积极地大力丰富人民群众的精神世界，不断增强人民群众的精神力量，提高全民族的思想道德素质，促进人的全面发展。

要看到，在社会主义思想道德建设中，一个十分重要的内容，就是强调要坚持社会主义的价值导向。从思想道德方面来看，正确的价值观，就是要把“中国最广大人民的根本利益”作为判断一切思想、行动和事物的有无价值和价值大小的最高标准。因此，我们既要充分尊重公民个人合法利益，又要把国家和人民利益放在首位，这是我们一切行为所应当和必须依照的行为准则。要大力抵制一切腐蚀人们精神世界的腐朽的文化垃圾，在全社会大力加强思想道德教育，提高全民族的思想道德素质，把以德治国同依法治国紧密地结合起来，为社会保持良好的秩序和风尚营造高尚的思想道德基础。正是在这样的意义上，我们认为，思想道德建设是发展先进文化的“中心环节”和“重要内容”。

第九编

弘扬雷锋精神

雷锋精神和建设社会主义精神文明*

1963年3月，毛泽东同志提出“向雷锋同志学习”这一重要号召后，在全国曾掀起一个声势浩大的学习雷锋精神的群众运动。周恩来同志对雷锋的崇高的品德作了全面的概括，这就是：“憎爱分明的阶级立场，言行一致的革命精神，公而忘私的共产主义风格，奋不顾身的无产阶级斗志。”正是在“向雷锋同志学习”这一号召的推动下，整个社会形成了一种舍己为人、关心集体、助人为乐、公而忘私的新风尚，造就了千千万万的具有共产主义品德的新人，有力地推动了我国的社会主义建设事业。当前，在加强社会主义精神文明建设中，发扬雷锋精神，对我们树立崇高的革命理想和高尚的道德情操有极其重要的意义。在一定的意义上，我们可以说，雷锋精神就是共产主义道德的本质内容的体现，是推动社会主义精神文明建设的一个重要的动力。我们正在进行“新长征”，正需要大力发扬雷锋精神，培养出千千万万像雷锋那样的为集体而献身的英雄。否认雷锋精神，歪曲以至诋毁雷锋精神，就是要我们在精神文明的建设中解除武装，在思想教育中放弃共产主义原则，在社会主义的四个现代化建设中迷失方向。

雷锋精神的实质，究竟是什么呢？

对雷锋的事迹，很多同志都是了解的，如他热爱集体、助人为乐、

* 本文原载《青年研究》，1982（2）。

热爱劳动、团结互助、艰苦朴素、勤俭节约、爱护公物、甘愿做一个小螺丝钉等等。如果从道德方面对雷锋精神作一个概括，我认为，这就是他所具有的为集体幸福而努力的牺牲精神或献身精神，这也就是毛泽东同志所说的“毫不利己、专门利人”的精神，这种牺牲精神或献身精神也就是雷锋所说的“我觉得要使自己活着，就是为了使别人过得更美好”，“我活着，只有一个目的，就是做一个对人民有用的人”，“多帮人民做点好事，就是我最大的快乐和幸福”。这种精神，是雷锋的崇高思想的最本质的体现，是我们在发扬雷锋精神时所必须强调的。

在建设社会主义精神文明中，最重要的是要提高人们的共产主义道德觉悟和伦理思想情操，而有没有这种觉悟和情操的集中表现，就在于有没有或有多少为集体幸福而努力的牺牲精神或献身精神。人是社会的动物，只有构成社会的人才有所谓道德。为整体、为人类、为社会利益而献身，是整个人类社会特别是劳动人民优秀道德传统的一个最主要的部分。在阶级社会里，尽管各个阶级总是把这种献身精神纳入自己的道德体系之中，并使其从属于自己的阶级利益，但没有这种为整体的牺牲精神，也就谈不上什么高尚的道德。普列汉诺夫在批判资产阶级的利己主义思想时曾经指出：“道德的基础不是对个人幸福的追求，而是对整体幸福的追求，即对部落、民族、阶级、人类幸福的追求，这种愿望和利己主义毫无共同之处，相反地，它总是要以或多或少的自我牺牲为前提。”[①] 由此可见，要有道德，就需要有“牺牲”，即要有一种为整体、为民族、为阶级、为人类的献身精神。一个人的行为越是能满足社会和阶级的这种要求，他就越有道德。如果在一个整体中，只顾自己，不愿有任何牺牲，那还有什么道德可言呢？

共产主义道德是无产阶级的道德，是人类历史上最先进的道德。因为，只有无产阶级的利益是同整个社会的利益、全人类的利益相一致的。无产阶级最终的目的是要建立一个没有剥削和没有压迫的共产主义社会。这种理想社会的实现，需要艰苦的、长期的努力，因此，它所要求人们的牺牲精神和献身精神，也就同以往的道德有本质的不同。雷锋一生的言行事迹表明，他已经把这种为集体幸福而努力的献身精神，融化为自己的思想感情，形成坚定不移的意志，并产生一种不可动摇的信

① 《普列汉诺夫哲学著作选》，第1卷，551页。

念，成了他唯一的人生目的。普列汉诺夫说："人越是为努力实现自己的社会理想而斗争，人在这种斗争中所表现的忘我精神越大，他在道德发展中的阶梯上就攀登得越高。"如果说共产主义道德在发展中也存在着许多阶梯的话，那么雷锋就是我们这个时代的道德精神的体现，因为他是在这个阶梯上攀登得最高的人。

有的同志认为，雷锋的言行事迹说明，他所做的，只不过是在日常生活、工作中的一些"小事"，这些事并没有直接牵涉到远大的共产主义目标，不能算是高尚的共产主义道德。这种认识是不正确的，是值得讨论的。雷锋是一个具有高度共产主义觉悟的战士，他努力使自己在日常生活、工作中的一举一动，都和自己的远大理想相联系。而且，雷锋更清楚地懂得，高尚的、远大的理想必须寓于日常的、平凡的工作之中，为社会、为集体的献身精神必须要转化为细小的、琐碎的工作，对祖国、对人民的热爱，只有通过对同志、对集体的爱才能体现出来。这些日常的、平凡的、细小的、琐碎的工作，不但不应该被忽视，而且相反，必须得到极大的重视。从某种意义上说，这些日常的、细小的、琐碎的对人对事的态度，正好是测量一个人有没有共产主义道德的试金石。一个人总是要生活在一个特定的集体中，在一般情况下，他每日每时都要和这个集体内或集体外的同志发生着许许多多的这样那样的关系，而且这每一个日常的、细小的、琐碎的事，总都要或多或少牵涉到自己和周围同志之间的利益，例如，在工作分配时，有轻有重，在分配房屋时，有多有少，在调薪定职中，有先有后……在这种情况下，是牺牲一些个人利益以照顾整体利益呢，还是牺牲整体利益或其他同志的利益来满足个人利益呢？如果能够像雷锋那样，处处照顾他人、关心集体，奉行大公无私、公而忘私的原则，那么社会主义精神文明的建设必将获得迅猛的进步，社会主义的四个现代化必将早日到来。因此，又怎么能说雷锋精神只是一些日常生活中的"小事"呢？就说它是"小事"吧！但我们知道，一切大事都是由"小事"形成的。中国古代的著名思想家荀况早就强调指出，人的道德品质的形成，必须是一点一滴积累起来的。他认为"积土成山"，"积水成渊"，"不积跬步，无以至千里；不积小流，无以成江河"，只有不拒绝在小事上修养自己的品性，才能成为有道德的人，这就是他所说的"积善成德"和"圣人者，人之所积也"的极其深刻的道理。

发扬雷锋精神，必须清除资产阶级利己主义思想影响，培养共产主义的人生观。在前一段时期，曾经流行一种合理利己主义的理论，认为“社会主义道德的核心只能是合理的利己主义”，说什么“毫不利己、专门利人的所谓共产主义道德的普遍形式，在我国的现实生活中是不存在的”。这种意见认为，雷锋“把自己的幸福、希望和权利寄托在别人身上，不知道什么是自己的利益”，只能是一种“奴性”，是“头脑简单”等。这种对雷锋及雷锋精神的污蔑，尽管是极个别的，但应当说，这是资产阶级思想的一种表现形式，是应该引起人们认真注意的。

现在，公开地、赤裸裸地宣扬利己主义，确实和社会主义社会的我国现实难以适应。有些人认为，利己也不好，利他也做不到，因此就十分热衷于所谓“合理的利己主义”，并认为这是他们的新发明。这是一种十分幼稚的思想。早在一百多年以前，资产阶级的思想家费尔巴哈就把自己的道德原则称为合理的利己主义，并且一再宣称他的利己主义不同于过去的利己主义，因为他强调“合理”这两个字。为了区别于过去的利己主义，他给自己的利己主义加上了许多美好的形容词。他说，他所说的利己主义，不是那种恶的、残忍的、冷酷无情的、任性的、故意只在对他人的冷淡中甚至直接的恶意的所为中寻求满足的利己主义，而是一种宽厚的、自己克制的、只在对他人的爱中寻求满足的、健康的、与本性相协调的、必需的、与人生一致的、不可避免的利己主义。这种在对他人的爱中寻求满足的合理利己主义，最核心的内容并不是“合理”，而只是“利己”，“合理”不过是一个外衣罢了。费尔巴哈只承认在使自己得到幸福的同时，才给别人以幸福，反对为别人幸福而牺牲自己。他一再强调，利己主义是人的本性，认为“这种利己主义和我的头一样是这样紧密地附着于我，以至如果不杀害我，是不可能使他脱离我的”。如果像前一些时候某些人所主张的那样，不要雷锋精神，只要合理的利己主义，那又会怎样呢？其结果将是，人们彼此之间必然会只顾自己，不管别人，只知道为私，不愿意为公，处处想比别人多捞一把，甚至互相欺骗、尔虞我诈，这又怎么能建设社会主义社会的精神文明？我们的共产主义事业还有什么希望？

有些人在批判雷锋“头脑简单”、“不知道什么是自己的利益”的同时，公开地宣扬资产阶级的个人主义，他们打着个性解放、个人自由的幌子，说什么集体主义原则抹杀了个人利益，什么服从组织分配就会埋没人才，有的人还提出要用“结合原则”（个人利益同集体利益相结合）来取代集体主义原则，片面地、无条件地强调要用“自己设计自己”的办法来“使自己成才”。什么祖国的利益、国家的前途、集体的幸福，统统都可以不管，唯一的就是自己的利益、自己的才能、自己的成就。谁如果说要服从国家的需要，强调牺牲个人的利益，谁就是“不把自己当做主人”，谁就是“把自己当做奴隶”，谁就是一种只知道别人幸福而不知道自己幸福的傻瓜，就是“丧失了自己的独立性”，“毁灭了自己的创造性”和“头脑简单”，等等。这是一种什么思想？这就是所谓的资产阶级自由化的思想。如果让这种思想蔓延开来，每个人都用心于追求自己的“现实的、切身的利益”，都不愿服从国家的利益，都去发展自己的个性，都去自己设计自己的未来，都不愿做建设社会主义的螺丝钉，而把自己的“理性作为自己的神圣信条”，符合自己理性的就去做，不符合的就反对，等等。如果这样下去，这个社会的精神状态和西方的资本主义社会的精神状态，又有什么两样呢？由此可见，雷锋精神是建设社会主义精神文明、抵制资产阶级腐朽思想的一种强大的精神力量，不发扬雷锋精神，就不可能抵制各种形形色色的个人主义的思想，也就不可能建设社会主义的精神文明。

在建设和发展社会主义的过程中，精神文明的重要作用正在日益增长。发扬人们关心集体、热爱祖国的共产主义思想，对于形成一个好的社会风气，改善人和人之间的关系，有极其重要的作用。精神文明不能离开一定的物质条件，但决不能因此忽视精神文明的重要性。共产主义社会的实现，不仅要求有高度的物质文明，而且还必须使人们有共产主义的觉悟。

雷锋的一生只活了 22 年，也没有重大的发明创造。但是，他对中华民族的精神文明的贡献却是非常巨大的。雷锋的心灵无比优美而纯洁。他把为祖国的富强、人民的幸福选做自己的生活目标，并把自己的一生毫无保留地献给了祖国和人民。雷锋是共产主义道德的真正的实践家。在我国社会主义建设时期，他是全国人民和全体青年学习的道德榜样。虽然雷锋生前没有给后人留下大部头的科学巨著，但他留下了令人感奋、促人向上的富有人生哲理的《雷锋日记》。《雷锋日记》是人生哲学的名著，闪耀着共产主义世界观和人生观的光辉。雷锋精神是中华民族精神文明中的珍宝。雷锋精神使消沉者振作，使后进者奋起，使先进者谦虚，使亿万人的心灵更纯洁、更高尚。雷锋一生的主要价值就是道德价值。人们的道德行为和道德品质也是人生价值的重要内容。伟大的科学家爱因斯坦说过：“第一流人物对于时代和历史进程的意义，在其道德品质方面，也许比单纯的才智成就方面还要大。”凡是认真学习过雷锋的日记、真正了解雷锋的为人的人，难道感受不到雷锋精神的道德价值吗？

1939年，毛泽东同志在号召全体共产党员向白求恩同志学习的时候写道：“我们大家要学习他毫无自私自利之心的精神。从这点出发，就可以变为大有利于人民的人。一个人能力有大小，但只要有这点精神，就是一个高尚的人，一个纯粹的人，一个有道德的人，一个脱离了低级趣味的人，一个有益于人民的人。”雷锋就是社会主义建设时期的白求恩。我们今天学雷锋，主要就是学习雷锋同志所具有的、毛泽东同志在《纪念白求恩》一文中所概括的这点精神。

论雷锋精神的实质及时代意义*

雷锋精神是我国社会主义时代伦理道德精神的精华，是中华民族优秀道德传统与共产主义道德的结晶。自从雷锋精神在20世纪60年代的新中国出现以来，它就以极其强大的感召力影响、教育着一代又一代青年，陶冶着整个中华民族的新的思想品质，推动着我国社会风气和道德风尚的不断好转，成为全国人民进行社会主义革命和社会主义建设的一种强大的精神力量。在改革开放和建设四个现代化的新时期，提倡和发扬雷锋精神，反映了时代的需要和人民的希望，有着极其重要的现实意义和长远的历史意义。

一

雷锋精神包含着丰富的内容。但什么是雷锋精神的实质或核心呢？我认为，雷锋精神的实质和核心就是一种全心全意为人民服务的献身精神，是一种为社会、为国家、为民族的集体主义精神，是一种为社会主义和共产主义而努力奋斗的主人翁精神。概括为一句话，雷锋精神的实质和核心，就是一种为社会主义和共产主义而奋斗的无私的献身精神。

---

* 本文原载《北京日报》，1991-03-05。

雷锋说："人的生命是有限的，可是为人民服务是无限的，我要把有限的生命投入到无限的为人民服务当中去。"又说："人生总有一死，有的轻如鸿毛，有的重如泰山，我觉得一个革命者活着就应该把毕生精力和整个生命为人类解放事业——共产主义全部献出。"因此我认为，向雷锋同志学习，发扬雷锋精神，就是要学习和发扬这种集体主义精神、主人翁精神和全心全意为人民服务的精神。

中华民族有着悠久的历史和优良的传统道德。自古以来，我们的民族就特别强调要有一种刚健有为、自强不息、为他人献身、为民族献身的"富贵不能淫，贫贱不能移，威武不能屈"的浩然正气，要有一种"先天下之忧而忧，后天下之乐而乐"的大公无私、先公后私的精神，要有一种"国家兴亡、匹夫有责"的以天下利益为重的整体主义精神，要有一种"杀身成仁、舍生取义"的为正义而不惜牺牲一切的高风亮节，要有一种"横眉冷对千夫指，俯首甘为孺子牛"的善善恶恶、爱憎分明的精神，要有一种勤劳俭朴、自力更生、诚实守信的求实精神，等等。中华民族的这些传统美德，孕育着一代又一代中华儿女，成为中华民族历世不衰、以礼仪之邦自立、自强于世界民族之林的一个重要的精神力量。

1949年新中国成立以来，社会主义道德和共产主义道德得到了迅速的发展和传播。社会主义道德和共产主义道德要求人们具有先公后私、大公无私的为人民服务的思想，要求人们具有集体利益高于个人利益的集体主义思想，要求人们具有"毫不利己、专门利人"的思想。这就是毛泽东同志在《纪念白求恩》一文中所作的概括："我们大家要学习他毫无自私自利之心的精神。从这点出发，就可以变为大有利于人民的人。一个人能力有大小，但只要有这点精神，就是一个高尚的人，一个纯粹的人，一个有道德的人，一个脱离了低级趣味的人，一个有益于人民的人。"

雷锋生长在一个贫苦的农村家庭中，既受到中国传统美德的熏陶，又接受了共产主义道德教育。他经过刻苦磨炼，使自己成长为社会主义时期的中华民族的道德楷模。我们说，雷锋精神是中华民族优良道德传统同共产主义道德的结合，也可以说是以共产主义道德发扬光大了中国的优良道德传统，是社会主义道德和共产主义道德在中国社会主义社会中的新的发展。正是由于这种原因，雷锋精神在社会主义社会的中华各族人民中，有着特别强大的感召力和生命力。

二

发扬雷锋精神对我们来说具有什么特别的时代意义呢?

我国正处于改革开放和社会主义建设的新的历史时期。这些年在国际国内大小气候的影响下，一些搞资产阶级自由化的人打着观念更新的幌子，竭力宣扬以个人为中心的自私自利思想和拜金主义思想，宣扬人的本性是自私的，鼓吹一切向钱看，公开提出要“为个人主义正名”等。事实一再证明，一个人无论自觉与否，只要在价值观念上陷入个人中心的个人主义泥坑，就很有可能滑向资本主义道路。因此，在全国人民中特别是青年人中，树立社会主义和共产主义人生观，抵制资产阶级腐朽思想的侵蚀，就具有特别重要的意义。

雷锋精神作为我们时代优秀精神的集中表现，既是激发中华民族自力更生、奋发图强的强大力量，也是当前我们同国内反动势力进行针锋相对的斗争的强大的精神武器。纵观雷锋一生的言行，可以说是针锋相对地反对那些损人利己、自私自利、唯利是图、金钱至上、以个人为中心的形形色色的资产阶级思想的。学习和发扬雷锋精神，就是要旗帜鲜明地反对这些资产阶级腐朽思想的侵蚀，从而防止资本主义的“和平演变”，保证我国的社会主义四个现代化建设能够沿着正确的方向顺利发展。正是在这个意义上，我们认为，发扬雷锋精神具有长远的历史意义。

三

发扬雷锋精神，必须正本清源，同一切反对、贬损雷锋精神的错误思想作斗争。这其间有一个“破”和“立”的关系问题。近十年来资产阶级自由化思潮的逐渐泛滥，总是伴随着对雷锋精神越来越严重的诋毁和污蔑。早在1980年，就有人借反“左”防“左”来攻击雷锋精神，说雷锋精神已不能适应时代的需要，20世纪80年代的青年已不需要雷锋精神了，等等。之后，他们进一步攻击雷锋精神是奴隶主义，雷锋是驯服工具，是为专制主义服务的，等等。到 1988 年，他们一方面把个人主义、一切向钱看说成是适应商品经济发展的“现代意识”，一方面又把雷锋精神和为人民服务说成是不能适应时代要求的“陈旧观念”，要“更新掉”。他们甚至嘲弄雷锋帮战友洗床单、做好事的行为，说什么“且不说拆洗别人的床单有侵犯他人隐私之嫌”，而这些战士本可以自己洗，“雷锋去代劳，这不是助长懒惰又是什么?”有家报纸还攻击学雷锋活动造成“社会资源的浪费”，并提出“现代社会之所以能获得高速经济发展，实有赖于每个人的精明计算。而这种计算恰恰都是为了自己而不是为了别人”，并污蔑学雷锋活动是“一个人的高尚行动召来了许多人，而这许多人并不是来向他学习高尚行动，而是来拣便宜的。它对社会的负作用超过了正作用”，等等。总之，他们用各种理由反对雷锋精神和群众学雷锋的活动，其目的是要用资产阶级思想来破坏和抵制雷锋精神。因此，如果现在不破除学习雷锋精神的这些思想障碍，我们的学雷锋活动就不能很好地开展下去。

对于当代大学生来说，学习雷锋、弘扬雷锋精神，就是要抵制以个人为中心的自私自利的腐朽思想，树立共产主义的人生观，努力把自己培养成为有理想、有道德、有文化、有纪律的一代新人。

总之，我们要把学习和发扬雷锋精神，看做提高我国的精神文明和道德风尚水平，加强中华民族自立、自强的凝聚力和向心力，保证我国社会主义事业健康发展的一个重要方面。

弘扬雷锋精神　加强人生观教育*

1963年3月5日，毛泽东同志写了“向雷锋同志学习”的题词。为了建设有中国特色的社会主义，弘扬雷锋精神，提高广大人民群众的文化教育素质和思想道德素质，培养有理想、有道德、有文化、有纪律的一代新人，保证我国的四个现代化建设能够沿着社会主义的方向顺利前进，我们就必须要重视和加强意识形态领域的工作，加强思想道德教育，特别是要加强对广大人民群众的社会主义、共产主义人生观教育。

一、从我国社会主义四个现代化建设所面临的形势，看人生观教育的重要意义

当前，我国面临着坚持社会主义和发展社会主义的新形势，承担着建设有中国特色的社会主义的重大而光荣的任务。具有中国特色的社会主义建设事业的成就、发展与成功，不但将使中国成为一个繁荣富强、共同富裕的社会主义国家，而且对于整个人类历史发展，都是一件有极其重要意义的大事。为了更好地完成世界历史赋予我们的这一崇高而艰巨的任务，我们应当清醒地认识在人生观问题上所面对的问题。

---

* 本文原载《北京日报》，1992-03-03。

首先，面对国际垄断资本主义对我国的“和平演变”攻势，我们决不能麻木不仁、无动于衷，而应当时时刻刻铭记不忘。

我国实行改革开放后，西方敌对势力更趁机加速其“和平演变”的阴谋，他们以西方的先进科学技术优势为依据，妄图在同中国发展贸易往来和提供经济技术援助的同时，把西方资产阶级民主、自由、人权的思想，把西方的腐朽没落的人生观、道德观、价值观，强加给中国人民。西方资产阶级的一些思想家已经心领神会，摸到了他们自以为得意的一条经验，即只要能用资产阶级的价值观念来取代社会主义的价值观念，腐蚀社会主义国家的人民，他们的“和平演变”阴谋就可以得逞。1989 年春夏之交的政治风波，极其深刻地提高了我们对“和平演变”的认识。因此，为了反对西方敌对势力对我国实行“和平演变”的图谋，我们必须加强意识形态领域的工作，加强对全国人民的价值观的教育，特别是要加强对广大青年的人生观的教育。

其次，从国内资产阶级自由化思潮泛滥的影响来看，加强对广大群众特别是青年的人生观教育，更有特殊的意义。

资产阶级自由化作为一种与四项基本原则对立的政治思潮，其实质是否定社会主义制度，走资本主义道路。受资产阶级自由化思潮影响，一些人在价值观上，鼓吹资产阶级的个人主义，否定社会主义的集体主义，妄图用资产阶级的自私自利的人生观来代替社会主义的为人民服务的人生观。从这几年的实际情况来看，如果在人生观上受到了“个人中心”、“个人第一”和追求享乐的资产阶级人生观的影响和腐蚀，就必然会在政治上向往资本主义社会，在经济上主张资本主义私有制度。也正是由于这一原因，他们在意识形态领域里特别注意在人生观方面大做文章。或者借用萨特、弗洛伊德、叔本华、尼采等人的思想，极力宣扬“自我设计”、“自我意识”等来诱惑青年，或者公开批评“为人民服务”、“大公无私”和集体主义思想，直至要“为个人主义正名”。一些青年人之所以不同程度地不能认清资本主义的本质，从一定意义上说，是和这几年在价值观和人生观方面受到资产阶级人生观的影响和腐蚀密切相关的。

最后，为了建设有中国特色的社会主义，我们必须在坚持四项基本原则的前提下，坚持改革开放的方针。在改革开放和发展商品经济的环境中，资产阶级的腐朽的人生观、价值观和生活方式，不可避免地会乘机而入，影响和腐蚀人民群众的思想。与此同时，一些人会把商品经济的等价交换原则，引入我们的政治生活和道德关系中，人性自私、个人主义、享乐主义等观念，都有可能借着商品经济而腐蚀人们的思想。面对发展商品经济在人生观、价值观、道德观上可能产生的消极影响，加强社会主义、共产主义人生观的教育，反对资产阶级个人主义，提倡集体主义思想，是我们强调人生观教育的又一重要原因。

二、从人生观教育在思想道德建设中的地位，看加强人生观教育的重要意义

为了建设有中国特色的社会主义社会，在建设物质文明的同时，必须加强社会主义精神文明建设。从整个精神文明来看，思想道德建设是精神文明建设的灵魂，它规定着精神文明的性质和方向，从而规定和保证整个物质文明建设的性质和方向。前些年在我国所出现的“一手硬、一手软”的现象，主要就是指忽视了社会主义的思想道德建设而言的。邓小平同志曾经说过，在建设具有中国特色的社会主义时，一定要“教育全国人民做到有理想、有道德、有文化、有纪律。这四条里面，理想和纪律特别重要”。他还指出，“要特别教育我们的下一代下两代，一定要树立共产主义的远大理想”。

在思想道德建设中，社会主义和共产主义的人生观教育，又占据着特殊重要的地位。一般来说，思想道德建设可以包括三个方面：一是马克思主义的思想理论指导，二是共产主义的理想信念，三是社会主义和共产主义的人生观和道德观。这三个方面也是相互联系、相互促进，并且相辅相成的。我们之所以强调马克思主义理论指导的重要性，这是因为，如果我们不能真正掌握马克思主义的理论，我们就会在西方敌对势力的“和平演变”和国内资产阶级自由化思潮对我们的进攻中失去判断是非的能力，以致迷失方向，走上资本主义的邪路。

在加强马克思主义理论建设的同时，还需要注意培养人们对社会主义和共产主义社会的信念。社会主义和共产主义社会是根据社会发展规律所必然出现的人类最合理、最理想的社会。实现社会主义和共产主义，将是一个相当长的过程。在这一相当长的历史过程中，必然会出现

困难和挫折。但是，只要根据马克思主义的科学理论，建立起对社会主义和共产主义的信念，我们就能够以坚定的毅力去克服前进道路上的困难。

在加强马克思主义的理论指导和注意培养人们的社会主义和共产主义信念的同时，还必须加强思想道德建设，加强社会主义和共产主义的人生观教育。我们的社会主义建设事业，是由广大人民群众参加的空前伟大的事业。一切从事经济建设的人们，都必然自觉或不自觉地受着一定的人生观的指导，并希望通过自己的经济活动达到自己的人生理想，并进而达到自己的社会理想。从这一意义上，我们可以说，一定的经济活动，只不过是达到一定的人生目的和理想社会的一种经济手段。马克思主义的历史唯物主义强调，从根本上来说，经济活动、物质生产活动是决定其他一切活动的，社会意识只能是社会存在的产物。但是，我们是辩证唯物主义者，我们同时又充分强调精神对物质，社会意识对社会存在，人们的人生观、价值观对物质、对经济活动的能动作用。把经济活动、物质生产活动起作用的原理简单化，看不到思想道德建设和价值观、人生观在保证社会主义方向上的重大作用，是错误的。

三、从当前形势看加强无产阶级人生观教育的重要意义

在阶级社会中，不同阶级和集团的人们，由于利益关系的不同，他们的人生观是彼此不同甚至相互对立的。在当前我国现实的条件下，加强无产阶级人生观的教育，具有更加特殊的重要性。

人生观是人们对有关人生重大问题的认识和评价。一般来说，人生的重大问题，可以包括三个方面，即人生的意义、人生的价值和人生的态度。这三个方面，既是人生观中不可分离的三个因素，它们彼此又是相互联系、相互制约和相辅相成的。

人生的意义问题，即人活着是为了什么的问题，是人生观的最基本的问题。人生活在世界上，固然要为自己的生存、发展而努力，要为谋取必需的物质生活资料而辛勤劳动，但是，除了维持自己的生命以外，还会在不同的时期和不同的境遇中，产生许多不同的要求和目的。在许多不同的目的后面，又必然会形成一种总的、指导其他的一切目的的更

为根本的目的。这一深层的根本的目的，就是人生观，是指导人的行为的一个总的价值导向。一个人仅仅是为了个人的生活享受、精神宁静、家庭幸福，还是应当为整体、为他人、为社会做出自己力所能及的贡献？不同的人生观，就会对此作出不同的回答。与人生目的相联系，还有一个对人生的价值究竟怎样认识、对各种人生价值如何评价的问题。一般来说，价值是一种关系范畴，它主要是说明作为主体的人对其周围各种事物的关系的。任何价值都表明人与外界的一种联系，而这种联系又总是与人的需要（包括物质需要、精神文化需要和道德需要）密切相关的。对人生价值及其评价问题，牵涉到人们怎样对待各种不同的需要，牵涉到一个人对他人、对社会的索取与贡献的问题。人生态度是由人生目的和人生价值决定的，是人在社会生活中如何为人处世的问题。以上这三个方面，构成人生观的内容。

各种不同的人生观，都是由一定的历史条件和社会关系形成的。在阶级社会中，由于不同阶级存在着各种不同的甚至对立的利益关系，因此，对人生的意义、人生的价值和人生的态度，就必然因此而不同或互相对立。不同阶级之间的人生观的斗争，是意识形态领域里阶级斗争的一个重要方面。无产阶级要按照无产阶级的世界观来改造世界，就必须要宣传、提倡无产阶级的人生观，用无产阶级对人的看法和对人的价值的评价来教育人民和广大青年。相反，资产阶级为了用资产阶级世界观来改造世界，就必然要用资产阶级的人生观来腐蚀人民，从而达到推行资本主义的目的。从当前我国的现实情况来看，资产阶级自由化思潮在意识形态领域里同社会主义斗争的一个重要手段，就是用宣扬、鼓吹和美化资产阶级的人生观，特别是美化资产阶级的个人主义，来腐蚀和诱惑我国的青年。我们一定要提高认识，在两种根本对立的人生观的斗争中，坚持正确的立场，把我们的青年真正培养成为有理想、有道德、有文化、有纪律的一代新人。

改革开放与雷锋精神*

"向雷锋同志学习"，是30年前毛泽东等老一辈无产阶级革命家向全国人民发出的号召。30年来，雷锋的名字，在神州大地已经家喻户晓；雷锋精神已成为我们伟大时代精神的重要部分，它激励着人民群众，特别是广大青年，在社会主义的四个现代化建设中，发挥自己的才能，贡献自己的力量。

30年来，社会主义的新中国发生了前所未有的巨大变化。新的形势，对学习雷锋精神，提出了新的要求。怎样结合改革开放和发展社会主义商品经济的现实，把"向雷锋同志学习"的活动推向一个新的高潮，确实是一个有关社会主义精神文明建设的重要问题。

什么是雷锋精神？这是我们在学习雷锋精神和开展"向雷锋同志学习"活动中首先遇到的一个问题。我认为，雷锋精神的实质和核心，就是一种全心全意为人民服务的献身精神，一种为社会、为国家、为民族的集体主义精神，一种为社会主义和共产主义而奋斗的主人翁精神。概括为一句话，雷锋精神的实质和核心，就是一种为社会主义和共产主义而奋斗的无私奉献的精神。那么，在改革开放、商品经济越来越发展的今天，在强调等价交换和以按劳分配为主要分配方式的今天，我们应当怎样来评价雷锋的这种奉献精神，怎样来认识"向雷锋同志学习"的必

* 本文原载《光明日报》，1993-03-21。

要性呢？

确实，我们现在所处的时期，是社会主义的初级阶段，分配的方式主要还是按劳分配。我们学习雷锋精神，决不是提倡平均主义、提倡“吃大锅饭”，更不是提倡在分配工作中不计报酬。强调按劳分配和提倡学习雷锋的奉献精神，是两个不同的范畴。经济生活中的等价交换和按劳分配，同人际关系中的献身精神，不但不相矛盾，相反正好是相辅相成的。我们既不应因强调学习雷锋的献身精神而否定等价交换和按劳分配的原则，从而超越了社会主义初级阶段的现实状况，也不应因为当前是社会主义初级阶段而否认学习雷锋精神的重要意义，否认献身精神在当前人和人的关系中的重要作用，从而使我们失去了理想、信念，失去了前进的动力。

在当前改革开放的新形势下，大力弘扬雷锋精神，有利于协调社会上的人际关系，改善社会风气，有利于反对资产阶级的腐朽思想，提高广大人民群众的道德水平，有利于加强社会主义精神文明建设。我们既要改革开放，就必然要引进外国的先进技术和管理经验，大胆向资本主义国家学习和借鉴有益的东西。与此同时，西方资产阶级的价值观念和伦理道德，以及个人主义的自私自利和金钱至上的思想，也不可避免地要进到我国来，从而影响和腐蚀我们一部分人的思想。这种情况，应当引起我们的严重注意。如果听任资产阶级的唯利是图和损人利己的思想得到发展，就会腐蚀人们的灵魂和意志，助长形形色色的丑恶现象的泛滥。提倡“向雷锋同志学习”和弘扬雷锋精神，提倡为他人、为集体、为国家的献身精神，无疑有利于抵制和克服“一切向钱看”的庸俗习气，净化人际关系，提高广大人民的道德水平。

在今天改革开放和人民物质生活水平已经有了明显提高的情况下，究竟怎样看待雷锋勤俭朴素、艰苦奋斗的精神呢？确实，时代在前进，经济在发展，我们弘扬雷锋精神，也必然要根据现实的实际情况而有所发展，但雷锋的这种勤俭朴素、艰苦奋斗的精神，仍然是需要和值得我们学习的。雷锋在当时的生活条件下，宁喝白开水也不喝汽水，衣服、袜子补了又补、补了再穿的事迹，在今天的情况下，固然可以不必完全照着去做，但是，我们仍然应当反对奢侈浪费，反对超前消费。勤俭朴素、艰苦奋斗的精神，我们不但在革命战争年代需要，在进行现代化建设的时期，同样需要。以各种理由为借口宣扬超前消费，是非常有害的。我们不能认为，生活水平提高了，物质财富增加了，我们就不需要勤俭朴素和艰苦奋斗了。勤俭朴素和艰苦奋斗，在不同的时代和不同的经济生活条件下，应当有不同的内容、不同的要求，但不论什么时候，都不能丢掉我们民族优良传统的这种精神。

学习雷锋精神，在当前的情况下，对培养广大青年的共产主义的理想和信念，有着特别重要的现实意义。理想和信念，是一个人的精神支柱。雷锋之所以能够“把有限的生命投入到无限的为人民服务当中去”，就是因为他有了社会主义的远大理想和共产主义最终必然要实现的坚定的信念。雷锋说：“我就是长着一个心眼，一心向着党，向着社会主义，向着共产主义。”我们一定要发扬雷锋的这种对社会主义和共产主义的坚定信念，教育广大青年，把我们的学习、工作同建设有中国特色的社会主义紧密联系在一起，为实现社会主义并最终实现共产主义而奋斗终生。

论雷锋精神的生命力*

当我在电脑键盘上敲这个题目的时候，令我惊讶的是我的电脑字库中竟然没有“雷锋”这个词。这不由得使我心生感慨。40 年前，当毛泽东等老一辈无产阶级革命家提出“向雷锋同志学习”的号召后，雷锋这个响亮的名字伴随着那些激情燃烧的岁月，深深地镌刻在一代中国人的心里。40 年过去了，我们的国家发生了巨大的变化。计划经济转向社会主义市场经济，由此带来了经济、政治、思想道德等领域许许多多的变化，雷锋这个名字在很多人的心中特别是一些青少年的心目中，变得模糊起来。许多青少年对某些“明星档案”了如指掌，但对雷锋这个曾经影响了整整一代中国人的名字却很陌生。这不能不令我们深思，也向我们提出了一个问题，就是在当前的社会主义市场经济的条件下，雷锋精神还有没有生命力，雷锋精神的生命力究竟在什么地方。

雷锋精神是在社会主义革命和建设时代所形成的一种为人民、为国家、为集体的伟大的奉献精神，它既体现了中华民族的优良道德传统，又继承和弘扬了中国共产党成立以来所形成的革命道德传统，并结合新的时代要求，体现了对社会主义事业的执着追求和坚定信念，体现了对这一事业的无私的奉献精神。

20 世纪 80 年代以来，一些人曾经以我国要从计划经济转变为市场

---

* 本文原载《高校理论战线》，2003（3）。

经济为理由，对雷锋精神提出了种种责难，如雷锋的奉献精神不符合按劳分配的原则、雷锋的节俭精神不符合市场经济消费的要求、雷锋的螺丝钉精神不符合发挥个人主动性的提倡等等。发出这些责难的人都没有理解雷锋精神的本质，没有理解雷锋精神的真正意义。

雷锋精神作为一个特定历史时期的时代精神的体现，既打下了那个时代的深深烙印，同时也具有超越时代的恒久的精神特质，这种恒久的精神价值就是它的生命力之所在。它并不是计划经济时代特有的产物，我们甚至可以说，计划经济是不可能计划出雷锋精神的。雷锋精神既是一种实现社会主义、共产主义的崇高理想，也是一种默默无闻的平凡行动；它既是把有限的生命投入无限的为人民服务中的高尚情操，也是立足本职、全心全意为人民服务的岗位奉献精神；它既适应于计划经济的时期，也同样适应于社会主义市场经济的时期。它是贯穿于建设中国特色社会主义事业更加长远历史时期的一种精神力量，是时代精神的一种体现，有着无比强大的生命力。

第一，社会主义市场经济与弘扬雷锋精神并不是矛盾的。社会主义市场经济，是竞争经济，是追求效益的经济，是注重利益的经济，等等。但我们也应当看到，发展社会主义的市场经济，是为了更好地发挥人们在发展生产力、提高经济效益等方面的主动性和积极性，是为了中华民族的振兴、为了更快建设全面小康社会。由于利益的驱动特别是个人利益的驱动，市场经济往往容易诱发一些人的拜金主义、享乐主义和个人主义的发展，以致造成种种不讲道德、不要廉耻、损害他人权益、违法犯罪的事情。因此，加强依法治国，健全社会主义法制，是十分重要的。但是，尽管也要加强法律教育，但法律的主要功能还是对一切违犯法律者的惩罚和处理，只有道德才能从思想上提高人们的道德素质，从根本上消除违犯法律的动机。

雷锋精神是时代精神的体现，雷锋是新时期的道德楷模，雷锋精神能够激励、启迪人们的心灵，能够教育人们形成羞耻荣辱的观念，以违法犯罪为耻、以遵纪守法为荣。正因为如此，雷锋精神有助于防止和抵御市场经济的消极方面的种种诱惑，进一步培育社会主义道德风尚。

第二，实行按劳分配与提倡雷锋精神是能够统一的。按劳分配和奉献精神是在不同领域中所实施的不同原则，它们既有联系，又有区别。

在当前我国社会主义市场经济条件下，我们实行的是以按劳分配为主、多种分配方式相结合的分配制度。一方面，从按劳分配的原则来说，就是有劳有酬、按劳付酬、多劳多得，不劳动者不得食。在经济活动中，是必须“斤斤计较”的，这是我们必须遵守的经济规律。另一方面，个人与社会是一种双向互动的辩证关系，社会为每个人提供生存和发展的物质、精神资源，个人也要为社会尽义务，进行劳动、创造和贡献。同时，在当前的社会中，人们除了经济关系和经济活动以外，还有人与人的其他关系和各种活动，如同志关系、朋友关系、家庭关系、亲子关系、夫妻关系、师生关系等等，在这些关系中，我们不但不应当实行按劳分配，而且要极力防止按劳分配原则扩大到这些关系中来。谁都可以设想，如果把按劳分配的原则引到这些关系中，我们的社会将会发生什么样的情况。

就是在经济活动中，在实行按劳分配的原则时，在社会主义社会中，我们鼓励一部分人先富起来，通过这部分人的榜样激励作用，通过他们对未富裕起来的人的扶持，先富帮后富，最终走向共同富裕。从一定意义上说，这种先富帮后富，就体现了对他人的奉献精神。在全面建设小康社会的今天，这一点显得尤为重要。

第三，雷锋精神体现了道德的先进性与广泛性要求的统一。在社会主义初级阶段，由于种种原因，道德必须也应当是分层次的，不论是分三个层次也好、四个层次也好，崇高的共产主义的道德，永远是我们应当提倡的。更重要的是，共产主义的道德，是社会主义初级阶段所有不同层次道德的最高层次，是所有其他层次的最终目的和努力方向。我们固然不可过高要求市场经济条件下所有的人，而且，我们也认为，对广大人民群众来说，首先是能够遵守最低的道德要求，也就是现在一些人所说的道德的底线，只要人人都能够遵守这个道德的底线，我们的社会，就会减少违法犯罪的现象。但是，我们决不能只停留在这样的一个水平，如果人人都只是守住道德的底线，也就是说不违犯法律，那么人和人之间也就只剩下斤斤计较了，这样一来，要想继续守住道德的底线，也就不可能了。

因此，在道德建设中，就要区分层次，着眼多数，鼓励先进，循序渐进。在人人都能遵守道德底线的同时，鼓励服务社会、奉献他人、大公无私、公而忘私的道德思想和道德行为，使社会成员的道德境界不断向更高的层次攀升。

总之，我们应当根据时代的发展，与时俱进，摈弃对雷锋精神模式化、概念化、简单化的理解，摈弃学雷锋活动的程式化，赋予雷锋精神以新的内涵，使雷锋精神在新的条件下，发挥更加强大的力量，从而全面建设小康社会，开创中国特色社会主义事业的新局面。

雷锋精神的道德价值*

雷锋精神包含着极为丰富的内容，学习雷锋，最重要的就是要学习他为社会、为国家、为人民、为集体的自觉献身精神，比如雷锋的艰苦奋斗、省吃俭用，就要和他为国家、为人民、为集体贡献力量联系起来。

理解雷锋精神应从以下几个方面来看：第一，他对社会、对国家、对人民的利益有很强的道德责任感，即他的责任意识是非常强的。第二，他将这种道德责任意识上升到了一种道德的自觉，把对国家、对社会的献身责任转变为一种付诸行动的自觉动力，即自觉的能动性。这种自觉的能动性，是雷锋经过刻苦地修养、锻炼而达到的，这可以说是把道德责任意识提升成了一种道德的自觉。第三，雷锋能够把道德自觉升华为一种道德的需要，这是非常难能可贵的，也是我们在学习雷锋精神时应当特别加以体会的。现在都讲“需要”，但一般来说，人们常说的“物质需要”和“精神需要”，都是要从社会获得某些东西来实现的，也就是说，都需要社会来创造条件，提供物质的和精神的条件，以满足自己的需要。这和我们所说的道德需要是不同的。道德需要是一种奉献、付出的需要，是把道德行为当成实现自我的需要，是把满足社会、国家和他人的需要融化为自身价值的实现，并能从这种实现中获得快乐。我

---

* 本文原载《思想理论教育导刊》，2003（4），系该刊编辑部与清华大学德育研究中心在京联合召开的“雷锋精神的时代价值”理论研讨会的发言摘要。

认为这是人的需要的最高层次，是人这种社会动物在特定社会关系下所形成的特殊的需要。一个高尚的人、有道德的人、脱离了低级趣味的人，只有为社会、为国家、为人民做出了奉献，他才会感到幸福和快乐，感到满足了自己的这种特殊的需要。从雷锋的日记中，我们常常看到，为他人奉献之后，他总是在精神上感到由衷的快乐和满足。第四，雷锋在实现自己的道德需要中又形成了一种高尚的道德人格。如果说他的道德境界中包含理想、信念的话，他的道德人格则体现了对人民的无限忠诚，对社会主义、共产主义理想的坚定信心。孟子讲“良贵”（最值得“尊贵”的东西），也可以理解为今天我们所说的“最高价值”。孟子认为，一个人的最高价值，不是他的富、贵、利、禄，而是一个人的道德人格。一个人的威望和权力是一时的，是他人和社会所赐予的，是外在的，而道德人格的力量是内在的、永恒的、高贵的，因而，是最为宝贵的。我们学习雷锋精神应着重从这个方面来学习。

谈到人的价值问题，一个人对社会的价值，必然包含着个人对社会需要的满足。雷锋精神体现了个人价值和社会价值的高度统一。只有把个人价值建立在与社会需要相统一的基础上，他的人生才更有意义和更有价值。

学习雷锋必须从自我做起，把学习与自身的工作结合起来。对于毛主席的教导和英雄事迹，雷锋能很快地身体力行，把责任意识上升到一种道德需要。学习雷锋就要从自身做起，要身体力行、言行一致，要努力做好本职工作，要在道德上严格要求自己。这就是学习和弘扬雷锋精神的时代价值和现实意义。

第十编

公民道德建设

在文明社区建设中加强道德建设的重要意义*

一

提高人的素质，特别是提高人的道德素质，是精神文明建设的根本要求。

文明社区建设是社会主义精神文明建设的一个重要方面。搞好文明社区建设，对于改善人际关系，增进邻里团结，养成文明风尚，形成更加稳定的社会秩序，更好地促进两个文明的发展，都有着重要的意义。

在文明社区建设中，人的素质的建设，特别是人的道德素质的培养和提高，从一定意义上，可以说占据着一种核心的地位。在文明社区建设中，要围绕着实现优美环境、优良秩序和优质服务，大力提高广大社区群众的思想道德素质，如果我们能够抓住道德素质这一环节，就能够使整个文明社区建设活动找到不断茁壮成长发展的一个生长点，找到一个能够使文明社区建设不断地取得胜利的制高点，使我们的文明社区建设在精神文明建设中发挥越来越重要的作用。

在道德素质的教育中，从目前社会的现实情况来看，最主要的还是

* 本文原载《学习与实践》，1996（11）。本文虽非针对公民道德建设而发，但《公民道德建设实施纲要》中包含相关内容，故将本文收录于此。

要从三个方面入手，即职业道德和社会公德、家庭伦理道德。职业道德教育在当前有着特别突出的重要意义。加强职业道德教育，就是要树立一种敬业爱岗的对工作的高度责任意识，对事业的极端负责精神，勤勤恳恳，诚实守信，对社会主义事业和广大人民群众尽自己应尽的责任。社会公德教育，主要是以集体主义道德原则为指导，树立起关心他人、关心社会、关心民族和关心国家的一种献身精神，正确处理个人同他人、集体和国家的关系，更好地调整社会主义社会中人和人之间的各种关系。家庭伦理道德教育，对于正确处理夫妻关系，更好地教育子女，提倡尊老爱幼，实行勤俭持家，促进邻里和睦，都有重要作用。这里应当特别强调的是，职业道德、社会公德和家庭伦理道德教育的核心，就是要树立正确的世界观、人生观和价值观，树立马克思主义的全心全意为人民服务的思想。家庭伦理道德教育，从表面看来，似乎只是关于家庭范围内的关系的调整，但是，要正确处理好家庭中的各种伦理道德问题，又必然与树立起正确的世界观、人生观和价值观，与树立起为人民服务的思想有密切的关系。如果说，在社会各个机关、企事业单位和各种行业中要着重职业道德教育的话，在文明社区建设中，则应当更加强调社会公德教育和家庭伦理道德教育，特别是把社会公德教育贯彻到文明社区建设的各个方面和各种活动中去。

二

在文明社区建设活动中，要不断地强化为人民服务，为社区、为集体做贡献的思想，把社区建设的日常活动同培养人们的为人民服务的人生观紧密结合起来。

在文明社区建设中，要政府重视、社会共建，更应该强调社区内广大群众的积极参与，强调广大群众的自我管理和自我教育。群众的参与程度，是判定文明社区建设水平的一个重要标准。文明社区建设活动包括许许多多的方面和内容，有着极为复杂的工作，但是，就其根本要求来说，就是要通过各种具体的活动，通过大量的便民利民的事件，使社区的成员都能够树立起关心他人、关心邻里、关心社区的为人民服务的思想，从而使社区的所有成员都能够生活在一种安全、团结、和谐、愉快的环境之中。因此，生活在社区中的每一个成员，都应当认识到关心他人、关心社区建设在整个精神文明建设和思想道德建设中的重要作用。一个人怎样才能提高自己的道德素质呢？从根本上来说，就是要培养自己对他人、对社会、对国家的献身精神。道德就是一种服务，就是一种献身，就是一种牺牲精神。为人民服务，是社会主义道德的根本出发点，是社会主义道德的核心要求。以为人民服务为核心，以集体主义为原则，我们就能够正确处理人和人之间的各种关系。一个人是否有道德，就是要看他在人和人的相处中，是否能随时随地想到他人和社会的利益、关心他人和社会的幸福。一个有道德的人之所以能够受到人们的尊敬，得到群众的赞扬，受到国家和社会的褒奖，归根到底就是他能够为他人、为社区、为整体、为国家利益而做出贡献。著名的德国思想家康德曾经说过，道德之所以有如此崇高和美好的声誉，就是因为它总是伴随着巨大的牺牲。因此，在文明社区建设中，要大力提倡、发扬、鼓励和褒奖这种关心他人、关心邻里、关心社区的公益活动和献身精神，使每个人都能够在创建社区活动中提高自己的道德觉悟，自觉地发挥这种精神。文明社区建设中的许多活动，如果能够从道德建设上、从为人民服务的人生观和价值观上加以引导，就会赋予这一活动以强有力的生命，使这一活动同思想道德建设、同培养“四有”新人的工作，更加紧密地结合起来。

三

文明社区建设活动，能够充分发挥道德感情的传递作用，有利于人和人相互交流的良性循环。

在谈到道德建设，特别是谈到社会公德和职业道德建设时，有一个值得注意的问题，就是道德感情及其传递作用的问题。在社区建设中，培养、强化、诱导这种道德感情及其传递作用，对我们的精神文明建设和人际关系的协调有特别重要的意义。

为什么要强调道德感情及其传递作用呢？在人和人相处的社会生活中，“感情”的交流、“感情”的影响和“感情”的沟通，有特殊的亲和作用。可以说，没有人的“感情”，人们之间是无法相互交流的。我们应该充分肯定“感情”在人和人之间的特殊作用。

“道德感情”是人们在道德活动中所产生的对他人、对社会、对整体、对国家的道德意识的一种体现。在社会主义社会中，以社会主义集体主义原则为指导的道德活动，是从关心他人、同情他人、爱护他人的感情出发，是以为人民服务的人生观为指导，以人民的利益高于个人利益为评价标准的。在社会主义社会中，人们在道德活动中所具有的道德感情，集中体现为一种关心群众、服务社会、忠于整体、忠于国家的真挚的感情。这种感情总是同人们的道德行为相联系，成为人们道德活动的一个不可分割的内容。

在人和人的交往中，感情有一种特别的感染和传递作用。道德活动总是同一定的“善良意志”相联系，又总是能给这一活动中的其他相关的人以强烈的影响、感染和震撼，促使人们从内心深处产生出一种认同和共鸣，并能使这种感情化为一种新的力量，促人进步，发人深省，给人教育，催人向前。鲁迅曾经写过一篇著名的短文，题目是《一件小事》。鲁迅所谓的这件小事，说的是一个洋车夫的一个高尚的道德行为给鲁迅的教育和感染，也可以说是洋车夫的行为所体现出来的道德感情给了鲁迅一个强大的冲击，给鲁迅的艺术创造和革命活动赋予了新的力量，使他更加坚信自己应当在自己的岗位上做好自己的工作。这种道德感情的力量是无形的，却是有力的。

更值得我们注意分析的，就是这种道德感情的传递往往有着由此及彼、由近及远、循环往复、不断上升的趋势，对于社会上或社区内的人际关系，起到良性循环作用。社会学上所说的人际关系的良性循环，当然有着比较广泛的含义，但我觉得，一切社会人际关系的良性循环中，高尚的道德情操是这种良性循环的一个极为重要的内容。

四

我国改革开放和进行四个现代化建设以来，在物质文明建设取得举世瞩目成绩的同时，人的素质提高的问题，越来越显得重要而且突出。

总之，我认为，城市精神文明建设，特别是文明社区建设，应以提高市民素质，特别是以提高人的道德素质为根本目的。我国当前在人际关系、社会风气、道德水平、治安状况等方面所出现的问题，也都同人的素质有关。改革开放和实行社会主义市场经济，在人们的精神面貌、开拓意识和创新精神等许多方面，都引起了积极的变化，这是应当充分肯定的。但也应当看到，拜金主义、享乐主义和个人主义思想有所泛滥，自私自利、只关心自己不关心别人的思想有所抬头，少数人甚至发展到损人利己乃至违法乱纪的程度。文明社区建设活动，既要注意到经济投入和物质设施的配备，注意到便民利民和公共福利事业的增加，注意到优美环境、优良秩序和优良服务，更要注意把我们的文明社区建设工作提高到思想道德教育的层面上，以适应我国社会主义现代化对人才素质的要求，努力提高人的素质，并在提高人的素质过程中进一步建设好文明社区。当然，整个国民素质的提高，要靠多方面的工作，但是，文明社区活动也应当担负起这样一个重要的责任，完成力所能及的工作。

论勤俭与自强*

由中共中央公布和实施的《公民道德建设实施纲要》，是新中国成立以来第一个关于公民道德建设的纲领性文件，对我国社会主义道德建设，必将产生重要的作用。《纲要》提出了“爱国守法、明礼诚信、团结友善、勤俭自强、敬业奉献”的“二十个字”基本道德规范，这“二十个字”包括十个基本规范，用五句话来表达，也可以说是五句话的道德规范。

这五句话的道德规范，是继承了中华民族几千年形成的传统美德、发扬党领导人民在长期革命斗争与建设实践中形成的优良传统道德，并借鉴世界各国道德建设的成功经验和先进文明成果、遵循社会主义现实的客观要求而概括的。这五句话的道德规范，言简意赅，容易记忆，既具有群众所喜闻乐见的民族特色，又有着鲜明的时代精神，我们应当大力宣传这“二十个字”的基本道德规范，促进整个民族素质的不断提高。这里，仅就“勤俭自强”谈谈这两个基本规范的内涵及其相互关系。

一、勤俭

“勤俭”作为公民道德的基本规范，它本身又包含两个主要的方面，

* 本文原载《中国教育报》，2001-12-10。

"勤"就是勤劳、勤奋、勤勉，"俭"就是俭朴、俭约（俭省）、节制，这两个方面又是相互为用、相辅相成的。因此概括说来，"勤俭"也就是勤劳而节俭。勤俭既是公民道德的一个基本规范，又可以是一个国家建国的方针。毛泽东同志在《农业合作化的一场辩论和当前的阶级斗争》中曾说，"我们的国家，一要勤，二要俭，不要懒，不要豪华"，又说："要使我国富强起来需要几十年艰苦奋斗的时间，其中包括执行厉行节约、反对浪费这样一个勤俭建国的方针。"我国的著名教育家徐特立同志，一生特别注意勤俭，他说："勤俭两字是永远永远需要的，现在需要，到了共产主义社会也需要，有了勤俭，社会才能前进。"

中国古代的传统美德就认为，"勤俭"是一个人为人处世的一个基本要求。"勤"就是尽力地、不断地去做，坚持不懈地为一种追求而奋斗，这是人做任何一种事业获得成功的重要条件。中国古代的思想家、文学家韩愈曾说过一句著名的话，就是"业精于勤荒于嬉，行成于思毁于随"。人们常说"天才就是勤奋"，马克思说："在科学的道路上，没有平坦的大道，只有不畏劳苦沿着崎岖的小路勇于攀登的人，才有希望达到光辉的顶峰。"

"俭"，一般来说，多指在生活、用度上的俭朴和节约。一个人，在生活困难时、经济条件比较差的情况下，还容易做到俭朴，而在生活富裕的情况下，一些人就容易追求奢侈和豪华，在生活上铺张浪费，陷入享乐主义的泥潭，从而失去了人生的理想和信念，庸庸碌碌，以致最终走向毁灭。"俭朴"不是"吝啬"，而是一种"节制"，在应当花费的地方，一个俭朴的人，必然会恰当而大方地用钱。一个具有俭朴美德的人，不但不会以"俭朴"为"寒酸"、为"吝啬"、为"低人一等"，而且能够把俭朴视为一种高尚的情操和境界，从中培养和陶冶自己"以奢侈为辱、以俭朴为荣"的品德。当然，我们也应当看到，随着经济发展和物质生活水平的提高，"俭朴"也是相对变化的。我们既要不断地提高广大人民群众的物质生活和精神生活的水平，又要根据自己的条件，物尽其用，反对铺张浪费。我国是一个有近 13 亿人口的大国，我们还要更多地考虑到最大多数劳动人民的利益，考虑到一些经济相对困难的人民。为了实现我们的"解放生产力，发展生产力，消灭剥削，消除两极分化，最终达到共同富裕"的目标，我们特别强调"厉行节约"和"俭朴"的重要意义。

古人认为，“勤能补拙、俭以养廉”，这是寓意很深的。

先就“勤能补拙”来看。一个人要在事业上取得成就，最重要的就是竭尽能力、持之以恒地不断地努力。《礼记·中庸》中说“人一能之，己百之，人十能之，己千之，果能此道矣，虽愚必明，虽柔必强”，就是说，只要能够持之以恒、勤奋努力，就必然能够在事业上取得成就。一个本来“柔弱”的人，只要能“勤”，就能够成为一个“坚强”的人；一个本来“愚笨”的人，只要能“勤”，就能够成为一个聪明的人。中国古代思想家荀子在《劝学》中也说，“锲而舍之，朽木不折；锲而不舍，金石可镂”，又说“故跬步而不休，跛鳖千里；累土而不辍，丘山崇成”。所有这些格言和古训，都是告诫和劝勉人们，只有勤奋努力，坚持不懈，才能得到事业的成功。

其次，就“俭以养廉”来说，它也包含着深刻的人生经验和哲理。宋代的著名政治家范纯仁是一个封建社会的清官，他说：“唯俭可以助廉。”他的一生，对他人总是慷慨无私、解囊相助，而自己的生活，则一直十分俭朴。一个在生活上厉行俭朴和注重节约的人，就不会被各种物质欲望所引诱，也不易被一些腐朽思想所腐蚀。一个人，在俭朴的生活中，最容易培养和形成一种淡泊享受和廉洁奉公的思想品德。

从我国当前的许多腐败受贿的事例来看，几乎所有的腐败分子都同他们个人的追求奢侈、贪图享受等有着内在的联系。

“俭以养廉”对从政的官员来说，能抵制金钱、美女、名誉、地位的腐蚀；对于一般人来说，有保持清廉品德、培养严格自律精神的重要作用。

二、自强

“自强”就是自己努力、奋发图强、一息尚存、永不停息的意思。它强调一个人在社会生活中，应当自力更生，要有一种在困难情况下知难而进的勇气和不屈不挠、顽强拼搏的精神。在建设社会主义四个现代化的过程中，无论对于我们的国家还是对于每一个人来说，培养和树立“自强”的思想，都有极其重要的现实意义。

“自强”是我国古代优良传统道德的一个重要内容。

中华民族是一个有着非常突出的“自强”传统的民族，在漫长的历史中，这一“自强”的精神，经过一代一代的不断发展，成为中华民族能够长期屹立于世界民族之林的一个重要的精神支柱。

早在古代的春秋时期，著名的思想家屈原就在他的《楚辞·九章·怀沙》中，最早提出了“自强”的思想。他在当时所处的极端困难的情形下，仍然说“惩违改忿兮，抑心而自强”，意思是，在自己遭受屈辱的情形下，自己仍要改变自己的愤怒和怨恨的情绪，压抑自己的感情而自我坚强，保持自己的美好的品德而坚定不移；尽管自己遭受了严重的打击，仍要坚守自己的意志，保持自己的奋发图强的节操。屈原所提出的“自强”的思想，是中国传统道德和传统文化中的精华，我们应当加以继承和弘扬。中国古代的《易经》中，也提出了“天行健，君子以自强不息”，认为一个有道德的人，应当如大自然日月运行不息那样，自我努力，奋发图强。

在中国传统文化和传统道德中，“自强不息”和“自强”的思想，不断地得到丰富和发展。一般来说，它包括四个方面的意思，就是自尊、自立、自信和自胜。

自尊，也就是自重，就是尊重自己的人格，在任何情况下，都能够坚持自己的操守。一个能够尊重自己人格的人，就一定会在事业中兢兢业业、切实负责，严肃认真地履行自己的职责。一个自尊的人，就能够在任何情况下都坚守社会主义道德的要求，不做不道德的事。一个自尊的人，就必然能够为国家和人民的利益而积极努力，能够以国家和人民的利益为重，在任何逆境中都能保持自己的节操，直到牺牲自己的生命。一个自尊的人，在自己的生活和工作中，能够以身作则、言行一致，以自己的道德人格来影响他人，造福社会。

自立，就是依靠自己的力量，在生活和事业上努力奋斗。一个人，在社会中生活，不但在生活上要自立，而且在事业上也要自立。我们常说“自力更生”，就是说要依靠自己的力量，改变原来的情况，使我们个人和国家兴旺发达起来。一个人和一个国家一样，在成长的过程中，当然需要各方面的帮助，但是，归根到底，只有依靠自己的力量，才能达到兴旺发达的目的。特别是在贫穷落后、艰难困苦、身处逆境的情况下，更要坚持“自立”的精神。现实生活说明，一切挫折失败，都是对一个人有没有“自立”精神的考验。历史上一切在艰难困苦中成就伟大事业的人，都是在这种情况下能够自立、自强的人。我国著名的史学家司马迁所撰写的不朽著作《史记》，就是他的这一精神的有力证明。

自信，就是坚定不移地相信自己的能力，就是相信自己在事业中能够依靠自己的力量来取得成功。自信决不是盲目的自大，更不是不顾客观情况去做那些自己做不到的事。自信是一种精神、一种品质，它建立在对客观情况的正确认识的基础上，是对经过努力可以达到的、力所能及的事情的信心。自信能产生一种强大的力量，它能够在困难和失败的环境下给人以勇气、给人以希望，我们常说，“坚持下去，就是胜利”，就是说的自信的力量。

自胜，就是能克制自己、战胜自己的弱点，激励自己不断前进。老子说“胜人者有力，自胜者强”，《吕氏春秋·先己》中也说“欲胜人者，必先自胜”，都是这个意思。在人的一生中，总是要遇到各种各样的挑战，承受来自不同方面的压力，引起思想和情感上的变化。如何在这种情况下，保持清醒的理智，做出正确的选择，克服一切干扰，这是事业成功的一个关键。要做到“自强”，就必须要能“自胜”。也正是在这个意义上，古人才强调，战胜了别人，只能算是“有力”，还不能算是“强”，只有能战胜自己的各种弱点，从始到终，都能勇往直前，这才算是“强者”。

三、勤俭和自强

“勤俭”和“自强”这两个公民道德的基本规范，是有着密切的关系的。一个能够厉行勤俭的人，必然是一个自强不息的人。勤奋努力、坚持不懈，就是自强，离开了勤奋努力和坚持不懈地奋斗，也就不可能有什么“自强”可言。同样，一个“自强”的人，不但要“勤”，要自强不息，永不停息地奋发图强，而且要“俭朴”和“节制”，否则，他就会陷入奢侈和享乐，他也就不可能“自强”了。

一个人是这样，一个国家也是这样，只有厉行“奋发图强”和“勤俭节约”的方针，把“勤俭”和“自强”结合起来，动员全体人民自力更生和勤俭建国，才能达到自强和振兴的目的。

公民基本道德规范*

《公民道德建设实施纲要》梳理了从古到今的道德规范的发生、发展和演变，继承了中国古代传统美德，提出了一个“二十字基本道德规范”，就是“爱国守法、明礼诚信、团结友善、勤俭自强、敬业奉献”。

这二十字的基本道德规范（共包括十个基本规范），不但继承吸收了古今中外一切优秀的道德成果，而且体现了社会主义新时期人际关系的客观要求，反映了道德规范发展变化的必然，弘扬了中华民族的时代精神，它的广泛宣传和实行，对提高所有公民的素质和形成追求高尚、激励先进的良好的社会风气来说，必将产生积极的影响。

“爱国”就是爱社会主义的中华人民共和国，这是当前时代的最强音，是我们振兴中华、民族复兴的精神支柱，在当前，形成以爱国为荣的高尚情感和树立爱我中华的道德责任意识，把我们的一切工作都同祖国的荣誉、地位和尊严紧密联系在一起，这是我们的事业兴旺发达的重要基础。

“守法”就是自觉遵守国家的法律。作为道德基本规范的“守法”，它不仅是一般意义上的遵守法律，而且是一种道德上的“自觉”和“自律”的“守法”。作为基本道德规范，它不是“迫于约束”和“惧于刑罚”而“守法”，而是从一种高尚的道德动机出发，把“守法”提高到

---

* 本文原载《光明日报》，2002-01-14，原文题为“为何要提倡二十字规范”，收入本书时略有修改。

对国家利益的认同的高度。

“明礼”就是行为举止要文明。在全社会崇尚“文明”和讲究“礼貌”、“礼节”、“礼仪”。在人际交往中，要“彬彬有礼”，要“温、良、恭、俭、让”，要尊老爱幼、孝敬父母、爱护公物、维护公共秩序等。“明礼”不但是一个公民应遵守的基本道德，也是一个国家文明程度的重要标志。

“诚信”就是要诚实、诚恳、守信、有信，要“言而有信”、“有约必践”，做老实人。“诚信”就是要反对隐瞒欺诈、反对假冒伪劣。“诚信”在人和人的交往中，不仅是个人的“立身处世”之本，而且也是事业成功的关键。“诚信”是道德的基础，没有诚信，也就不可能有道德。

“团结”就是相互协作、相互帮助、相互关心和相互支持。在社会主义市场经济条件下，既要竞争，更要协作。要发扬集体主义精神和团队精神，不论属于哪一个行业、地区、企事业、学校的成员，都要形成团结的精神，“团结就是力量”，“团结”能够形成强大的民族凝聚力和向心力。

“友善”就是友好、友谊，就是要“与人为善”、“善解人意”、“善与人处”、“广交朋友”。在人和人的交往中，要关心、爱护、照顾他人，要严于律己、宽以待人，要有“爱人之心”，力求“成人之美”。在社会生活中，无论对国内还是国外的友人，“友善”都有着特别重要的意义。

“勤俭”，“勤”就是勤劳、勤奋、勤勉，“俭”就是俭朴、俭约（俭省）、节制。概括说来，“勤俭”就是勤劳而节俭。社会经济在不断发展，人民生活水平在不断提高，但勤俭作为一个道德的基本规范，有着永恒的意义。共产主义社会绝不是一个好逸恶劳、奢侈浪费的社会，而是一个有着勤劳节俭的高尚品德的人的全面发展的社会。

“自强”就是自己努力、奋发图强、一息尚存、永不停息的一种精神。它强调一个人在社会生活中，应当自力更生、奋发图强，要有一种不屈不挠、顽强拼搏的毅力，要有一种在困难情况下知难而进的勇气和不屈不挠的精神。一般来说，它包括四个方面的意思，就是自尊、自立、自信和自胜。

“敬业”就是忠于职守、尽职尽责，对自己所从事的工作，不论高低上下，都有高度的责任心和荣誉感，热爱自己的岗位，恪尽自己的职守。“敬业”是责任意识的高度体现，是民族兴旺和国家进步的动力，是一个国家和民族的道德素质的重要方面。

“奉献”就是要不计报酬地为社会、为他人、为集体服务，要热心公益、助人为乐、见义勇为、扶贫助残。社会主义市场经济条件下，越是实行按劳分配、等价交换，就越要强调“奉献”精神的重要性。“奉献”作为道德的基本规范，是衡量公民道德水平的重要标准。

《公民道德建设实施纲要》所提出的“二十字基本道德规范”，是在十四届六中全会决议所提出的道德规范基础上的进一步的概括。十四届六中全会在确定社会主义道德的核心、原则和基本要求的同时，对三大社会道德领域（社会公德、职业道德和家庭美德）的每一个领域，确定了五个道德规范，构成了六十个字的十五个道德规范体系，这就是：（1）社会公德，它的五个具体规范是“文明礼貌、助人为乐、爱护公物、保护环境和遵纪守法”；（2）职业道德，它的五个具体规范是“爱岗敬业、诚实守信、办事公道、服务群众和奉献社会”；（3）家庭美德，它的五个具体规范是“尊老爱幼、男女平等、夫妻和睦、勤俭持家和邻里团结”。

《公民道德建设实施纲要》提出的二十字的道德规范，概括了上述道德生活的所有领域，适用于各种不同的社会群体，它更加言简意赅、通俗易懂、简单明了、容易背诵，更能为群众所喜闻乐见，便于家喻户晓，是每一个公民都应当遵守的基本道德准则。

关于公平与效率的道德思考*

由中共中央公布的《公民道德建设实施纲要》，是对十四届六中全会决议中关于道德建设内容的丰富和发展，在道德理论、道德规范与道德实践上都有所创新和突破。《纲要》指出，要“坚持注重效率与维护社会公平相协调。要把效率与公平的统一作为社会主义道德建设的重要目标，在全社会形成注重效率、维护公平的价值观念。把效率与公平结合起来，使每个公民既有平等参与机会又能充分发挥自身潜力，促进经济发展，保持社会稳定”。这一重要思想对我们进一步加强和完善社会主义市场经济条件下的道德建设，发挥社会主义道德对经济发展和社会进步的促进作用，有着十分重要的意义。

一、坚持注重效率与维护社会公平相协调

公平与效率的关系问题，是社会政治、经济和伦理道德中的一个重要问题。正确地解决这一问题，关系到广大人民群众的最大利益的实现，关系到经济发展和社会稳定，关系到一个政权的巩固。

关于公平与效率的关系问题，在过去长期的计划经济时期，我们曾

* 本文原载《求是》杂志，2002（1）。

过分地强调了“公平”的一面，特别是在收入分配领域中的“公平分配”，客观上造成了“吃大锅饭”、“多干少干一个样”等平均主义思想的泛滥，大大影响和挫伤了人民群众的生产积极性。改革开放以来，特别是确立社会主义市场经济体制的改革目标后，为了更好地发展我国的生产力，我们党坚持从我国社会主义初级阶段的客观实际出发，纠正了只重视“公平”而忽视“效率”的错误，提出要在经济和社会生活中处理好公平与效率的关系。江泽民同志在十四大报告中提出：“在分配制度上，以按劳分配为主体，其他分配方式为补充，兼顾效率与公平。”在这里，江泽民同志代表党中央实际上是强调了在分配制度方面，我们社会主义国家，在注重“公平”、重视“共同富裕”的同时，不可忽视“效率”在社会主义市场经济条件下，特别是在收入分配方面的重要作用，要把“兼顾效率与公平”作为分配的一个重要的、基本的原则。

随着社会主义市场经济的不断深入发展，“效率”的问题日益凸显。党的十四届三中全会为了进一步解放和发展我国的社会生产力，适应社会主义市场经济蓬勃发展的客观需要，提出了“效率优先、兼顾公平”的原则。在《中共中央关于建立社会主义市场经济体制若干问题的决定》中，提出“个人收入分配要坚持以按劳分配为主体、多种分配方式并存的制度，体现效率优先、兼顾公平的原则”。应当说，坚持“效率优先、兼顾公平”的原则，对更好、更快地提高全社会的劳动生产率，推动社会生产力的快速发展，促进我国综合国力的不断增强，有着明显的作用。

党的十五大在收入分配领域继续贯彻“效率优先、兼顾公平”的原则。江泽民同志在党的十五大报告中再一次提出：“坚持按劳分配为主体、多种分配方式并存的制度，把按劳分配和按生产要素分配结合起来，坚持效率优先、兼顾公平，有利于优化资源配置、促进经济发展、保持社会稳定。”在这里，江泽民同志代表党中央特别强调了分配制度方面实行“效率优先、兼顾公平”对于优化资源配置、促进经济发展、保持社会稳定的重要意义。

在生产经营领域特别是在收入分配领域中，我们强调“效率优先、兼顾公平”的原则，是根据我国社会主义市场经济的实际情况而提出的，有利于激励广大人民群众充分发挥主动性和创造性，有利于克服“平均主义”的思想残余，有利于更好地贯彻“按劳分配为主体、多种分配方式并存”的分配制度，有利于优化资源配置，对发展生产力和提高劳动生产率、增加社会物质财富都有极其重要的作用。

从收入分配制度上来谈公平与效率，与从整个国家的政治生活、思想道德等方面来谈公平与效率，是既有联系又有区别的。

在社会政治生活和思想道德领域，我们究竟应当如何来认识和处理公平与效率的关系？《纲要》提出了“坚持注重效率与维护社会公平相协调”的原则。这一原则，是社会主义道德建设同一切剥削阶级特别是资产阶级道德建设的一个重要区别，是为“解放生产力，发展生产力，消灭剥削，消除两极分化，最终达到共同富裕”的根本目的服务的。

我们是社会主义国家，在建设社会主义现代化的过程中，既要大力发展生产力，注重经济效率，又要从最大多数人的根本利益出发，为了最终实现共同富裕的目的，坚决而有效地维护社会公平。从整个社会的发展来看，我们既不能因强调“社会公平”而妨害效率，也不能因重视“经济效率”而损害社会公平。贫穷不是社会主义，两极分化更不是社会主义。从“经济效率”上来说，我们要求一部分人通过诚实劳动、合法经营先富起来，但从“共同富裕”来看，我们又必须使先富带动后富，使先富帮助后富，以最终实现社会主义人与社会全面发展的宏伟目标。

2000 年 6 月 28 日，江泽民同志在全国思想政治工作会议的讲话中提出：“建设社会主义道德体系是一个系统工程，必须坚持正确处理公平与效率的关系，坚持先进性要求与广泛性要求相结合，坚持‘三个有利于标准’，坚持继承和发扬民族优良传统并积极吸收外来优秀文化成果。”2001 年 1 月 10 日，在全国宣传部长会议的讲话中，他又进一步提出，“要坚持以党的基本理论和基本路线为指导，围绕树立建设有中国特色社会主义的共同理想和正确的世界观、人生观、价值观，坚持继承优良传统与弘扬时代精神相结合，尊重个人合法权益与承担社会责任相统一，注重效率与维护社会公平相协调，把先进性要求与广泛性要求有机联系起来，努力在全社会形成和发扬与经济社会发展相适应的社会主义思想道德”。由此明确地提出了新时期思想道德建设的重要原则即“注重效率、维护公平”。“注重效率、维护公平”这一提法，既是从精神文明建设和思想道德建设方面，也是从社会主义社会的本质要求方面提出的。它既强调了在社会主义市场经济条件下，注重效率的重要性，同时，也强调了公平的重要性，反映了在社会主义社会中，“维护公平”是建设社会主义的本质要求。

二、把效率与公平的统一作为社会主义道德建设的重要目标

资本主义市场经济在利润最大化的强力推动下，通过不断提高劳动生产率，客观上促使经济得到了极大的发展，但同时也导致了贫富两极分化的严重社会后果。这就是说，资本主义社会的所谓发展是以损害甚至牺牲“公平”为惨重代价的。

在道德建设上，资本主义国家的基本价值观念和价值导向，就是个人主义。正像资本主义社会的一些思想家所说的，个人主义把个人的利益看做唯一重要的，社会和他人只是达到个人目的的手段。在经济领域，个人主义思想要求充分发挥“个体”的作用，重视“效率”对个人的人格、价值和荣誉的意义。应当看到，这一价值取向对于推动资本主义的经济发展，起到了一定的历史促进作用。但是，个人主义的致命弱点在于它把他人乃至整个社会单纯地看成实现一己之利的手段，最终脱不出极端个人主义或利己主义的窠臼，从而损害社会公平，影响效率的进一步发挥。在资本主义市场经济高度发达的国家，一些有志之士也看到了过分强调效率实际上并不容易达到自己的目的，因此主张在公平与效率的问题上，使两者能够兼顾，甚至主张公平优先、兼顾效率，并提出种种方案，企图缓和社会矛盾。西方著名伦理学家罗尔斯在他的《正义论》中，对公正、正义的认识，就有着刻意强调社会公正的思想成分。他认为，在整个社会的分配中，应当向那些收入最少、处于最底层的社会弱势群体倾斜，要照顾“最少受惠者的最大利益”，以便使社会的分配更有利于“公平”。但是，由于这些方案都是在维护资本主义基本制度的前提下设计出来的，因此，尽管这些方案不乏对广大劳动人民的同情，但归根到底是希望在维护资本主义基本制度的前提下来挽救资本主义，它最多只能对资本主义起到修修补补的作用，根本上是不可能真正实现“效率与公平兼顾”的社会目标的。

由是观之，《纲要》提出要把“效率与公平的统一”作为社会主义道德建设的重要目标，具有极其重要的理论意义。这就是说，要充分体现社会主义的优越性，就要把社会主义道德建设的核心、原则和基本要求，把广大人民群众的根本利益和集体主义的思想，融入处理效率与公平关系问题的过程中，就要充分认识到，任何只顾公平而忽视效率、只顾效率而损害公平的思想和行为都是错误的。在我国社会主义社会中，只有做到“效率与公平的统一”，才能够在全社会形成团结互助、平等友爱、共同前进的人际关系，才能保证社会主义市场经济的健康发展，全面推进有中国特色的社会主义的伟大事业。

三、努力在全社会形成“注重效率、维护公平”的价值观念

为了更好地贯彻、实现公平和效率的统一，《纲要》提出，要在全社会“形成注重效率、维护公平的价值观念”，这就为今后我们的道德建设特别是道德教育提出了一个很重要的任务。

什么是“社会公平”？一般来说，它主要是指在社会生活中，每一个人都能有全面发展自己和获得自己正当利益的机会。对于一个公民来说，就是要实现权利与义务的平等。那么，怎样才能实现“社会公平”呢？这可以从两个方面来加以分析：一是“参与”的公平或称“机会”的公平，一是“结果”的公平。只有在这两个方面都做到“公平”，才是社会主义所要求的“公平”。

“参与”的公平，就是要使社会生活中的每一个人，对于一切机会、职务和地位，都有资格平等参与和平等竞争。我们建设有中国特色社会主义事业，既要着眼于广大人民群众现实的物质文化需要的提高，也要努力促进人的全面发展。实际上，社会主义社会的目的之一就是要使每一个社会主义的公民，能够真正得到平等发展的机会。

“结果”的公平，就是要在最后的收入分配环节中，能够实行合理的、公正的收入分配制度，使每一个人都能够按照自己的劳动和贡献，得到自己应该得到的那一部分。我国当前所实行的以按劳分配为主体的多种分配方式并存的分配制度，就是为了达到“结果”的公平而采取的

正确政策。

同时，我们也要看到，在社会主义初级阶段，由于历史和现实的种种原因，特别是由于个人的文化素质、教育程度、经济条件、家庭、单位、行业和地区的种种差异，在参与的机会上，对一些人来说，公平的最终实现还受到程度不同的影响。因此，国家、社会、集体应当尽量设法克服这些因素的负面影响，力求使每个公民都能有平等参与的机会。当前我们应当特别关心那些经济上处于贫困、生活上遇到困难、总体上处于弱势地位的个人和群体，使他们在接受教育、获得工作、施展才华、谋取个人正当利益等各个方面，都有平等的机会。只有首先实现“参与”上的公平，才能够使“结果”达到真正的公平。我们是社会主义国家，我们的道德建设和价值导向，我们的制度建设和政策引导，都应当最大限度地促进和保证每一个公民都有公平参与的机会，使他们都能够最大限度地发挥自己的才能、实现自己的价值，努力促进每个人自由而全面的发展。

总之，“注重效率、维护公平”，努力促进人的自由而全面的发展，是马克思主义关于建设社会主义新社会的本质要求，我们应当通过广泛地宣传、教育，积极营造“注重效率、维护公平”的社会氛围，强化“注重效率、维护公平”的政策导向，在全社会努力形成和树立“注重效率、维护公平”的价值观念，使我们的社会主义市场经济能更好地沿着社会主义道路健康地向前发展。

充分认识加强公民道德建设的重要意义*

一、新时期加强社会主义道德建设的重要意义

加强社会主义道德建设，是发展先进文化的重要内容。我国已进入全面建设小康社会和加快社会主义现代化建设进程的新阶段。在新的世纪中，继续推进中国特色社会主义伟大事业，确保第三步战略目标的顺利实现，就必须在加强社会主义法治建设、依法治国的同时，切实加强社会主义道德建设，以德治国，把法治建设与道德建设、依法治国与以德治国紧密结合起来。在加强道德建设和以德治国中，公民道德建设尤其占有重要的地位，因为公民道德的不断深化和拓展，有利于规范人们的思想行为，形成良好社会风尚，提高全民族的思想道德素质，逐步形成与社会主义市场经济相适应的思想道德体系，促进物质文明与精神文明的协调发展。在当前，加强公民道德建设，对整个国家的长远发展和中华民族的伟大复兴，对更好地培养一代又一代有理想、有道德、有文化、有纪律的社会主义公民，都有着重要的促进作用。加强社会主义的道德建设，是一个巨大的系统工程，而公民道德建设，是这个系统工程

---

* 本文原载《以德治国与公民道德建设》。

中的基础工程，我们应当从战略的高度，充分认识加强公民道德建设的重要性。

1. 社会主义道德建设，是发展先进文化的重要内容

江泽民同志在庆祝建党八十周年大会上的讲话中指出，“我们党要始终代表中国先进文化的前进方向”，“必须努力体现发展面向现代化、面向世界、面向未来的，民族的科学的大众的社会主义文化的要求，促进全民族思想道德素质和科学文化素质的不断提高，为我国经济发展和社会进步提供精神动力和智力支持”。我们在加强社会主义道德建设和公民道德建设时，一定要认真领会和贯彻这一有重要意义的指导思想。

我们所说的社会主义思想道德建设，一方面是指马克思列宁主义、毛泽东思想、邓小平理论的教育，一方面是指在这一理论的指导下，符合社会主义社会发展和要求的道德建设。社会主义思想道德建设集中体现着精神文明的先进性质和方向，对社会政治经济的发展具有巨大的能动作用。正如党的十四届六中全会所指出的，在改革开放和现代化建设的整个过程中，思想道德建设的基本任务是：坚持爱国主义、集体主义、社会主义教育，加强社会公德、职业道德、家庭美德建设，引导人们树立建设中国特色社会主义的共同理想和正确的世界观、人生观、价值观。社会主义思想道德建设集中体现着精神文明的先进性质和正确方向。

加强社会主义的道德建设，我们就必须弘扬反映革命、建设和改革要求的新道德，荡涤旧社会遗留下来的和国外渗透进来的腐朽没落的旧道德，培养一代又一代有理想、有道德、有文化、有纪律的公民。加强社会主义的道德建设，我们就必须提倡为建设中国特色社会主义而奋斗的献身精神，提倡国家和集体利益的价值导向。

加强社会主义的道德建设，就是要在全社会倡导爱国主义、集体主义、社会主义思想，反对和抵制拜金主义、享乐主义、极端个人主义等腐朽思想，增强全国人民的民族自尊心、自信心、自豪感，激励他们为振兴中华而不懈奋斗。

2. 以德治国在新时期的重要意义

加强道德教育，实施以德治国，是保证我国社会主义四个现代化顺利进行的治国方略的一个重要方面。加强公民道德建设，有利于以德治国的实施，是以德治国的一个重要组成部分。为了实现“代表中国先进

文化的前进方向”的要求，我们就必须要大力加强社会主义的思想道德建设，坚决克服和纠正“一手硬、一手软”的倾向，使社会主义精神文明建设不断得到发展。加强社会主义的精神文明建设、加强道德教育和公民道德建设，对于实现中华民族的伟大复兴，有着思想动力和方向保证的巨大作用，应当引起我们的高度重视。

在实现社会主义四个现代化的过程中，我们不仅需要强调“法治”的重要性，同时也需要强调“德治”的重要性，忽视其中的任何一个方面，都不可能达到使我们的国家经济发展、政治稳定和社会有序的目的。的确，我国实施法治以来，立法已经日趋完善，执法也不断加强，依法治国已经成为我国的一个众所周知的治国方略，我国的社会秩序和政治稳定也已经大大加强，这是有目共睹的。

3. 加强和深化公民道德建设，逐步形成社会主义道德体系

公民道德建设是提高全民族道德素质的一项基础性工程，对弘扬民族精神和时代精神，形成良好的社会风尚，促进物质文明和精神文明的协调发展，继续推进建设中国特色的社会主义伟大事业，具有十分重要的意义。

在社会主义现代化的建设中，我们既要建立与社会主义市场经济相适应的法律体系，同时，我们还必须建立与社会主义市场经济相适应的社会主义的道德体系。我们知道，我国适应社会主义市场经济的法律体系，经过了改革开放以来的不断努力，到今天已经取得了显著的成绩。而适应社会主义市场经济的社会主义道德体系，尚在建设之中。社会主义道德体系的建立，是一个包括各个方面的系统工程，需要长期的努力。公民道德体系的建设，必将大大推动我国社会主义道德体系的建立和完善。

二、我国现阶段道德建设的成绩与问题

1. 我国道德建设的巨大成绩

党的十一届三中全会特别是十四大以来，我国改革开放和社会主义现代化建设取得了举世瞩目的巨大成就，精神文明建设呈现出积极健康向上的良好态势。这些成绩的取得，为我们加强公民道德建设，打下了

坚实的基础，创造了良好的前提。

首先，改革开放以来，特别是党的十二大以来，在邓小平同志和党中央的领导下，我们党在建设物质文明的同时，不断加强社会主义精神文明的建设，取得了显著的效果。20世纪90年代以来，江泽民同志更加强调精神文明建设的重要意义，提出要把社会主义的精神文明建设提到更加突出的地位，提出了“物质文明和精神文明都搞好，才是有中国特色的社会主义”，强调“物质贫乏不是社会主义，精神空虚也不是社会主义”的思想，使我国长期以来所存在的“一手硬、一手软”的现象，得到了有效的克服，使我国的精神文明建设取得了更加可喜的成绩。精神文明建设的加强，不但改进了我国的社会风气，而且极大地推动了我国的四个现代化建设的进一步发展。

其次，我们坚持马克思主义的指导地位，用爱国主义、集体主义、社会主义教育人民，大力推进社会主义精神文明建设。在三个主旋律的教育下，我国人民的爱国主义、集体主义的思想不断发扬光大，热爱祖国已经成为广大人民群众的自觉要求，为祖国的繁荣富强、为中华民族的振兴、为建设中国特色的社会主义而努力奋斗，已成为全体公民的共同志愿。在经济、政治、文化、体育等各方面的活动中，祖国的富强、祖国的荣誉、祖国的威望，正激励着千千万万的人兢兢业业、发奋图强地勤奋工作。热爱中华、热爱祖国，已经成为当前中国公民的崇高美德，忠于祖国、忠于人民，已经成为每一个中国公民发自内心的炽热的情感。中华民族的爱国主义的思想，正以一种前所未有的凝聚力、亲和力、激励力、辐射力发挥着重要的作用。

再次，我们不断发展社会主义文化，全国人民的思想道德素质和教育科学文化素质不断提高，全国人民的精神生活日益丰富，向世界展现了中华民族新的精神风貌。为人民服务精神不断发扬光大，在现实生活中，助人为乐、见义勇为、无私奉献的道德楷模不断涌现，雷锋精神在社会主义四个现代化建设的新时期，仍然发挥着重要的作用。在广大人民群众中，在各个工作岗位上，崇尚先进、学习先进形成风气。通过反对封建迷信、提倡科学的教育，在人民群众中，追求科学、文明的生活方式已成时尚，人民群众参与精神文明创建活动热情高涨，竞争意识、效率意识、民主法制意识和开拓创新精神大大增强，社会道德风尚发生了可喜变化。

最后，我们坚持发扬全国各民族的优秀文化，积极吸收各国文明的先进成果，推动社会主义文化日益繁荣。中国革命道德的优良传统，在新时期得到了很好的发扬。延安精神、铁人精神、雷锋精神等在社会生活中以新的面貌有力地改变着社会的风尚，从而形成了具有时代意义的抗洪精神。不怕艰难、勇往直前、自力更生、发奋图强、勤俭建国、艰苦朴素的思想和作风，已成为大多数公民的共识。中国古代的传统美德，如自强不息、厚德载物、诚实守信、尊老敬长、友善互助、敬业乐群、舍己为人等在新的时期，得到了继承。正如江泽民同志所指出的："弘扬中国古代优良道德传统和革命道德传统，吸收人类一切优良道德成就，努力创建人类先进的精神文明。"在道德建设上，我们已经能够做到"古为今用"和"洋为中用"，既能够继承一切外来的和中国古代道德中的优良成分，又能够抛弃其不适合时代需要的、非科学的内容，使其成为社会主义道德的有机部分。

总之，改革开放以来，特别是20世纪90年代以来，经过党和政府坚持不懈地工作，在全国人民的共同努力下，我国的公民道德建设迈出了新的步伐，符合时代要求的新的道德观念日益深入人心，成为我国公民道德建设发展的主流。

2. 我国道德建设目前仍然存在的问题

但是，必须清醒地看到，由于历史和现实的种种原因，无论是从国际还是从国内看，我们在道德建设上仍然面临着新的挑战和新的问题。西方敌对势力对我国实施"西化"、"分化"的政治图谋不会改变，他们的惯用手法，就是通过西方资产阶级的个人主义、拜金主义、享乐主义和自由主义等价值观念的传播，来腐蚀人们的思想，改变人们的价值观念，以达到他们改变我国社会主义性质的目的。现实生活说明，在对外开放过程中，西方的价值观念和生活方式已经在许多方面腐蚀着一些意志薄弱的人，使他们陷入道德沦丧的泥潭。另外，随着我国社会主义市场经济的不断发展，我国社会的经济成分、组织形式、物质利益和就业方式也日益多样化，其结果也必然会给人们的思想观念、价值取向、文化生活带来多样性。在市场经济发展的漫长过程中，商品交换的法则也容易侵蚀到社会政治生活和人们的道德领域，从而引发人们的见利忘义、自私自利、损公肥私和损人利己的思想，导致一些人的道德素质下降、道德意识薄弱，以致影响到我国的社会风气和国家的稳定。这些都给我们加强社会主义精神文明建设和道德建设带来了新的课题。

正是由于上述种种原因，我国的道德领域确实存在着一些不容忽视的问题，有的还相当严重。我们既要看到我国道德领域中所取得的重大成绩，看到由于改革开放和实行社会主义市场经济所带来的积极因素，也要明智地看到国内和国外的消极因素对我国道德领域所造成的消极影响，并能够提出加强公民道德建设的有力的办法和措施。

首先，改革开放以来，在我国的社会上，西方的拜金主义、享乐主义、个人主义有所滋长，一些人的唯利是图的思想得到了发展。他们的一些思想和行为，都以追逐个人的私利为唯一目的。因此，在社会经济活动中，假冒伪劣、坑蒙拐骗、见利忘义、损人利己的现象，不断蔓延，屡禁不止，以致成为我国经济发展中一个严重的障碍。一些人在经济活动和社会交往中，用“欺骗”代替“诚实”，以“失约”代替“守信”，为了满足个人的私欲和谋取个人的私利，不惜采取违犯法律的种种手段，来坑害他人、坑害群众。更为严重的是，在有关人民生命健康的食品、医疗等方面，假冒伪劣也日益发展，严重危害了人民的生命健康。一个社会的“诚实守信”的程度，往往是一个社会经济、政治和文化顺利发展的一个重要的基础和条件。为了使我国的社会主义的市场经济能够正常、有序、健康发展，为了改善我国的社会风气和道德水平，我们必须坚决抵制社会的这种假冒伪劣、坑蒙拐骗、见利忘义、损人利己的风气，树立诚实守信的道德风尚。

其次，一些人受到腐朽思想的腐蚀，使市场经济的等价交换原则，渗透到我国的政治生活中来，从而在我们的一些党政干部中，发生了以权谋私、行贿受贿、腐化堕落等腐败现象，并且在一些地方不断发展蔓延。

政治腐败现象的根本原因，是私有制度的存在，应当说，自从私有制产生以来，政治上的腐败现象，就随着私有制的发展而不断发展。在以往的剥削阶级占统治地位的社会中，一些明智的统治者，虽然也总是要极力克服政治中的腐败问题，但是，这也只能在一定时期内使政治相对地比较清明一些，不可能从根本上铲除腐败现象。

我国虽然实现了社会主义的革命，工人阶级和广大人民群众掌握了国家的政权，实现了以公有制为主体、多种所有制经济共同发展的基本经济制度，为消灭政治上的腐败创造了条件，建立了基础。但是，由于历史和现实的种种原因，我国的反对腐败的任务，还是十分艰巨的。长期的封建社会的等级制度及其观念，在人们的头脑中，还有深远的影响，资产阶级的腐朽思想和生活方式，也不断地侵袭人们的思想；一些政府机关的工作人员，不能时刻铭记为人民服务的宗旨，不是把自己当做人民的勤务员，而是把自己看做高高在上的官僚。正是在这种内因和外因的结合下，一些党政干部经不起来自各方面的诱惑和腐蚀，经不起金钱、女色的考验，经不起糖衣炮弹的袭击，丧失了社会主义和共产主义的理想和信念，从而陷入损公肥私、贪污腐败、违法犯罪的泥潭。正如江泽民同志所指出的："全党同志一定要从党和国家生死存亡的高度，充分认识反腐倡廉工作的重大意义，把党风廉政建设和反腐败斗争进行到底。"同时，我们必须要深刻认识腐败的历史根源和现实土壤，从思想上、道德上筑牢拒腐防变的堤防，把"反腐"和"倡廉"紧密结合起来，在反腐的同时，大力提倡廉洁奉公的精神，培育为官清正的道德品质，努力铲除腐败现象滋生的土壤和条件，加大从源头上预防和解决腐败问题的力度。

再次，愚昧落后、封建迷信、歪理邪说危害严重，黄、毒、赌等社会丑恶现象沉渣泛起。

新中国成立以来，党和政府一直强调文化教育的重要性，提倡科学、反对迷信，高举中国先进文化的旗帜，努力建设中国特色社会主义新文化，大力荡涤旧社会遗留下来的和国外渗透进来的腐朽没落的旧文化，从思想上、精神上极大地解放和激励了广大干部群众，在全党和全国人民中形成了凝聚人心、统一意志的正确指导思想和共同理想，取得了巨大的成绩。但是，由于封建迷信思想有着深远的历史影响，再加上我国教育发展的不平衡，特别是国内外的腐朽思想的侵蚀，改革开放以后，在我国社会上，封建迷信、愚昧落后以及在一段时期内一度绝迹的黄、毒、赌、黑等现象，又死灰复燃，一些人也乘机散布各种谎言，蛊惑群众，甚至打着"提高人们道德水平"的幌子，愚弄人民，其结果不但大大败坏了人们的道德，而且腐蚀了人们的灵魂，扰乱了社会秩序，影响了国家的稳定。

最后，在一些领域中，正确的道德规范对人们失去了约束力，是非、善恶、美丑、荣辱界限混淆。

在任何一个社会中，道德规范的实施和遵守，都必须以正确的道德评价和道德认知标准为前提。这也就是说，是非、善恶、美丑、荣辱的界限，不能模糊不清，更不能加以混淆。具体来说，也就是什么是道德、什么是不道德，应当有一个明确的界限。令人痛惜的是，在个人主义、拜金主义和享乐主义的腐蚀下，一些人混淆和抹杀了它们的界限，把自私自利、损人利己看做道德，把无私奉献看做傻瓜，把弄虚作假看做聪明，把诚实守信看做愚昧，把吃吃喝喝当做时尚，把勤劳节俭当做过时，把爱岗敬业当做傻帽，把投机取巧视为能干等，在什么是善、什么是恶、什么是美、什么是丑等问题上的错误认识，导致了一些人的荣辱观念的颠倒和错位。他们失去了社会主义道德的正确的荣辱观念，没有社会主义道德的“羞耻之心”，因而社会主义的道德规范，也就对他们失去了约束力。

3. 立足现实、增强信心，把公民道德建设搞好

我国道德建设所取得的巨大成绩，是我们进行公民道德建设的基础，我们应当充分认识我国在道德建设上所取得的成就，乘胜前进。同时，我们也清醒地看到，我国道德建设上所出现的问题，只是发展中的问题，其中有些是难以避免的。只有全面地、辩证地、发展地来看待这些问题，我们才不会因为只看到成绩而盲目乐观或只看到所存在的问题而失去信心。社会主义市场经济的一个特殊的现象和问题，就是它一方面给道德建设以积极的影响，焕发了人们在道德上积极向上的精神，增强了人们奋发图强、自力更生、积极进取、注重效率的动力，提高了人们为谋取个人利益而推动生产力发展的活力，如此等等；另一方面，市场经济的等价交换原则、最大利润原则、金钱至上的原则、消费主义的原则、只求效率的原则等，必然要诱发人们的个人主义、拜金主义和享乐主义思想，并从心灵的深处腐蚀人们的灵魂，带来政治的腐败，污染社会的风气。我们之所以强调我们所实行的是社会主义市场经济，其基本特点就是，我们所实行的市场经济是要受社会主义的经济、政治、文化和道德来制约的。这就是说，我们已经认识到市场经济将会带来道德上的种种消极的和负面的影响，并力求用加强社会主义道德建设来克服这些消极的影响，使我们的道德建设沿着正确的道路，健康地向前发展，而加强公民道德建设，就是我们的一个重要措施。

三、加强公民道德建设是一项长期而紧迫的任务

社会主义的道德建设，包括许许多多的方面，其中，对全国公民的道德教育，是一个极其重要的方面。从一定意义上，我们可以说，公民道德教育和道德建设，是全部社会主义道德教育和道德建设的基础，这个基础是否坚实和牢固，关系到整个社会主义道德建设的成败。如果没有坚实和牢固的公民道德建设的基础，我们的一切道德教育，犹如要想在沙滩上建立起一个高大的建筑物，这是不可能的。公民道德的基本出发点，就是从全体公民的实际道德水平出发，运用通俗易懂、切实有效的方法，使每个公民都能树立起遵守公民道德规范的自觉意识。公民道德建设的根本目的，就是要通过道德的说服力和感化作用，加强道德教育，以达到培育一代又一代有理想、有道德、有文化、有纪律的社会主义公民的目的。加强公民道德建设，能够在提高全民族的思想道德素质的同时，在全社会形成良好的社会风尚，维护社会的稳定，有利于增强民族的凝聚力和向心力，对我国的四个现代化建设，对精神文明建设和物质文明建设的共同发展，对我国的综合国力的增强，都有不可代替的作用。

1. 中华人民共和国公民的权利和义务

一般来说，公民是具有一个国家的国籍，并根据该国的宪法和法律规定，享有权利并承担义务的人。

公民和国民两个名词，既有联系又有区别。国民是指一个国家的居民，即具有这个国家的国籍的人。在大多数情况下，一个国家的国民也就是这个国家的公民。在实际生活中，因为是从不同的方面来观察问题的，所以，国民和公民，仍然是有区别的，例如，有些国家的法律明文规定，虽然有一个国家的国籍，是这个国家的国民，但不一定有公民的权利，因而这些没有公民权利的人，只能是这个国家的“国民”，而不是这个国家的公民，如英国，具有英国国籍的人并不都是它的公民，因而不都享有公民的权利，特别是政治权利。在我国新中国成立前所制定的《中国人民政治协商会议共同纲领》中，就明确规定，中华人民共和国的“国民”，并不享有人民所应当享有的权利，只有“人民”才“有思想、言论、出版、集会、结社、通讯、人身、居住、迁移、宗教信仰

及示威游行的自由权”以及“选举权和被选举权”。

从历史的发展来看，公民是民主政治的产物。在中国古代，公民的意义和今天的公民的意义完全不同。在先秦，公民有两种含义，一是指“为公之民”，如《韩非子》中说“是以公民少而私人众矣”①，这里，“公民”是指“为公之民”，即为公众、为国家做事的人；二是指君主之民或公家之民，是指一个人的归属。我国古代还使用“国民”一词，主要是指一个诸侯国或者藩封所辖地区的老百姓。《周礼》中曾说“令国民族葬”②，《左传》中说“先神命之，国民信之”③，都是同样的意思。另外，中国古代有“国人”的概念，所谓国人，一是《周礼》中说的“国人”，指居住在大邑（城市）内的人④，如“国人、郊人，从其有司”，就是这个意思；二是指整个国家的人民，如孟子所说的“国人皆曰不可，然后察之”⑤。清代末年和民国以后一段时期，“国人”就专指中国所有的人。“公民”的用法，因人而异，如康有为在《大同书》中说“凡未辟之岛地为公地，居者即为公民”，这里的“公民”是指居住在没有开辟的公地上的人；同时，我们还可以看到，当时的一些人，在接受西方的文化以后，已开始用“公民”指具有一个国家的国籍而有法定权利的人。

古代的希腊和罗马，随着城邦的发展，一小部分自由民获得了一定的民主的权利，并得到法律的承认和保护，成为在法律上有特权的公民。中世纪以后，在封建专制的等级制度和教会神权的统治下，只有神职人员和大小封建主享有政治、经济、法律上的特权，广大劳动人民处于被压迫、被奴役的地位，既没有任何的权利可言，也就没有公民的概念。在西方，只是到了 17、18 世纪，以洛克、卢梭等人为代表的资产阶级思想家，提出了“天赋人权”、“主权在民”的思想，宣扬“自由、平等、博爱”的资产阶级的人权思想，强调国家属于公民全体，宣称所有的人都享有公民的权利，人人平等，都是公民。以后在美国《独立宣言》和法国《人权宣言》及其他资产阶级国家的宪法中，都把自己国家

① 《韩非子·五蠹》。
② 《周礼·春官·墓大夫》。
③ 《左传·昭公十三年》。
④ 参见《周礼·地官·泉府》。
⑤ 《孟子·梁惠王下》。

的所有国民，称作公民。“公民”，主要表示在法律上具有权利和义务的主体。

在资本主义国家中，从表面和形式上看，宣扬国家的所有公民，在权利和义务上，都是“法律面前，人人平等”的，其实质则是一小部分富人享有特权。广大劳动人民必须尽所应尽的各种义务，他们的公民权利，则不能得到保障，甚至遭到践踏。

我们是社会主义国家，社会主义的根本目的，就是“解放生产力，发展生产力，消灭剥削，消除两极分化，最终达到共同富裕”。在我们国家中，每一个中华人民共和国公民的权利是真实的，公民在享受权利和履行义务上是平等的，真正做到公民在法律面前一律平等。同时，在我们社会主义国家中，公民和人民的含义在有些情况下，其意义是不同的。公民是法律概念，泛指社会全体成员，包括享有民主的主体和实行专政的对象。人民是政治概念，相对于“敌人”而言，我们的四项基本原则中所说的“坚持人民民主专政”，就是指的广大人民对“敌人”的专政。当然，“人民”和“敌人”在社会主义的不同历史时期，有不同的内容，这是我们应当分清的。

在1954年的《中华人民共和国宪法》和以后修改的宪法中，都明确地规定了中华人民共和国的所有的公民，都享有宪法所规定的权利和义务。我国宪法规定，“凡具有中华人民共和国国籍的人都是中华人民共和国的公民”，“中华人民共和国公民在法律面前一律平等”，“任何公民享有宪法和法律规定的权利，同时必须履行宪法和法律规定的义务”。

只有在社会主义国家中，公民所享受到的权利才是真实的，因而，每一个社会主义国家的公民，更应当严格履行自己应尽的义务。公民的权利和义务的规定和实施，从根本上来说，都只能是一定社会的经济关系和政治制度的产物，正像马克思所说的“权利永远不能超出社会的经济结构以及由经济结构所制约的社会的文化发展”①。

“公民”是一个法律概念，是指依据法律规定，在法律上享有一定权利和应尽一定义务的人；因此，从道德上来看，同样，作为社会主义国家的一个公民，就必须遵守社会主义对所有公民的道德要求，力求在道德上身体力行，遵纪守法，同时，在履行自己的道德责任之后，也理

① 《马克思恩格斯选集》，1版，第3卷，12页。

所当然地应当享受到相应的道德权利。

一个国家的公民，对自己的国家，有着神圣的责任。邓小平同志以自己是中华人民共和国的公民而自豪，始终强调自己作为公民的责任。他说："我是一个中华人民共和国的公民，要服从人民的意愿。"① 他在致中共中央政治局的信中更进一步说："作为一个为共产主义事业和国家的独立、统一、建设、改革事业奋斗了几十年的老党员和老公民，我的生命是属于党、属于国家的。"②

江泽民同志在庆祝中国共产党成立八十周年大会上的讲话中，对"公民"提出了更高的要求。他从"我们党要始终代表中国先进文化的前进方向"出发，认为"发展社会主义文化的根本任务，是培养一代又一代有理想、有道德、有文化、有纪律的公民"，强调了每一个公民都应当成为一个有道德的人，也就是强调了公民道德的重要性。

2. 什么是公民道德？

所谓公民道德，就是一个国家所有公民都必须遵守和履行的道德规范的总和。这个道德规范的总和，包括道德核心、道德原则、道德的基本要求和一系列的道德规范。

我们知道，社会主义道德建设是以马克思列宁主义、毛泽东思想、邓小平理论为指导，以为人民服务为核心，以集体主义为原则，以爱祖国、爱人民、爱劳动、爱科学、爱社会主义为基本要求，把职业道德、社会公德、家庭美德的建设作为整个社会主义道德建设的落脚点。在加强社会主义道德建设的整个工作中，如何把上述内容和要求具体化、规范化，使之成为全国公民普遍认同和自觉遵守的行为规范，是摆在我们面前的一项重要而紧迫的任务。

因此，我们说，公民道德和社会主义的道德体系，是既有区别又有联系的。一般来说，公民道德是社会主义道德体系的一个组成部分，是社会主义道德的基础。社会主义的道德体系，是先进性和群众性的统一，它既包括对共产党员和先进分子要求的共产主义道德，也包括对广大公民要求的公民道德。对于共产党员和先进分子来说，我们要求他们能够身体力行和切实做到共产主义道德，不应当降低对他们的要求；同时，对于广大群众来说，对国家的所有公民来说，我们不应当也不可能

---

① 《邓小平文选》，1版，第3卷，175页。

② 同上书，323页。

要求他们都身体力行共产主义道德。当然，在我们社会主义国家，我们仍然要对所有公民提倡和宣传共产主义的高尚道德。

3. *加强公民道德，在当前有什么重要意义？*

最后，我们还要特别指出，在当前，加强公民道德，还有着对全国各个岗位、各个方面、各种职业以及各个阶层的人，普遍、深入、持久地进行道德教育的重要意义。根据我国宪法规定，凡是有中华人民共和国国籍的人都是中华人民共和国的公民。这就是说，公民包括了所有的中国人，既有成年人，也包括未成年人，以至刚刚出生的婴儿。公民的概念比人民的概念要宽泛得多，即使是违法犯罪分子和专政的对象，也都属于公民的概念之内。

加强公民道德建设，首先要求我们的党政干部要以身作则地履行公民道德的所有要求，在全国所有公民中起道德示范作用。党政干部作为国家的管理干部来说，有着更高的道德规范要求来约束自己的行为，其中的党员更应当身体力行共产主义道德，以全心全意为人民服务和无私奉献的精神作为自己思想和行为的准则，要能够始终代表中国最广大人民的根本利益，同时，又必须认真、切实、完全地履行公民道德的要求。只有认真、切实、完全地履行了公民道德的要求，才能为履行和实践共产主义道德树立良好的基础。现实生活说明，一些共产党员和国家的干部之所以经受不住改革开放的各种考验，其中一个重要的原因就是他们没有严格按照公民道德的要求来约束自己。而且，党和国家的干部，只有认真、切实、完全地履行了公民道德的要求，才能成为全体公民的榜样，才能在人民群众中具有一种人格的力量，才能更好地带领广大人民群众进行社会主义四个现代化的建设。

改革开放以来，随着社会主义市场经济的发展，我国社会阶层的构成也发生了新的变化，其中最突出的一个问题，就是出现了民营科技企业的创业人员和技术人员、受聘于外资企业的管理技术人员、个体户、私营企业主、中介组织的从业人员、自由职业人员等社会阶层。而且，许多人在不同所有制、不同行业、不同地域之间流动频繁，人们的职业、身份经常变动。对这些人如何加强社会主义的道德教育，如何加强对他们的爱国主义、集体主义和社会主义的教育，就成了我们思想政治教育和道德教育所面临的一个重要问题。为了能够在党的路线方针政策指引下，使这些新的社会阶层中的广大人员，通过诚实劳动和工作，通过合法经营，为发展社会主义社会的生产力和其他事业做出更大的贡献，必须大力加强对他们的公民道德教育，使他们能更好地在自己的岗位上诚实劳动、遵纪守法，成为中国特色社会主义事业的建设者。这些年来，我们在思想政治工作和道德教育中，这一领域，可以说是一个相对比较薄弱的环节，是一个亟待加强的方面。一方面是由于在这些阶层及其所形成的各种组织中，党的组织较少，日常的思想教育和道德教育也相对缺乏；另一方面，又由于他们的职业和身份经常变动，他们的居住地不但经常变换，而且流动性很大，甚至往往跨越县、市和省的范围，在一些地区频繁流动。其中一些从农村到城市谋求职业的个体劳动者，他们住在城郊的结合部，我们的思想教育和道德教育，往往达不到这些地区，他们成为我们思想教育和道德教育的空白点，而这些个体劳动者又是最需要进行思想教育和道德教育的。这些问题如果得不到及时有效地解决，不仅会影响精神文明建设的成就，而且会危及社会的稳定，必须引起全党全社会的高度重视。

加强公民道德教育的一个重要任务，就是要通过地区和社区有关组织，提高他们的道德素质，培养他们成为合法经营、诚实劳动的个体劳动者，成为有理想、有道德、有文化、有纪律的社会主义公民。

加强青少年和儿童的公民道德教育，也是一个不容忽视的重要问题。我国近 13 亿人口中青少年占有很大的比重，从幼小的时候起就对他们进行有关道德的教育，关系到他们成长以后素质的提高，应当引起我们高度的重视。正如邓小平同志早就指出的，思想道德教育，必须“从娃娃抓起”，从幼儿和青少年抓起，“我们要大力在青少年中提倡勤奋学习、遵守纪律、热爱劳动、助人为乐、艰苦奋斗、英勇对敌的革命风尚，把青少年培养成为忠于社会主义祖国、忠于无产阶级革命事业、忠于马克思列宁主义毛泽东思想的优秀人才，将来走上工作岗位，成为有很高的政治责任心和集体主义精神，有坚定的革命思想和实事求是、群众路线的工作作风，严守纪律，专心致志地为人民积极工作的劳动者”①。为了“从娃娃抓起”，我们还应当在家庭教育和幼儿教育中、在我们的幼儿园和一切学前教育中，运用各种形式和手段，以通俗、易懂、形象、简明的方式，加强公民道德的宣传和教育，使任何一个幼小

① 《邓小平文选》，2 版，第 2 卷，106 页。

的公民，都能接受公民道德的教育。

同时，我们也要认识到，对一切违法犯罪的分子和受刑事处分的人，因为他们仍然是中华人民共和国的公民，我们对他们仍然有进行教育的责任。实行革命的人道主义，是我们党一贯的思想。早在新民主主义革命时期，毛泽东同志就提出要发扬革命人道主义的思想。新中国成立以来，我国对一切犯罪分子都实行改造和教育并重的政策，收到了很好的效果。违法犯罪分子之所以陷入犯罪的泥潭，都有其思想的根源，在对他们进行必要的惩罚以外，更应该对他们进行思想上的教育和改造，要使他们从灵魂的深处认识到犯罪的可耻，培育他们的"羞耻之心"，使他们有正确的荣辱观念，这样，不但能够使他们以正确的态度接受改造，而且能使他们在刑满释放之后，不再犯罪，成为一个遵纪守法的社会主义社会的好公民。新中国成立以来，我国在这方面，取得了极其显著的成绩，这也可以说是我们社会主义国家在对待犯罪分子方面不同于资本主义国家的一个明显的地方。近年来，我国对一些"法轮功"的痴迷者所采取的挽救教育的政策，使大量的痴迷者认清了这一歪理邪说的虚伪本质，从而认清了自己所犯的错误和罪行，幡然悔悟，获得了新的生命。

正是由于上述种种原因，加强公民道德教育，就成为一个刻不容缓的重要而紧迫的任务。回顾改革开放 20 多年来的历程，我们尽管一直强调要进行道德教育，要加强社会主义精神文明建设，但是，我们还始终没有能够及早地提出中华人民共和国公民所应普遍遵守的一个道德规范。中共中央批准的《公民道德建设实施纲要》，就是在公民道德建设上的一个重大举措。《纲要》的实施，必将对我国的公民道德建设、对我国的思想道德建设和社会主义精神文明建设发挥重要的作用。

公民道德建设与社会主义道德体系*

社会主义道德建设，是社会主义精神文明建设的重要内容，是先进文化发展方向的内在要求。《公民道德建设实施纲要》的公布和实行，是社会主义道德建设的一项重大举措，是新中国成立以来由中共中央所颁发的第一个专门关于道德建设的纲领性文件，而且也是中国历史上第一个关于全体国民或全体公民道德建设的文件。它的公布和实施，必将对我国的精神文明建设和道德建设，不论是在理论上还是在实践上，产生重要的作用。

《公民道德建设实施纲要》是十四届六中全会决议中关于道德建设内容的补充、丰富和发展，在道德理论上有所创新，在道德实践和道德规范上也有重要突破。从理论上看，主要是对社会主义市场经济条件下所出现的新问题，作了有针对性的回答，对利益关系变化所引发的新矛盾，进行了辩证的思考，提出了新的论述，有利于新的人际关系的协调；从道德实践上看，对道德基本规范作了高度的概括，对道德的法律保障和政策支持的重要意义有新的论述，对舆论氛围在道德建设中的重大作用，也作了新的阐发；等等。这一切，对于我们进一步发展社会主义的道德理论，实践社会主义道德规范，提高全体公民的道德素质，都

---

* 本文原载《以德治国与公民道德建设》。

有十分重要的意义。

二

从理论上看，《公民道德建设实施纲要》把社会主义的道德建设，提高到“三个代表”的战略高度，提高到“以德治国”的治国方略高度来认识，更加突出了道德建设在当前的“重要性、艰巨性、长期性和紧迫性”，明确了在当前必须把道德建设“放在突出地位来抓”的特殊意义。

“三个代表”重要思想中的先进文化发展方向，主要指社会主义的精神文明建设，而思想道德建设，就是先进文化发展方向的主要内容和中心环节。社会主义的道德建设，完全体现了先进文化发展方向的要求，是实践先进文化发展方向的重要举措。切实地、认真地加强道德建设，贯彻《公民道德建设实施纲要》就是抓住了先进文化发展方向的中心环节和主要内容，体现了中国最广大人民的根本利益。

《公民道德建设实施纲要》从治国方略的高度更加强调了道德建设在当前的突出地位。《纲要》再一次明确地强调，“必须在加强社会主义法制建设、依法治国的同时，切实加强社会主义道德建设、以德治国，把法制建设与道德建设、依法治国与以德治国紧密结合起来”。正如江泽民同志所指出的：“我们在建设有中国特色社会主义，发展社会主义市场经济的过程中，要坚持不懈地加强社会主义法制建设，依法治国，同时也要坚持不懈地加强社会主义道德建设，以德治国。对一个国家的治理来说，法治与德治，从来都是相辅相成、相互促进的。两者缺一不可，也不可偏废。”《纲要》强调，加强公民道德建设，促进依法治国和以德治国的紧密结合，对推动经济和社会的全面发展、对保证社会主义市场经济的健康运行、对促进整个民族素质的不断提高，都具有十分重要的意义。

我们知道，“法治”和“德治”有着互不相同而又不可代替的重要作用。“法治”重在对人们违法后的惩罚，以发挥它的警示作用；道德重在教育和劝导人们的思想，提高人们的道德自觉，以避免人们犯罪。道德建设重在劝导和教育，以启迪人们的良心，提高人们的素质，从根本上消除犯罪的根源。实施公民道德建设，就是加强对中华人民共和国所有公民的道德教育和道德要求，一切共产党员、先进分子、普通老百姓和所有从事各种不同职业的人，甚至是青少年，都属于公民的范围之内。《公民道德建设实施纲要》的公布和实行，必将促进全民思想道德素质的提高，有利于以德治国的更好实施。

此外，《纲要》中关于公民道德建设的指导思想和方针原则、对道德核心和原则的全面而深入的解释、关于社会主义道德在社会生活中作用和意义的论述、关于公民道德建设与以德治国的关系、关于营造公民道德建设的社会氛围、大众传媒等在道德建设中的重要作用、对道德建设的法律保障和政策支持、党和各级干部要在道德建设中起带头作用等，不但在实践上有直接、现实的指导作用，而且在理论分析上也有创新，对我国今后道德理论的建设，有重要的指导意义。

《公民道德建设实施纲要》在指导思想上，对公民道德的核心和原则，作了全面的、多层次的、适应社会主义市场经济人际关系的新的解释。《纲要》既强调为人民服务作为公民道德建设的核心，是社会主义道德区别于和优越于其他社会形态道德的显著标志，又强调“它不仅是对共产党员和领导干部的要求。每个公民不论社会分工如何、能力大小，都能够在本职岗位，通过不同形式做到为人民服务”。这就是说，为人民服务这一公民道德核心，包括多层次的内涵，无私奉献是为人民服务，先公后私是为人民服务，顾全大局是为人民服务，在自己的工作岗位上尽职尽责是为人民服务，遵纪守法、诚实劳动也是为人民服务。《公民道德建设实施纲要》对为人民服务所作的这一全面的、科学的、多层次的解释，充分反映了社会主义道德的先进性和群众性相统一的要求，对深入开展群众性的道德实践活动，有重要的指导意义。

《公民道德建设实施纲要》，在方针政策上还提出了道德建设中一些相互关系的原则，如坚持社会主义道德建设与社会主义市场经济相适应、坚持继承优良传统与弘扬时代精神相结合、尊重个人合法权益和承担社会责任相统一、注重效率与维护社会公平相协调等，在理论上都有新的突破。如关于公平和效率的问题，在道德建设上，究竟是提“效率优先、兼顾公平”好，还是提“注重效率与维护社会公平相协调”好？《公民道德建设实施纲要》提出了“在全社会形成注重效率、维护公平的价值观念”，强调要“把效率与公平结合起来，使每个公民既有平等参与机会，又能充分发挥自身潜力，促进经济发展，保持社会稳定”。这一新的概括，既强调了“注重效率”在经济生活中的重要作用，也强调了“维护公平”在社会主义道德中的特殊意义，它对今后我国道德建设的发展，对全社会的共同富裕，对提高广大人民群众的生活水平和进一步调整人与人之间的关系，都有重要的指导意义。

二

在社会主义市场经济的条件下，为了实施“依法治国”，必须建立和加强社会主义社会的法律体系，以保障“法治”建设的顺利实行；同样，为了实施“以德治国”，我们还必须建立与社会主义市场经济相适应的社会主义道德体系。正如江泽民同志2000年6月28日在全国思想政治工作会议上所作的报告中指出的：“为了在发展社会主义市场经济的条件下更好地建设有中国特色社会主义，我们必须建立与之相适应的社会主义法律体系，同时也必须在全社会形成与之相应的社会主义思想道德体系。”以后，他还不断地提出，我们在建立与社会主义市场经济相适应的法律体系的同时，建立与社会主义市场经济相适应的社会主义道德体系的重要意义。

《公民道德建设实施纲要》中，明确提出，要“通过公民道德建设的不断深化和拓展，逐步形成与发展社会主义市场经济相适应的社会主义道德体系”。因此，如何“通过公民道德建设的不断深化和拓展”，以达到逐步形成与发展社会主义市场经济相适应的“社会主义道德体系”的目的，是我们加强公民道德建设时所应当认真思考的一个问题。

加强社会主义道德体系的建设，是一个系统工程。公民道德建设，为我们找到了一个切入点和突破口。通过公民道德建设的发展和拓展，我们将在以下重要的方面，逐步形成与社会主义市场经济相适应的社会主义道德体系。

第一，我们将进一步深化对社会主义道德建设的指导思想、核心、原则和基本要求的认识，丰富、补充和完善社会主义道德的主要内容。

第二，我们将发扬党领导人民在长期革命斗争与建设实践中形成的优良传统道德，在公民道德建设实施中形成新的处理人际关系的更多共识。

第三，我们将根据新的时代的要求，继承中华民族几千年形成的传统美德，并赋予传统道德以新的内容，通过公民道德建设的实施，取得广泛的认同；与此同时，我们将借鉴世界各国道德建设的成功经验和先进文明成果，按照“以我为主、为我所用”的原则，形成更加完善的社会主义道德体系。

第四，我们将进一步加强道德建设的法律支持、政策导向和制度保障，使我们的道德建设建立在更加坚实的基础之上。

第五，在公民道德建设的过程中，通过努力营造道德建设的社会氛围，探索出相应的措施和手段，这对于制定和完善社会主义的道德体系，也是一个重要的途径。

总之，公民道德建设的实施，必将为建立与市场经济相适应的社会主义道德体系创造条件，提供经验；它的拓展和深化，就一定能够建成适合时代需要的、能体现时代精神的、推动我国社会主义现代化事业不断前进的社会主义道德体系。

三

改革开放以来，在建立与社会主义市场经济相适应的法律体系方面，我们已经取得了可喜的成果，这是大家所公认的；相对来说，在社会主义的道德体系方面，却有许多工作，亟须我们去进行。努力建立与社会主义市场经济相适应的社会主义的道德体系，是时代发展的要求，是现实生活向我们提出的一项重要、艰巨、长期而又紧迫的任务。

加强社会主义道德体系的建设，是一个系统工程。不论在理论上还是在实践上，都需要认真探讨、综合创新，集中全国的力量，共同努力，力争使社会主义道德体系的建立，能够符合我国的国情，适应社会生活发展的需要，体现道德进步的规律。与社会主义市场经济相适应的社会主义道德体系的建立，是一个时代的伦理精神的体现，必须同时代的要求紧紧地结合在一起。离开了时代的要求和召唤，任何道德体系都是不可能建立起来的。现在，《公民道德建设实施纲要》的提出，全党、全国对道德建设的重视，就是时代向我们提出的强烈的召唤，反映了道德的群众性实践活动和道德体系建设在我国的光辉前景。

认真贯彻和实行《公民道德建设实施纲要》，大力加强公民道德建设，是一项提高全民族素质的基础性工程。它的实施，必将对弘扬中华民族精神和时代精神，形成良好的社会道德风尚，促进物质文明与精神文明协调发展，全面推进建设中国特色社会主义伟大事业，产生极其重要的作用。

公民道德体系的基本框架和主要内容*

在公民道德建设中，为了从总体上把握公民道德建设各个方面的关系，首先要对公民道德体系的基本框架及其主要内容有一个概括的了解。因为，只有全面地把握公民道德体系的基本框架和主要内容，我们才能从其相互联系、相互影响和相互制约的关系中把握公民道德建设的各个方面、各个层次的不同重点和要求，使我们的公民道德建设能更好地取得实际的效果。

从总体上来说，一个道德体系的基本框架，应当包括这一道德体系的核心、原则和一系列规范及其具体要求，包括社会生活中一些最主要领域中实施这些道德核心、原则的最普遍、最基本、最实用和最容易为所有公民所熟悉的行为准则，我们也称它们为具体的“德目”。这些最普遍的准则或“德目”，又必须是简明扼要、容易记忆、能够为群众喜闻乐见的。

一个道德体系的核心，决定着这一道德体系的阶级属性和发展方向，反映了这一道德体系同历史发展规律的适应度，同时，也体现了这一道德体系的生命力。

一个道德体系的原则，是为一定的道德核心服务的，是依据道德体系核心的要求、为实现这一核心而形成的一系列准则，并依据这些

* 本文原载《以德治国与公民道德建设》。

准则来调整、协调、处理、解决人和人之间的利益关系。在一个道德体系中，原则也可以有很多，但是，其中只能有一个是基本原则，它对这一体系的所有规范，起着特别重要的作用。从这一意义上来看，一个道德体系的许多基本要求，也可以说是这一道德体系的一些具体原则。

一个社会的道德体系的核心和原则，归根结底，都必然是这个社会的经济、政治和文化在道德上的反映，是为这一社会的经济、政治服务的。从实践的方面来考虑，从道德行为的养成和道德修养的培育来看，在实际生活中实施道德核心、原则的最普遍、最基本、最实用和最容易为所有公民所熟悉的行为“德目”，具有更重要的普遍意义。因此，在整个公民道德体系中，我们既要重视公民道德体系中的道德核心、原则和基本要求的重要性，也不可忽视与公民生活密切联系的各个领域中具体的“德目”的重要作用。

一、社会主义公民道德体系基本框架的确立

1. 全党和全国人民智慧的结晶

1996 年 10 月，中国共产党十四届六中全会，提出了“社会主义道德建设要以为人民服务为核心，以集体主义为原则，以爱祖国、爱人民、爱劳动、爱科学、爱社会主义为基本要求”和加强“社会公德、职业道德、家庭美德”的总体构想，提出了在“社会公德”、“职业道德”和“家庭美德”中应当遵守的十五个“德目”，明确了社会主义初级阶段公民道德体系的基本框架和主要内容。

这是新中国成立以来，第一次以中国共产党中央委员会全体会议决议的形式所提出的社会主义道德体系的基本框架，在新中国道德建设的历史上，开启了一个新的阶段和新的时期，具有重要的理论意义和实践意义。这一框架体系，是对新中国成立几十年来道德实践经验的概括、总结和提升，是在马克思主义、毛泽东思想和邓小平理论的指导下，经过全国各地的理论工作者和实际工作者的广泛讨论后形成的。这一道德体系的基本框架，从我国当前建设中国特色社会主义的经济、政治和文化的实际情况出发，体现了我国先进生产力发展的要求，体现了我国先

进文化的发展方向，体现了最大多数人民的根本利益。它是社会主义时期道德建设上具有划时代意义的纲领性成果，反映了社会道德进步的发展规律，体现了社会主义初级阶段人与人关系的基本要求，是人民群众普遍认同和自觉遵守的行为准则。这一社会主义道德体系框架的确立，对于我国社会主义的公民道德建设和精神文明建设，有着极其重要的理论意义和实践意义。

在中国，社会主义道德建设，经过几十年来的实践和探索，从过去的经验和教训中，我们进一步认识到，只有在马克思主义思想的指导下，在坚持马克思主义道德基本理论的同时来发展马克思主义的道德理论，在发展马克思主义的道德理论中坚持马克思主义的道德基本原理，才能使我们的道德建设沿着正确的道路健康地向前发展。党的十四届六中全会所确定的这一社会主义道德体系的基本框架，就是坚持和发展马克思主义的崭新成果。可以肯定地说，社会主义道德建设的科学体系的确立，必将对我国今后的道德建设、对广大人民群众的思想道德素质的提高、对整个社会风气的改善，产生重要的影响。深入地认识和阐发这个科学体系结构的内容及其各个层次的相互联系，自觉地运用这个体系结构的不同层次的要求，尽可能地使这一科学的结构体系能够为广大人民所掌握，是我们当前道德建设的一个重大的任务。

2. 继承和发扬一切优秀道德的成果

这一道德体系的基本框架，继承和发扬了中国革命道德的光荣传统，是中国革命道德在新时期的进一步发展。中国革命道德，自从中国共产党成立之时起，中间经过新民主主义革命到社会主义革命和建设，形成了中国最先进的道德思想和道德要求，对中国的革命和建设事业，起到了重要的作用。为人民服务的思想，国家利益、民族利益和人民利益的原则，以及爱祖国、爱劳动、爱人民等思想，都是在长期革命和建设的实践中提出的。

这一道德体系的基本框架，也是在继承和弘扬中国古代优良道德传统的基础上形成的。中国是世界上一个有着悠久历史和文化的国家，是以高尚的道德传统和文明的礼仪之邦的形象屹立于世界民族之林的。对于中国古代的道德传统，我们必须采取马克思主义的立场、观点和方法，对其加以分析、鉴别、批判和继承，即抛弃其封建性的糟粕，吸收其科学的、民主的、大众的内容，并加以综合和创新，以适应当前我国社会主义建设事业的需要。在对待中国古代道德传统的问题上，我们既不能全盘接受和无批判继承，更不能采取民族虚无主义的态度，否认中国古代传统在今天仍有重要的意义。中国古代的传统美德，如自强不息、厚德载物、诚实守信、尊老敬长、友善互助、敬业乐群、舍己为人等，在新时期仍然有重要的现实意义。

这一道德体系的基本框架，也是在吸收人类一切先进文化，特别是吸收人类历史上一切优秀道德成果的基础上形成的。人类社会自有文明以来，就对人和人之间的道德关系，作了深入的探讨。人不仅是能够劳动的动物，而且是有道德生活的动物。劳动创造了人，而人的道德生活，能够使人们保持人和人之间的和谐，相互团结，从而使他们在同自然界的斗争中，特别是同各种野兽的斗争中战胜各种困难，如人和人之间应当“彼此相爱”、应当“诚实”、应当“公正和公平”等，人类的这些道德遗产，或者说人类生活的这些公共生活规则，仍然有现实的意义。西方自文艺复兴以来的文化和道德中，如强调个人的价值、个人的正当利益等思想，只要我们能够用分析的态度对待它们，能够“为我所用”，对我们社会主义道德体系的建立，仍然是有积极意义的。

社会主义道德建设的体系和结构，概括来说，就是一个核心、一个原则、五个基本要求、三大社会道德领域的十五个道德规范和一个总的目的。为了更加全面、系统和深入地理解和掌握这一社会主义道德建设的科学体系，我们就分别从各个方面，来对它加以简要地论述。

社会主义道德建设，有一个核心，就是为人民服务；一个原则，就是集体主义；五个基本要求，就是爱祖国、爱人民、爱劳动、爱科学、爱社会主义。三大社会道德领域就是社会公德、职业道德和家庭美德，每一个道德领域都确定了五个具体的道德规范，从而构成了十五个道德规范组成的一个完整的道德规范体系，这就是：(1) 社会公德，它的具体规范是文明礼貌、助人为乐、爱护公物、保护环境和遵纪守法；(2) 职业道德，它的具体规范是爱岗敬业、诚实守信、办事公道、服务群众和奉献社会；(3) 家庭美德，它的具体规范是尊老爱幼、男女平等、夫妻和睦、勤俭持家和邻里团结等。最后，社会主义道德建设有一个总的目的，这就是要在全社会形成一种团结互助、平等友爱、共同前进的人际关系。

3. *公民道德建设，要力求使上述原则成为公民认同的行为准则*

社会主义思想道德建设，集中体现了社会主义精神文明的性质和方向，一方面，它从当前的社会主义初级阶段的经济、政治的现实出发，反映着经济、政治的要求；另一方面，它对社会的经济的发展和政治的民主化进程，又能够产生巨大的能动作用。我国现在经济上实行的是以公有制经济为主体、多种所有制经济共同发展的基本经济制度，它的根本目的是要解放生产力，发展生产力，达到消灭剥削、消除两极分化的共同富裕的社会主义，因而，在实行社会主义市场经济体制的整个历史时期内，强化社会主义道德建设对政治、经济发展的这种能动作用，坚持社会主义道德的核心、原则、基本规范和三个领域中的各种规范的要求，抵制拜金主义、享乐主义和个人主义的腐蚀，形成一种团结互助、平等友爱和共同前进的人际关系，建立起良好的社会主义道德风尚，是我们当前道德建设的一个十分重要而又十分光荣的任务。

二、社会主义道德建设的核心

1. *为人民服务是社会主义道德建设的核心*

为人民服务是社会主义道德建设的核心。这也就是说，“为人民服务”是社会主义道德建设的出发点和落脚点，社会主义道德建设的一切活动，都要以最大多数人民的根本利益为最终目的。

为人民服务作为道德建设的核心，是社会主义道德区别和优越于其他社会形态道德的显著标志。在我们国家，为人民服务不仅是对共产党员和领导干部的要求，也是对广大群众的要求。每个公民不论职位高低、能力大小，都能够在不同岗位、不同层次，通过不同形式做到为人民服务。在新的形势下，必须继续大张旗鼓地倡导为人民服务的道德观，把为人民服务的思想融会贯通在各种具体道德规范之中。要引导人们正确处理个人与社会、竞争与协作、先富与后富、经济效益与社会效益等关系，提倡尊重人、理解人、关心人，为人民、为社会多做好事，反对拜金主义、享乐主义和个人主义，形成展示社会主义制度优越性、促进市场经济健康发展的良好道德风尚。

从事物的规定性来看，核心就是一个事物赖以存在的依据，是一事物区别于其他事物的本质特征。相对于中心来说，核心可以说是中心的中心。正是在这一意义上，我们可以说，为人民服务是社会主义道德区别于其他道德的本质的体现。我们的社会主义道德建设，必须紧紧掌握住为人民服务这一核心。为人民服务是我们党的宗旨，是共产党人和一切先进分子的人生观和价值观，也是我们所提倡的一种高尚道德。新中国成立以来，尽管我们在社会主义和共产主义道德建设中，一贯提倡为人民服务的人生观和价值观，提倡为人民服务思想，但是，把为人民服务确立为社会主义道德建设的核心，是十四届六中全会所做出的一个重要贡献。这一提法，是对马克思主义道德理论在新时期的一个新的发展。

怎样理解社会主义道德建设的核心是为人民服务呢？

我们可以从三个方面来加以把握。第一，要深刻理解“人民”的含义。对于马克思主义者来说，“人民”同所谓“人”或“人人”的意义是不同的。为人民的利益而工作，为人民的利益而献身，为人民的利益而英勇奋斗，是中国共产党在长期革命斗争中所形成的一个根本的思想。毛泽东说，“人民是什么？在中国，在现阶段，是工人阶级、农民阶级、城市小资产阶级和民族资产阶级”，在改革开放的新形势下，人民应当包括一切拥护四项基本原则、拥护改革开放的广大群众。人民不包括一切反对马克思主义、反对共产党的领导、反对社会主义道路、反对人民民主专政的敌对分子。在社会主义的现阶段，强调人民的利益，是同强调社会主义的利益一致的，为人民服务的思想又是同社会主义的政治制度和经济制度密切相联系的。在改革开放的新时期，邓小平同志再一次强调为人民服务的重要意义，他说，人民满意不满意、人民高兴不高兴、人民赞成不赞成，应当成为检验我们一切工作的标准，把“我是人民的儿子”作为他对人民的信仰和尊重。由此可见，社会主义道德建设提出以为人民服务为核心，是有其深刻含义和丰富内容的。“毫不利己、专门利人”是为人民服务；无私奉献、舍己为人是为人民服务；顾全大局、先公后私是为人民服务；关心他人、爱护他人，并给予他人以力所能及的帮助，也是为人民服务；爱岗敬业、办事公道，努力做好本职的工作，也是为人民服务；遵纪守法、诚实劳动，获取正当的个人利益，同样也是为人民服务。在为人民服务的思想中，既有先进性的要求，又有群众性的要求。从一定的意义上，我们说，在为人民服务的思想中，也包含了“人人为我，我为人人”的思想，正是从广泛性这一要求出发的。

正如江泽民同志在纪念中国共产党成立八十周年大会上的讲话中所指出的：“人民群众的整体利益总是由各方面的具体利益构成的。我们所有的政策措施和工作，都应该正确反映并有利于妥善处理各种利益关系，都应认真考虑和兼顾不同阶层、不同方面群众的利益。但是，最重要的是必须首先考虑并满足最大多数人的利益要求，这始终关系党的执政的全局，关系国家经济、政治、文化发展的全局，关系全国各族人民的团结和社会安定的全局。最大多数人的利益是最紧要和最具有决定性的因素。这是马克思主义的基本观点，各级领导机关和领导干部必须充分认识和认真实践。”因此，在贯彻和实践为人民服务这一社会主义道德的核心时，我们应当特别考虑和注意广大工人、农民的利益，要为全国最大多数人的“共同富裕”而贡献自己的力量。

2. 为人民服务的提出及发展

为人民服务思想是毛泽东同志在革命战争年代中概括出来的，在中国革命和实践的过程中，邓小平同志和江泽民同志对它又进行了不断的发展，它是唯物主义的世界观、历史观在我国政治、文化、道德思想中的运用和发展。

为人民服务思想的提出，是同党的为最大多数人民谋利益的思想相一致的。早在 1942 年，毛泽东同志《在延安文艺座谈会上的讲话》中，就明确地提出“为什么人的问题，是一个根本的问题，原则的问题”。1944 年，毛泽东同志以《为人民服务》一文来纪念为人民利益而牺牲的张思德同志，提出“我们的共产党和共产党所领导的八路军、新四军，是革命的队伍。我们这个队伍完全是为着解放人民的，是彻底地为人民的利益工作的”。1945 年在《论联合政府》一文中，他又再一次强调“紧紧地和中国人民站在一起，全心全意地为中国人民服务，就是这个军队的唯一宗旨”。1957 年，在《坚持艰苦奋斗，密切联系群众》一文中，他更突出地强调“共产党就是要奋斗，就是要全心全意地为人民服务，不要半心半意或者三分之二的心三分之二的意为人民服务”。邓小平同志继承和发展了毛泽东同志的思想，他认为共产党之所以成为人民群众的先锋队，就是因为“它是人民群众的全心全意的服务者，它反映人民群众的利益和意志，并且努力帮助人民群众组织起来，为自己的利益和意志而斗争”①，他又说：“中国共产党员的含意或任务，如果用概括的语言来说，只有两句话：全心全意为人民服务，一切以人民的利益作为每一个党员的最高准绳。”邓小平同志的“三个有利于”的思想，更进一步地强调了为人民服务的重要意义。从这里我们可以看到，在毛泽东同志和邓小平同志看来，为人民服务对革命干部、革命军人和共产党员，有极端重要的意义。

江泽民同志根据我国改革和建设的实践的发展，提出了“三个代表”的思想，强调“我们党要始终代表中国最广大人民的根本利益，就是党的理论、路线、纲领、方针、政策和各项工作，必须坚持把人民的根本利益作为出发点和归宿，充分发挥人民群众的积极性主动性创造性，在社会不断发展进步的基础上，使人民群众不断获得切实的经济、政治、文化利益”，他指出“全心全意为人民服务，立党为公，执政为民，是我们党同一切剥削阶级政党的根本区别”，“八十年来我们党进行的一切奋斗，归根到底都是为了最广大人民的利益”。在新的历史时期，能否身体力行为人民服务的思想，能否实现好、维护好和发展好最广大人民的利益，已经成为考验每一个共产党员的试金石。

江泽民同志还从战略的高度，提出了“我们党始终坚持人民的利益高于一切”，“党除了最广大人民的利益，没有自己特殊的利益。党的一切工作，必须以最广大人民的根本利益为最高标准”，“只有把关心群众、服务群众的工作切实做好了，我们才能始终保持与人民群众的血肉联系，才能无往而不胜”。同样，我们的公民道德建设，也只有始终贯彻为人民服务这一核心，才能取得实际的成效。

从一定的意义上，我们可以说，“三个代表”重要思想的根本精神，就是为人民服务。“三个代表”是针对我们时代形势的发展，针对世界发展进步的潮流而提出的。其中所蕴含的伟大的革命精神，就是为人民服务的精神。为人民服务是我们党思想路线的一个显著标志。作为共产党人，应该全心全意为人民服务，这是最高层次的。任何一个普通的人也都要有为人民服务的意识，在自己的工作和生活中，力求对社会、对他人做出贡献。这是一个非常广泛的、不同层次的要求，但它都是在引导人们向上、向善、向着为人民服务的方向，多做一点自己能够做的、

① 《邓小平文选》，2版，第1卷，218页。

应该做的、做得更好的事情，也是每一个人提高精神境界的一个重要的途径。

3．为人民服务与社会主义市场经济

我国实行社会主义市场经济以来，一些人认为，市场经济既然是一种以求利为目的的经济，因此，我国原有的道德规范就不再能够规范人们的行为。一些人更从错误的认识出发，认为早在革命根据地时期就提出、新中国成立以来所形成的社会主义的道德，特别是为人民服务的核心和集体主义原则，是计划经济的产物，应当摒弃，认为爱人民、爱祖国、爱劳动、爱科学、爱社会主义的基本道德要求，只是一种陈旧的规范，是束缚人的行为的桎梏。也正是在这种思想的误导下，一些人认为，我国实行社会主义市场经济以后，我国原有的社会主义的道德核心和道德原则，都不能适应今天的要求，一切都应当以个人利益为准则，能够满足个人利益的，就可以去做，只要不违犯法律就可以了。也正是在这样的思想指导下，一些人提出，新中国成立以来的社会主义的道德，是一种陈旧的、过时的、传统的道德，为了适应市场经济的要求，要进行道德重建，要从道德的核心和原则上来建设一种以个人为中心的道德。应该看到，这种理论上的错误导向，是现实生活中造成社会道德失范的一个重要原因。

我国现在所实行的社会主义道德规范体系的核心和原则，是同社会主义的经济制度和政治制度紧密联系在一起的。这一体系的核心和原则，早在革命根据地和解放区就已经开始孕育，在新中国成立后，又进一步得到了发展。它是社会主义的经济、政治的反映，是社会主义的经济、政治的必然产物；它绝不是计划经济的产物，它同计划经济并没有必然的联系。把我国当前的社会主义道德的为人民服务和集体主义同计划经济联系在一起的思想，是完全错误的。

有的人提出，市场经济是以求利为最大目的的一种经济，人们的经济活动都是由个人的利益驱动的，因此，在市场经济的条件下，是不可能把为人民服务作为公民道德的核心的。

这种认识是错误的，最重要的是，这些人不懂得，我们所实行的市场经济，不是资本主义的市场经济，而是社会主义的市场经济。社会主义的市场经济，是受社会主义的政治、经济、伦理和文化制约的市场经济，就是要正确处理个人利益和集体利益的关系，而不允许个人利益危害国家利益的市场经济。因此，社会主义市场经济下的道德核心只能是为人民服务。

三、社会主义道德建设的原则

1. 集体主义是社会主义道德的基本原则

集体主义作为道德建设的原则，是社会主义经济、政治关系的必然要求。在社会主义社会，人民当家做主，国家利益、集体利益和个人利益根本上的一致，使集体主义成为调节个人与集体利益关系的重要原则。在发展社会主义市场经济的过程中，必须更好地把集体主义精神渗入社会生产和生活的各个层面。要引导人们正确认识国家和自己的根本利益，树立正确的世界观、人生观、价值观，反对小团体主义、本位主义和损公肥私、损人利己，把个人的理想与奋斗融入为祖国社会主义现代化建设事业的奋斗之中。

新中国成立以来，在道德建设上，我们一直坚持以集体主义为原则，其根本原因，就是集体主义原则反映了我国基本的经济制度和政治制度的要求，并能动地作用于基本的经济制度和政治制度，强有力地推动了社会主义建设事业的发展。值得注意的是，自从我国实行社会主义市场经济以来，一些人对于集体主义仍然应当成为我们的道德原则，却提出了种种的质疑。一些人提出要以个人主义、本位主义、人道主义、利己主义和合理利己主义等来代替集体主义作为我国社会主义道德的基本原则。有的人认为，现在实行市场经济，就要以“主观为自己，客观为别人”等作为我们的道德原则。还有些人认为，集体主义原则只强调个人服从集体，而不强调个人的自由，因而在改革开放的今天，就不应当再以集体主义来作为我们的道德原则。应当说，这些看法的产生，都有其一定的客观原因，或者是对集体主义的误解，或者是对市场经济的错误认识，因而，这些看法都是错误的。

2. 对社会主义集体主义原则的科学理解

从新中国成立到改革开放的相当长时期内，集体主义曾受到“左”的思想的干扰和右的自由化思潮的攻击。在“左”的思想的影响下，在一段时期内，集体主义往往只强调集体的利益，只强调个人应当服从组织，只强调集体的利益无条件地高于个人的利益。在有些时候，更是把个人利益同集体利益完全对立起来。这种在一段时期内曾经出现过的把集体利益和个人利益对立起来的错误倾向，应当加以克服。另外，在资产阶级自由化思潮泛滥时期，一些人指责集体主义，说什么集体主义就是限制个人自由，就是抹杀个人的个性，就是反对个人利益和束缚个人发展，等等。正是在这种情况下，一些人对社会主义集体主义产生了种种的误解，把集体主义看做对个人利益的否定和对个人自由的束缚。为此，我们必须首先消除人们对集体主义的种种误解，对集体主义予以科学的解释。

什么是社会主义的集体主义？一般来说，社会主义的集体主义，应当包括三个方面的基本内容。

社会主义的集体主义强调，集体的利益同个人的利益，在根本上是一致的。在社会主义社会中，个人利益和集体利益是统一的。国家利益、社会利益，体现着个人的根本的、长远的利益，是集体每个成员的利益的有机统一。同时，每一个个人的正当利益，又都是集体利益的不可分割的组成部分。正是从这一点出发，集体事业的兴衰成败，与个人利益的大小得失，有着息息相关的联系。在现实生活中，集体利益和个人利益又是相辅相成的，集体利益的发展，本身就包含着集体中每个成员利益的增加，而集体中每个个人的利益的增加，同样有利于集体利益的加强。因此，任何割裂集体利益和个人利益的思想，都不符合集体主义的原则，是错误的。

社会主义集体主义承认，在社会生活中，在某些具体情况下，个人利益和集体利益又往往会发生矛盾。社会主义的集体主义强调，在这种情况下，必须坚持集体利益高于个人利益的原则，即个人应当以大局为重，使个人利益服从集体利益。马克思主义者对这一原则的运用，不是任意的，而是要处处考虑到实际情况，使这种矛盾得到很好的解决。集体主义认为，只有在特殊的情况下，如国家遭受到敌人的侵略，人民生命财产遭到危险时，才要求个人无条件地为集体利益而献身，直到牺牲自己的生命。社会主义的集体主义之所以要强调个人利益要服从集体利益，归根结底，既是为了整个集体的共同利益，也是为了维护每个人的利益。

社会主义的集体主义，不仅不会妨碍个人利益，而且它的重要功能，就是要保证个人正当利益的实现，使个人的才能、价值能够得到最好的发挥，这不但不与集体主义思想相矛盾，而且，它完全是集体主义思想的应有之义。马克思、恩格斯说："只有在集体中，个人才能获得全面发展其才能的手段，也就是说，只有在集体中才可能有个人自由。"那种把集体主义看做"服从"、看做对"个性的束缚"的思想，是与集体主义的本意相违背的，这是我们在强调集体主义原则时应当加以纠正的。对于集体主义来说，只有个人的价值、尊严得到了实现，个人的正当利益得到了保证，个人的主体性得到了发挥，集体才能有更强大的生命力。

在明确了社会主义集体主义的原则所包含的全部意义之后，对于什么是社会主义的义利观，也就容易把握了。在社会主义社会中，我们应当"大力提倡把国家和人民利益放在首位而又充分尊重公民合法利益的社会主义义利观"。这也就是说，社会主义的义利观，是一种先义后利、义利并重的义利观，是一种把国家和人民利益放在首位，即首先考虑国家和人民利益的义利观，这种义利观绝不是不重视个人的利益，而是要充分尊重公民个人合法利益。

社会主义道德的核心和原则，即"为人民服务"和"集体主义"是相辅相成、相互为用的，它们之间有着内在的、密不可分的联系。在"为人民服务"的核心中，就包含着人民的利益、集体的利益高于个人利益的思想；在"为人民服务"的思想中，也包含着"为社会献身"，即社会利益、集体利益高于个人利益的思想。同时，在集体主义原则中，也同样体现着人民的利益是最高的利益，贯彻着个人要为人民利益而献身的思想。作为社会主义道德核心的"为人民服务"，强调的是我们一切工作的根本目的和出发点，都是为了广大人民群众的利益；作为社会主义道德原则的"集体主义"，强调的是我们在为人民服务的活动中，在处理个人和他人、个人和集体的关系时，要能够从人民的利益出发，贯彻人民的利益高于一切的思想，更好地处理各种矛盾，从而使我们的道德行为，能够更好地维护人民利益和国家利益，更有利于中国特色的社会主义的现代化建设。

最后，我们应当特别指出，"为人民服务"的核心和"集体主义"的原则，都是贯穿在整个社会主义道德规范体系中的指导思想，对规范体系中的每一部分，都有着导向和制约作用。不论是在社会主义道德的五个基本要求（爱祖国、爱人民、爱劳动、爱科学、爱社会主义）中，还是在社会主义道德的三大领域（社会公德、职业道德、家庭美德）中，从始到终，都贯彻了“为人民服务”的核心和“集体主义”的原则。

3. 坚持集体主义、反对个人主义

正如我们在前面所指出的，我国实行社会主义市场经济以来，一些人提出，为了适应市场经济的要求，要进行道德重建，要从道德的核心和原则上来建设一种以个人为中心的道德。这种思想，在理论上和实践上都产生了极大的危害，为此，对什么是个人主义，有必要加以深入的剖析。

“个人主义”这一概念，在西方，作为一种价值观念和道德原则，是有着不容混淆的确切意义的。个人主义同我们日常所说的“自私观念”、“自私自利思想”和行为，并不是一个相同的意思，更不是我们所说的个人利益。每个人都有自己的个人利益，但这并不是个人主义；一个人可能有自私自利的动机和行为，但并不等于说一定具有个人主义的价值观念。西方公认的“学术性强、权威性高”的《不列颠百科全书》是这样解释“个人主义”的，它说：“个人主义（Individualism），一种政治和社会哲学，高度重视个人自由，广泛强调自我支配、自我控制、不受外来约束的个人和自我。创造这个词的法国政治评论家亚历克西·德·托克维尔把它形容为一种温和的利己主义，它使人们仅仅关心自己的家庭、朋友和小圈子。”西方思想家对个人主义的概括，主要有以下三个方面的内容。

第一，个人主义作为一种价值追求，在个人与社会的关系上，它特别强调“个人本身就是目的”，而社会、集体、国家和他人，只不过是达到个人目的的手段。这是一种从主观出发的个人中心论，个人主义总是把自己放在同社会、他人对立的两极中去考虑。而“个人主义”最终必然要“沦为利己主义”。

第二，个人主义作为一种政治观念，极力反对集体、社会和国家对个人的干预和限制。因此，个人主义者总是特别强调“个人”。个人主义在政治上所鼓吹的绝对民主，是同社会主义的民主集中制根本对立的。

第三，在西方，个人主义又被人们认同是一种财产制度。个人主义所要维护的是允许剥削、承认两极分化的私有财产制度。西方的奥地利著名经济学家、诺贝尔奖获得者 A. 哈耶克就明确地指出，个人主义这一社会理论，就是"私人产权制度"的理论，也就是资本主义制度的理论。哈耶克从各个方面论证，个人主义是同社会主义势不两立的。

正是由上述原因，我们认为，在道德原则的问题上，我们应当旗帜鲜明地反对个人主义，坚持社会主义的集体主义。坚持集体主义的道德原则，就是坚持社会主义制度，就是坚持马克思主义的价值导向，就是坚持社会主义道路。

四、社会主义道德的基本要求和三大领域

1. 社会主义道德的基本要求

爱祖国、爱人民、爱劳动、爱科学、爱社会主义作为道德建设的基本要求，是每个人都应当承担的法律义务和道德责任。在任何时候和任何情况下，都必须把这些基本要求与具体道德规范融为一体，贯穿公民道德的全过程。要引导人们发扬爱国主义精神，提高民族自尊心和自信心，以热爱祖国、报效人民为最大光荣，以损害祖国利益、民族尊严为最大耻辱，提倡学习科学知识、科学思想、科学精神、科学方法，提倡艰苦奋斗、勤奋工作，反对封建迷信、好逸恶劳，积极投身于建设中国特色社会主义的伟大实践。

怎样理解社会主义道德的基本要求，它在社会主义的道德体系中，占有什么样的地位?

社会主义道德的基本要求有五个，即爱人民、爱祖国、爱劳动、爱科学和爱社会主义。这五个基本要求是如何形成的，这五者之间，又是什么关系呢?

我们知道，早在新中国成立初期，1949 年 9 月 29 日由中国人民政治协商会议第一届会议所通过的《中国人民政治协商会议共同纲领》中，就规定了"提倡爱祖国、爱人民、爱劳动、爱科学、爱护公共财物为中华人民共和国全体国民的公德"这一内容。(同日，毛泽东为《新华月报》创刊号题词："爱祖国、爱人民、爱劳动、爱护公共财产为全体国民的公德。")1982 年第五届全国人大所通过的宪法中再一次规定"国家提倡爱祖国、爱人民、爱劳动、爱科学、爱社会主义的公德"，这

是对新中国成立初期的《共同纲领》中所提出的“五爱”要求的进一步发展。所不同的是，在当时的历史条件下，在《共同纲领》中，还没有向全国人民提出“爱社会主义”的要求，而到1982年，提出这样的要求，也就是理所当然的了。把原来《共同纲领》中的“爱护公共财物”改为“爱社会主义”，原因之一就是“爱社会主义”包括了更为广泛的内容，“爱护公共财物”本身也就是爱社会主义的一个重要的内容。由此可见，把“爱祖国、爱人民、爱劳动、爱科学、爱社会主义”作为我国的社会主义道德的基本要求，是新中国成立以来我国道德建设的经验总结，反映了我国道德建设的客观要求。这里应当提醒大家注意的就是，《共同纲领》和《中华人民共和国宪法》中的“五爱”，在过去常常又称作“社会公德”，而在党的十四届六中全会所通过的《关于加强社会主义精神文明建设若干重要问题的决定》中，“五爱”成为社会主义道德的基本要求，不再称为“社会公德”了。“社会公德”则专指社会公共场合的道德，指社会生活中道德的一个重要的领域。

在这五个基本要求中，“爱祖国”是作为第一个基本要求提出来的，这是社会主义社会道德的重要规范，它要求社会主义社会中的所有的公民，都必须把热爱祖国，即把热爱社会主义的中华人民共和国作为自己的一个神圣的道德义务。维护国家的尊严、保卫国家的利益、为祖国的繁荣富强而努力奋斗，是每一个公民光荣的责任。“爱人民”要求每一个公民，都要自觉地把人民的利益放在首位，关心人民的疾苦，谋取人民的幸福，在自己和他人相处时，都要按照“相互关心”、“相互帮助”的准则，设身处地为他人着想。在社会主义社会中，劳动不仅是一种谋生的手段，而且是一种对祖国、对人民的义务，也是每个社会主义公民的神圣的权利。社会主义社会的生产力的发展、经济的繁荣和国家的富强，都是要靠广大人民群众的诚实劳动来实现的。“爱劳动”作为一种道德要求，是同社会主义的本质相联系的，它能够更好地培养人们的思想道德素质，有利于我们的国家沿着社会主义道路，顺利地向前发展。在社会主义的现代化过程中，“科教兴国”已成为国家腾飞的重要的保证，“爱科学”作为社会主义道德的基本要求，有着特别重要的意义。在社会主义社会中，爱科学不仅是一种对于知识的追求和能力的提高，而且是每个人的道德素质的体现。把“爱科学”规定为社会主义道德的基本要求，是社会主义道德要求在新时期的一个重大的发展，对于我国社会主义的四个现代化事业的发展，有着重大的促进作用。最后，“爱社会主义”作为社会主义道德的一个基本要求，是前四种道德要求的概括和升华。我们所处的社会，是社会主义的初级阶段，我们的最终目的，是要经过长期的努力，达到消灭剥削、消除贫困的共同富裕的社会主义社会，并最终建成共产主义社会。因此，在现阶段，在道德要求上，最重要的就是要使每一个社会主义的公民，都能自觉地把“爱社会主义”作为道德上的义务，坚持社会主义道路，坚持社会主义的方向，反对资产阶级自由化，反对一切离开社会主义道路的错误思想和倾向，把爱社会主义看做道德高尚与否的一个重要的评价标准。

2. 社会道德生活三大领域

在社会生活中，人们的道德活动是多种多样的，涉及很多方面。如果加以概括，我们就能够看到，最基本的方面，只有三个：一个是社会公共场所活动的领域，一个是职业活动的领域，一个是家庭生活的领域。相对于这三个活动领域的道德，就是社会公德、职业道德和家庭美德。社会主义道德的核心、原则和五个基本要求，要想在实际生活中规范人们的行为，就必然要在上述三大领域中来发挥自己的作用，把这些核心、原则和基本要求具体化、规范化和可操作化，因此，这三大领域也可以说是社会主义道德的落脚点和着力点，离开了上述三大领域，社会主义道德也就不可能有效地发生作用。当然，这三大领域的划分，只能是相对的，它们之间既是相互联系的，又是相互交叉的。对于这三大领域来说，每一个领域，都有自己的道德规范，同样，这也绝不是说，某一个领域的道德规范，只能适应于这一个领域，因为这些道德规范是一个统一的整体，它们在整个社会生活的各个领域中，是相互为用的，一些道德规范，它虽然主要在一个道德领域中起主要的作用，但往往同时又在其他领域中发挥着一定的作用。在相当多的情况下，一些行业的职业道德又是同社会公德联系在一起的，而社会公德总是要影响到个人的职业道德和家庭美德。

根据党的十四届六中全会所确立的社会主义道德体系的基本框架，在社会主义道德建设的核心、原则和五个基本要求的作用下，在这三大领域中的每一个领域各有五个基本规范，三大领域总共有十五个基本的道德规范，从而形成了一个社会主义道德的规范体系。这一规范体系，涵盖了社会主义道德要求的各个方面。

社会公德是全体公民在社会交往和公共生活中应该遵循的基本行为准则，涵盖了人与人、人与社会、人与自然之间的关系。在现代社会，公共生活领域不断扩大，人们相互交往日益频繁，社会公德在维系公共秩序、保持社会稳定方面的作用更加突出，成为公民个人道德修养和社会文明程度的重要表现。在社会公德中，有五个道德规范，这就是：(1) 文明礼貌；(2) 助人为乐；(3) 爱护公物；(4) 保护环境；(5) 遵纪守法。

职业道德是所有从业人员在职业活动中应该遵循的基本行为准则，涵盖了从业人员的服务对象、职业与职工、职业与职业之间的关系。随着社会分工的细化，专业化程度的增强，市场竞争日趋激烈，对从业人员职业观念、职业态度、职业技能、职业纪律和职业作风的要求越来越高。在职业道德中，也有五个道德规范，这就是：(1) 爱岗敬业；(2) 诚实守信；(3) 办事公道；(4) 服务群众；(5) 奉献社会。

家庭美德是每个公民在家庭生活中应该遵循的基本行为准则，涵盖了夫妻、长幼、邻里之间的关系。人们的家庭生活与社会生活有千丝万缕的联系，正确对待和处理家庭问题，培养夫妻爱情、长幼亲情、邻里友情，不仅关系到每个家庭的美满幸福，也有利于社会的安定团结。在家庭美德中，也有五个道德规范：(1) 尊老爱幼；(2) 男女平等；(3) 夫妻和睦；(4) 勤俭持家；(5) 邻里团结。

只要能够在这社会道德生活的三大领域中，认真地加强这十五个道德规范的宣传、教育和实施，我们的社会主义的道德建设，就一定能够取得预期的效果。

3. 形成一种良好的人际关系

社会主义道德建设的一个重要的目的，就是要在全社会形成一种良好的人际关系，这种人际关系，究竟应当是什么样的呢？十四届六中全会指出，这种关系应当包括三个方面的要求，即团结互助、平等友爱、共同前进。

在社会主义市场经济的条件下，为了加快我国经济的增长和生产力的发展，特别是在大力弘扬个人的开拓创新和竞争进取精神的同时，“团结互助、平等友爱、共同前进的人际关系”有着特别重要的意义。因为，只有这样，才能使我们的四个现代化更加顺利地向前推进。值得注意的是，在市场经济自身的缺陷和消极影响下，由于个人主义、拜金主义和享乐主义的腐蚀，由于自私自利、损人利己思想的作用，在人与人的相互关系中，往往会造成人和人之间的相互指责、相互抱怨和互不信任的情况。我们进行社会主义的道德建设，就必须强调“在全社会形成一种团结互助、平等友爱、共同前进的人际关系”的重要意义。

社会主义道德建设的这个体系，既是我国道德实践的总结，又是要在今后的社会主义道德实践中不断发展、不断完善的。我们既要以这一体系为依据来进行道德建设，又要以马克思主义、毛泽东思想、邓小平理论为指导，在今后的群众实践中，不断地补充和丰富，使我们的社会主义的道德建设健康地向前发展。

道德建设的最高要求和基本要求*

加强公民道德建设，是一项重要而又十分紧迫的任务，应当立即认真地开展，力求在全国范围内掀起一个重视公民道德建设的新的高潮。

回顾改革开放以来，我国在道德建设上，在社会主义精神文明建设中，在我们的社区活动中，虽然也注意到对公民的道德教育，但是，我们始终没有能够提出进行公民道德建设这一重要的任务，这不能不说是我们在今后须加以改进的。

在道德建设上，我们党和政府，一直提倡要把先进性和广泛性结合起来，要把先进性和群众性结合起来，把道德的最高要求和道德的基本要求结合起来，只有把这两个方面有机地结合在一起，我们的道德建设才能在实际生活中发挥应有的作用。

我们坚信，共产主义道德是人类社会发展到今天的最进步、最崇高的道德，这一道德是建立在社会主义的政治、经济和文化上的一种崭新的道德，我们要求所有共产党员和一切先进分子，都能够按照这一道德要求来规范自己的思想和行为，并强调应当向全国人民广泛地提倡和宣传共产主义道德。同时我们也清醒地认识到，对于广大人民群众和所有公民来说，只有在社会主义社会充分发展和高度发达的基础上，只有在广大人民群众和全体公民的文化素质和道德素质有了极大提高的基础

* 本文原载《以德治国与公民道德建设》。

上，共产主义道德的要求，才能成为全社会所有人的行为准则。对一个经济和文化还相对比较落后的发展中国家来说，要求所有的人都履行共产主义的道德要求，是很难做到的。共产主义道德，只有在物质财富极大丰富、人民精神境界极大提高、每个人自由而全面发展的社会中，才能成为普遍的道德要求。在当前，对于社会主义社会中的所有公民来说，在向他们宣传共产主义道德的同时，更重要的是，要使他们必须遵守和履行社会主义的公民道德，履行作为一个社会主义公民所应当遵守的最起码的、基本的道德准则。这一最起码的、基本的道德准则，是整个社会主义道德体系的一个重要组成部分，是为了不断提高所有社会主义公民的道德素质，从而为将来履行共产主义道德创造必要的前提和条件。道德素质的提高，不论对一个人还是一个社会来说，都是一个不断攀登和上升的过程，既要积极进取，努力向上攀登，又要脚踏实地、实事求是，不能急于求成、躐等而进。否则，尽管我们的愿望是好的，但往往因急于求成而事与愿违。过去，我们对道德的先进性和广泛性、道德的最高要求和基本要求之间的辩证关系认识比较简单。经过这么多年的实践，现在，我们对这个问题的认识已全面和深刻得多了。在道德建设上，我们要坚持共产主义道德的最高要求，要求共产党员和一切先进分子身体力行共产主义道德的规范，并且向广大人民群众提倡和宣传共产主义道德；同时要大力提倡每一个社会主义的公民，都必须遵守和履行社会主义社会的公民道德，使我们的社会主义道德建设能够建立在更加坚实的基础上。

道德建设的先进性和群众性的关系、最高要求和基本要求的关系是辩证统一的。在公民道德建设上，我们强调道德建设的群众性，提出道德建设的基本要求，而这一基本要求，又是同我们的社会主义和共产主义道德的最高要求联系在一起的，它是为着将来实现更高的道德要求建立必要的基础。只有经过长期的努力，只有在社会主义社会充分发展和高度发达的基础上，只有在物质财富极大丰富、人民精神境界极大提高的基础上，共产主义的最高尚的道德，才能成为全体公民都必须遵守的道德。尽管这个过程是漫长的，但是，我们在强调公民道德时，任何时候都不能忘记了这个社会主义道德的最高要求。只有如此，我们才能既脚踏实地、从实际出发，又能按照社会主义和共产主义所指引的方向顺利前进。

为了使我们在公民道德建设上能够更好地把先进性和群众性结合起来，更好地把道德的最高要求和基本要求结合起来，当前，我们必须努力解决所面对的新情况、新问题和新矛盾，创造性地提出解决这些问题的新对策。只有解决了这些问题，我们的公民道德建设才能更顺利地前进。

改革开放以来，我国社会的经济成分、组织形式、物质利益和就业方式，出现了日益多样化的趋势，其中以经济成分和物质利益的多样化对公民道德建设的影响，最值得我们注意。按照马克思主义的辩证唯物主义和历史唯物主义的观点，一个社会的道德，总是同这个社会的经济成分和物质利益有着密切的关系。一定社会的道德，是一定社会的经济成分和物质利益关系在观念形态上的反映，它既受这一社会的经济成分和物质利益关系的制约，又能够对这一社会的经济成分和物质利益关系产生能动的作用，延缓或促进经济的发展和利益关系的变化。我国当前的这些变化给道德建设带来的最重要的问题，就是个人利益同集体利益、公民利益同国家利益的关系问题。

随着社会主义市场经济的实行和进一步发展，以及经济成分和物质利益关系的多样化，公民在追求个人利益的同时，其个人利益往往同集体利益、国家利益发生矛盾。一方面，作为社会主义国家，它必然要力求保证所有公民正当的个人利益，使每个社会主义的公民，都能享有应当享有的各种权利，只要是遵纪守法和进行诚实的劳动，他们的劳动所得，不但在经济上应当受到保障，在道德上也应当得到肯定。同时，我们还必须强调，任何一个公民的个人利益的获得，都不能以损害国家和集体的利益的手段来获取。值得注意的是，在“市场”的一些负面作用的影响下，一些人的生活目的只是赚钱和享受，为了达到获取金钱的目的，不惜损害国家利益、集体利益和民族利益。这些情况的出现使我们更加清楚地看到，在加强社会主义精神文明建设，特别是加强社会主义道德建设中，大力加强公民道德建设，提高所有公民的道德素质，有着十分紧迫和极其重要的意义。

同时，我们还应当看到，21 世纪是世界范围各种思想文化相互激荡的新时期，随着科学技术的发展一日千里，网络的信息传播，我国加入世贸组织，等等，西方各种文化思潮大量涌入我国，特别是西方一些国家，一直不遗余力地对社会主义国家进行意识形态渗透。现在，中国是世界上最大的社会主义国家，正在不断发展、日益富强。西方敌对势力加紧以各种手段和方式，对我国进行“西化”、“分化”的战略，其中一个十分重要的手段，就是要以西方的价值观念，以他们所谓的“人权”、“民主”、“自由”和“个人主义”的价值观，以他们的所谓“全民道德”和“普世伦理”来影响我们，企图把他们所制定的、有利于少数剥削者而不利于我国广大劳动人民的价值观念和道德原则强加给我们。我们必须要以马克思主义的观点与方法来分析这种现象，以便能够在这种纷繁复杂现象的背后，把握事物发展的本质及其方向。因此，在坚持改革开放、加强对外经济文化交流的同时，要十分注意警惕和防范在伦理道德方面敌对势力的渗透活动。这也是我们在新时期加强公民道德建设中需要深入研究的重要问题。

经过改革开放和社会主义市场经济的发展，特别是经过近年来经济的快速增长，我国已经出现的对小康社会的精神文化需求的不断增长，也给我们的思想道德建设提出了新的任务。物质生活水平的不断提高，也要求更多、更好的精神产品来满足广大劳动人民的精神需求。但是，值得指出的是，各种报纸、电影、戏剧和文化娱乐场所等等，还不能向他们提供充分的、健康的、向上的、有益的精神食粮，少数报纸、电影和文化娱乐场所，为了单纯地追求经济效益，为了攫取更多的金钱，公开宣扬那些封建迷信、唯利是图、追求享乐、猎艳追色等腐朽的思想意识和生活方式，散布一些低级、落后、庸俗、愚昧的错误观点，以致对社会、对人民、对国家造成了很坏的后果，败坏了公民的道德，腐蚀了社会主义社会中正常的人际关系，影响了社会的稳定。对于这些情况，我们应当坚决地加以禁止。在加强公民道德建设中，我们要努力营造一种有利于公民思想道德素质提高的环境，营造一个健康的、向上的、科学的、道德的文化氛围。

在加强公民道德建设的过程中，还有许多新情况需要分析，有许多新问题需要研究，有许多新矛盾需要解决。我们应当实事求是地从实际出发，认真研究这些新情况、新问题和新矛盾，创造性地来分析这些问题、解决这些矛盾，必须适应形势发展变化的要求，抓住时机，因势利导，巩固已有成果，积极探索公民道德建设的特点和规律，在内容、形式、方法、手段、机制等方面努力改进，把公民道德建设提高到一个新的水平。

加强公民道德建设与弘扬中华民族传统美德*

在当前，加强公民道德建设，提高全国公民的思想道德素质，形成良好的人际关系和社会风尚，对建设有中国特色的社会主义和实现中华民族的伟大复兴，有着特别重要的意义。

我国《公民道德建设实施纲要》，对我国公民道德建设的重要意义、公民道德建设的指导思想和方针原则、公民道德建设的主要内容和相关的一些重大问题，都作了明确的规定，是我们今后加强公民道德建设的纲领性文件。只要我们能够认真地加以贯彻和实施，我国的公民道德素质就一定能够不断地提高，我们的社会风尚，就一定能够得到改善，我国的社会主义精神文明建设和社会主义的道德建设，必将进一步促进我国的经济繁荣，使我国的物质文明建设和精神文明建设能够更加协调地向前发展。

加强公民道德建设，既要从我国社会主义初级阶段的实际出发，紧密地和当前的时代精神结合，又要注意弘扬中华民族的优良道德传统。这里，仅就加强公民道德建设与弘扬中华民族传统美德的关系，谈几点意见。

一

我国的公民道德建设，是有中国特色的社会主义道德建设的一个重

* 本文原载《以德治国与公民道德建设》。

要组成部分，因此，要使我们的公民道德能够更加切合我们的国情，为中国公民所喜闻乐见，能够使全体公民从思想情感上加以认同，就必须要吸取中华民族传统道德中的优良成分，使之在今天得到进一步发扬。

中华民族是一个有着长期优良道德传统的国家，是一个以“礼仪之邦”和“文明古国”形象屹立于世界民族之林的大国。从一定的意义来说，中华民族的形成和发展，都可以说是同中华民族的道德传统密不可分的。五千年来，中国作为一个大国，之所以能够克服多次的分裂局面，并长期保持统一，其中一个重要的原因，就是中华民族的优良道德传统所发挥的一种重要的精神支撑的作用。中华民族的传统道德，既是一种调节人们利益关系的行为准则，又是一种维护民族团结的重要力量。中华民族道德传统和民族精神的核心，就是一种整体主义精神，一种强大的向心力和凝聚力，一种反对民族分裂、注重民族团结的精神。正是在这种精神的影响和感召下，中华民族不但在历史上能够保持国家的统一，而且在今天，仍有着重要的现实意义。

从我国《公民道德建设实施纲要》中，我们可以看到，其中提出了十个基本的道德规范，就是爱国、守法、明礼、诚信、团结、友善、勤俭、自强、敬业和奉献，应当说，公民应当遵守的这十个基本道德规范，其中大多数都是在不同程度上继承并发扬了中国古代优良的传统美德，并在新的形势下赋予了新内容的结果。

二

中华民族的优良传统道德，概括起来，我认为有五个主要的方面，是我们在加强公民道德建设中应当要弘扬和继承的。

第一，中国优良道德传统强调为民族、为国家、为社会的整体精神，提倡“国而忘家、公而忘私”的“公忠”道德。中国古代道德中所提出的“先义后利”、“义以为上”，宋明理学家们所讨论的“义利之辨”和“理欲之辨”，都是为了要强调国家利益和民族利益的重要性。“义”，一般来说就是指整体利益和国家利益，而“利”在这里则专指个人的利益和个人的“私利”。这就是说，在个人利益同民族利益、国家利益发生矛盾和冲突时，中国传统美德强调，应当以国家利益和民族利益为重。

第二，中国优良传统美德，推崇“爱人”的原则，重视“和”在人际关系中的突出作用。《易经》提倡“厚德载物”，孔子第一个把“人”同“仁”联系起来，强调“仁者爱人”。中国古代优良传统道德认为，在人和人的相处中，应当从“爱人”出发，才能“人恒爱之”，并以此达到彼此相爱的目的。这“爱人”的道德原则，也可以说是中国历史上早期的人本主义的思想。在《公民道德建设实施纲要》中所说的“以人为本”的思想，就其思想渊源来说，可以追溯到中国古代“爱人”的道德传统。

第三，中国古代优良道德传统，注重在“人伦”关系中的义务和责任，把尽责、尽职看做道德人格的一个重要内容。《尚书》中就提出“五教”（父义、母慈、兄友、弟恭、子孝），孟子提出“父子有亲、君臣有义、夫妇有别、长幼有序、朋友有信”的“五伦”关系，规定了人和人关系中每个人所应尽的义务。尽管其中有维护等级制度和忽视权利的封建糟粕，应当加以剔除，但也包含着可以批判吸取的合理因素。一个在社会中生活的人，必然要同各种人发生种种关系，形成每个人应有的权利和义务。只有每个人都能够认真、负责地履行自己的责任和义务，享受到自己应享受的权利，一个社会的正常秩序才能得到维护，一个国家的稳定和民族的团结才能得到保障。

第四，中国古代优良道德传统，把人的精神境界，提高到一个非常重要的地位，对形成一个人的高尚道德人格有重要的意义。中国古代优良道德传统认为，在物质需求得到基本满足的条件下，一个人应当抱有高尚的理想和追求，而不要沉溺在享乐的泥潭，不要为各色各样的物质欲望所腐蚀而失去了人生的真正价值。“杀身成仁、舍生取义”、“富贵不能淫，贫贱不能移，威武不能屈”、“先天下之忧而忧，后天下之乐而乐”和“为天地立心，为生民立命，为往世继绝学，为万世开太平”，都是要追求一种崇高的理想和完美的道德人格，在今天仍然有着重要的现实意义。

第五，中国古代优良道德传统，重视修养践履，强调在道德修养中的主体能动作用。道德人格的培养、道德素质的提高和道德规范的实现，最重要的就是要在实际行动中修养践履。在社会生活中的人，总是要受到社会上各方面的影响，特别是金钱、美女、荣誉、权势的诱惑，需要不断地改造自己。因而，在道德修养上，认真地反省和改正，有着很重要的意义。孔子提倡“修己”、“克己”。曾子提出：“吾日三省吾身：为人谋而不忠乎？与朋友交而不信乎？传不习乎？”孟子特别注意“修身”和“养性”，讲“良知”、“良能”。宋明理学家们提倡要“尊德性”和“知行合一”等。他们都认为只有强调道德的修养践履、“知”和“行”的统一，才能更好地达到提高道德境界的目的。

三

对中华民族的优良道德传统，我们应当用马克思主义的立场、观点和方法，加以分析和鉴别。其根本原因，就是这些传统都是在长期的奴隶社会和封建社会中形成的，是同中国古代传统道德中的糟粕共生共长的。我们现在所处的时代，是新型的社会主义的时代，如何达到“古为今用”，使历史上形成的这些优良道德传统，能够在社会主义社会焕发出新的光辉，是我们面临的一个重要任务。

对于中国古代的道德传统，我们既不能抱着虚无主义的态度，否认它在今天仍能发挥作用，也不能采取无分析地全盘接受的态度。总体来说，我们应当采取“批判继承”的态度。这就是说，要取其精华，弃其糟粕，进行综合和创新，从社会主义的现实出发，有分析地加以继承和弘扬，以达到“古为今用”的目的。在加强公民道德建设中，只要我们能够以正确的态度来对待古代的优良道德传统，我们就一定会使我国的公民道德具有更强大的生命力，更宜于为全体公民所喜闻乐见和身体力行，从而更好地推动公民道德建设的健康发展。

认真实施《纲要》 加强公民道德建设*

一

中共中央印发《公民道德建设实施纲要》两年来，我国的公民道德建设迈出了可喜的步伐，出现了党政领导重视、舆论传媒关注、广大群众身体力行社会主义道德的良好局面。

公民道德“二十字基本道德规范”深入人心。在人们的各种交往中，“爱国守法、明礼诚信、团结友善、勤俭自强、敬业奉献”已成为判定行为道德的评价标准。不符合基本道德规范的思想和行为，愈来愈受到舆论的谴责和鞭挞，符合基本道德规范的思想和行为，愈来愈得到社会的鼓励和表彰，社会道德风尚正朝着更加健康、向上的方向发展。

以爱国主义为核心的团结统一、爱好和平、勤劳勇敢、自强不息的伟大民族精神，在公民道德建设中显示了强大的力量。特别是在抗击“非典”斗争中，广大人民群众万众一心、众志成城，团结互助、和衷共济，迎难而上、敢于胜利，充分显示了公民道德觉悟的不断提高和道德品质的不断升华。两年来，我国公民道德建设对于推动经济和社会的

* 本文原载《光明日报》，2003-09-30。

全面发展、保证社会主义市场经济的健康运行、促进整个民族素质的不断提高，都产生了明显的积极作用。

经党中央同意，中央精神文明建设指导委员会决定将《纲要》印发的9月20日，定为“公民道德宣传日”，这对于进一步加强公民道德建设、促进公民道德素质的提高和社会风气的改善，具有极其重要的意义。

“机不可失、时不我待”，我们一定要抓住有利时机，总结两年来公民道德建设的经验，认清当前道德建设中亟须解决的问题，强化道德建设“重在实践”的关键环节，不但要使“二十字基本道德规范”家喻户晓，而且要使之成为每个公民身体力行的自觉准则。

要重视“养成教育”。在道德建设中，对于道德的基本规范，要通过家庭、学校和社会各个方面的积极配合，经常进行启发、诱导、培养和教育，并辅以一定的制约和奖惩，日积月累、坚持不懈，使人们形成鲜明的荣辱观念，并自觉地按照道德基本规范去做。只要确立了以履行道德规范为荣、以违背道德规范为耻的观念，就会在全社会形成一种强大的舆论力量，促进道德风尚的提高。古人说“习与智长、化与心成”，就是说要随着智慧的增长，使基本道德规范逐渐形成为人们的品性；“习惯成自然”、“习以成性”，也是说的这个道理。在公民道德建设的运行机制中，除了各级领导重视、传媒强化舆论、经济政策和法律支持等，还须要辅以一定的管理和某些奖罚的规定，以期能加强道德教育和道德养成的效果。

二

总结《纲要》颁布两年来取得的巨大成绩，我们进一步认识到，公民道德建设的实践，对于建立和发展与社会主义市场经济相适应的社会主义道德体系，有着重要的意义。

从一定意义上，我们可以说，公民道德建设本身就是建立社会主义道德体系的一个重要组成部分。与社会主义市场经济相适应的社会主义道德体系，绝不仅仅是一种观念的框架，更不是从思想家们头脑中凭空构想出的一个体系。从根本上说，它只能从社会主义社会的经济关系和政治关系中，从社会主义初级阶段道德的实然和应然中，特别是从广大人民群众的道德实践中概括和归纳出来。理论工作者能否对社会主义道德体系进行正确的研究、分析和概括，关键在于能否实事求是、从实际出发，把社会的道德实践上升到理论层次。我们要把加强公民道德建设和建立与市场经济相适应的道德体系紧密结合起来，要以公民道德建设为契机，促进社会主义道德体系的建立，以公民道德建设的成果来推动社会主义道德体系的形成和发展。同时，我们要在建立社会主义道德体系的过程中，增强公民道德建设的力度，使两者相辅相成，协调发展。当然，从范围上看，社会主义道德体系要比公民道德建设的范围更为广泛，它涉及的方面更多。我们要建立的道德体系，不仅要与社会主义市场经济相适应，还要与社会主义法律规范相协调、与中华民族传统美德相承接。

《纲要》对公民道德建设的核心和原则，作了全面的、多层次的、适应社会主义市场经济人际关系的新概括，对公民道德建设的指导思想和方针原则，对营造公民道德建设的社会氛围和大众传媒等在道德建设中的重要作用，对道德建设的法律保障和政策支持，特别是对党的各级干部在道德建设中的作用等均作了精辟阐述。这不但是对当前公民道德实践的概括，也是对与市场经济相适应的道德关系、道德实践的科学概括，对于社会主义道德体系的建立，具有重要的指导意义。

三

建立与社会主义市场经济相适应的道德体系，是发展先进文化的重要组成部分。在建设中国特色社会主义，发展社会主义市场经济的过程中，既要坚持不懈地加强社会主义法制建设，依法治国，同时，也要坚持不懈地加强社会主义道德建设，以德治国。要把法制建设与道德建设紧密结合起来，把依法治国与以德治国紧密结合起来。在社会主义市场经济条件下，为了实施依法治国，必须建立社会主义法律体系，以保障法治的顺利实行；同样，为了实施以德治国，还必须建立与社会主义市场经济相适应的社会主义道德体系，没有社会主义道德体系的形成、建立和完善，我们就不可能实现以德治国的目标。

《纲要》明确提出，要“通过公民道德建设的不断深化和拓展，逐步形成与发展社会主义市场经济相适应的社会主义道德体系”。而如何“通过公民道德建设的不断深化和拓展”，以达到逐步形成与发展社会主义市场经济相适应的“社会主义道德体系”的目标，是我们加强公民道德建设时所应当认真对待的一个问题。加强社会主义道德体系建设是一个系统工程。公民道德建设，不但为我们找到了一个切入点和突破口，而且为我们提供了指导思想和实践基础。通过公民道德建设的深化和拓展，我们将在以下几个重要的方面，逐步形成与社会主义市场经济相适应的社会主义道德体系。

第一，要进一步加深对社会主义道德建设的指导思想、核心、原则和基本要求的认识、要在公民道德建设的实践中丰富和完善对它的认识和理解，以有助于社会主义道德体系的建立。第二，要把社会主义道德体系的建设同法律体系的建设联系起来，把法律规范和道德规范有机地结合起来，把法律的相关规定、预防犯罪和犯罪后的教化纳入道德建设的要求之中；把守法和违法提高到善与恶、道德与不道德、光荣与耻辱的高度，以守法为光荣，使守法成为做人处世的重要道德品质。第三，要根据新的时代要求，梳理、辨析中华民族几千年形成的传统美德，并赋予传统道德以新的内容，通过公民道德建设的实施，取得广泛的认同；同时，要借鉴世界各国道德建设的成功经验，按照“以我为主、为我所用”的原则，形成更加完善的社会主义道德体系。第四，要以为人民服务为核心、以集体主义为原则，建立与社会主义市场经济相适应的道德规范体系，把“二十字基本道德规范”和社会公德、职业道德、家庭美德进一步同社会生活的需要和具体情况结合起来，形成能够涵盖各个方面的规范体系网络。第五，要发扬党领导人民在长期革命斗争与建设实践中形成的优良传统道德，弘扬井冈山精神、延安精神、铁人精神、雷锋精神、焦裕禄精神、抗洪精神和抗击“非典”精神等，更好地在道德建设中形成新的有时代气息的道德要求。第六，进一步加强道德建设的法律支持、政策导向和制度保障，使我们的道德建设建立在更加坚实的基础之上。第七，在公民道德建设的过程中，通过营造浓厚的社会氛围，强化褒善贬恶、祛邪扶正的舆论力量，使人人都能从自身做起，力行道德，而且能对一切不道德的行为加以抵制，这对完善社会主义的道德体系，也是一个重要的方面。第八，在道德建设中，一方面要加强道德教育，充分运用道德的感化力、劝导力、说服力和舆论的压力，教人向善；另一方面，还应通过一定的管理规定和奖惩手段，更好地激励人们弃恶从善。在当前，要通过诚信机制的建立，探索社会主义道德体系的整体运行机制，促进社会主义道德体系的建立、发展和完善。总之，公民道德建设的实施，必将为建立与社会主义市场经济相适应的道德体系创造条件，提供经验；它的拓展和深化，必将对建成与社会主义市场经济相适应、与法律规范相协调、与传统美德相承接的社会主义道德体系产生重大的作用。

四

改革开放以来，在建立与社会主义市场经济相适应的法律体系方面，我们已经取得了可喜的成果，努力建立与社会主义市场经济相适应的社会主义的道德体系，是时代发展的要求，是现实生活向我们提出的一项重要、艰巨、长期而又紧迫的任务。

在看到我国道德建设所取得的可喜成绩时，我们还应当清醒地看到，当前道德建设中依然存在着一些值得重视的问题。有的人爱国主义、社会主义、集体主义观念淡漠，有损国格人格的现象时有发生；少数党员干部理想信念动摇、贪污受贿、违法乱纪，严重损害了党的形象。这些情况应当引起我们的高度重视。

加强社会主义道德体系的建设，是以德治国的一个重要体现，是社会经济持续健康发展、民族精神得到更好弘扬、道德风尚日益改善的重要环节。在当前，要大力克服一切忽视道德建设的有害思想，克服忽视以德治国重要性的错误思想，增强对建立社会主义道德体系的重要性、艰巨性、长期性和紧迫性的认识。一个社会的道德体系的形成，是一个长期的过程。不论在理论上还是在实践上，都需要认真探讨、综合创新，集中社会各方面的力量，共同努力。

加强道德建设的理论研究*

当前，我国道德建设正面临着前所未有的机遇。2000 年，我国在加强依法治国的同时，提出了依法治国与以德治国相结合的治国方略，把以德治国提到治国方略的高度。2001 年，中共中央印发了《公民道德建设实施纲要》，指出了要把公民道德建设提到突出的地位。道德建设是先进文化的重要内容，是弘扬中华民族精神、促进社会主义市场经济健康发展的有力保证。

在《公民道德建设实施纲要》颁布两周年之际，经中央同意，中央精神文明建设指导委员会又提出了关于深入贯彻十六大精神、进一步加强公民道德建设的意见，决定从今年开始，把印发《纲要》的 9 月 20 日，定为“公民道德宣传日”。

两年来，我国的公民道德建设得到了有力的加强。广大人民群众的道德实践正在日新月异地向前发展，道德建设取得了可喜的成绩；同时，也还存在着不容忽视的严重问题。随着社会政治、经济、文化的进步，道德关系的各个方面也都随着道德实践的发展而不断发展和变化。常青的道德生活之树，正蓬勃茁壮地展现在理论工作者的面前。

道德理论的研究，离不开前人的理论成果，离不开中外伦理思想家的理论建树。同时，更重要的是，我们应当特别关注现实的道德实践，

---

* 本文原载《高校理论战线》，2003（10）。

研究当前道德建设中所需要解决的重大现实问题。道德理论的发展，必须来自对现实的分析、研究和概括；科学的道德理论，又能够对当前的道德实践起重要的指导作用。在当前的公民道德建设活动中，理论工作者要特别注重把道德理论与道德实践有机结合起来。伦理学理论工作者的一项重要使命，是要对人民群众的道德实践进行理论上的总结和提炼，使那些生动活泼、行之有效的道德建设的形式，上升到理论的高度，既丰富我国道德理论的宝库，又反过来给予道德实践以科学的指导。伦理学理论工作者要积极为全社会的公民道德建设献计献策，要努力做出理论上的贡献。

在道德建设的理论研究中，伦理学理论工作者应当自觉坚持马克思主义的立场、观点和方法，坚持社会主义的方向；要以发展的观点，洞察正在发生和即将发生的新的变化，创造性地解决因经济成分、分配方式、利益关系的变化而出现的新矛盾和新问题；正确分析在市场经济条件下道德建设的层次性，把握先进性和群众性的统一，既要从道德的基本要求出发，使我们的道德成为人人能够身体力行的准则，又要提倡无私奉献的崇高道德，使两者相辅相成。

建立与社会主义市场经济相适应、与社会主义法律规范相协调、与中华民族传统美德相承接的社会主义道德体系，是实施以德治国的重要方面。公民道德建设的深化和拓展，必将促进我国与社会主义市场经济相适应的社会主义道德体系的建立和完善。社会主义的道德体系的建构，不可能是政治家、思想家和道德家们的凭空想象，只能建立在对广大人民群众的道德活动的科学概括的基础上。广大伦理学理论工作者要言行一致、身体力行公民道德规范的要求，以极大的关怀和满腔的热情，关注正在蓬勃发展的公民道德实践活动，为提高全体人民的道德素质，增强中华民族的精神力量，建立与社会主义市场经济相适应、与法律规范相协调、与中华民族的传统美德相承接的社会主义道德体系而贡献自己的力量。这是伦理学理论工作者的光荣任务，也是义不容辞的责任。

第十一编

道德教育与“两课”教学

坚持共产主义道德教育*

在当前的道德教育中，究竟应不应该坚持共产主义道德，在我国思想界存在着不同的看法。现在，就前一段时期某些同志提出的问题，谈一谈自己的一些认识。

本来，社会主义道德和共产主义道德，在一定意义上，是可以通用的。按通常理解，在社会主义条件下的共产主义道德，也可以称为社会主义道德。近几年来，有一些同志以"四人帮"曾经空谈共产主义道德并败坏了共产主义道德的声誉为理由，认为在当前的社会主义社会中，只应提倡社会主义道德，不应提倡共产主义道德。他们认为，在社会主义社会中提倡共产主义道德，就是受极左思潮的影响，就是对群众说假话、空话和大话。这样就提出了一个原则性的理论问题：在当前的社会主义社会中，是不是只能进行社会主义道德教育，而不应该坚持共产主义道德呢?

首先，我们有必要谈一谈对共产主义道德声誉的败坏问题。确实，"四人帮"为了达到他们篡党夺权的目的，曾经打着共产主义的旗帜，干了许多坏事。但是，我们应该认识到，从"四人帮"对共产主义道德的败坏中，人们只能得出一个结论，即我们应该揭穿他们的假共产主义道德的伪装，暴露出他们的资产阶级的极端利己主义道德的真面目，从

---

* 本文原载《伦理学与精神文明》，1982 年试刊号。

而达到提高人们的认识的目的。我们应该用真正的共产主义道德来教育人民，来恢复共产主义道德的声誉，我们要身体力行地来实践共产主义道德，并以之影响广大群众。人所共知，在20世纪50年代到60年代初，我国的共产主义道德水平曾经是名声很好，甚至可以说是誉满全球的。既然如此，又怎么能因在一个短时期内曾被“四人帮”败坏就不再坚持共产主义道德呢？在过去许多年，“四人帮”曾败坏了我们光荣的中国共产党的声誉，但我们并未因此而放弃共产党的称号。不论在任何情况下，我们都不能放弃共产主义的理想，都不能放弃对共产主义道德的信念，这是我们必须坚持的。

其次，某些同志认为，我们现在是社会主义社会，所以只能提倡社会主义道德，因而强调只有到了共产主义社会，才能提倡共产主义道德。这个理由，也是站不住脚的。科学共产主义的基本理论和经典作家的论述，都把社会主义看做属于共产主义的一个阶段，从来都没有把它看做独立的社会形态。社会主义社会是从资本主义社会到共产主义社会的转变时期，因而具有过渡性质。列宁指出，社会主义和共产主义只是表现共产主义在经济上成熟程度不同的两个阶段。他甚至还明确地说，在社会主义社会中，既然生产资料已成为公有财产，那么，“共产主义”这个名词在这里也是可以用的，只要不忘记这还不是完全的共产主义。而且，道德作为一种历史类型，究竟是以所有制还是以分配方式作为区分它的标准，这也是马克思主义伦理学的一个基本理论问题。马克思主义的经典作家一贯强调，在社会生活中的人们，总是要从自己的经济关系中吸取道德观念。我们知道，社会经济关系主要包括生产资料所有制、人们在生产中的地位和产品的分配方式，其中生产资料所有制是社会经济关系的基础。社会主义社会的道德和共产主义社会的道德，尽管还有很大差别，但决定其本质属性的都是生产资料公有制，因而，社会主义社会的道德，在本质上是属于共产主义道德体系的。那种强调在社会主义社会不应提倡共产主义道德的观点，是错误的。

再次，社会主义社会是一个过渡阶段，它是要不断地向自己的高级阶段过渡的。这种过渡，尽管有相当长的时间，有自身的许多特点，但它的过渡性质是不容怀疑的。在社会主义社会中，不但在经济上要为共产主义社会准备条件，而且在道德思想上，还要努力培养共产主义的新人，提高人们的道德品质，从而为最终实现共产主义准备精神条件。人们将愈来愈清楚地认识到，在建设和发展社会主义的时期，在促进和最终完成从社会主义向共产主义的过渡中，共产主义道德将起着日益重要的作用。人们还将认识到，从一定意义上看，提高人们的共产主义道德觉悟，改造人们的意识，比物质技术的发展，比改造人类社会，有着更重要的意义。事实将会证明，只有物质技术的发展而没有高尚的共产主义道德觉悟，要想完成由社会主义社会向共产主义社会的过渡，是根本不可能的。马克思、恩格斯、列宁、毛泽东同志等经典作家都多次指出，要从共产主义的低级阶段过渡到高级阶段，除了公有制经济的极大发展和物质财富的极大丰富以外，还必须要有高度的共产主义觉悟。同样，我们正在从事四个现代化的建设，如果只注意物质技术的发展而不坚持共产主义思想和共产主义道德，其结果不但不可能建设成为社会主义的现代化，而且不可避免地会脱离革命的轨道，而走到邪路上去。这个道理，也是十分清楚的。

又次，有的同志认为，现在还是社会主义社会，还没有实现共产主义，哪里来的共产主义道德？因此，他们认为，目前只应该提倡社会主义道德。这种看法，也是不正确的。共产主义道德的经济基础是生产资料公有制，它在打破私有制和建立公有制的过程中，已经孕育、形成并不断得到发展。列宁说：“共产主义的道德就是为了把劳动者团结起来反对一切剥削和一切为小私有制服务的道德。”加里宁曾不只一次地强调，无产阶级正是在反对资本家的斗争中，才不断形成自己的团结、互助等共产主义的道德品质的。我国自从建立了中国共产党，无数革命先烈的英勇不屈、视死如归、为人民利益而不惜牺牲的大无畏精神，就是共产主义道德的精神，他们的行为就是共产主义道德的实践，他们的品质就是共产主义道德的典范。又怎么能说，在当前的社会主义社会，不会有共产主义道德呢？早在抗日战争时期，毛泽东同志就提倡学习张思德和白求恩。张思德的为人民利益而牺牲的高尚品德，白求恩同志的“毫不利己、专门利人”的精神，就是我们所说的共产主义道德觉悟。

有的同志虽然也承认这些道德的典范，也承认在现实生活中，可以把共产主义道德作为对共产党员教育的要求，但不同意用共产主义道德去教育和影响广大群众。他们认为，对社会全体成员，不应该要求他们大公无私，只应该要求他们“公私兼顾”或“公私融合”。这种看法，也是值得讨论的。我们知道，任何一种社会或一个阶级的道德原则和道德规范，一般来说，都可以从两个方面加以理解，或者说，具有两方面的意义：一方面，它是指由一定经济关系所决定的一种人和人之间的客观的道德关系；另一方面，它是指一定社会或一定阶级的思想家们，依据这种客观关系所概括归纳而成的意识形态。当然，思想家们的这种概括，都应该是从客观实际中来的。但是，不同阶级的思想家，又总是从自己的阶级利益出发，力图使这种概括适宜于对社会各种成员进行教育，在道德上提高人们的思想，从而有利于自己阶级的统治。从这个意义上说，作为社会意识形态的道德，从来都是既从现实中来，又高于现实人们的道德水平的。马卡连柯在研究共产主义教育问题时，曾经着重指出，道德上的要求，不论什么时候，都应该在大多数人的水平以上。这是正确的。共产主义道德的原则和规范，并不是所有人都已经具备了的原则和规范。如果说，等所有的人都具备了共产主义道德原则和规范的要求，再来坚持共产主义道德，再来进行共产主义道德教育，还有什么意义呢？正是在这个意义上，列宁才说："为巩固和完成共产主义事业而斗争，这就是共产主义道德的基础。"当然，在现阶段，我们不能要求每一个社会成员都成为共产主义者，但必须用共产主义思想要求共产党员和一切先进分子，并通过他们去教育和影响广大群众。

最后，有的同志认为，我国现阶段实行的是"按劳分配"的经济政策，因而不应提倡共产主义道德。他们认为，目前我国的生产力水平还很低，物质资料还不丰富，价值规律还要在经济生活中起一定的调节作用，劳动还主要是谋生的手段而不能成为生活的第一需要，因此，在这种情况下，强调共产主义道德，就会有害于"按劳分配"的经济政策的实施。有的同志还忧心忡忡地问，我们现在要强调的是"按劳分配"、"多劳多得"，而共产主义道德提倡的是"发扬风格"、"不计报酬"，这怎么能行呢？在他们看来，他们之所以强调要坚持社会主义道德，就是因为社会主义道德是不讲"发扬风格"而只讲"按劳分配"的道德。这种认识，更是值得讨论的。

我觉得，关于按劳分配和共产主义道德的关系，必须辩证地、全面地理解，我们应该力求避免片面性。在社会主义阶段，"按劳分配"不但是我们必须实行的一种经济政策，而且是一种客观的经济法则。在当前情况下，它有利于调动广大群众的积极性，有利于生产力的发展，有利于社会主义的现代化建设。在过去的一段时期中，忽视或否认按劳分配的重要性，曾给我国经济的发展带来严重的危害，这个深刻的教训是不能忘记的。同样，应该指出的是，按劳分配这样一种政策，它只是从资本主义社会到共产主义社会这一过渡时期所实行的一种分配政策。而且，在实行这种政策的同时，我们还应该注意防止由于对按劳分配政策的不正确理解而可能产生的种种弊病。由于社会主义社会这一过渡时期是刚从资本主义社会脱胎而来的，它不可避免地还带着许多旧社会的痕迹。在思想意识和道德观念上的最重要的痕迹，就是长期私有制所形成的一部分人只关心个人的利己主义思想。列宁曾多次指出，资产阶级社会的死尸，是不能装进棺材、埋到地下的，被打死的资本主义会在我们中间腐烂发臭，败坏空气，毒化我们的生活，从各个方面用陈腐的死亡的东西包围新鲜的、年轻的、生气勃勃的东西。这就是说，在社会主义社会中，资产阶级的旧影响还存在，还在向无产阶级进行袭击，而在这种袭击面前，只靠按劳分配是不能有效地抵抗的。在实行按劳分配的经济政策时，受资产阶级利己主义思想影响的人，往往片面地强调个人利益而产生一种对国家、对集体斤斤计较的思想。有的人为了多劳多得、多拿工资、多得奖金，可以不顾质量，追求数量，甚至出现弄虚作假的现象。此外，也还有少数人，只顾追求自己的劳动成果，不关心甚至不愿意从事集体的、共同的项目，只注意自己的利益而不注意同志相互之间的关系。有的单位还会为牟取本单位的小集体利益而损害国家利益。因此，在抵抗资产阶级的侵蚀中，我们决不可忽视或者看轻共产主义道德的作用。我们要用共产主义道德的集体主义原则和多做贡献、少取报酬的劳动态度来规范我们自己的行为。我们不是为了“按劳分配”、“多劳多得”而革命的。我们劳动和生活的目的是为了建设共产主义社会，我们不但应该多做工作、少取报酬，在有条件的时候，我们还应该力所能及地参加各种形式的义务劳动，即参加丝毫也不要报酬的公益劳动。我们必须反击资产阶级的侵袭，反对一切斤斤计较的行为。结论只能是这样：在实行按劳分配的社会主义社会中，为了抵抗资本主义思想的侵袭，我们必须坚持共产主义道德。

加强共产主义道德教育*

党的十二大报告明确指出，社会主义精神文明的核心是共产主义思想。在社会主义精神文明建设中，加强共产主义道德的教育，有着重要的地位和作用。在社会主义条件下，共产主义道德是建立新型的人与人之间关系的精神纽带。共产主义道德大体上有五个最具普遍意义、最重要的规范。第一，全心全意为人民，即热爱人民，关心人民，一切从人民利益出发。第二，共产主义劳动态度，它要求每个劳动者把劳动看做公民的光荣职责，遵守劳动纪律，为社会主义建设多做贡献。第三，爱护公共财产，树立社会主义的公共财产神圣不可侵犯的自觉意识。第四，热爱科学，坚持真理，它要求人们刻苦钻研，勤奋学习，掌握科学理论，在实践中坚持和发展真理。第五，坚持社会主义的爱国主义和国际主义，它要求人们维护我国的民族尊严和民族利益，并把我国的民族利益同全人类的总体利益联系起来。这几方面的规范在共产主义道德中都是缺一不可的。

我们之所以强调加强共产主义道德教育，这是和在社会主义条件下对人们的自身改造的要求相联系的。我们建设社会主义，必须不断地提高人们的物质生活水平，但同时要使我们的人民成为有理想、有道德、有文化、有纪律的一代新人。只有这样，才能保证社会主义建设不会迷

* 本文原载《红旗》，1982（20），原题为“学习十二大文件座谈会发言摘要”。

失方向。物质文明建设是精神文明建设不可缺少的基础，但决不能因此而说精神文明建设是不重要的。现实生活将日益清楚地告诉人们，如果没有人们自身的改造和崇高的共产主义道德品质的形成，要想顺利地发展社会主义现代化建设事业，并进而向共产主义的高级阶段前进，是根本不可能的。

进行共产主义道德教育，必须同广大群众在工作、学习、劳动中遇到的实际问题结合起来，对他们耐心细致地进行启发和诱导。只有这样，才能使共产主义道德在广大群众的心灵中产生共鸣，使他们认识到提高自己道德品质的重要性，使越来越多的社会成员自觉地用共产主义道德规范自己的行动。

关于思想道德教育的几个问题*

根据党的十四大精神，当前进行思想道德教育应该注意两个问题：一是在商品经济的条件下，特别是社会主义市场经济体制条件下的道德建设问题；二是强调中华民族的优良道德传统对我们道德教育的重要作用，即它可以和社会主义道德一样起到抵御西方资产阶级道德观、价值观的作用，抵御西方资产阶级的个人主义、拜金主义、享乐主义对我们青少年、人民群众的腐蚀。

从伦理道德角度考虑，思想道德方面右的影响主要是资产阶级个人主义、拜金主义、享乐主义思想的影响。要说有“左”的影响，那很重要的一个方面是，对中华民族的优良道德传统在相当长的时期我们否定得太多，肯定得较少，没有旗帜鲜明地继承中华民族的优良道德传统。值得注意的是，现在韩国、新加坡、马来西亚等国家发扬东方的道德传统，特别是中华民族的优良道德传统，确实对经济现代化的发展起到了一定的作用。一些国家已经认识到现代化绝不等于西方化。东方的传统道德不但不会阻碍经济现代化的发展，而且经过批判继承以后，会有利于我们经济现代化的发展。这个问题很重要，我们讲道德教育，一定要在加强社会主义道德教育的同时，加强中华民族的优良传统道德教育。

第一，关于社会主义道德的基本原则问题。

---

* 本文原载《中国电大教育》，1993（11）。

我国伦理学界基本上有两种看法：一种认为道德的基本原则只有一个，一种认为道德的基本原则有很多个。我们坚持一个原则的理论，强调把集体主义原则作为社会主义道德的最基本的原则。这同我们坚持社会主义道路、坚持马克思主义、坚持有中国特色社会主义理论有很重要的关系。

集体主义原则是我们思想道德教育的灵魂。西方所攻击和反对的集体主义，绝不仅仅是伦理道德上的集体主义，它们是经常把集体主义作为经济制度、政治思想、哲学思想来攻击的。因此，我们坚持集体主义就不仅仅是坚持伦理道德原则，同时也是坚持历史唯物主义，坚持公有制，坚持民主集中制。我们讲集体主义，首先要强调集体利益高于个人利益，同时也强调个人的正当利益应当得到保障，强调它们的辩证统一性。两者不是半斤八两，而是有轻有重，有先有后。其次，集体和个人的权利与义务都是双向的，集体要求个人承担很多义务，集体对个人也要承担很多义务。要在集体利益高于个人利益的原则下，尽量使个人的利益得到满足，使个人的荣誉、尊严和价值得以实现。最后，我们讲集体主义，必须不断地完善集体。既然集体要求个人利益要服从集体利益，个人理所当然地要求集体是一个完善的集体。

从总的方面看，我们国家的政府是代表了全国人民的利益的、为最大多数人着想的、带领人民走共同富裕道路的集体，因此，在我们国家实行集体主义，既有经济基础，又有政治条件。同时，也应看到在我们国家各种不同形式的集体里面，确实存在着某些腐败现象，有的集体并不能够真正代表成员的利益，有的地方确实是个人的正当利益没有很好地得到满足。正是在这种情况下，我们提出要不断完善我们的集体。只有不断地去完善我们的集体，我们的集体主义才能真正在人民中间实行起来。这也是在宣传集体主义时需要注意的一个重要问题。

现在的青年在个人与集体关系中比较多地强调个人的价值、个人的尊严、个人的自由，强调自我设计、自我实现。对这个问题，我们并不一般地反对。我们只是强调要在集体利益高于个人利益的原则之下，个人的正当利益应当得到满足，个人的价值应当实现，包括个人个性的发展和个人才能的发挥。我们只是强调，不管怎样，在个人利益和集体利益发生矛盾的时候，应该服从集体利益，不可无限制地发展个人利益，妨碍集体利益。这是我们的价值观在集体主义问题上与西方价值观的根本不同。

第二，关于道德的本质问题。

道德的本质是在于它的约束性还是在于它的主体性？我们对道德应有全面认识。从外在形式讲，道德是约束人、规范人的，告诉人应该怎样做，不应该怎样做。从内在来讲，主要是启发人们的觉悟，靠人们的良心、信念、责任心和义务感自觉地去实行道德的原则和规范，发挥人的道德的主动性。前几年的争论有一种倾向性，即强调道德的主体性，实际上是反对道德的规范性、约束性，反对社会主义道德规范，把发挥个人主义的东西当做发挥个人的主体性，这种思想是很错误的。

第三，关于反对个人主义的问题。

个人主义最核心的东西是以个人为中心，最后造成个人对集体的背离和脱离。我们现在教育青年就是要求他们正确处理个人与集体的关系，使他们认识到个人主义确实是一种危害很大的价值观念，使他们对集体主义有一个全面的了解。把这两者结合起来讲，就更有利于青年认识个人主义的危害，接受集体主义思想。

第四，关于社会主义道德的基本要求。

宪法要求每一个公民要爱祖国、爱人民、爱劳动、爱科学、爱社会主义。这“五爱”既是一般的道德要求，也都是很重要的道德原则。其中“爱人民”这一条是一个很重要的道德原则，甚至是我们道德的核心。

第五，关于思想道德品质的修养。

应当多讲一点中国传统道德的修养。中国的宋明理学，不论是程朱（程颢、程颐、朱熹）还是陆王（陆象山、王阳明），对于中国道德修养的理论贡献都是很大的。他们集中研究了一个问题，就是怎样把道德原则、道德规范、道德要求转化为内心的自觉行为。宋明理学的很多修养并不完全是脱离实际的，其中有闭门思索的方面，但也强调在事上磨炼，用很多办法培养人们的思想，也有很多理论。宋明理学道德理论的这一部分可以为我们所借鉴。当然，这种道德要求，是为了维护剥削阶级统治的，终究是有很大局限性的。我们的社会主义道德和这种道德在本质上是两回事。

第六，关于社会公共生活规则。

从道德的实践过程来讲，层次最高的是道德原则，其次是道德要求，再次就是社会公共生活规则。公共生活规则多少带有道德的全人类性的问题，是所有人类社会都应当提倡的，尽管不同的社会打上了不同的阶级烙印。社会公共生活规则有时也用社会公德这个概念来表达。社会公德中，从古代历史上流传下来的东方和西方的一些最基本规则，一是提倡文明行为，二是遵守公共秩序，三是讲究公共卫生，四是见义勇为、助人为乐。这基本上是所有的人都必须遵守的最基本、最简单、最普通的为人处世的道德。它对一个社会的社会文明、社会秩序、社会风气都有很重要的作用。历来的思想家们都提倡这些东西，这是反映一个社会的文明程度、道德水平、社会秩序的一个重要方面。

此外，我们必须强调爱护公共财物，这既有一般的、人类大多数都必须遵守的道德规则的意义，同时，对我们社会主义国家来讲尤其重要。爱护社会主义公有财产，是一个人的思想深处对社会主义的一个很重要的态度。建设社会主义很重要的一点，就是要培养起广大人民群众爱护公共财物、爱护社会主义公有财产的公心。还有一个保护人类生存环境、维护大自然生态平衡的问题。一个多世纪以来，自然科学发展很快，环境污染、生态失衡问题严重并受到关注，环境伦理学相伴而生。所以，我们应该把它作为一个公共生活规则提出来。再就是社会主义人道主义问题。人道主义是一个分歧比较大的问题。我们过去把道德分为四个层次：第一是道德的基本原则，即集体主义原则；第二是道德的基本要求，即道德的规范，包括“五爱”在内；第三是人道主义原则；第四是社会公共生活规则。我们现在把道德分为三个层次：第一是道德的基本原则，第二是道德要求，但没有把人道主义单独作为一个层次，而把它放在作为第三层次的社会公共生活规则里面了。但是，我们应当充分看到，人道主义在我们国家、在当前世界上还有很重要的意义。我们既要反对资产阶级所谓的超阶级的人道主义，又要强调在社会主义社会里，关心人民、爱护人民、尊重人民的价值和尊严。从道德有阶级性出发，人道主义还是一个很重要的道德要求。

第七，关于社会主义职业道德。

职业道德有着很重要的现实意义。我们现在要加强社会主义精神文明建设，提高道德水平，搞好社会风气，一个很重要的突破口，就是从加强职业道德入手。我们的道德原则、道德要求和公共生活规则都贯穿在各种不同的职业道德中间，职业道德抓好了，就等于在各种不同的具体职业岗位中间贯穿了道德的原则、道德的要求和公共生活规则。而且，在职业道德方面，各种职业之间是相互影响的，职业道德的水平提高了，会使社会上人和人的关系不断地相互融洽，形成良性循环。就是说，大家的道德水平越来越高，社会风气就会越来越好。强调职业道德教育，希望在职业道德方面有所突破，我们这个国家要真正改善社会风尚，非有一段时间狠抓一抓我们的职业道德不可。

第八，讲一讲爱情、婚姻和家庭道德。

这也是社会道德水平提高、社会秩序稳定的一个很重要的方面。我们还是应当强调中国传统伦理道德中关于婚姻家庭道德方面很多好的东西，比如提倡孝敬父母。原来孝的解释是“善事父母”。中国原来讲孝，都讲到父母不对子女就要“诤谏”，要提意见，要提出批评，但态度要好，并没有说愚忠愚孝。现在在农村确实还有愚忠愚孝的，但是不孝敬父母的情况到处可见，我们不能不讲孝敬父母。过去讲“求忠臣于孝子之门”，现在看来一般地讲，是否孝敬父母确实是考察一个人的道德品质的重要方面。我们既要反对封建社会婚姻家庭道德中的男尊女卑、愚忠愚孝，更要提倡中国道德传统中好的东西。我们固然反对封建社会的贞节观念，反对丈夫死了妻子就不能再嫁，也要反对西方的性解放、性自由。我们应该讲中华民族的传统道德，批判、摒弃其封建糟粕，用马克思主义观点加以改造，发扬它的优良的东西。这确实是当前我们抵御西方极端个人主义、一切以个人为出发点的价值观的很重要的一种武器。所以，我们现在强调根据我们社会主义的实际生活，依据社会主义道德的原则，继承发扬中华民族的优良道德传统，抵御一切剥削阶级的腐朽的价值观念对我们的侵蚀。

在精神文明建设中应重视道德教育*

把精神文明建设提到更加突出的地位，一个重要的要求，就是要加强社会主义道德建设。建立社会主义市场经济体制，是一场深刻的革命，它不仅发展了我国生产力，有利于人们的开拓创新，而且为精神文明建设提供了必要的物质基础。但随着改革开放和市场经济的建立，又必然会产生一些消极的东西，诱发人们的拜金主义、享乐主义和形形色色的个人主义思想，直接腐蚀一些人的思想。更值得我们注意的是，西方某些发达国家不愿意看到一个强大的社会主义中国，力图从价值观、人生观、道德观上进行渗透，把西方腐朽的生活方式和道德观念强加给我们，妄图把伦理道德作为一个突破口，进而把我们推到邪路上去。在当前，道德建设已经成为整个精神文明建设中一个具有现实意义的重大课题。

我们所说的道德建设，是社会主义的道德建设，是社会主义集体主义原则指导下的各种道德规范体系和道德要求的建设，是有明确的社会主义方向和原则的。应强调把精神文明建设提到更加突出的地位，强调在马克思列宁主义、毛泽东思想和邓小平建设有中国特色的社会主义理论指导下，针对我国当前的实际情况，在一段时期内，把道德建设作为社会主义精神文明建设的重点，以社会主义的集体主义为价值导向，通

---

* 本文原载《光明日报》，1996-06-22。

过社会公德、职业道德和家庭伦理道德的提倡，以推动社会主义精神文明在各个方面取得更大的进展。在当前的道德建设中，我们应当继承中华民族的优良道德传统，弃其糟粕，取其精华，古为今用，不能把历史上儒家的东西原封不动地搬到现实生活中来；同时，还应当特别注意继承中国共产党成立以来的革命传统，包括今天许多革命英雄和道德楷模的崇高思想，使我们的道德建设更富有时代气息，更富有社会主义精神，更容易产生实效。

改进和加强思想品德课的教学*

《中共中央关于进一步加强和改进学校德育工作的若干意见》中，明确提出了在全国高等学校中，加强和改进“两课”教学的重要意义。这一文件规定：“学校政治理论课和思想品德课是系统对学生进行马克思主义理论教育和品德教育的主渠道和基本环节，要重点进行教学内容和教学方法的改革。”这里，仅就加强和改进品德课（也称思想品德课）的问题，提出一些初步的想法，以便集思广益，使我们的思想品德课能够在大家的共同努力下，逐步地得到加强和改进。

一、我国高校思想品德课的基本情况

改革开放以后，我国高等学校的思想品德教育课，是从教育部1982年发出《关于高等学校逐年开设共产主义思想品德课的通知》开始的；为了加强这门课的建设，1984年9月教育部下发《关于高等学校开设共产主义思想品德课的若干规定》，文件指出共产主义思想品德课的主要任务是对学生进行共产主义人生观和共产主义道德教育，回答学生有关人生、理想和道德方面的问题。在这一规定的指导下，一些高

* 本文原载《思想理论教育导刊》，1999（2）。

等学校最早开设了“共产主义思想品德课”。随着形势的变化，1987年10月，国家教委就高等学校思想政治教育课程设置提出了具体的要求，规定“形势与政策”、“法律基础”两门为必修课，“大学生思想修养”、“人生哲理”、“职业道德”三门可因地制宜地有选择地开设。1992年，国家教委在总结十年来高校思想政治教育课程建设的基础上，对有关课程进行了调整，规定思想品德课包括“思想道德修养”、“法律基础”和“形势与政策”。1998年6月，中宣部和教育部又发出《关于普通高等学校“两课”课程设置的规定及其实施工作的意见》，进一步明确和规定了课程的内容和教学要求。在中宣部和教育部（包括其前身国家教委）的直接领导下，经过广大德育工作者十几年来的共同努力，思想品德课在教学内容设置和教学方法改革方面都已经取得了重要的成绩，在培养学生的德智体等全面发展方面起到了积极的作用。一些学校的领导和教师还积极探索、大胆创新，取得了一些好的经验。在学校党委的重视下，一些学校的思想品德课的建设，已经取得了可喜的成果。在教材建设方面，已经编写出了多种适用于大学本科和专科学校的思想品德课的教材，为进一步编写出更高水平的教材打下了良好的基础。应当说，我们在思想品德课的建设上，已取得了明显的成绩。同时，我们也要看到，现在的思想品德课的教学，同形势的发展和中央的要求相比较，还有相当的距离，需要我们在今后不断地加以改进和提高。根据我的认识，我觉得有以下一些问题，是我们今后改进思想品德课的教学工作所应当注意的。

二、提高对思想品德课的认识

思想品德课作为高等学校的一门必修课，它同马克思主义理论课一起，是我们现在所说的“两课”。作为“两课”之一的思想品德课，它包括“法律基础”、“思想道德修养”和“形势与政策”三门必修课，其主要任务是对大学生进行世界观、人生观、价值观和思想素质、道德素质教育以及法制教育。它对于大学生树立社会主义、共产主义的理想和信念，对于培养他们成为社会主义的建设者和接班人，有着不可忽视的重要作用。特别值得指出的是，由于我国当前中学中普遍存在的重智育轻德育的特殊情况，现在的思想品德课更加突出了大学时期思想品德课在培养青年世界观、人生观和价值观上的重要地位。

从实际情况来看，在各高等学校中，确实还存在着一个值得注意的情况，就是重视理工科而轻视文科，重视专业课而轻视思想政治理论课。在“两课”中，也还存在着重视马克思主义理论课而轻视思想品德课的情况。一些高等学校的思想品德课之所以长期不能得到应有的重视，是同党委领导和教学主管部门一些同志不够重视有着密切关系的。

正是由于对思想品德课的认识上存在着问题，在某些高等学校中，直到现在，这门课程可以说还没有完全建立起来，如没有专门的教研室，没有或只有很少的教师。相比较来说，“法律基础”的课程要好一些，因为有法律系的教师可以上课。对于“思想道德修养”课来说，问题就更多一些，授课的教师大多数都是兼职，如有的学校由于缺乏教师，“思想道德修养”课只能采取上大课的办法，一个课堂往往有一百多人、两百多人，甚至有七八百人或一千多人在一个课堂上课。老师既不能和学生交流，更无法了解学生的思想情况。在这样大的教室里，课堂秩序也就很难维持，有看报纸的，有念外文的，有交头接耳互相交谈的。其结果是，不但“思想道德修养”课的效果很差，而且它的威信也愈来愈受到影响。有的学校连一个专职的“思想道德修养”课的教师也没有，把全校的“思想道德修养”课分配给党委的成员和各系的总支书记去讲，其中有的课能够做到理论联系实际，效果较好，有的课就临时应付，效果当然也就可想而知了。

正由于此，我认为，在加强和改进高等学校思想品德课的问题上，首先就是从上到下，认真贯彻邓小平同志关于提高全民族的思想道德素质以及培养大学生成为德智体等全面发展、又红又专的接班人的理论，认真体会、理解和贯彻中央的精神，切实提高学校党委和主管教学的领导对思想品德课的重要意义的认识。这个问题不解决，要想加强和改进高等学校的思想品德课是有困难的。

三、改革教学内容，加强课程建设

为了更好地在思想品德课教学中贯彻改革的要求，要进一步改革教学内容，使毛泽东同志的德智体等全面发展的思想，特别是邓小平理论中关于培育“四有”新人的思想，以及江泽民同志关于弘扬社会主义的三个主旋律和加强世界观、人生观和价值观教育的思想，充分体现在我们的思想品德课的课程建设中。在当前，尤其要注意结合大学生的思想实际，认真解决他们在人生观和价值观上所存在的缺乏社会主义和共产主义的远大理想、集体主义原则淡漠和纪律观念不强等问题，从他们容易理解和体会的实例中，引导大学生树立正确的人生观和价值观，增强他们的法制观念和法律意识，认识为人民服务的思想和集体主义的原则在形成大学生良好的思想品德中的重要意义。在当前的形势下，要根据我们实行社会主义市场经济以来大学生思想变化的新情况和产生的新问题，针对他们在待人、处世、学习、恋爱、婚姻、就业等方面所面临的困惑，用为人民服务精神和集体主义原则来提高他们的认识。思想品德课的教材，特别是“思想道德修养”课的教材，一定要随着形势的变化和大学生的实际问题来不断地加以补充和修订。应当说，在教材建设上，我们已经作出了积极的成果，编写出全国高等学校思想品德课示范教材《思想道德修养》和《法律基础教程》，为全国高等学校的教学提供了很好的参考。但由于各方面的原因，还存在着一些不足，需要不断地加以改进。我们现在编写的《法律基础教程》，主要内容是有关法律知识的介绍，这是很必要的。我想，我们是不是可以更多地从如何提高法制观念和增强法律意识方面进行教育和引导青年。关于“思想道德修养”课的内容，从现在已经编写的教材来看，有关政治思想的部分，显得和马克思主义理论课的一些内容重复。在今后的教材编写中，可以减少一些这方面的内容，把人生观和价值观的培养和形成，把有关社会主义道德建设的核心、原则、基本要求，把革命传统道德和中华民族的优良道德传统的继承，把为人处世和待人接物之道等内容，适当地予以增加。值得指出的一个情况是，尽管教育部已经编写出了全国高等学校思想道德修养课示范教材，但是有些高等学校的领导和教师，为了评定职称和某些经济方面的考虑，就自编教材。这些教材，一般在质量上缺乏可靠的保证，这种情况应该得到纠正。

四、加强教师队伍的建设

在加强和改进思想品德课建设中，加强教师队伍的建设是一个关键性的问题。由于在过去一个相当长的时期内，高等学校中没有相应的专业设置，也不可能培养出相应的思想品德课的教师队伍。对于“法律基础”课的教师来说，因为原来有法律系的教师，还可以由他们来兼职，以解决暂时的困难，而“思想道德修养”课的教师，就显得非常缺乏。为了解决应急的问题，一些学校党政干部担任这门课的教学，而实际上，他们往往力不从心。他们不仅工作较忙，而且又缺少专业基础知识的学习，很难使这门课收到较好的效果。前面说的课堂人数多，大课堂秩序不好，都同没有足够的教师有重要的关系。因此我认为，为了改进和加强思想品德课建设，从上到下要共同努力，尽快地从各个方面来努力培养教师队伍，建立必要的思想品德课的教学单位，按照编制把教师配齐。这是改进和加强思想品德课的一个基本条件，没有这个条件，要想把思想品德课教好是不可能的。当然，我们也知道，要想培养出一定数量的、称职的思想品德课教师，需要从各个方面进行长期努力才能实现，但是，这涉及“思想道德修养”课教学的基本建设，我们应当从现在做起，经过三年或五年的时间，我们是可以达到这一目标的。

“思想道德修养”作为一门学科，有着自身的学科体系。它是同伦理学、教育学、思想政治学和心理学等学科有着密切关系的一门新兴的学科，有明确的学科对象、任务、目的和研究方法，有极其广阔的发展前景。那种认为“思想道德修养”课不需要经过专门的学习，凡是从事党的思想工作的人都可以去讲授这门课的看法，是极其错误和有害的。我认为，按照我国已开设的课程来看，同“思想道德修养”课关系比较密切的是伦理学专业中的一些课程，我们可以通过这个专业来培养我们的“思想道德修养”课的教师，也可以通过其他的途径来满足我们的这一要求。希望教育部有关部门，能够对“思想道德修养”课师资队伍的培养提出一个具体方案，在充分酝酿的基础上，组织实施，以利于这门课程的建设和发展。

五、改进教学方法

思想品德课有其自身的特点，从当前大学生的思想实际出发，大力改进教学方法，是思想品德课面临的一个亟待解决的问题。首先要根据社会主义市场经济条件下，大学生在世界观、人生观和价值观方面所产生的新问题，特别是那些所谓的热点和难点，有针对性地来加以启发和引导，力求有的放矢地解除他们的困惑，实事求是地分析社会上各种现象产生的原因，从发展上指明前进的方向，克服消极因素给大学生带来的不良影响。其次，一本好的教材固然十分重要，但是，我们切不可照本宣科，而是要根据大学生实际的、具体的问题来组织教学，不但不能够回避或绕开难点，相反，应当大胆而积极地面对同学们困惑的难点来展开分析。在当前国际共产主义运动遭受到严重挫折的形势下，对共产主义的理想和信念，一些青年学生产生了许多疑虑；在社会风气不好、某些党政干部的腐败现象增多的影响下，一些人对党的领导产生了怀疑；在社会主义市场经济条件下，面对着社会上泛滥的个人主义、拜金主义和享乐主义，面对着社会上分配不公等一些值得忧虑的现象，特别是面对着大学生自身的前途和择业等实际问题，大学生在世界观、人生观和价值观上，不可避免地会产生许多困惑。我们一定要找准学生在这些问题上的关节点，抓住这些关节点来进行教育，从而达到消除疑虑、树立信心的目的。最后，在教学过程中，要充分发挥学生的主体作用。任何一个教育过程，都必须发挥两个方面的积极性，即教师的主导性和学生的自觉性。要从群众中来，到群众中去，即事先了解学生们的思想情况，有的放矢，引导学生们提出他们的疑难问题，及时地组织课堂讨论，并通过相互的讨论和教师的总结来提高他们的认识。

在高等学校中开设思想品德课，是党的十一届三中全会以来教育改革不断深化的结果，是我国高校品德教育的重要保证。实践证明，思想品德课的开设，在培养学生的思想道德素质，树立大学生的理想和信念，加强大学生的世界观、人生观和价值观的教育方面，都有着十分重要的作用。我们一定要在已经取得的成绩的基础上，看到差距，看到不足，不断前进，勇于探索，把我们的思想品德课建设继续推向前进，为培养面向 21 世纪的高素质的人才做出更大的贡献。

提高思想道德素质　迎接新的挑战*

在世界科学技术日新月异，知识经济愈来愈受到重视，国际竞争日趋激烈的情况下，人才竞争更具有十分重要的意义。在这一竞争中，培养出既有高水平的业务素质，又有良好的思想道德品质的人才，对我们在这种激烈的竞争中立于不败之地，最终建立一个强大的社会主义国家，有着决定性的作用。不可否认，培养能够掌握最新科学技术的专门人才，具有坚韧不拔、勇于创新的精神，是我们在当前情况下培养人才的一个重要的要求；同时，思想道德素质的提高，为社会主义的共同理想而奋斗以及为人民服务的献身精神，是决不可以被忽视的。长期以来，我们的教育部门和广大的教育工作者也都不断地提出和希望能够更好地解决这一问题，以便有利于我国社会主义四个现代化建设的发展。掌握先进的科学技术，培育人们的创新精神，在今天的情况下，对我国社会主义四个现代化建设的极端重要性，是我们很多人都已认识到的，没有创新，我们就没有出路；没有创新，我们就必然要挨打；没有创新，不但我们的经济不能很快地发展，就连国家的安全也难以得到保障。可是，我们知道，掌握科学技术和运用科学技术的人，是有着自己所信奉的世界观、人生观和价值观，是有着自己的理想和信念，是有着自己的道德情操和道德境界的。从世界范围来看，资本主义和社会主义

* 本文原载《面向二十世纪·我的教育观》一书，广州，广东教育出版社，1999。

在意识形态方面还存在着严重的分歧和斗争，资本主义国家和社会主义国家之间还存在着不可忽视的矛盾。在这种情况下，愈是掌握了高新技术的人，他们的思想道德素质的作用就愈加值得重视。如果没有思想道德素质的提高，科学技术素质和创新精神不但不可能很好地发挥作用，而且还可能产生消极的负面影响。

一般来说，思想道德素质可以包括两个主要的方面，一个是思想素质，一个是道德素质。这两个方面是相互联系、相互贯通和相互渗透的。

一

思想素质方面的提高，主要是要树立正确的世界观、人生观和价值观。江泽民同志在最近十年来之所以一而再、再而三地强调要树立正确的世界观、人生观和价值观，要坚持爱国主义、集体主义和社会主义的教育，正是从提高人们的思想道德素质的要求出发的。

什么是正确的世界观？在当前，树立正确世界观的重要意义是什么？这是我们应当特别强调的。概括地说来，我们所要树立的正确的世界观，就是马克思主义的世界观，就是辩证唯物主义和历史唯物主义的世界观。历史唯物主义揭示了人类社会发展的客观规律，它指明，封建社会必然代替奴隶社会，资本主义社会必然代替封建社会，社会主义经历一个长过程发展后也必然要代替资本主义社会。尽管社会主义最后取得胜利的道路是曲折的，但社会主义的胜利是历史发展的不可逆转的总趋势，是任何势力都无法改变的。一个人能够树立起正确的世界观，就能够坚定社会主义和共产主义的理想、信念，就能够在困难、曲折的逆境中经受考验，就能够在复杂的情况下分清大是大非。树立正确的世界观，就是要学习和掌握马克思主义、毛泽东思想和邓小平理论，坚定对社会主义道路的信念。在建设社会主义四个现代化的伟大事业中，只有树立了马克思主义的世界观，才能使自己所掌握的科学技术更好地为社会主义服务。在当今世界的各个国家中，任何科学技术的运用，都有一个为什么人的问题，也就是说有一个为社会主义服务还是为资本主义服务的问题。我国是一个社会主义的国家，我们所要建设的四个现代化，正如邓小平同志所一再强调的，它绝不是资本主义的四个现代化，而是社会主义的四个现代化。我们的目的，是要消灭剥削、消灭贫困而最终达到共同富裕。因此，我们所培养的人才，必须是为社会主义服务的，是坚定地走社会主义的道路的。

什么是正确的价值观？一般来说，价值观是人们对客观事物和现象的有无价值和价值大小的一个总的看法。什么是价值？从哲学来说，价值是个最一般的范畴，针对不同的对象，又有不同的价值，如经济的、政治的、伦理的等等。我们在这里所说的价值，并不完全等同于经济学中所说的使用价值和交换价值，而是指人们所认为最重要、最值得去追求和珍视的东西，它既可以是物质的东西，也可以是精神的东西。我们在这里所说的价值观，就是对某一个人来说，什么是他认为最重要、最值得他去追求的。在今天，我们所要树立的正确的价值观，就是集体利益、人民利益高于个人利益的集体主义的价值观。集体主义既是社会主义的道德原则，又是人们所应当树立的价值观念，即在评价事物现象的有无价值和价值的大小时，要以是否符合集体的利益和人民的利益为标准，而不能以个人的得失为标准。集体主义的价值标准，是不是否认个人利益呢？不是的，集体主义不但不否认个人利益，而且强调在集体利益高于个人利益的原则下，要充分照顾、保证和发展个人的正当利益，发展个人的个性。十四届六中全会通过的《中共中央关于加强社会主义精神文明建设若干重要问题的决议》指出：要“形成把国家和人民利益放在首位而又充分尊重公民个人合法利益的社会主义义利观”，从一定意义上来看，也就是我们所说的集体主义的价值观。强调树立正确价值观的目的，就是要人们能够正确地辨别和处理个人利益同集体利益的关系，自觉地考虑到集体利益和国家利益必须放在第一位。在社会主义社会中，一个人只有能够以国家利益为重，正确地处理好个人利益同集体利益的关系，才能更好地发挥他所掌握的科学技术的作用，否则，不但不能发挥有益的作用，甚至会危害国家和集体的利益。

什么是正确的人生观？人生观是一个人对人生的意义、目的和价值的根本看法。总的来说，人生观包括三个方面的内容：（1）人生的意义，即人为什么活着，人怎样生活才算值得；（2）人生的目的是什么，人应当有什么样的追求和理想等；（3）待人处世的根本态度和方法，也可以说是一个如何做人的问题。在这三个内容中，人为什么活着即人怎样生活才有意义的问题，是人生观的核心。社会生活中的人们，由于经济利益和政治利益不同，处于不同的社会关系之中，从而形成不同的人生观。一般来说，一个人的世界观支配和制约着一个人的人生观，而正确的人生观的形成，也能够在一定程度上影响甚至改变人们的世界观。我们所说的正确的人生观，就是为人民服务的人生观。一个没有树立起正确人生观的人，他可能认为人生的意义和目的就是为了自己的发展，为了自己小家庭的利益，或者是为了小团体的利益等，正由于此，这些人为了达到自己所追求的目的而损害他人和集体的利益。改革开放以来的情况说明，一些过去长期参加革命和建设的老干部，到了即将离退休的时候，往往贪污受贿、陷入犯罪的深渊，一个重要的原因，就是他们的人生观不是为人民服务，而是为了自己个人和自己的小家庭，他在即将离任时，不是考虑应当为人民多做好事，而是要为自己和儿女打算，要为自己和儿女考虑后路等。应当说，他们之所以会犯严重的错误，从思想根源上看，就是没有能够树立起正确的人生观。在建设有中国特色社会主义的伟大事业中，对每一个人来说，人生观的问题，也就是一个为什么人的问题，是人生一切问题中最根本的、首要的问题。这个问题不解决，不论是搞革命还是搞建设，是不可能兢兢业业，也不可能做出什么成绩的。如果一个人生活的目的只是为自己、为自己的小家庭，即使在物质享受上能够得到满足，那又有什么价值？有什么意义？一个人只有为他人的幸福、为社会的发展、为国家的兴旺做出贡献，使自己的工作能够造福人民、造福子孙后代，才是最有意义、最值得人们追求的，这种人生才是光荣的人生、闪光的人生。

二

道德素质是一个人所具有的道德品质的统称，是反映一个人的品德高低的标准。道德素质的核心问题，是个人与他人、个人与社会、个人与集体的关系问题。在个人与他人和社会的相处中，一个人对他人、对群体、对社会、对集体的关心程度和献身精神，体现着一个人的道德素质的高低。因此，学会关心和爱护别人，养成时时想着别人的思想，是我们培养人们道德素质的一个重要环节。从这一点出发，可以从五个方面来考虑人们的道德素质的培养。

1. 献身精神

献身精神，也就是我们所说的为他人、为社会做好事的精神，是“为人民服务”精神的崇高的体现。在人的道德素质中，最核心的一点就是要能有一种“无私”的精神，即不是为了获取个人的利益，而是为了有益于社会和有益于他人而去做好事。人们在社会中生活，必须有正当的个人利益的满足，否则就无法生活，与此同时，还应当尽可能地去为社会、为他人、为那些需要帮助的人做出自己的奉献。一个有道德的人之所以能够受到他人的称赞和社会的褒奖，其根本原因，就是因为他能够牺牲自己的利益，为他人和社会做出贡献，他的牺牲精神愈大，他的贡献愈多，他的道德也就愈高尚。从根本上来说，道德就是要对他人做奉献。从道德评价来说，我们可以说，献身精神的大小，是判断一个人道德水平高低的重要尺度。这种献身精神的最高体现，就是毫无自私自利之心地、全心全意地为他人和社会做贡献的精神。正如毛泽东同志在《纪念白求恩》一文中所说的：“我们大家要学习他毫无自私自利之心的精神。从这点出发，就可以变为大有利于人民的人。一个人能力有大小，但只要有这点精神，就是一个高尚的人，一个纯粹的人，一个有道德的人，一个脱离了低级趣味的人，一个有益于人民的人。”在市场经济的条件下，经济生活中的等价交换、按劳分配和多劳多得，既有利于发挥人的积极性和提高社会主义的生产力，同时它又容易诱发人们的自私自利、贪图享受甚至损人利己的思想和行为。我们应当认识到，按劳分配和为人民服务、等价交换和献身精神、多劳多得和义务劳动，这些看起来似乎是对立的事物，在社会主义市场经济的条件下，是能够统一起来也是应当统一起来的，它们是可以相辅相成的。我们愈是在分配上强调“按劳分配”、“等价交换”和“多劳多得”的原则，我们在人和人的道德关系上，就愈要强调为社会、为他人多做贡献的思想。一个人在分配上的多劳多得，既按照自己的劳动得到了公平的报偿，还能够激励他更好地为他人和社会做贡献。在马克思主义、毛泽东思想和邓小平理论的教育下，在“以为人民服务为核心”、“以集体主义为原则”的道德教育的影响下，经过长期不懈的努力，完全有可能克服市场经济的消极影响，使人们逐步培养起为他人、为社会做贡献的献身精神。

2. 群体意识

人在社会生活中，不但不能离开群体而生存，而且应当积极地为群体的发展与和谐而献身。什么是群体意识？它主要是指在一个共同体中生活的人所应有的维护共同体生存和发展的意识。家庭、学校、企业、机关等都可以说是一个群体。群体有大小、高低、层次的不同。群体之间的基本原则就是小群体应当服从大群体，下级的群体应当服从上级的群体。在我国的社会主义社会中，国家作为一个群体，是一个最高的群体。国家的利益，国家的尊严，国家的生存和发展，是群体意识的最高体现。群体意识要求人们在社会生活中，正确处理个人同他人和社会的关系，不要以个人的私利来妨害群体的利益，要发扬协作的精神，自觉地维护群体的利益。一个有道德的人，总是为群体着想，为群体的尊严和荣誉而奋斗。一个人从小在家庭中，有父母的生育和教养，在学校中，有学校的关心和教育，到了社会中，有社会和国家的关心和支持，才能够成长和发展，如果没有群体的关心和教育，一个人就不可能在社会中生存，更不用说发展和成才。个人的努力固然也有重要的作用，但任何个人一旦脱离了社会，背离了集体，就必然一事无成。一个只知道关心自己而不知道为集体献身的人，迟早是要被社会所抛弃的。在我们的社会主义国家中，许多重大的项目、重要的事业，都是要靠集体的力量才能完成的。一个没有凝聚力的整体，是不可能做出重大的成绩的。群体意识或者说集体意识，是一个人道德素质的重要方面，是需要从小开始培养，而且整个一生都要不断加以发展和提高的。在当前，群体意识有利于更好地形成中华民族的凝聚力和向心力，有利于培养热爱社会主义祖国的道德品质。

3. 责任观念

责任观念，是一个人对自己所应履行义务的一种强烈的责任心。责任观念的大小和有无，是直接影响和决定一个人事业成败的关键。一个人在社会中生活，既然从社会中享受到许多权利，就必须对社会履行自己应尽的责任。一个只想从他人和社会那里享受各种各样的权利而不愿履行义务的人，就必然要受到法律的惩罚和道德的谴责。尽管有些行为还没有达到违法程度而不能在法律上予以追究，但从道德上看，都是不道德的行为，依然应当受到谴责。责任观念作为一个人的道德素质，它能极大地改善和协调人际关系，而且对社会的职业工作有特别重要的促进作用。一个有强烈责任观念的人，不但在与他人的关系中能够履行自己的义务而使他人受到教育和激励，而且还必然会在自己的职业工作中精益求精，发挥出极大的能动作用和创造精神。一个人有了这种责任观念，就能成为一个大有作为的人，否则，就必然成为一个无所作为的人。同样，一个民族、一个国家有了强烈的责任观念，就一定会成为一个朝气蓬勃、奋发有为的民族，就一定会成为一个兴旺发达、富强繁荣的国家。从一定意义上说，道德素质是一种动力，它能使一个人的能力素质得到最大的发挥。对父母、对朋友、对老师、对同学，以至于对在自己生活中所发生关系的一切人，自己都有应尽的义务，能否认真地履行这些责任和义务，是衡量一个人道德水平的重要的试金石。尤其要强调的是，一个人参加工作以后，对工作的责任心、对职业的敬业精神，就成为他在事业上取得成就的关键。只有强烈的责任意识和对工作极端负责的精神，才能在事业上有所创造、有所发明。有了责任观念，不但能够产生对职业的敬业精神，而且还能够产生一种追求上进和勇于创新的精神。这种努力上进、积极创新的精神，是一切创造发明的力量源泉。有了责任观念，一个人在对待自己的职业上，就不会因循苟且、安于现状，更不会临事应付、得过且过，不会满足于仅仅完成任务，而是兢兢业业、勤勤恳恳，力求出色地把工作做得好上加好。有了责任观念，一个人就会在认真做好自己分内事情的同时，主动地关心其他同志的工作，关心上下左右的情况，照顾到有关的方方面面，发挥合作互助的精神。

在提高人的素质的问题上，我们一定要特别注意培养这种责任意识和敬业精神。推而广之，我们也可以说，强烈的责任意识和敬业精神，是一种良好的道德素质和职业素养，是一个民族兴旺发达的重要条件。对一个民族来说，如果每一个人都有着对自己工作的高度的责任意识，这个民族就一定能够兴旺发达，就一定能够自立于世界民族之林而历久不衰。

4.“爱人”思想

“爱人”思想，就是指在人与人相处中要自觉地关心、爱护和帮助他人，要发扬革命的人道主义精神。早在革命战争时期，毛泽东同志在《为人民服务》中就提出：“我们的干部要关心每一个战士，一切革命队伍的人，都要互相关心，互相爱护，互相帮助。”社会主义的最终目的是要建设一个没有剥削、没有压迫的共同富裕的社会，它所追求和强调的是真正的平等、幸福和博爱。在人与人的相处中，只有对他人能多一些爱心，多一些对他人的关怀和帮助，才能在人和人之间形成真正的理解和信任。人在社会中生活，总是会遇到各种困难、挫折、逆境、痛苦和不幸，处于这种情况下的人，迫切希望得到来自他人和社会的帮助，这种帮助，甚至会使他们终生难忘，永记在心。中国传统道德之所以强调要“雪中送炭”，而不主张“锦上添花”，也就是这个原因。中国古代著名的思想家、儒家的创始人孔子认为，社会的最高道德原则和个人的最高道德境界是“仁”，而“仁”的最核心内容就是要“爱人”。他认为道德就是要爱人，应当爱所有的人。墨子更进一步强调，不但要爱一切人，而且要不分亲疏远近，对他们都给予同等的爱。尽管他们所提倡的“要爱一切人”的思想，在当时的社会中是不可能实现的，但作为一种伦理思想，仍然是有价值的。中国传统道德认为，“爱人”不但要“己所不欲，勿施于人”，而且要“己欲立而立人，己欲达而达人”，要发扬一种为他人着想的“助人为乐”的精神。在社会主义市场经济的条件下，在人们每天都必须面对的激烈竞争中，一定要本着“公平竞争”的原则，要力戒“忌妒”别人的成绩，要有“成人之美”的高尚思想。在人与人的相处中，要能够设身处地地多为他人着想。那种看到别人的成绩就情不自禁地产生忌妒心的人，是永远也不可能有大出息的。古人认为，能够为别人的成绩而欢心的人，就是道德高尚的人。在自己和他人发生矛盾时，要“严于责己，宽以待人”，要多从自己的方面找原因，从而更好地化解矛盾，协调好各种关系。

5. 诚信原则

诚信原则，是指在个人与他人和社会的关系中，应当以“诚实守信”作为个人立身处世的根本原则。中国古代传统道德认为，一个人的言行失去了诚信原则，也就失去了做人的基本条件。古人说：“人而无信，不知其可也。”“诚”就是真诚、诚挚、诚实，就是言行一致、表里如一，就是老老实实，说老实话，办老实事，不自欺，不欺人。《礼记·大学》中说：“所谓诚其意者，毋自欺也。如恶恶臭，如好好色。”就是说，一个人的为人处世，要毫无做作，不加掩饰，不但不应当欺骗他人，也要在内心中不欺骗自己，即自己也要对自己“诚实”。“诚”绝不仅仅是一个为人处世的方法和态度，而且是人的道德素质所借以体现的重要方面。中国宋代的著名思想家、历史学家司马光强调，一个人一生如果能坚守一个“诚”字，他就必然能成为一个有道德的人。“信”

就是守信，就是一言一行都要遵守自己的诺言，对自己所说的话和所做的事，有认真负责的态度，凡是自己承诺的事情，一定要使其实现。诚实守信作为一种极其重要的道德品质，在社会生活和人与人的关系中，有利于抵御市场经济条件下各种假冒伪劣、弄虚作假和坑蒙拐骗的欺诈行为，有利于净化社会的道德氛围。大力提倡诚信原则，积极培养人们的诚实守信的道德素质，就能在人和人之间建立起相互信任的良性关系。

三

在谈到提高和培养人的素质时，我们还应当指出，忽视思想道德素质，特别是忽视道德素质的现象，在一些地方和一些人那里，仍然程度不同地存在着。一些人非常重视能力素质（如科学技术素质、外语素质、动手能力等）的提高，而不重视甚至忽视了思想道德素质的重要作用。这些同志的出发点也许是好的。因为在他们看来，只有这样，才能更好、更快地发展我们的经济。这一观点是有害的，其结果可能是这样：我们忽视或放松了思想道德素质的提高，我们的经济发展，不但速度不能很快地提高，甚至我们社会主义的四个现代化建设也将因之而受到影响。

在我们的学校教育中，重智轻德、重能力轻品质的情况，仍然程度不同地存在着。小学到中学的这段时期，是进行思想品德教育的一个最为重要、最易收效的时期，因为只有“从娃娃抓起”，才能在思想品德方面收到事半功倍的效果。可是，智育第一、应试第一的思想，支配着我们一些人的教育思想和教育实践，尽管要克服这一问题还有许多实际问题需要进行深入的研究，但是应当指出，这是一个亟须解决的问题。还要指出的是，在目前的中小学教育中，我们仅有的德育课，在重智轻德的思想下，也没有能够受到应有的重视。小学和中学应当更加重视怎样做人的教育，这些教育将使他们终生难忘、永记在心。因此，有关政治、经济和社会的一些重大问题，可在进入高中阶段以后适当地加以介绍，因为这些内容，他们在进入大学或社会以后，还要继续不断地学习。

大学阶段正是对青年进行世界观、人生观、价值观教育的最好时期，因为他们在经过紧张的复习、考试并进入大学后，对世界、人生和社会等各种问题，开始从理性上进行思考，从而会产生许多困惑和疑难。面对纷纭复杂的现实，究竟何去何从？究竟什么是正确的世界观、人生观和价值观？科学的答案，犹如一盏指路的明灯，将引导他们今后走向正确的道路。也正是由于重智轻德思想的影响，我们大学的思想品德课，还没有能够很好地担负起这一庄严而光荣的任务。从培养德才兼备的高素质的人才要求来看，加强和改进我们大学的思想品德课的工作，也是一个刻不容缓的重要任务。

从使用和选拔人才来说，我们也应贯彻德才兼备的标准，在以经济建设为中心的前提下，我们既要重视科学技术和能力素质，又要“以德统才”。宋代著名的思想家、历史学家司马光对于德和才的关系，曾有过深刻的论述。他说：“才者，德之资也；德者，才之帅也。”根据他的观点，人可分为圣人、君子、小人、愚人四个不同的等级，他说：“才德全尽谓之圣人，才德兼亡谓之愚人，德胜才谓之君子，才胜德谓之小人。”那么，在任用人时，应该怎样选择呢？司马光说：“凡取人之术，苟不得圣人，君子而与之，与其得小人，不若得愚人。”为什么要这样呢？他的理由是，圣人和君子都是能够以德统才的人，都能使他们的才来为社会、为国家尽力，“愚者虽欲为不善，智不能周，力不能胜”；对于那些才胜德的“小人”，就要特别加以警惕，因为“小人智足以遂其奸，勇足以决其暴，是虎而翼者也，其为害岂不多哉”！司马光的这些话，当然是为了维护当时的统治服务的，但他确实看到了德和才之间的相互关系，对我们今天培养德才兼备、全面素质的人才，有借鉴的作用。

21 世纪所要求的人才素质，应当是既掌握最新科学技术，又有正确的政治思想和高尚的道德素质的人。也就是说，一定要培养出德才兼备的、德智体美劳全面发展的高素质的人才，才能强有力地迎接新的挑战。

高校道德教育与“以德治教”*

《公民道德建设实施纲要》中指出：“提高公民道德素质，教育是基础。”高等学校担负着培养高层次合格人才的历史使命，面对汹涌而来的全球化浪潮，高校不仅要注重培养学生的科学素养、创新能力，而且更要注重大学生思想道德素质的提高。在坚持“依法治校”的同时，还要确立“以德治教”的思想。

一、多元趋势下必须坚持一元道德教育

改革开放以来，我国社会生活的各个层面都发生了巨大的变化。在党中央高度重视精神文明建设的大背景下，由于各级领导及广大教师的努力，高校的思想道德教育出现了可喜的进步。在大学生中，爱国主义、集体主义和社会主义思想日益深入校园，热爱科学、崇尚知识、积极向善、追求健康文明的生活方式成为大学生思想行为的主流。但同时我们也应该看到，随着我国社会的经济成分、组织形式、就业方式、利益关系和分配方式呈现多样化的趋势，特别是随着全球化的发展，高校的道德教育出现了许多新情况、新问题。全球化不仅是全球范围的资本

* 本文原载《中国高等教育》，2001 (23)，与关键英合著。

流动，而且是各种价值观相互激荡和渗透的过程。西方发达国家在经济全球化的过程中不仅争夺市场和经济的主导权，同时向发展中国家大肆兜售西方的价值观念，传播其意识形态，进行文化扩张和渗透。在这样一种国际国内的新形势下，大学生作为感觉敏锐、思想稚嫩的特殊群体，复杂的社会环境、多元的文化趋势、多维的价值视角必将对他们的世界观、人生观和价值观的形成产生重要影响。

面对经济全球化的浪潮和中国加入 WTO 的新形势，高校思想道德教育，必须对可能造成的道德后果进行理论前瞻，并作出积极的回应。

第一，必须坚持价值导向上的一元化。近些年来，随着社会的一些领域和一些地方道德失范，大学生的思想道德建设中仍然存在着不少的问题，对大学生只注重知识的灌输和能力的培养，而忽视了对其思想道德素质的培养，致使很多学生的是非、善恶、美丑界限混淆，拜金主义、享乐主义和极端个人主义有所滋长。一方面是个性的张扬，强调自我价值的实现，一方面是个人主义、实用主义和急功近利思想倾向的出现。在价值取向上既有效率意识、竞争意识、自立意识等时代特点，又在某些方面出现了道德上的“盲区”。对此，我们必须认识到，所谓“价值澄清”、“价值中立”是不存在的，必须坚持不懈地对大学生进行价值观教育，把社会主义、集体主义、爱国主义的思想观念和道德要求，不断地灌输到他们的头脑当中去，使他们懂得什么是对的，什么是错的，什么是可以做的，什么是不应该做的，什么是必须提倡的，什么是坚决反对的。不能把严肃的道德价值的选择权，不负责任地交给并无恰当的选择能力的受教育者。放弃了这个权利，就是放弃了教育者的职业良心，就是否定伦理学在培养人的道德素质、提高人的自我完善能力、改善社会风气方面的重要作用。

第二，确立“以德治教”的教育思想。江泽民同志在《关于教育问题的谈话》中强调指出：“尤其要加强对青少年学生进行爱国主义、集体主义、社会主义的思想教育，帮助他们树立正确的世界观、人生观、价值观。”如果我们的教育忽视了对其进行品德素质上的培养，放弃了对其理想信念上的引导，就会使他们在思想道德问题上出现混乱和偏差。因此，引导大学生树立什么样的世界观、人生观和价值观，关系到有中国特色的社会主义事业的兴衰和成败，关系到培养什么样的人的问题。“以德治教”作为现代教育理念的内核，是现代教育理念上的一次深刻革命。

“以德治教”就是要以德育来导向智育，使大学生确立正确的政治方向，培养良好的道德品质，为我国的改革开放和现代化建设培养合格的人才。

第三，突出“道德健康”的德育观念。一位著名的教育家曾经指出：“智育不好是次品，体育不好是废品，德育不好是危险品。”高等学校肩负着为社会培养和输送合格人才的使命。所谓“合格”，不仅是指身体健康、知识结构合理、具有科学素养和创新能力，更主要的是指道德健康。所谓道德健康，包括对社会、对他人有一种正确的态度，能与人合作和相处，能正确对待和处理个人利益和社会整体利益之间的关系，把权利和义务结合起来，把维护个人合法权益与承担社会责任统一起来，履行自己应尽的社会义务，承担自己应尽的社会责任，将“小我”融入国家和集体的“大我”中去，把国家和人民利益放在首位，为社会尽职尽责。

第四，在广大学生中大力提倡“爱国守法、明礼诚信、团结友善、勤俭自强、敬业奉献”的公民基本道德规范。大学生同时是社会的公民。学校是进行系统道德教育的重要阵地，学校教育是人们道德观念形成和发展的重要环节。在对学生的道德教育中，要把爱祖国、爱人民、爱劳动、爱科学、爱社会主义的基本道德要求和二十个字的具体道德规范融为一体，贯穿道德建设的全过程。要针对大学生的年龄特点规划道德教育的具体内容，将其融入高校的校纪校风建设和学生日常行为规范中，将道德教育渗透到学校教育的各个环节。

二、确实把思想道德教育放在素质教育的首位

当前，我国正在全面推进素质教育，高等学校的目光正逐渐从智力领域拓展到非智力领域，从一味关注学生的知识积累和能力培养等智力因素，发展到关注学生理想信念的确立和人格德性的培养等非智力因素。素质教育的推进，使人们对教育的功能和价值有了全新的认识，从而确立了现代大学全新的教育理念，即注重培养大学生的科学素养、人文精神和创新能力的融合统一，致力于对人的素质的全面培养。推进素质教育必须认真贯彻党的教育方针，把教书和育人紧密结合起来，使受教育者在德智体几方面都得到发展。

第一，要树立正确的人才观。在应试教育的模式下，我们的教育制度在人才的培养上，注重学生的分数，而轻视对学生特长和潜能的开发，轻视对学生创造能力的培养，特别是轻视学生的道德养成。高分低能、高分无德的“人才”时有出现，这不仅给学生本人以后走向社会、全面发展埋下了不健康的种子，而且也给社会带来了隐患。高才生心态扭曲、疯狂报复他人和社会，博士利欲熏心、高智商犯罪，诸如此类骇人听闻的报道经常见诸媒体。我们在为这些人扼腕惋惜的同时，不能不反思我们的教育理念和人才观念。也就是说，不正确的人才观不仅会浪费教育资源，步入人才培养的误区，而且会衍生出许多社会问题。真正的人才必须德才兼备。

第二，将德性教育放在素质教育的首位。中国古代的伦理思想具有非常鲜明的德育特色，思想家们不仅提出了道德教育的目标和宗旨，而且对道德教育的方法、途径、手段也都进行了深刻的论述，这些对于我们今天在高校里进行道德教育无疑具有很好的启发意义。确立“以德治教”的教育思想，将道德教育放在素质教育中的核心地位，要求我们将教育的视野从智力领域扩大到非智力领域，不仅要注重知识的灌输，而且要注重道德的灌输；不仅要关注学生的知识积累，而且要关注学生的精神世界；不仅要教给他们如何为学，而且要教给他们如何做人；不仅要培养他们的自立意识、竞争意识、效率意识、民主法制意识和开拓创新精神，而且要培养他们的爱心和公德心，使他们成为能够与人相处、积极协作、助人为乐、遵纪守法的好公民。

第三，大力加强师德建设，全面提高教师素质。教师是教学活动的直接组织者和实施者。全面推进素质教育最终要通过教师来实现。一个高素质的教师，除了要具备广博的知识、懂得教育教学规律之外，更主要的是要具备高尚的思想道德素质。一个合格的教师，应该是表里如一、言行一致、为人师表、堪称楷模的人，只有这样，才能给学生做出表率，才能对学生实施积极的、正面的教育影响。孔子说：“其身正，不令而行；其身不正，虽令不从。”身教重于言教，教师的政治素养、道德品质、心理素质乃至于言谈举止都会对学生产生潜移默化的影响。在教育过程中，教书和育人并不是截然分为两截的。德育绝不仅仅是“两课”教师的工作，而应该成为所有教师和教育工作者的自觉行为。道德教育寓于各门具体学科的教学之中，每一个课堂都应该成为德育的阵地。

把握“思想道德修养与法律基础”课的性质与特点　增强教学的实效性和针对性*

在党中央的关怀下，在中共中央宣传部、教育部的直接领导下，“思想道德修养与法律基础”（以下简称“基础”）课教材编写组全体成员，经过半年多紧张、辛勤的努力，基本完成了教材（送审稿）的编写工作。准确地把握教材的性质及其特点，对于我们充分发挥主观能动性，创造性地使用好教材，增强“基础”课教学的实效性和针对性，具有重要的意义。

一、课程的性质与特点

“基础”课将“98”方案中的“思想道德修养”和“法律基础”两门课有机地融为一体，成为高校思想政治理论课“05”方案中的一门必修课。这是党中央、国务院面对新形势、新情况、新问题，在完善高校思想政治理论课课程体系和学科建设方面所进行的一项创新举措，对于进一步加强和改进大学生思想政治教育具有重大而又深远的意义。“基础”课并不是过去的“思想道德修养”和“法律基础”课的简单合并，而是一门在体系和内容上有机地将两者融为一体的以马克思主义思想政

* 本文原载《北京教育》，2006（10）。

治教育学科为依托的崭新的课程。中宣部、教育部《关于印发〈中共中央宣传部、教育部关于进一步加强和改进高校思想政治理论课的意见〉实施方案》（以下简称“实施方案”）规定，本课程的主要任务是，以马克思列宁主义、毛泽东思想、邓小平理论和“三个代表”重要思想为指导，深入贯彻科学发展观，针对大学生成长过程中面临的思想道德和法律问题，有效地开展马克思主义的人生观、价值观、道德观和法制观的教育，更好地引导大学生树立高尚的理想情操和养成良好的道德素质，树立体现中华民族优秀传统和时代精神的价值标准与行为规范，使大学生成长为德智体全面发展的中国特色社会主义事业的合格建设者和可靠接班人。

因此，在“基础”课教材的编写中，一方面注重继承和借鉴“思想道德修养”和“法律基础”课教材编写和教学方面的成功经验，充分吸收了这两门课程以往取得的丰富成果和经验；另一方面根据“基础”课教学体系和教学目的的需要，对教学内容进行了创新性的定位和阐释，并综合运用其他三门思想政治理论课提供的马克思主义理论以及其他多种相关学科的知识，对大学生在人生观、价值观、道德观和法制观方面遇到的理论问题和实际问题作出科学的、有说服力的回答，较好地体现了继承与创新的统一。在教材编写的体例上，力求把对大学生进行社会主义思想道德教育和法制教育紧紧地结合在一起，把增强社会主义法制观念和提高社会主义道德觉悟紧紧地结合在一起，把提高思想道德素质和法律素质紧紧地结合在一起，帮助大学生正确地解决成长成才过程中遇到的实际问题，在实践中培育优秀的思想品德。

“基础”课的性质、基本任务及其教学目的要求，决定了本课程的如下特征：

1．鲜明的思想性

本课程坚持用马克思列宁主义、毛泽东思想、邓小平理论和“三个代表”重要思想武装大学生，深入贯彻科学发展观，始终把引导大学生确立献身中国特色社会主义事业的政治方向放在首位，帮助大学生树立中国特色社会主义共同理想和共产主义远大理想，树立坚持党的基本路线不动摇的信念。学校教育要为一定社会的经济、政治和文化制度服务，这是教育的本质任务和普遍规律。我国是中国共产党领导的人民当家做主的社会主义国家，这就决定了我国高等教育必须坚持社会主义办学方向，必须培养中国特色社会主义事业的建设者和接班人。这门课程要联系改革开放、发展社会主义市场经济和社会主义现代化建设的实际，联系社会主义民主政治建设和社会主义精神文明建设特别是思想道德建设和法制建设的实际，回答学生们普遍关心、经常思考、需要解决的思想道德和法律问题，帮助学生们释疑解惑，提高思想觉悟和实践能力的水平，帮助学生们顺利完成大学学业，为现在和今后的健康成长成才打下坚实的思想基础。

2. 较强的理论性

本课程针对大学生普遍关心的人生、理想、道德、民主、法制、纪律等方面的问题而开设，与日常思想政治教育和管理相比，更具有理论性和系统性。一是把马克思主义基本理论应用于大学生思想道德修养与法律基础领域，以辩证唯物主义和历史唯物主义观点，分析回答思想道德修养和法律基础方面的各种理论与实际问题，向大学生传授科学的思想道德观念和法律知识；二是把高校多年来对学生进行思想道德教育和法制教育的基本经验，以及对大学生成长成才规律的探索加以科学总结和提炼，形成科学、系统、成熟的理论观点和理论体系，使之对大学生思想道德修养和法律修养具有普遍的指导意义；三是充分吸收、反映与思想道德修养和法律基础相关的学科的最新理论、实践成果，系统回答大学生思想道德修养与法律修养中的一些理论热点、难点问题，使这门课具有雄厚的科学基础和鲜明的时代特征，使思想道德修养和法律修养与大学生的文化知识修养融为一体。本课程有较为系统的理论体系，有相对独立的研究领域，有基本稳定的教学内容和规范的教学方法，立足于培养大学生的思想、政治、道德、法律和心理等综合素质，具有其他课程不可替代的作用和功能。

3. 突出的实践性

本课程强调引导大学生通过“知”、“行”统一进行自我修养。求知与修养相结合，是中华民族的优秀传统。青年时期注重修养，陶冶情操，对自己的一生将会产生巨大的促进作用。在我国古代，“修”是切磋琢磨，“养”是涵育性情和陶冶情操，“修以求其粹美，养以期其充足，修犹切磋琢磨，养犹涵育熏陶也”。这一认识，对大学生提高加强修养的自觉性具有现实的指导意义。人的思想道德水平的发展是知、情、意、行相统一、相结合的辩证过程，外部的教育和他人的帮助只是这个过程的外在影响条件，只有通过个人的主观努力和躬身实践，才能把外在的影响内化为心灵的品质、落实为自觉的行动。因此，本课程特别强调大学生的自觉修养。学生们不仅要乐于接受正确的理论知识，而且要结合自己的思想实际，身体力行，化知识为德性，化德性为行为。

二、在增强课程的实效性和针对性上狠下功夫

党中央对高校思想政治理论课的高度重视、直接指导，为加强和改进思想政治理论课教育教学提供了强大动力，对我们教育战线特别是高校思想理论界同志们是极大的鼓励和鞭策，也是殷切的期望和很高的要求。高质量地实施新课程方案，关键在教师。广大思想政治理论课教师应以无私的奉献精神、强烈的责任意识、高尚的人格和良好的职业道德，全身心地投入思想政治理论课教育教学中来，依据课程的性质和特点，结合教学实际，大胆探索，勇于创新，在增强课程的实效性和针对性上狠下功夫。

1. 要以高度的责任感、紧迫感和使命感，把加强和改进高校思想政治理论课作为一项重大而紧迫的政治任务，切实抓紧抓好

广大思想政治理论课教师要在提高认识、统一思想上下功夫，把思想认识统一到中央精神上来，统一到中央关于调整高校思想政治理论课课程设置的决策上来，统一到中央关于高校思想政治理论课课程设置新方案的部署上来，统一到中央关于教材编写的决策和审定教材的基本精神上来，增强工作的责任感和使命感；要在吃透吃准新教材基本精神上下功夫，尽快熟悉和掌握新课程的教学目的、教学基本要求，新教材的编写原则、编写思路、主题主线，以及应把握的主要内容和教学重点、难点、热点，切实保证新课程开课质量。

2. 要切实提高自身素质，真正成为大学生健康成长的指导者和引路人

“基础”课是一门旨在提高大学生的思想道德素质与法律素质的课程，讲授该课程的教师必须言传身教，在帮助大学生提高思想道德素质和法律素质的同时，努力提高自身的思想道德素质和法律素质。每个从事“基础”课教学的教师，都要把努力掌握“基础”课教材的知识同践

行其中的要求紧紧结合起来，在提高和增强修养方面下功夫。凡在教学中要求学生做到的，自己应当首先“以身作则”地做到；要求学生遵守的，自己首先应当更加自觉地遵守。既然选择了这一职业，我们就必须配得上称为这一职业的成员。从事“基础”课教学的教师，必须有较高的思想道德素质和法律素质，在教学中，力求做到“言传身教”和“身体力行”，切切实实地在各方面做学生的“模范”。汉代著名的思想家扬雄说过一句值得我们深思的话：“师者，人之模范也。模不模，范不范，为不少矣。”《后汉书》中说：“盖闻经师易遇，人师难遭。”清代著名思想家顾炎武也慨叹“海内人师少，中原世运屯”（《赠孙征君奇逢》诗）。“屯”就是困苦、危难的意思。顾炎武把国家之所以遭到困苦、危难的情况，同缺少“言传身教”、“以身作则”的教师联系在一起，这就充分说明“人师”地位的重要性。如果教师不能在做人、做事等方面成为学生的“模范”，又怎么会给学生带来积极的影响呢？作为高校从事德育工作、开展大学生思想政治教育的骨干力量，思想政治理论课教师必须切实提高自身素质，真正成为大学生健康成长的指导者和引路人。为此，我认为高校思想政治理论课教师要具备以下四方面的素质：

过硬的思想政治素质。要认真学习和领会马克思列宁主义、毛泽东思想、邓小平理论和“三个代表”重要思想，学习和贯彻科学发展观，坚持党的基本路线、方针、政策，在政治上、思想上和行动上同党中央保持高度一致，要时刻关心国家大事，了解国内外局势，并善于运用马克思主义的立场、观点和方法去分析问题和解决问题。唯有具备良好的思想政治素养，才能真正履行大学生思想上的指路人的职责，当好大学生政治上的向导，帮助他们及早地从思想和行为的误区中走出来，逐步树立远大理想和社会主义信念，确立正确的世界观、人生观和价值观。

良好的职业道德素质。广大思想政治理论课教师要忠于党的教育事业，对工作充满信心，以培养优秀人才为己任，想工作、乐奉献，具有强烈的事业心和责任感，并以自己高尚的人格魅力去带动和感染学生，引导学生认认真真学习、踏踏实实做事、堂堂正正做人。教师应是学生的良师益友，是学生品德形成的引导者、心灵发展的疏导者、生活选择的参谋者、学生成才的指导者。教师唯有以身作则、言传身教、为人师表，学生才会“亲其师，信其道”。

丰厚的理论业务素质。“打铁还需自身硬”，随着知识经济时代的到来，广大思想政治理论课教师要与时俱进、紧跟时代步伐，就必须不断地解放思想、更新观念、学习新事物、了解新情况，这样才能使自己适应大学生思维活跃、求知欲强、视野开阔、兴趣广泛的特点，才能找到与大学生进行沟通和交流的“共同语言”。同时，还必须以高度的政治责任感、强烈的求知欲望和进取精神，潜心学习先进的思想理论、教育理念，系统地学习政治学、伦理学、法学、教育学、心理学、管理学等相关学科的知识，不断提升自己的理论素质和科学文化素养，从而为进一步探索新形势下“基础”课教育教学的新途径和新方法，开创高校学生思想政治工作的新局面提供理论先导。

与时俱进的创新素质。随着高等教育体制改革的深化，大学生的思想政治教育工作面临着种种新形势、新情况、新任务，我们必须进一步解放思想、与时俱进、不断创新，致力于提升大学生思想政治教育的创新能力，体现时代性、把握规律性、富于创造性、增强实效性。苏联教育家苏霍姆林斯基曾经说过，“学生不是一个个需要填满的罐子，而是一颗颗需要点燃的火种”。当代大学生是宝贵的人才资源，是全面建设小康社会的生力军。高等教育落实“育人”职责就要把他们培养成为中国特色社会主义事业的合格建设者和可靠接班人。我们一切的工作都必须把促进大学生成长成才和全面发展作为根本价值取向。要立足于青年学生自身的学习要求和成才愿望，避免言之无物、空洞说教。在创新中，首先要深入研究马克思主义的基本原理，认真领会和学习马克思主义的基本立场、观点和方法，同时，又要能立足当代中国发展的新情况和新问题，破除对马克思主义的教条式地理解，澄清附加在马克思主义名下的错误观点，从而力求作出既正确地坚持马克思主义的原则，又符合时代要求、能提高大学生思想素质和道德素质的新阐发。这也就是说，既要坚持马克思主义，又不能抱残守缺、思想僵化，要用发展着的马克思主义来指导我们的教学和研究，以达到开拓创新、与时俱进的目的。

3. 要在教学科研过程中树立起“问题意识”，真正增强“基础”课的针对性和实效性、吸引力和感染力

在对思想政治理论课的教学内容与教学效果进行问卷调查时，一位大学生曾经这样写：“希望在‘思想道德修养与法律基础’课中能够学到最深刻的人生哲理，最贴切的生活启迪，最透彻的人生感悟，最动人

的人生体验。希望这门课能给我们四年的大学生活以指导，使我们快乐、充实地度过这段时光，同时，也在四年后的人生中受益。”这段发自肺腑的语言，说出了当代大学生对“基础”课的渴求与期待，也对我们广大一线任课教师提出了启示和要求。从大学生的思想实际出发，发现问题、提出问题、分析问题、解决问题，是我们“怎样培养人”的一个关键问题。马克思曾经有一句名言：问题是时代的格言，是表现时代自己内心状态的最实际的呼声。因此，在思想政治理论课的教育教学过程中，尤其是在“基础”课的教育教学过程中，广大任课教师需要加强教育的针对性和实效性、吸引力与感染力，将思想教育与解决实际问题相结合，要真正解决大学生在成长成才过程中面临的实际问题，凸显问题意识。应该说，我国当代大学生思想状况的主流是积极、健康、向上的。但是，我们也应该清醒地认识到，伴随着经济全球化进程的日益深入，各种文化思潮和价值观念冲击着大学生的思想，某些腐朽落后的生活方式也侵蚀着大学生的心灵。相当一部分大学生不同程度地存在政治信仰迷茫、理想信念模糊、价值取向扭曲、诚信意识淡薄、社会责任感缺乏、艰苦奋斗精神淡化、团结协作观念较差、心理素质欠佳等问题。因此，必须从学生的思想实际出发，实事求是，有的放矢。“基础”课作为一门用马克思主义理论指导大学生成长成才道路的课程，在教学大纲的设计以及教育教学过程中，既要向大学生进行系统的理论教育，强调知识的系统性、理论的科学性和完整性，同时又要强调在理论逻辑中凸显问题意识，坚持理论联系实际、贴近实际、贴近生活、贴近学生。必须围绕大学生成长成才过程中的价值标准（人生观和价值观）和行为规范（法制观和道德观），重点解决当代大学生的理想信念问题、价值取向问题、诚信问题、社会责任感问题、艰苦奋斗问题、团结协作问题和心理健康问题等，引导大学生树立高尚的理想情操和养成良好的道德品质，提高大学生的思想道德素质，增强社会主义法制观念和法律意识，树立体现中华民族优秀传统和时代精神的价值标准、行为规范，强调切合大学生的思想实际，能够切实解决大学生所面临的思想问题、实际问题，真正体现“基础”课教育教学的针对性和实效性、吸引力和感染力。

把加强思想道德素质与法律素质提到更重要的地位*

在科学技术迅速发展、经济竞争日趋激烈的今天，人的素质的竞争，已成为竞争链条中的最关键、最重要、最有决定意义的环节。抓住这个现代社会发展链条中最中心的环节，是国家、民族和社会兴旺发达的关键。

人的素质，包含着多方面的内容，既有技能方面的，又有管理方面的；既有政治方面的，又有道德方面的；等等。总的来说，我们常常把人的素质概括为“德”和“才”两个大的方面，“德才兼备”、“以德率才”是我们对人的素质的根本要求。

在社会主义市场经济条件下，特别是在改革开放不断扩大和日益深入的情况下，各种价值观念的相互激荡和相互影响，实施依法治国和以德治国的相互结合，在培养和提高人的素质方面，又给我们提出了更高的要求，这就是既要重视人们的思想道德素质，又要重视人们的法律素质。

所谓思想道德素质，包括思想政治素质和道德素质两个方面。思想政治素质主要是指马克思主义的信念、社会主义的共同理想、爱国主义等。在人的各种素质中，思想政治素质具有方向性和指导性，是最重要的素质。所谓道德素质，主要包括坚决履行社会主义的道德核心（为人

---

* 本文原载《思想理论教育案例》，2007（5），系“马克思主义理论研究和建设工程”重点教材建设工作启动三周年笔谈文章。

民服务）和道德原则（集体主义），努力树立科学的世界观、人生观、价值观，以及自觉地遵守社会公德、职业道德和家庭美德等社会主义公民道德的要求。

所谓法律素质，主要是指一个人遵守法律、维护法律、运用法律的能力和修养。在法治社会中，如果没有必备的法律知识，没有正确的法律意识和运用法律的能力，要想实现真正的“法治社会”，是根本不可能的。

在提高全社会思想道德素质和法律素质的迫切要求中，社会对大学生寄予更高的期望。大学生是中国特色社会主义事业的建设者和接班人，是抵制不良社会风气、改善社会道德风尚、提升互信气氛、促进人际和谐的先进群体，也是引领、传承、倡导、力行社会思想道德素质和法律素质的中坚力量。

对大学生进行“思想道德修养与法律基础”教育，就是要以提高大学生的思想道德素质和法律素质为目的，紧紧掌握住提高大学生思想道德素质和法律素质这一要求，并把这两种素质的提高有机地融为一体，使其相辅相成，通过各种有感染力、说服力的教学，经过启发和诱导，以增强大学生提高思想道德素质和法律素质的自主性和自觉性，在身体力行和潜移默化中，使他们成为既有社会主义的思想道德素质，又有模范遵守社会主义法律素质的“四有”新人。

第十二编

访　谈

在改革中要加强道德建设*

——中国伦理学会会长罗国杰答本刊编辑徐海均问

改革开放，发展商品经济，与加强伦理道德建设是否可以并行不悖？最近，我们访问了著名伦理学家罗国杰教授，请他就这方面的几个问题发表了看法。

改革的成功一定要以道德的牺牲为代价吗？

问：有人认为，改革的成功难免要以牺牲道德为代价，这种看法有道理吗？

答：历史的进步要以道德的牺牲为代价，这种现象在以往社会中是有过的。奴隶社会代替原始社会，带来了生产力和科学文化的发展，但在人和人的道德关系方面却是一个退步，是一种离开古代氏族社会纯朴道德高峰的堕落。在资本主义发展初期，进行资本原始积累时出现的"羊吃人"等现象，从道德上说也是一种倒退或堕落。有人据此类推，认为我们今天要取得改革开放的成功，也必然要出现道德上的堕落。这种说法我认为是不正确的。问题的关键是要区分两种不同的社会制度。我们是社会主义社会，是以生产资料公有制为基础的。这与以往的私有制社会有本质的不同。在私有制条件下，剥削阶级掌握生产资料，为了聚敛财富，什么损人利己的手段都可以使得出来。在社会主义社会就不

---

* 本文原载《解放军报》，1988-03-22。

许可这么做，我们不能只顾少数人发财而不顾多数人死活，不能允许损人利己、损公肥私的现象存在。强调社会主义道德建设，这绝不是“保守”，而是为了坚持社会主义道路。社会主义优越于资本主义，不仅在于它能比资本主义更快地发展生产力，而且在于它能消除资本主义和其他剥削制度所必然产生的贪婪、腐败和不公正的现象。我们搞改革开放，正是为了能使社会主义的优越性得到全面的发挥，如果越改革越开放，道德倒反而越倒退越堕落，那就该提出这样的问题了：到底坚持了社会主义方向没有？牺牲了社会主义道德，抛弃了社会主义精神文明，最终结果就必然会导致放弃我们的社会主义道路。如果这样，改革开放能否最终成功就是个大问题了。

改革开放搞好了，定能促进道德水平提高。

问：照这么说，随着改革开放的深入，社会风气应当越来越好才对，可是现在不少人在私下交谈中说起社会风气就摇头，认为道德水平下降了，这又该如何解释？

答：当前的社会风气，应该说不很理想，人们议论比较多，感到忧虑，是很自然的。出现这种情况绝非改革开放之过，而是由于我们的工作没有做好。在提出改革开放的同时，党中央就提出了建设社会主义精神文明的任务，但在实际工作中，不少部门和单位对精神文明建设还是重视不够，甚至有所忽视。所以，我们觉得有必要大声疾呼，以引起人们对这一问题的高度重视。十二大指出社会主义精神文明是社会主义社会的重要特征，十三大报告说这是对马克思主义科学理论的一个发展。什么是重要特征？就是说没有它就不是社会主义社会。现在我们下大力气发展生产力，是非常必要的。但更要看到，如果没有政治上的清明，没有共产主义道德和社会主义道德，没有社会主义精神文明，没有正常的人与人的关系，那将来会是一个什么社会？

要使社会风气好起来，还应强调自上而下每一个人都要以身作则，抵制不良的社会风气，向别人传递崇高的道德感情。在庸俗、腐朽的坏风气前，有些人往往采取随波逐流的态度。这是不好的。我们应当有这样一个信念：我们的社会风气，是会逐步好转的；改革开放真正搞好了，是一定能够促进道德水平提高的。共产党员特别是党员领导干部都应对自己提出严格的要求，都应带头抵制以权谋私、请客送礼、占公家便宜等等不正之风，应该成为忠于职守、光明磊落、不谋私利和公正无私的表率。只有这样，才能带动和促进各行各业的职业道德建设，提高全民的道德水平。

发展商品经济就得承认拜金主义？“一切向钱看”是合理的吗？

问：在发展商品经济中，能否认为利己主义也有其积极作用，或者说为了发展商品经济就得承认拜金主义、“一切向钱看”的某种合理性？

答：我的回答是否定的。为了建设有中国特色的社会主义，我们必须大力发展生产力，发展商品经济和竞争。与此同时，我们也必须反对那种只从满足自己私欲和利己心出发的思想及行为。过去，我们长期受“左”的思想影响，对正当的个人利益也予以否定。现在要纠正和警惕这种“左”的思想是完全正确的，但现在又有另一种倾向，有些人好像很怕强调国家和集体利益，似乎反对“一切向钱看”就是反对发展商品经济。这就成问题了。正当的个人利益应当保护，但我们必须旗帜鲜明地反对个人主义、利己主义，决不能听任资产阶级的拜金主义和“一切向钱看”的思想腐蚀我们的队伍。如果把人们的利己主义之心都鼓动起来，社会是无法承受的。日本学者池田大作和英国著名学者汤因比都说，资本主义社会引起了魔性的欲望，不是高消费，而是以享乐为唯一目的。利己主义、拜金主义的思想行为具有很大的反社会性，连资产阶级营垒中的有识之士都不赞同这个，难道我们倒要为之辩护甚而加以赞美吗？

不能把等价交换原则扩充到人与人之间的所有关系上。

问：你在一次谈话中说过，等价交换原则在经济领域是对的，扩充到人与人之间的所有关系上，扩充到一切领域，就完全不对了。能不能请你具体谈谈这个问题？

答：人与人之间有各种各样的社会关系，经济关系是其中最基本的关系，按照列宁的说法，这是一种“物质的社会关系”；除此之外，还有“思想的社会关系”，如人们之间的政治关系、法权关系、道德关系以及一定范围和一定时期的宗教关系等等。在商品经济充分发展的条件下，等价交换原则无疑是我们处理经济关系时必须遵循的原则之一。做买卖，人们不是要斤斤计较、两两计较吗？那没错。不仅如此，如果是做贵金属的交易，还得分分计较、钱钱计较，以至厘厘计较、毫毫计较。但是，在处理“思想的社会关系”时，就不能按照等价交换的原则去行事了，尤其是处理道德关系更是如此。一般说来，一个有道德的行为对行为者自己而言，都是一种多多少少的献身。道德不是要占别人的便宜，也不是你给我半斤，我给你五两，而是要对别人、对社会做出贡献。康德有句名言，道德之所以有那么崇高的美名，就是因为它伴随着巨大的牺牲。普列汉诺夫也说，道德总是以或多或少的自我牺牲为前提的。试问，如果不是这样行事，而是一切都得等价交换，那么，父子之间、朋友之间该怎么相处？更不用说战士与国家之间的关系了。

恩格斯说过："在资产阶级看来，世界上没有一样东西不是为了金钱而存在的，连他们本身也不例外，因为他们活着就是为了赚钱，除了快快发财，他们不知道还有别的幸福，除了金钱的损失，也不知道还有别的痛苦。"① 列宁也说过："做事就是为了拿钱——这是资本主义世界的道德。"② 如果把人与人之间的一切关系都变成一种金钱关系、交换关系，那我们与资本主义还有什么区别？在我们社会主义国家，即使在经济领域中，也不能把人们相互之间的关系仅仅理解为金钱关系、等价交换关系，比如售货员与顾客之间就不完全是买卖关系，还有一层平等团结、友爱互助、相互服务的社会主义新型关系。正是这层道德关系要求售货员与顾客应当互相尊重，互相理解，推己及人，将心比心，你说是吗？

① 《马克思恩格斯全集》，中文1版，第2卷，564页。
② 《列宁全集》，中文1版，第28卷，105页。

我们党思想上精神上的一面旗帜*

——关于“建设社会主义核心价值体系”的对话

深刻理解“建设社会主义核心价值体系”的重大意义和现实针对性

邢久强：党的十六届六中全会提出“建设社会主义核心价值体系”，是当前贯彻落实科学发展观、构建和谐社会过程中，关于思想道德建设、和谐文化建设乃至整个精神文明建设的一项有很强的现实针对性的重要决策，无论在理论创新还是实践探索上都具有重大意义，标志着我们党对社会主义的认识达到了新的高度，也引起了社会各界的广泛关注。当前，要全面、准确理解建设社会主义核心价值体系的重要意义、科学内涵、理论框架等，需要进一步深入研究探讨。

罗国杰：是的，提出建设社会主义核心价值体系，无论是从理论方面还是从实践方面都可以说意义重大而深远。社会主义核心价值体系的建设，适应了当前社会主义市场经济发展的要求，适应了社会主义先进文化建设的要求，适应了我国现阶段社会主义思想道德建设的形势和要求，是丰富发展中国特色社会主义理论与实践的需要，是巩固全党全国人民团结奋斗的共同思想基础的需要，是促进民族团结和国家安定必不可少的推动力量，也是构建和谐社会、建设和谐文化的重要内容。我们

* 本文原载《前线》，2007（3），是该杂志主任编辑邢久强与作者的对话稿。

必须从这样的高度来认识。

邢久强：我们党历来重视思想道德建设，社会主义核心价值体系的四个方面基本内容，即马克思主义指导思想、中国特色社会主义共同理想、以爱国主义为核心的民族精神和以改革创新为核心的时代精神、以"八荣八耻"为主要内容的社会主义荣辱观，也一直是我们所强调和倡导的。而这次把这些根本的、原则的东西整合到一起，提到社会主义核心价值体系这个层面来进行科学概括和清晰界定，显示了我们党的理性自觉，是理论上的重大创新，是决策上的重大举措。这也说明提出建设社会主义核心价值体系有着深刻的时代背景和现实的针对性。

罗国杰：中央提出建设社会主义核心价值体系，是与价值观在整个思想道德和文化建设中的重要地位以及我们当前价值观方面存在的问题相联系的。经过改革开放近30年来的发展，我国的经济、政治和文化，都发生了前所未有的巨大变化。而与之相适应的是，人们在价值观念、价值评价、价值取向和价值选择上，也随之发生了新的、值得注意的变化。这些变化之所以发生，从其根源来看，主要是由于随着经济体制、社会结构、利益格局和生活方式的深刻变化，不可避免地出现了不同的价值追求和价值取向。这给人们的思想观念和行为方式带来了巨大的积极影响，促进了经济社会的发展，提高了人们创新的活力；同时，也给人们的思想观念带来消极影响，对社会主义的价值导向产生了前所未有的冲击。一方面是爱国主义、集体主义、奋发有为、朝气蓬勃、艰苦奋斗、无私奉献的精神得到弘扬，另一方面是拜金主义、享乐主义和极端个人主义的价值观念在社会上滋生蔓延。从整个社会和国家来说，必须有自己的占主导地位的、具有社会主流优势的价值导向，来引领整个社会发展的方向，来团结社会成员为实现社会理想而奋斗。但是，多种利益主体出现所带来的各种不同的价值取向，造成了这些不同的价值取向同整个社会和国家的价值导向之间的差异与矛盾。因此，在承认和尊重社会上各个不同利益群体的价值选择和价值取向的同时，加强对各种不同价值取向的引导和教育，就成为一个极其重要的理论与实践的问题，而社会主义核心价值体系的提出，就是针对这样的现实而作出的重大决策。

邢久强：从国际背景来说，20世纪80年代末90年代初苏东剧变后，世界社会主义运动陷入低潮。我国作为世界上最大的社会主义国家，将面对更加激烈的国际文化竞争，特别是面对西方资本主义国家传播其意识形态、进行文化扩张和思想渗透的压力。在新的形势和时代背景下，国际国内有些人的共产主义理想和社会主义信念开始发生动摇，甚至完全背离了社会主义方向。在这种情况下，更需要积极倡导和践行符合社会主义本质和中国具体实际的社会主义核心价值体系，以保证中国特色社会主义道路的正确方向。

罗国杰：现实情况也表明，西方发达国家正利用经济、科技甚至军事等方面的优势，利用各种手段，输出它们的价值观念和政治制度，在发展中国家推行资本主义的生活方式。因此，在经济全球化的境遇中，我们不仅要面对经济方面的挑战，更加要警惕西方价值观念的侵袭，这就需要通过建设社会主义核心价值体系，大力弘扬爱国主义精神，维护和坚持社会主义的价值评价和价值观念，这是社会主义建设能沿着健康的道路向前发展的重要保证。

邢久强：任何社会都有自己的价值体系和核心价值体系。与我们的社会主义制度相适应，随着改革开放和社会主义市场经济进一步发展，随着中外文化交流和碰撞进一步扩大，随着人们思想活动独立性、选择性、多变性和差异性进一步增强，我们社会主义价值体系的内涵不断丰富，外延也在不断扩大。那么，与坚持中国特色社会主义的根本性制度和要求相适应，自觉地对主导全社会思想和行为的社会主义价值体系的核心作出明确界定和科学阐释的需求，就显得越来越迫切。社会主义核心价值体系的提出，就旗帜鲜明地向世人昭示，不论社会思想观念、人们价值取向如何多样多变，我国社会主义意识形态的核心是不能动摇的。

罗国杰：提出建设社会主义核心价值体系，有利于我们更清醒、更坚定、更自觉地把握和坚持社会主义先进文化的前进方向。当前，可以说是我国改革开放以来，在价值观念上的一个“机遇与挑战”并存的重要时期。各种价值观念的相互交织、相互冲击、相互影响，已经是一个不容回避的客观现实。在这个多种价值观念相互交织、相互冲击和相互影响的时期，如果不能及时加以引导、教育和规范，人们在思想上就必然会产生疑惑、误解和迷茫，甚至有可能迷失方向，陷入误区，影响和谐社会的构建。建设社会主义核心价值体系的提出，也正是我们党积极主动地正视在价值观念上“机遇与挑战”并存的情况，积极地加强导向，主动应对矛盾和化解矛盾，最大限度地增加和谐因素，最大限度地减少不和谐因素，为更好地创建和谐社会所做的重大战略举措。

准确把握“社会主义核心价值体系”的基本内涵

邢久强：这是我们党第一次提出建设社会主义核心价值体系问题，在理论上有着重要的创新意义。对于“价值”、“价值体系”、“核心价值体系”、“社会主义核心价值体系”这一系列概念，应如何理解？

罗国杰：人们的价值选择、价值评价和价值追求，是指导人们行动的一种精神力量。不论是一个国家还是一个社会，如果没有一个统一的、核心的、主流的价值体系，就不可能形成全社会的价值导向，整个国家和社会就会失去团结奋斗的目标。因此，如何形成和建设整个社会的价值体系，就成为社会思想道德建设的一个重大问题。在谈到价值体系的时候，我们有必要先谈一谈什么是“价值”和什么是“价值观”的问题。一般来说，价值是指主体的需要同客体的属性之间的一种关系。一个事物（客体）的属性能否满足主体的需要及其满足的程度，就是该事物对主体有无价值和价值大小的尺度。在日常生活中经常提到的真、善、美等，就都属于价值的主要方面。什么是价值观呢？价值观就是人们对什么是价值、怎样评判价值、如何创造价值等问题的根本观点。一般来说，价值观的内容，一方面表现为价值取向、价值追求，凝结为一定的价值目标；另一方面表现为价值尺度和价值准则，成为人们判断事物有无价值及价值大小、是光荣还是可耻的评价标准。在人们的社会生活中，一个人经过实践、体验、教育、思考、习染和引导，就会逐渐地形成一定的价值观，就会形成一个人的价值目标和价值追求，从而指导和引导自己的行为沿着既定的方向发展。不同的利益群体，往往会有不同的价值观念和价值取向。

那么，什么是“价值体系”和“核心价值体系”？从一定意义上说，一个社会的价值体系，是指一个社会中的价值目标、价值追求、价值评价和价值取向等与价值有关的综合体系。从政治导向和思想道德建设方面来看，价值体系主要是指整个社会的价值导向的各个层次、各个方面的总和。所谓核心价值体系，是指一定的价值体系中最重要的核心组成部分，是一定价值体系的灵魂，它在整个社会的所有价值目标中，处于统摄和支配的地位，并引领和主导一个社会的各种不同的价值观念、价值评价和价值取向沿着一定的方向发展，保证一定社会的政治、经济、文化有序运行。

“社会主义核心价值体系”又不同于一般的核心价值体系，是社会主义价值体系的核心部分。我们是社会主义国家，社会主义核心价值体系是由社会主义的经济、政治和文化所决定的，是社会主义制度的内在精神和生命之魂，它引导着社会主义的发展模式、制度体制和目标任务，在所有社会主义价值目标、在整个社会主义价值体系中处于统摄和支配的地位。从价值评价和价值导向的意义上来看，我们所说的“社会主义核心价值体系”，也就是社会主义价值观的核心体系，它是引领全体人民沿着中国特色社会主义道路全面建设小康社会的指导思想，是团结各族人民齐心协力振兴中华的精神支柱。

“社会主义核心价值体系”对社会、个人都起着规范和引导的作用，决定着文化建设的总体性质、方向和整个社会的思想道德基础，是建设社会主义和谐文化的根本要求。只有深刻认识和正确把握社会主义核心价值体系，才能抓住社会主义价值需要、价值创造和价值实现的关键，也才能在和谐文化建设中突出重点、抓住根本、把握方向。

邢久强：深刻认识和正确把握社会主义核心价值体系，首先要对十六届六中全会决定概括的基本内容有一个完整的理解。

罗国杰：社会主义核心价值体系从最基本的层面看，包括四个方面。首先是“马克思主义指导思想”。这是我们立党立国的根本指针，是社会主义意识形态的灵魂。马克思主义是与时俱进的，坚持马克思主义在意识形态领域的指导地位，就必须坚持用马克思主义中国化的最新成果来教育人民，这是我国现代化建设沿着社会主义道路顺利前进的根本保证。其次是“中国特色社会主义共同理想”。这个共同理想集中了我国工人、农民、知识分子和其他劳动者、爱国者的利益和愿望，是保证全体人民在政治上、道义上和精神上团结一致，克服困难争取胜利的强大的精神武器，是当前全国各族人民团结奋斗的崇高目标。再次是“以爱国主义为核心的民族精神和以改革创新为核心的时代精神”。这是中华民族生生不息、薪火相传的精神支撑，是当代中国人民不断创造崭新业绩的力量源泉。最后是以“八荣八耻”为主要内容的社会主义荣辱观。它是对我国改革开放以来思想道德建设的经验总结和科学概括，体现了社会主义基本道德规范的本质要求，是中华民族传统美德、优秀革命道德与时代精神和社会主义的完美结合。

邢久强：我觉得，这四个方面的内容围绕着中国特色社会主义这个主题来展开，既各有侧重又紧密联系，构成一个内容丰富、深刻、严整的价值观念体系，体现了先进性、理想性、时代性和现实性的特征。社会主义核心价值体系的基本内容，既体现了思想道德建设上的先进性要求，又体现了思想道德建设上的广泛性要求；既坚持了先进文化的前进方向，又符合不同层次群众的思想状况；既体现了一致的愿望和追求，又涵盖了不同的群体和阶层。它具有广泛的适用性和包容性，具有强大的整合力和引领力。其核心价值取向，就是建设中国特色社会主义，实现最广大人民的根本利益，促进人的全面发展。这也是“三个代表”重要思想和科学发展观在当前思想文化建设方面的集中体现。

当然，社会主义价值体系应该是不断丰富发展的开放体系，社会主义核心价值体系的建设也是一个不断充实、加强、提升的过程。对于“核心”这个概念应当有更深入的理解，我觉得：一方面，核心要坚持，要加强，要发挥主导、引领的作用；另一方面，核心与非核心的内容要有所区别，不能一概而论。因为除了核心部分外，还有许多外围的、非核心的部分，也属于社会主义价值体系的范畴，并且有些也会不断融入、充实、提升到核心价值体系之中。而在理论上讲，非核心的内容不属于社会主义价值体系的范畴。所以只有用发展的观点，坚持核心与非核心的辩证法，才能促使社会主义价值体系更加完善，从而促进整个社会主义文化的和谐与繁荣。

以上我们主要谈了如何深刻认识和正确把握社会主义核心价值体系。而社会主义核心价值体系，关键在建设。那么，怎么着手进行建设？

罗国杰：社会主义核心价值体系的建设，是一个系统工程，需要各方配合共同努力才能做好。

第一，要坚持把社会主义核心价值体系融入国民教育、精神文明建设的各个方面和全部过程，贯穿于思想道德建设的所有环节。在各级各类学校的思想道德教育中，在社会、家庭、单位、社区等的教育中，在各种的职业培训中，都要针对不同的教育对象，以各种不同的形式，将社会主义核心价值体系四个方面的内容，有重点地融入其中；要把社会主义核心价值体系的基本要求渗透到市民公约、乡规民约、职业规范、学生守则等具体行为准则之中，在全社会形成一种巨大的舆论力量，从而为增强社会和谐、提高人的素质、改善社会风尚提供精神支撑。

第二，在意识形态领域，要坚持以社会主义核心价值体系引领社会思潮。一方面要尊重各种不同价值观念、价值选择、价值追求的现实存在，承认差异的不可避免；另一方面，要对它们进行必要的教育和引导，防止一切危害社会和谐的价值观念对社会主义核心价值体系的干扰。这也就是说，既要能够包容多样，又要加强领导，形成思想共识，使社会主义核心价值体系能够成为统率和引领各种价值观念的主流意识形态。

第三，在《公民道德建设实施纲要》的贯彻过程中，在深入进行“爱国守法、明礼诚信、团结友善、勤俭自强、敬业奉献”二十字公民道德基本规范的教育中，要重点树立社会主义荣辱观，培育文明道德风尚，营造积极健康的思想舆论氛围。

第四，在建设社会主义核心价值体系的过程中，要充分运用各种宣传舆论的力量，特别是新闻出版、广播影视、文学艺术等，要积极发挥工会、共青团、妇联等人民团体的桥梁作用，发挥行业组织、社会中介组织、民众自治组织的辅助作用。要把社会主义核心价值体系融入和渗透到社会生活的各个方面、各个部位、各个环节。要与时俱进，根据人们接受信息途径的新变化，努力探索建设社会主义核心价值体系的新方法、新手段，为在全社会更好地形成思想共识创造更加有利的社会环境。

第五，建设社会主义核心价值体系要贯穿现代化建设各方面。要在改革发展的过程中不断深化，在现代化的物质成果和精神成果中充分体现，在物质文明、精神文明、政治文明建设中不断弘扬。

邢久强：还有一点，我觉得在社会主义核心价值体系建设过程中，领导干部的带头作用很重要。领导干部应该成为和谐文化、先进文化建设的力行者，应该成为建设社会主义核心价值体系的模范。要用马克思主义中国化的最新成果武装头脑和教育群众，善于把人民群众的实践经验升华为理论，用理论创新的成果指导实践、推动工作；要在树立中国特色社会主义共同理想、弘扬以爱国主义为核心的民族精神和以改革创新为核心的时代精神、树立社会主义荣辱观方面，提高自觉性，增强示范性，体现先进性。胡锦涛总书记在中央纪律检查委员会第七次全体会议上发表的重要讲话中强调，要在各级领导干部中大力倡导勤奋好学、学以致用，心系群众、服务人民，真抓实干、务求实效，艰苦奋斗、勤俭节约，顾全大局、令行禁止，发扬民主、团结共事，秉公用权、廉洁从政，生活正派、情趣健康八个方面的良好风气，这可以说是当前建设社会主义核心价值体系在领导干部作风建设层面的具体体现。

图书在版编目（CIP）数据

思想道德建设论稿/罗国杰著．—北京：中国人民大学出版社，2018.3
（罗国杰文集）
ISBN 978-7-300-25357-2

Ⅰ．①思… Ⅱ．①罗… Ⅲ．①思想政治教育-中国-文集 Ⅳ．①D64-53

中国版本图书馆 CIP 数据核字（2018）第 002602 号

罗国杰文集
思想道德建设论稿
罗国杰　著
Sixiang Daode Jianshe Lungao

出版发行	中国人民大学出版社		
社　　址	北京中关村大街 31 号	**邮政编码**	100080
电　　话	010－62511242（总编室）		010－62511770（质管部）
	010－82501766（邮购部）		010－62514148（门市部）
	010－62515195（发行公司）		010－62515275（盗版举报）
网　　址	http://www.crup.com.cn		
	http://www.ttrnet.com（人大教研网）		
经　　销	新华书店		
印　　刷	涿州市星河印刷有限公司		
规　　格	160 mm×235 mm　16 开本	**版　　次**	2018 年 3 月第 1 版
印　　张	34.25 插页 2	**印　　次**	2018 年 3 月第 1 次印刷
字　　数	516 000	**定　　价**	98.00 元

版权所有　侵权必究　　印装差错　负责调换